Susanne Osswald
Karl Schnelting

Weil Ich dich liebe

Susanne Osswald
Karl Schnelting

Weil Ich dich liebe

Wegweiser zur Transformation

Neueste Botschaften aus der geistigen Welt
Band 2

Govinda-Verlag
Neuhausen / Altenburg

Interessierte Leser sind herzlich eingeladen, sich mit dem Verlag in Verbindung zu setzen:

Govinda-Verlag (Schweiz): Postfach 257, 8212 Neuhausen am Rheinfall
Govinda-Verlag (Deutschland): Schellenberg 11, 79798 Altenburg am Hochrhein

Internet: www.govinda.ch

Erste Auflage – Mai 1999

Lektorat: Armin Risi, Zürich
Layout: Helmut Kunkel, Jestetten
Einbandgestaltung: Bernd Feser, Hohentengen
Einbandfoto: Werner Jo Schmid, München
Gesamtherstellung: Wiener Verlag, Himberg
Printed in Austria

ISBN 3-906347-42-7

Fürchte dich nicht,

denn Ich, dein Gott, habe dich bei deinem Namen gerufen.
Du bist Mein.
Du sollst das Zittern der Erde nicht fürchten,
noch soll dich die zehrende Flamme des Feuers ängstigen.
Und wenn sich der Wind mit Macht zum Sturm erhebt
und die Ströme das Land überfluten, so bin Ich bei dir.
Es wird dir kein Leid geschehen,

weil Ich dich liebe.

Inhalt

Einleitung

In den Jahren der Zusammenarbeit mit geistigen Wesen wurde mir immer wieder bewußt gemacht, daß der Sinn des Lebens im Lernen liegt. Unsere Erde wurde ein Schulungsplanet genannt. Auch die weltlichen Instanzen vertreten die Philosophie, daß wir lernen, um Wissen zu erwerben, denn Wissen bedeutet Macht. Wer will denn nicht Herr der Dinge sein, die sein Leben bestimmen? Lehrer, Eltern und auch Schüler sind sich einig: Lernen und Wissen ist wichtig.

Und dennoch: Trotz dieser Einsicht bedarf es meist einer Überwindung von inneren Widerständen, bevor man sich endlich ans Lernen begibt, um das entsprechende Wissen zu erlangen. Warum das Lernen mühsam ist, zeigte sich einmal besonders deutlich in einer der Schulungsstunden unserer geistigen Schule TERRAMOR. Im Arbeitskreis «Geistige Sterbebegleitung» sollten die Teilnehmer sich meditativ an den Anfang ihrer derzeitigen Inkarnation begeben. Die Aufgabe bestand darin, vom Augenblick der Geburt an bis zum aktuellen Lebensstand alle wichtigen Erfahrungen noch einmal geistig zu durchwandern. Das Ziel dieser Übung war, die in wichtigen Lebenssituationen durchlebten Emotionen bewußt zu machen, um dann der Parallelen im Hier und Jetzt gewahr zu werden.

Eifrig begaben sich die Teilnehmer an die gestellte Aufgabe, und mühelos durchforschten sie ihre frühe Kindheit bis zum Punkt, wo sie in die Schule mußten. Von dieser Lebensphase an hatten alle ohne Ausnahme Schwierigkeiten, und etliche brachen an diesem Punkt sogar die Übung ab.

Auch meine Erinnerungen an vergangene Schulzeiten sind keinesfalls angenehm. Warum gehen unsere Schulkinder nicht freudig und ungehemmt ans Werk, wenn Schul- oder Hausaufgaben erledigt werden sollen, obwohl wir alle von der Notwendigkeit des Wissens überzeugt sind?

Weil Wissen ohne Verstehen nutzlos ist. Hohe Lichtwesen, aufgestiegene Meister und Engel sprechen selten vom Wissen allein, sondern setzen es mit Verstehen in Verbindung. Nur was wir wahrhaft verstanden haben, können wir in unseren Verstand integrieren und nutzvoll anwenden.

In einer unvergessenen Vision, die ich als Fünfjährige während eines Sonnenuntergangs auf den Feldern meines Heimatdorfes hatte, wurde mir gezeigt, wie sich das angebaute Gemüse in Gold- und Silberkugeln verwandelte und die Blüten der Pflanzenstauden, die sich um Kletterhilfen rankten, in lichtfunkelnde Kristalle verzauberten. Während ich atemlos diesem unbeschreiblichen Verwandlungsakt zusah, sagte ein Engel:

> «Erschaue mit den Augen deiner wissenden Seele diese Pracht, diese Herrlichkeit und den Reichtum! Nimm es wahr mit der Weisheit deines verstehenden Geistes, und grabe es tief in dein Gedächtnis ein, damit du es in deine Erinnerung zurückrufen kannst, wenn du es benötigst. Siehe, das Leben ist Reichtum und Fülle, und du bist umgeben von Herrlichkeit. Öffne die Augen deiner Seele, denn dir ist gegeben, aus deinem eigenen Sein die Wünsche deines Herzens zu verwirklichen. Es ist dir möglich, alles, was du siehst, aus deinem eigenen Wesen zu erschaffen. Löse das Rätsel! Du wirst den Schlüssel finden im Wissen und Verstehen aller Dinge. Und wenn du zur Erkenntnis gekommen bist, wird meine Sonne der Weisheit die Dunkelheit all deiner Pfade erhellen. Bedenke aber, dies ist noch nicht alles, dessen es bedarf, um Wünsche zu verwirklichen. Eines fehlt noch, suche und finde es! Ich gab dir das, was mein Teil ist, die Weisheit, denn ich bin der Bote der Weisheit. Geh nun und finde den fehlenden Teil.»

Leider hat es lange gedauert, bis ich erkannte, was dieser ergänzende Teil ist. Es ist die Liebe. So einfach und doch so schwer. Liebe und Weisheit, das göttliche Prinzip des Lebens. Der Sinn des Lebens liegt also darin, durch eifriges Lernen ein Wissen zu erwerben, welches uns in das Verständnis aller Dinge führt. Das verstandene Wissen führt uns unweigerlich zur Liebe.

Seit dieser wunderschönen Vision sind vier Jahrzehnte vergangen. Trotzdem habe ich nicht ein einziges Wort der Botschaft vergessen. Auch hat mich die Botschaft keinesfalls überfordert, obwohl ich erst fünf Jahre alt war. Warum?

Weil der Engel der Weisheit direkt das Bewußtsein meiner Seele und meines Geistes ansprach und nicht meinen kindlichen menschlichen Verstand. Die Worte des Engels wurden mir mit solch großer Liebe übermittelt, daß ich bitterlich weinte, als er mich verließ.

Ungezählt sind die Botschaften aus der geistigen Welt, die mich seit diesem Erlebnis erreicht haben. Ihr Inhalt war stets aufbauend, tröstend und hat mich kontinuierlich zu einem wachsenden Verständnis über das Leben, den Kosmos und mich selbst geführt. Der Unterricht, der mir aus den Dimensionen des Lichtes zuteil wird, gleicht einem niemals endenden Abenteuer. Allem voran aber erreicht mich bedingungslose Liebe. Gleich ob ich stark oder schwach bin, diese Liebe ist wertfrei und ist die Basis jeder Begegnung.

Auch wenn die geistigen Wesen mich nach ihren Übermittlungen wieder verlassen, bleibt ihre Energie noch lange im Raum. Ihre Liebe ist spürbar, auch wenn sie selbst schon nicht mehr anwesend sind. Als wir begannen, die Botschaften schriftlich festzuhalten, entdeckten wir, daß sich die Energie des sprechenden Wesens auch in seinen Worten manifestiert. Gehörte oder gelesene Botschaften aus der geistigen Welt vermitteln nicht nur Information, Wissen und Verstehen, sondern auch Liebe und Weisheit, die als energetische Kraft und als Teil des Wesens in den Worten verankert sind. Das Hören oder Lesen dieser Worte bringt uns also in eine direkte Verbindung mit dieser Kraft.

Auf diese Weise werden unsere Zellen mit kosmischem Licht aufgeladen, die Kräfte unserer Seele gestärkt und der Geist in uns geklärt. Die Licht- und Liebeskräfte der geistigen Wesen übersteigen oft unsere Aufnahmefähigkeit. Aus diesem Grund müssen manche Botschaften langsam und in Teilen gelesen werden. So gewöhnen sich unsere Zellen und Energiekörper wieder an die höheren Schwingungen und können sie integrieren.

Den Dimensionen des Lichts geht es also darum, daß wir ein Wissen erwerben, das wir mit allen Fasern unseres Seins verstehen. Ein lediglich durch Auswendiglernen angeeignetes Wissen ist nutzlos. Nur was wir begriffen haben, wird von unserem Verstand akzeptiert und ist in der Praxis ohne innere Gegenwehr anwendbar. Wahrhaftes Wissen vermittelt stets Sinnhaftigkeit, die unser Verstand nachvollziehen kann. Es entspringt immer einer Quelle von Licht und Wahrheit.

Ich habe viele dieser Lichtquellen - wundervolle Lichtwesen - kennengelernt. Sie haben mich geschult und mir Einblick in ihre Welten gegeben. Die himmlischen Boten, die zu mir gesprochen haben, waren in ihrem Wesen und in ihrer Energie individuell, doch sie alle sind mit ein und derselben Ur-Lichtquelle verbunden. Von dort beziehen sie Weisheit, Kraft und Klarheit, die sie unermüdlich und in bedingungsloser Liebe an uns weitergeben.

So werden auch wir durch sie von einer einzigartigen Ur-Lichtquelle genährt. Reichtum und Fülle fließen unablässig durch Zeit und Raum, um uns zu versorgen. Unerschöpflich sind die Schätze, und oft können wir sie nicht ergreifen und begreifen, weil uns das Wissen darüber noch fehlt oder weil wir noch blind und taub sind. Dennoch sprudelt diese Quelle ohne Unterlaß, unabhängig davon, ob wir würdig oder unwürdig sind, diese Liebe und Zuwendung zu empfangen.

Einmal fragte ich meinen Schutzgeist, warum er so vieles für mich tue, und er antwortete: «Weil ich dich liebe.»

Die Lichtwesen lassen ungetrübt weiterströmen, was sie aus der höchsten, reinen Quelle empfangen. Mit ihrer bedingungslosen Liebe entfalten sie sich als vollkommene Ebenbilder Gottes, und so offenbart sich in ihnen, was wir in Wahrheit *alle* sind: Gottes Ebenbild. Dies ist das höchste Geheimnis, das immer wieder verkündet wird, weil es zahllose Lichtwesen gibt, die uns lieben und die selbst unendlich geliebt werden. Sie erleben bereits das Gotteswort: «Weil Ich dich liebe.»

Und so erfahren auch wir, ergriffen und erwachend: «Dich aber habe Ich nach Meinem Ebenbild geschaffen, weil Ich dich liebe. Du bist auf ewig Mein. Und glaubst du nicht an Mich, so liebe Ich dich dennoch.»

Susanne Osswald, im April 1999

TEIL I

Die Qualität dieser Zeit

Ein Akt der Gnade aus der göttlichen Einheit

13. Dezember 1996

Als erste Botschaft haben wir einen Text von Herakles gewählt, in dem er die tiefgreifenden Veränderungen, die der Erde und aller Schöpfung bevorstehen, in einem großen Überblick darlegt. Seinen Worten ist zu entnehmen, daß es sich dabei um einen Evolutionssprung handelt, wie ihn die Geschichte der Menschheit, soweit wir sie überschauen, noch nicht gekannt hat.

Herakles leitet «im Auftrag des Einen und im Namen des Sohnes der Einheit» die geistige Schule TERRAMOR, in der die Botschaften, die dieses Buch enthält, empfangen wurden. Er lehrte die göttlichen Weisheiten bereits in den Tempeln des alten Griechenland und hat bei den Durchsagen, die uns in vielen Seminaren und Arbeitskreisen der letzten Jahre über Susanne vermittelt wurden, verschiedentlich unter den Anwesenden seine Schüler von einst begrüßt. Herakles, der uns als großer Weiser, als aufgestiegener Meister und als liebevoller, geduldiger Lehrer begegnete, galt in der antiken Mythologie als der gewaltigste unter den griechischen Helden, der die Welt von furchtbaren Übeln und Ungeheuern befreite und schließlich zu den Göttern entrückt wurde. Er genoß wie kein anderer der Heroen und Götter große Verehrung seit archaischen Zeiten und wurde über die Jahrhunderte immer wieder in den bildenden Künsten dargestellt und in literarischen Werken besungen. Er galt auch als Stifter der Olympischen Spiele. Die Römer verehrten ihn unter dem Namen Herkules.

In großer Freude heißen wir euch willkommen. Gott zum Gruße! Mein Name ist Herakles, und es ist mein Auftrag und ebenso mein Wunsch, zu euch zu sprechen. Ich habe als ein für euch noch unsichtbarer Lehrer die Weisung, euch wichtige Informationen und Erkenntnisse zu vermitteln, wertvolle Energien, die euch in den kommenden Zeiten, die von großer Bedeutung für jegliches Leben sind, Unterstützung und Erleichterung verschaffen und die euch helfen sollen, das, was in euch und um euch herum geschieht, zu verstehen.

Ihr lebt wahrhaft in einer beschwingten Zeit. Ihr könnt mit euren geistigen Augen noch nicht die unablässigen Veränderungen und Verschiebungen in der Erdatmosphäre, die wie ein Gürtel euren Erdball umschließt, wahrnehmen, diese Verschiebungen in euren atmosphärischen Bereichen, die zum Teil durch das Geschehen im Inneren eurer physischen Erde [den Zusammenbruch des Erdmagnetfeldes] gesteuert werden. Helfer und Beobachter von außerhalb der Erdatmosphäre sind beauftragt, ständig die energetischen Schwingungsfrequenzen und ihre

Veränderungen zu kontrollieren, die sich nun stündlich bei euch bemerkbar machen.

Der Erdball ist im Begriff, sich höher zu schwingen in ein gänzlich neues Sein. Dies bedeutet für jedes Lebewesen, daß sich die Schwingungsfrequenzen im Lebensumfeld und ebenso im körperlichen Dasein verändern werden. Es ist Evolution, die vonstatten geht, Evolution, die euer Erdball mit seinem Bewußtsein lange schon anstrebt. Diese Entwicklung wurde in der Vergangenheit vielfach blockiert und behindert, weil das Bewußtsein der Erdenmenschen nicht offen war. Nun aber kommen viele Faktoren zusammen, und die Kräfte eurer Elemente haben sich zusammengefunden und gleichsam verbündet, um die vom Bewußtsein eurer Erde angestrebte und notwendige Evolution zu unterstützen. So steht ihr vor einer Stufe großer Veränderungen.

Es liegt an euch, ob ihr das, was vor euch steht, gänzlich freudvoll oder im Leid durchlebt. Ihr habt die Möglichkeit, Entwicklungssprünge über viele innere Dimensionen hinweg zu machen, für die ihr sonst viele Leben bräuchtet. Dies ist ein Akt großer Gnade aus der göttlichen Einheit selbst, denn was euch bevorsteht, werdet ihr erfahren und integrieren dürfen und können, so ihr es nur wollt. Dies ist nicht euer Verdienst aus eigenem Bemühen heraus, nein. Wäret ihr auf die eigenen Möglichkeiten und erworbenen Fähigkeiten angewiesen, hättet ihr noch unendlich viele Wiederholungen des Erdenlebens vor euch, bis ihr das erreichen würdet, was in absehbarer Zeit vor euch steht.

Es ist einzig und allein das Bestreben des Bewußtseins der Erde, die ihren Schöpfer unablässig um Erleichterung, um ihre Erneuerung und Neugeburt bittet, das euch diesen Akt der großen Gnade zuteil werden läßt, an einem Evolutionssprung teilhaben zu dürfen, der euch befähigen wird, die dritte Dimension zu verlassen, um euch in die fünfte Dimension einzuschwingen. Ich bin angewiesen, euch diesen Übergang zu erklären, damit ihr verstehen könnt, was geschieht.

Mit dritter Dimension ist nicht das Zeit-Raum-Gefüge gemeint, das ihr kennt, sondern die Schwingungsfrequenz eurer Atmosphäre, die ein Lernprogramm in sich birgt, das nun aufgelöst und verlassen werden soll. Die fünfte Dimension ist eine Atmosphäre, die sich aus feinstofflicheren, geistigeren Energien zusammensetzt. Die neue Atmosphäre, die euren physischen Erdball künftig ummanteln wird, setzt sich hauptsächlich aus Photonen-Energien und Heliumgasen zusammen, die sich in eine hohe Qualität einschwingen werden. Diese Energieverbindung wird das elektromagnetische Umfeld eurer Erde neu gestalten, aus dem ihr all jene freien Energien schöpfen werdet, die euch unablässig und ohne Ende zur Verfügung stehen, um alles zu schöpfen, zu manifestieren, was ihr für die Stabilität, die Harmonie und die bleibende Qualität eures körperlichen und geistig-seelischen Wohlbefindens benötigt.

All dies steht euch bevor, und dies ist ein Prozeß, der lange schon begonnen hat. Beobachtet die Geschehnisse auf eurer Erdenwelt, und ihr werdet ständige Veränderungen feststellen und auch an euch selbst wahrnehmen. Ihr spürt den Kampf in eurem äußeren Lebensbereich, der zur Veränderung drängt. Ihr spürt mehr und mehr die Notwendigkeit der Harmonie in euch. Ihr empfindet die Belastung, die auf euch liegt, ohne sie sehen, greifen oder benennen zu können.

Es ist der hohe Anteil der Radioaktivität, die ihr in euren astralen Gewändern spürt, und diese Energieeinströmung bewirkt die Reizbarkeit eurer Nerven. Ihr nehmt Stimmungen bei euch wahr, die ständig schwanken, die instabil sind. Dies ist eine Reaktion auf das Einströmen der Radioaktivität. Eure Nervenbahnen sind aufs höchste strapaziert, und unaufhörlich müßt ihr darum kämpfen, euch wieder in Harmonie und Ruhe zu begeben. Was ihr manchmal als Mattigkeit, Antriebslosigkeit oder schwere Müdigkeit empfindet, ist die Reaktion eures Körpers auf die überaus hohe Beanspruchung der Nerven, die durch die äußeren Einwirkungen der Radioaktivität dauernd schwingen und nicht zur Ruhe kommen.

Dieses sei euch gesagt, damit ihr einzuordnen vermögt, was um euch herum geschieht und was für euch zwar unsichtbar, aber von großer Wichtigkeit ist. All diese Einflüsse werden nun in eine Veränderung gebracht, so daß die Erde sich wieder eines neuen Daseins, eines neuen Lebens erfreuen kann, und mit ihr jene Schöpfung auf ihr, die bereit ist, diesen großen Schritt der Evolution mitzuvollziehen.

Seid gänzlich ohne Furcht! Das, was vor euch liegt, ist unumgänglich, ist Veränderung, ist der Abschluß einer langen Zeitepoche, die aus vielen Lernschritten über viele Generationen hinfort bestand. Es gab aus vielen Ebenen und von vielen Seiten Machteinflüsse aus egoistischen Gründen und den Versuch, die natürliche Evolution des Planeten Erde zu verhindern. Aber ihr werdet nun erfahren, daß Evolution niemals aufzuhalten ist, denn das Leben selbst trägt in sich die Programmierung der Unendlichkeit und der Bewegung. Leben ist das Fließen aller Energien, ist Aktivität als Bewußtsein. Leben ist fließende Bewegung und kann niemals aufgehalten werden. Es sucht aus sich heraus, sich immerfort zu erneuern und zu verbessern. Dies ist Evolution und bedeutet für einen jeden von euch die Verbesserung des eigenen Seins.

Ihr habt in der Vergangenheit durch all die leidvollen Erfahrungen vielfältige Informationen gesammelt und viele Wesenszüge erworben. Ihr habt in großem Maße gelernt, das Mitgefühl zu entwickeln, das notwendig ist, denn es wird euch eine Basis, ein Werkzeug für die kommenden Lebensabschnitte und die künftigen Lebensaufgaben sein. Ihr werdet euch in gänzlich neuen Dimensionen, in gänzlich neu gestalteten Lebenssituationen wiederfinden und werdet all das anwenden können, was ihr euch zuvor erworben habt. So seid also dankbar und glücklich. Eine große, wichtige und wertvolle Zeitepoche geht zu Ende. Das Leid, das ihr durchlebt habt, war gleichsam der Lehrmeister des Lebens für euch.

Nun aber ist das Maß des Erträglichen gefüllt. Eine Entscheidung ging über diese Erde. Die Menschen haben sich aus freiem Willen entschieden, der eine für diesen großen Evolutionssprung, der andere für sein Bedürfnis, die Erfahrungen fortzuführen. Sein Maß ist noch nicht gefüllt, und die Qualitäten des Mitgefühls sind noch nicht in der notwendigen Weise entwickelt. So also wird es eine Spaltung und Trennung auf dem Erdball geben. Ein Teil der Erdenmenschen wird den großen Evolutionssprung mitvollziehen. Der andere Teil wird mit seinem Bewußtsein und mit seiner körperlichen Existenz in der dritten Dimension verbleiben.

Das heißt, daß die Menschen, die noch nicht bereit sind, die materielle Ebene zu verlassen, um in eine halbmaterielle Ebene und Lebensform einzutreten, sich auf einem Planeten wiederfinden werden, der den Qualitäten und Schwingungsfrequenzen der jetzigen Erde entspricht. Sie werden auf diesem Planeten an ihre alte Lebensaufgabe anknüpfen und sie weiterführen, bis sie vollendet ist und bis aus freiem Willen der Wunsch in das Bewußtsein dieser Menschen aufsteigt, die dritte Dimension zu verlassen, um in eine höherschwingende atmosphärische Dimension aufzusteigen.

Der andere Teil aber, der über viele Zeiten geistig vorbereitet wurde, seid ihr, denn ein jeder, der seinen Fuß an diesen Ort gesetzt hat, um die Worte zu hören, die euer Ohr in diesem Augenblick vernimmt, ist vorbereitet. In vielen Stunden eures Tiefschlafs, da ihr euren physischen Körper verlassen habt, um in die höheren Welten aufzusteigen und in unseren geistigen Schulen Informationen zu erhalten, wurdet ihr geschult, und von euren geistigen Führern, die bei jedem Atemzug, den ihr tut, anwesend sind, erhieltet ihr die Vorbereitung auf den kommenden großen Schritt. So habt ihr nur euer Tagesbewußtsein mit jenem Bewußtsein zu verbinden, mit dem ihr während der Phasen eures Tiefschlafs aktiv seid. Dies ist es, was wir als Auftrag bekommen haben, euch zu lehren. Das erworbene Wissen soll langsam in euer Tagesbewußtsein überführt werden, so daß ihr euch nach und nach an das erinnert, was euch auf euer Bitten und Wünschen hin gelehrt wurde.

Es war das Sehnen eurer Seele, das euch gerufen hat, diesen Schritt der Evolution parallel mit eurer Erde zu vollziehen. Denn ihr seid Seelen, die diese Erde in hohem Maße lieben und berufen sind, mit ihrem ganzen Sein und der Kraft ihres Geistes dem Licht und der Liebe zu dienen und der Erdenwelt das Geleit zu geben. Die Erde hat nun einen Zustand der Beschwerlichkeit erreicht, die das Maß des Erträglichen in einem großen und vielfältigen Maße überschritten hat. Ihr wißt um das Weinen und Rufen der Erde, die den Vater* unablässig bittet, diesen Zustand zu beenden. Nun also ist die Erde erhört worden, und ihr habt beschlossen, sie beim Aufstieg in die höheren Dimensionen zu begleiten.

Die Erde wird sich in die fünfte Dimension erheben und hat bereits begonnen, sich in die vierte Dimension einzuschwingen. Diese ist ein Übergangsbereich, in dem sich Zonen absoluter energetischer Neutralität befinden. In diesem Bereich, in dem keinerlei andere materiell-physikalische oder geistige Gesetzmäßigkeiten ihre Wirkung zeigen können, wird die Erde von allen materiellen, feinstofflichen und geistigen Verseuchungen gereinigt werden, die sie sich in den letzten Phasen ihres materiellen, in der dritten Dimension schwingenden Daseins zugezogen hat.

So also diese Phase der Reinigung in der Atmosphäre der Neutralität der vierten Dimension durchwandert ist, wird sich die Erde in der fünften Dimension einfinden. Dies ist ein Prozeß, dem das gesamte Sonnensystem, in dem sich die Erde befindet, folgen wird. Die Phase der Reinigung aber ist nur für den Planeten Erde vonnöten. Die anderen Planeten haben, indem sie ihre Evolution bewußt und gewollt anstrebten, bereits

* Der häufig für Gott gebrauchte Begriff des «Vaters» betont im sprachlichen Ausdruck den männlichen Aspekt der Einheit. Doch aus vielen Botschaften geht hervor, daß der Begriff «Vater» für «Vater-Mutter-Gott» steht, also sowohl den männlichen als auch den weiblichen Aspekt Gottes umschließt. Näheres dazu in Band 1 («Dein Wille geschehe jetzt!», Seite 115).

in zurückliegenden Zeiten aus der eigenen Entwicklung heraus diese Reinigung vollzogen. Das heißt, diese Planeten befinden sich in einem Energiezustand der Neutralität und sind schon lange auf das Höherschwingen in die fünfte Dimension vorbereitet.

Es ist allein der Planet Erde, der es in der Vergangenheit versäumt hat, sich diesem bewußten und gewollten Evolutionsprozeß anzuschließen, und so ist hier die Differenz eine größere. Dies bedeutet, daß der Übergang ein schneller sein wird und daß manch einer ihn schockartig erfahren wird. Ihr werdet in den kommenden Zeiten genau unterrichtet werden, wie ihr euch selbst helfen könnt, diesen Umschwung in die fünfte Dimension völlig unbeschadet mitzuvollziehen.

Es ist an euch, die Hilfen zu ergreifen oder abzulehnen. Wir aber wissen um eure Seelenessenz, um euer Sehnen. So spreche ich diese Worte nur der Information wegen. Hier ist eine Gruppe von Menschen anwesend, die sich mit erwartungsfrohem Herzen eingefunden hat, um zu erfassen, was lange schon als Ahnung in ihnen war. So wißt, eure Seele hat euch getragen, euer Heimweh hat nach einem besseren Leben gerufen, damit ihr euch endlich in eurem wahren Selbst auszudrücken vermögt, damit ihr endlich aus den Essenzen eures wahren Seins schöpfen könnt, auf daß ein jeder seinen Bereich finde, um sich in gänzlicher Freiheit und Schönheit seinen Fähigkeiten und Anlagen entsprechend zu entfalten.

Es ist euer Sehnen, den Weg zurückzufinden, den ihr einstmals aus dem Vaterhaus heraus in das große Universum gegangen seid, um das Leben zu erfahren und bewußt zu erkennen und zu verstehen. Ihr alle seid aus dem Herzen des Vaters ausgezogen und habt das Universum in vielen Daseinsformen durchwandert. Ihr habt euch einen vielfältigen Wissensschatz erworben, doch ihr habt euch von Mal zu Mal, von einer Inkarnation zur nächsten, in tieferschwingende Dimensionen begeben. Ihr habt nun diese letzte Manifestation durchwandert, denn die dritte Dimension ist jener Bereich, wo sich die Materie am dichtesten und härtesten manifestiert hat. Eine größere Dichte ist nicht zu finden.

So habt ihr also nach eurem Wunsch durch diese Erfahrungen alle Dimensionen und Seinszustände ausgekostet. Ihr habt euch auf diese Weise im Gedächtnis eurer Zellen die Erinnerung an all diese Daseinsbereiche erworben, aus der ihr in den kommenden Zeiten bewußt schöpfen werdet. Ihr habt also dieses Wissen gesammelt und die Erfahrung gespeichert. Nun empfindet ihr das Bedürfnis, in eure Heimat zurückzukehren, von der ihr einst ausgegangen seid. Jedoch der Raum, der zwischen eurem jetzigen Dasein und dem einstigen Ursprung liegt, dem ihr entnommen worden seid, ist ein allzu großer. Es bedarf einer langsamen und sanften Rückführung, indem ihr euch von Mal zu Mal in höhere Schwingungsebenen begebt und in ein feinstofflicheres Sein verwandelt.

Ihr werdet euch auch in der fünften Dimension als physische Menschen erfahren. Es wird sich im äußeren Gebilde zunächst scheinbar nichts verändert haben. Ihr werdet aber spüren, daß ihr und eure Erde in einem durchlässigeren, höherschwingenden Zustand seid. Dies wird euch vieles ermöglichen und erleichtern. Ihr werdet einen langen Zeitraum vor euch haben, da ihr gänzlich unbelästigt und ungestört von unerwünschten äußeren Einflüssen mit dem wieder erwachten Bewußtsein eurer Schöpferkraft den neuen Erdball gestalten könnt. Es wird nicht möglich sein, daß euch negative Kräfte von außen manipulieren oder gar im Wachsen eures Seins behindern, denn die Schwingung in der fünften Dimension steht nicht in Resonanz mit tieferschwingenden Energien. Dies gibt euch die absolute Sicherheit, daß ihr völlig geschützt euer neues Dasein genießen und euch in eurer Wirklichkeit erforschen und erfahren könnt.

Eure geistigen Instrumente werden sich zu wahren Hilfen entwickeln, die euch befähigen werden, das, was noch als Angst in eurer Erinnerung verankert ist, gänzlich aufzulösen. Die Angst ist die Schwingung, die euch in der Vergangenheit gehindert hat, euch für euer höheres Bewußtsein zu öffnen. Diese Öffnung allein befähigt euch, die geistigen Schöpfer zu sein, die ihr im Ursprung eures wahren Wesens allezeit gewesen seid. Ihr habt dies nur vergessen. Es war die Angstfrequenz, die diese Trennung in euch erschuf, diese Spaltung in euch hervorrief. Mit den Prinzipien und Kräften der Angst habt ihr aus Unwissenheit viele Gebilde erschaffen, die in Wirklichkeit nie existierten. So entstand das Leid auf der Erdenwelt.

Ihr werdet gebeten, all eure unerlösten Aspekte, die ihr noch in euch tragt, genauestens zu untersuchen und zu durchleuchten. Arbeitet liebevoll an ihnen und versucht, sie anzunehmen und nicht zu verdrängen. Schaut sie euch mutig und in Freude an! Gebt ihnen dann die Freiheit, wandelt sie um in Hoffnung und frohe Erwartung! Die Angst ist es gewesen, die das Leid auf der Erde erschaffen und den natürlichen Gang eurer Evolution verhindert hat. Dennoch habt ihr allezeit den Funken des

Lichts in euch getragen, der immer wieder aufs neue erglüht ist und euch durch die Dunkelheit der Erde geführt hat. Immer wieder seid ihr jenen Hilfen begegnet, die aus unseren Bereichen gesendet wurden, damit ihr euch nicht gänzlich in den Verstrickungen dieser Erdenwelt verliert.

Freut euch also! Vor euch steht eine große Veränderung, und diese kommt allzu bald. Das, was als Worte, Taten und Energien zu euch gelangt, soll euch helfen, im Bewußtsein eures physischen Seins wie in eurem geistig-seelischen Bewußtsein wahrzunehmen, zu erkennen und zu verstehen, was geschieht. Ihr werdet aufmerksam gemacht werden auf das Geschehen um euch, das mit physischen Augen noch nicht zu erfassen ist, aber sich in der kommenden Zeit sichtbar materialisieren wird. Wir haben in unseren Bereichen den Vorteil, mit unseren geistigen Augen die geistigen Abläufe wahrzunehmen. Aus diesem Grund ist es uns möglich, euch eine Vorherschau zu geben über das, was sich bei euch auch physisch bemerkbar machen wird, denn einem jeden physischen Geschehen geht ein geistig-energetisches voraus, und dieses nehmen wir wahr, lange bevor sich die Situationen und Ereignisse manifestieren. Dies ist der Grund, warum wir fähig sind, euch Hilfe zu gewähren oder sogar zu warnen, damit ihr euch vorbereiten und schützen könnt.

Alles, was wir euch übermitteln, soll eine Hilfe sein bei der Evolution, denn ihr Vollzug wird unabänderlich sein. Aus den Essenzen eurer Sehnsuchtsenergien haben sich vielfältige Impulse gebildet, die ihr unaufhörlich in den Weltraum ausgestrahlt habt. Diese Impulse, die eure Seelen aus Schmerz und aus dem Sehnen heraus ausgesandt haben, sind wie Signale eines Senders im All angekommen. Und das All, der Kosmos, hat euch geantwortet. Unbewußt habt ihr aus eurem Leid ein Sehnen erschaffen, und indem ihr ein besseres Sein für euch selbst und für die Erde gewünscht habt, habt ihr einen Hilferuf gesendet.

All eure Impulse, die ihr energetisch in den Raum schicktet, wurden gesammelt und zusammengefaßt, und aus unseren Bereichen wurde die Lichtenergie aus der Einheit selbst hinzugegeben. So entstand ein großes energetisches Feld, das euch bereits aus dem wissenschaftlichen Bereich bekannt ist. Ihr nennt es die Photonen-Energie. Ihre geistige Substanz besteht also aus Lichtquanten, die sich aus euren geistigen und emotionalen Impulsen zusammenfügten und die aus unseren Bereichen mit den geistigen Lichtqualitäten aus der Einheit selbst verbunden wurden. Diese große erschaffene Photonenwolke hat sich durch den Weltraum bewegt. Sie hat zuerst jene Planeten und atmosphärischen Bereiche erfaßt, die sich in einer höheren Schwingung und Entwicklung befanden als die Erde und die Schöpfung auf ihr. So ist diese Energiewolke durch die Sonnensysteme gewandert und hat jenen Bereich durchdrungen, den ihr als die Plejaden kennt, und hat seine Transformation bewirkt.

Nun ist auch euer Planet in diese Energie eingetaucht, die ihr physikalisch als Photonen-Energie wahrnehmen könnt und die eine Mischung aus Heliumgas und aus Licht, aus Photonen, darstellt. Diese Energie wird eure neue Erdatmosphäre sein, und sie ist der Auslösefaktor für die Transformation eures Planeten Erde und all dessen, was sich auf ihm befindet. So wandert also diese Energie durch euer Sonnensystem und transformiert alles physische Sein. Dies ist die Vorbereitung für das Höherschwingen in die fünfte Dimension. So befindet ihr euch also nun am Beginn des Eintritts in die vierte Dimension, und die Energien der Photonen und der Heliumgase werden die gesamte Schöpfung der Erde durchdringen. Das bedeutet für ein jegliches Lebewesen eine Transformation und ein Höherschwingen der eigenen Energie. Dies ist Transformation, und dies ist, was ihr als Evolution kennt.

Versteht also, ihr selbst wart es, die aus den unbewußten Impulsen, dem Sehnen eurer Seele das erschaffen haben, was euch nun die Veränderung bringt. Jetzt gilt es, das, was unbewußt in euch schlummert, in das Bewußtsein zu heben, damit ihr über ein einheitliches, vollständiges Bild verfügt, damit ihr sehen und verstehen könnt, daß die Angst, die ihr selbst erzeugt oder als Erbgut übernommen habt und die in euren genetischen Programmierungen verankert ist, eine Illusion war, die ihr erschaffen habt, denn ihr seid und wart allezeit die Schöpfer. Doch habt ihr unbewußt erschaffen, und ihr habt ins Leben gerufen, was euch nicht zum Guten diente.

Nun obliegt euch die Arbeit, in euren genetischen Programmierungen zu löschen, was ihr selbst erschaffen habt und was euch die Blockade verursacht hat, in ein höheres Sein aufzusteigen. Ihr habt diese Programme übernommen und weitervererbt. Es ist wichtig und wesentlich, daß ihr all diese alten Programmierungen löscht. Wir werden euch die Anweisungen hierzu geben. So wißt, wir sind in großer Freude.

In diesem Augenblick haben sich an der Seite eurer geistigen Helfer und Schutzengel eine Vielzahl weiterer Lichtboten und geistiger Freunde eingefunden, die in vielen Nächten an euren Schlafstätten weilten und beauftragt waren, in Zusammenarbeit mit euren Schutzengeln immer wieder eure feinstofflichen Körper zu reinigen und eure Energiefrequenzen höher einzustellen. All diese sind hier anwesend, und ich habe den Auftrag, euch auf das herzlichste den Liebesgruß aus ihren Seelen zu übermitteln. Es ist ein Fest der Freude und des Dankes. In einem Halbkreis umgeben euch jetzt jene, die euch liebend begleiten, aber eurem physischen Auge noch unsichtbar sind. Bleibt also bestrebt, eure geistigen Augen zu öffnen, auf daß ihr das, was ich mit Worten beschreibe, sehen könnt. Es ist ein Wunsch der geistigen Welt, daß ihr nicht nur mit den physischen Augen seht und mit den physischen Ohren hört, nein. Ihr sollt lernen, eure geistigen Organe zu aktivieren. So bedürft ihr nicht mehr dessen, was ihr Glauben nennt, ihr braucht nur zu schauen und zu hören.

So ihr aber noch auf das, was ihr Glauben nennt, angewiesen seid, werden wir euch allezeit liebend unterstützen. Bei uns herrschen Dankbarkeit und Freude ob dieses großen, bedeutungsvollen Augenblickes, denn wir wissen, daß uns nicht mehr viel der Erdenmenschenzeit verbleibt. Die Ereignisse stehen alsbald vor der Tür. Wir haben den Auftrag und den Wunsch, euch liebend in ein besseres Sein zu begleiten. Segen über euch! Freut euch und löst die Angst auf, denn wenn ihr eure geistigen Augen öffnet, werdet ihr erkennen, und ihr werdet lächeln über alles, was euch Angst gemacht hat. Ihr werdet sehen, es sind Gespenster der Illusion, die ihr mit eurer Schöpferkraft zum Leben erweckt habt. Wandelt sie um! Macht Lichtgestalten aus ihnen, die euch freudig helfen, in ein neues, besseres Sein zu gelangen!

Ununterbrochen weint die Erde, und ihre Hilferufe dringen zum Thron des Vaters. Ihr seid diejenigen, die ihre Ohren öffnen, das Weinen vernehmen und dem Erdball Liebe spenden als Balsam und Trost. Das Bewußtsein des Planeten bedarf sehr eurer Unterstützung. Die Erde hat viele Wunden und Narben davongetragen, und es wird eines großen Potentials an Liebe bedürfen, um die Narben aufzulösen. Es ist unsere Hoffnung, daß ihr diejenigen seid, die diese Narben zum Verschwinden bringen. Bei all dem habt ihr die liebende Unterstützung aus unserem Bereich.

Wir wissen: So ihr den Weg der bewußten und gewollten Evolution geht, dauert es nur eine kurze Weile, bis wir uns gegenüberstehen. Ihr werdet uns wahrnehmen, ihr werdet uns sehen und hören. Dies wird ein großes Fest der Freude sein. Zahllose Leidensenergien, die angesammelt wurden und dafür verantwortlich sind, daß die Erde ihre Kraft verlor, werden aufgelöst werden. Ihr werdet eine Vielzahl derer wiederfinden, die euch durch den physischen Tod voraufgegangen sind. Ihr werdet erkennen, daß es den Tod niemals gab, daß auch er nur in eurer falschen Vorstellung, als Illusion, existiert. Ihr werdet erkennen, daß die Form des physischen Sterbens durch eure Schöpferkraft gestaltet wurde, indem ihr eure Vorstellung mit den Bildern der Traurigkeit und mit dem Leid und Schmerz eurer Seele genährt habt.

All dies habt ihr unbewußt erzeugt. Nun ist der Augenblick gekommen, wo ihr sehen, erkennen und verstehen sollt. Seid also herzlich empfangen, seid aus unseren Bereichen umarmt und wißt allezeit: Wir begleiten euch in großer Liebe, in großer Freude. Wir sind dankbar, in diesem Augenblick bei euch sein zu dürfen, wir nehmen die Schwingungen eurer Seelen wahr und sind sehr berührt. Wir können da und dort noch ein Unverständnis der gesprochenen Worte wahrnehmen und hier und dort auch die eben so ausführlich benannte Angst. Es ist unser Auftrag, euch hier im besonderen Hilfe zukommen zu lassen. Wißt also, nicht einen einzigen Augenblick wart oder seid ihr verlassen. Ihr seid allezeit umgeben und werdet beobachtet von wachsamen, liebenden Augen. Ihr seid von starken Armen umfangen, die eine Erdenwelt wie eine kleine Kugel zu tragen vermögen. So sorgt euch nicht, fürchtet euch nicht!

Versucht vielmehr, euer Herz in froher Hoffnung aufzuschließen! Öffnet euren Geist und nehmt auf, was wir euch geben wollen, was wir euch geben werden, so ihr bereit seid, zu empfangen. Bittet, so wird euch gegeben werden! Das Universum ist eine große Schatzkammer, und alles, was ihr mit eurem physischen Auge sehen könnt, existiert in unseren atmosphärischen Bereichen in seiner geistigen Urform, in der Essenz des geistigen Seins. Wir sehen diese Essenz, können mit unseren Händen hineingreifen und daraus das formen, was wir wünschen. Auch ihr werdet lernen, aus dem Geistigen zu schöpfen.

Zuvor jedoch muß die Schule der Liebe durchwandert und abgeschlossen sein. So gilt es, nur eins zu tun: das Diplom der Liebe anzustreben. Die Tür zur neuen Erdenwelt ist verschlossen, und nicht jeder ist berufen, einzutreten. Es bedarf eines goldenen Schlüssels, und dieser Schlüssel ist die Liebe. Bemüht euch also, die Liebe in euch zu mehren, die Liebe zu euch selbst und zu allem Leben! So werden alle Tore geöffnet und alle Grenzen aufgehoben werden. Die Grenzen, die noch in euch vorhanden sind, die ihr durch eure Vorstellungen, durch eure Unwissenheit erschaffen habt, werden mit dem Schlüssel der Liebe aufgehoben werden.

Segen über euch! In großer Freude und Dankbarkeit, im Auftrag und im Namen aller, die euch in diesem Augenblick geistig umgeben, sprach Herakles. Gott zum Gruße!

Diese Botschaft vom 13. Dezember 1996 spricht von der weinenden Erde, die unseres Trostes und unserer Unterstützung bedarf. Hoffnungslosigkeit und Verzweiflung entsprachen dem damaligen Bewußtseinsstand des Planeten. Inzwischen weiß die Erde, daß sie nicht zerstört werden wird und daß ihre Bitte um Weiterentwicklung und Befreiung von der Dichte der dritten Dimension Erfüllung findet. Ab August 1997 erhielten wir etliche Male die Information, daß unsere Erde vom bevorstehenden Aufstieg wisse und diese Zeit in vollkommener Freude durchleben werde. Dabei ist vom Jubeln der Erde die Rede, so beispielsweise in der Herakles-Botschaft «Es ist die Kraft des Wunsches, die zum Ziele führt» (Seite 131).

Die oft gestellte Frage, wie wir uns körperlich erleben werden, wenn wir in die fünfte Dimension aufgestiegen sind, wird dahingehend beantwortet, daß wir uns auch nach der erfolgten Transformation als physische Menschen erfahren werden. An anderer Stelle sagt Herakles ausdrücklich: Wir werden beim Aufstieg den physischen Körper nicht verlieren und in der fünften Dimension den körperlich-materiellen Bereich noch nicht verlassen haben. Wir werden also nicht in astrale Sphären eintreten, sondern in einen materiellen Bereich, der sich allerdings in höheren Schwingungsfeldern, eben in einer anderen Dimension, befindet.

Die Körper aller Wesen auf anderen Planeten und in anderen Dimensionen sind in ihrer Essenz und Schwingung jeweils ihrem Lebensraum angepaßt. Dieses Umfeld erleben sie so real, wie wir zur Zeit unseren Körper und unsere alte physische Erde empfinden. Und so körperlich real werden wir uns auch in der fünften Dimension fühlen, wenn auch – so Herakles im obigen Text – in einem durchlässigeren, höherschwingenden Zustand, der uns vieles ermöglichen und erleichtern wird.

Der bevorstehende Aufstieg stellt also noch nicht das letztliche Ziel der individuellen Entwicklung dar und entspricht noch nicht der immateriellen ewigen Natur des Selbst. Denn es gibt eine entsprechende immaterielle ewige, absolute Welt, und wir als reines Selbst sind Teil dieser ewigen spirituellen Heimat des Lichts. Die höherschwingende Lichtwelt, in die der Mensch nach der Transformation eintritt, sollte nicht mit dieser spirituellen Welt verwechselt werden, auch wenn sie uns als nächste Stufe dem großen Ziel um vieles näherbringt.

Herakles mahnt uns, die alten genetischen Programmierungen, die Blockaden in uns verursacht haben, zu löschen. Viele weitere Botschaften enthalten ebenfalls den Hinweis, wie wichtig es für unsere Entwicklung ist, daß wir die giftigen Ablagerungen in den Gehirnzellen und Nervenbahnen auflösen und unsere DNS-Spiralen im ganzen Körper neu programmieren. Wenn wir die Feinstofflichkeit im physischen Körper erhöhen wollen, müssen wir gezielt die alten Programmierungen aufheben, die den Durchlichtungsprozeß der Zellen behindern. Dies mag manchem wie ein komplizierter und kaum zu bewältigender technischer Prozeß erscheinen. In Wirklichkeit handelt es sich um sehr einfache, wenn auch hochwirksame Lichtübungen.

Die von Herakles angekündigten Anweisungen hierzu sind im Übungsteil am Schluß dieses Bandes enthalten (siehe «Vorübungen zur Levitation» und «Umwandlung von Giften und DNS-Programmierungen»). Eine Übung zur «Entgiftung der Zellen» findet sich auch in Band 1 («Dein Wille geschehe jetzt!», Seite 272).

Die Tore sind geöffnet, euch zu empfangen

17. August 1997

Durch die Kraft des Lichtes aus Gott bin ich mitten unter euch. Der Friede sei bei euch, der Friede bleibe bei euch allezeit! Gott der Vater läßt euch grüßen, die ihr mir aus dem Hause des Vaters bis tief zur Erdenwelt hinab gefolgt seid, die ihr euch an meinem Feuer der Liebe entzündet habt, am Geist der Wahrheit und am Licht der Weisheit.

Tief bewegt verweile ich mitten unter euch, denn ihr werdet jetzt vorbereitet, damit ihr fähig seid, den großen kommenden Augenblick in Freude zu überstehen. Eure geistigen Helfer sind bei euch und haben vom Vater selbst den Auftrag, wieder zu vereinen, was einstmals getrennt wurde. Die energetischen Lichtkanäle werden gebunden und vereint, und eure Zellen werden jetzt eingeschwungen auf die Frequenzen eurer wahren Heimat. In brüderlicher Liebe wurde dieser Augenblick erwartet, erhofft und erbetet von vielen, die unsichtbar bei euch sind.

Etliche Male habe ich euch verlassen, doch allezeit bin ich zu euch zurückgekehrt. Ihr wart zu meinen Füßen auf Golgatha, ihr wart im Garten Gethsemane und vor den Mauern von Jerusalem. Lange nachdem mein Körper die Erde verlassen hatte, habe ich mich wieder und wieder mit euch vereint. «Siehe, ich komme bald» – etliche Male habe ich euch dieses Wort als Trost und Verheißung gesendet, und etliche Male bin ich zu euch geeilt, mein Wort zu erfüllen, euch zu trösten und euch die Kraft zu geben, deren ihr bedürft, um den Weg weiterzugehen. Nun aber wird bald jener Augenblick sein, da sich mein Wort erfüllt, denn ich bin euch einst voraufgegangen, euch einen Ort zu bereiten, auf daß ihr seid, wo ich bin.

Dieser Ort ist bereitet. Die Tore sind geöffnet, euch zu empfangen. Wahrlich, wahrlich, ich komme bald, und ich werde die Meinen zu mir nehmen, auf daß sie sind, wo ich bin. Mein Erscheinen auf dieser Erdenwelt wird sichtbar sein für jede Form der Schöpfung, die auf ihr lebt, und sie wird wissen, daß ich es bin. So wie es euch im Anbeginn verheißen wurde, werde ich auf einer Wolke im Licht kommen, im Zeichen des Sohnes aus Gott, und alle werden wissen, daß ich es bin. Ich werde die Meinen zu mir nehmen, auf daß sie sind, wo ich bin.

Wenn der Vater ein Kind zeugt und die Mutter es gebiert, lieben sie dann nicht das erstgeborene Kind? So zeugte Gott den ersten Sohn, und dieser war die Manifestation des weiblichen Aspektes aus dem Schöpfer, in der Ausdrucksform des Lichtes, welches die Weisheit ist. Vater und Mutter aus der Einheit liebten den erstgeborenen Sohn, der den Namen Luzifer trug, mit übergroßer Liebe. Das geborene Licht wurde aus der Einheit der Vollkommenheit in das Zweigeteiltsein außerhalb der Einheit gesandt, in das Gesetz und den Raum der Polarität. Dieser Sohn, der erstgeborene, begann seine Identität als Verkörperung der Weisheit auf der anderen Seite innerhalb der Polarität zu aktivieren, und so begab sich das Licht als Unlicht auf seinen Weg.

So schuf denn Vater-Mutter-Gott den zweiten Sohn, der die Liebe genannt wurde [Christus]. Diesem Sohn wurde zuteil, die Aufgabe des ersten Sohnes mitzutragen. So war der Zweitgeborene das Licht und die Liebe zugleich. Dieser zweitgeborene Sohn folgte dem erstgeborenen nach, um dort, wo das Licht in der Polarität als Unlicht tätig war, die andere Seite zu ergänzen. So wurde das Gleichgewicht aufrechterhalten. Dies war der Urbeginn.

So ihr euch fragt, warum der Vater nur Söhne erschuf, versteht folgendes: Der aktiv schöpfende Teil ist allezeit und ewiglich der männliche Part des Aspektes Gottes, und der passive, empfangende Teil der Schöpfung ist allezeit der weibliche Teil des Aspektes Gottes. So denn Schöpfung sich sichtbar ausdrücken soll, muß der aktive Teil tätig werden. Die Söhne der Schöpfung sind ohne weibliches oder männliches Geschlecht, es ist lediglich der aktive männliche Schöpfungsanteil aktiv, denn dieser wird benötigt, damit die passive Energie, der weibliche Aspekt, empfangen, ausdrücken und manifestieren kann.

Ich bin euch in vielerlei Gestalt begegnet. Euch ist das Wesen des Menschen Jesus sehr vertraut, denn in jener irdischen Zeit haben viele von euch mich begleitet. Dennoch war der Mensch Jesus nur ein kleiner Aspekt dessen, was entsendet wurde, um die Kraft und das Bewußtsein und die Liebe des Christus zu tragen. Der Mensch Jesus manifestierte zur damaligen Zeit auf der Erde das Christusbewußtsein. Ich kam zur Erde als eine große brennende Fackel, um die Dunkelheit der Erdenwelt zu erleuchten. Ihr fandet euch nach und nach ein, eiltet aus unterschiedlichen Bereichen zu mir. Von verschiedenen Planeten eiltet ihr zur Erde hinab, vorbereitet, euer Amt anzutreten und euren Weg zu gehen.

Jedoch ihr hattet euren Ursprung vergessen. Dies war ein Teil der Schulung, die ihr durchlieft. Mit meinem Licht entzündete ich wieder in euch die Liebe von einst, die ihr verlassen und vergessen hattet. Ich sprach zu euch, und ich ging manchen Weg mit euch. Immer wieder entfachte ich aufs neue den Geist des Feuers in euch, weckte das Sehnen nach der Wahrheit, die Suche nach dem Licht und den Wunsch nach Liebe. So habe ich das Feuer immer wieder aufs neue in euch entzündet. Als mein Werk vollbracht war, bin ich gegangen, nicht um euch zu verlassen, sondern um euch einen Ort zu bereiten, auf daß ihr sein könnt, wo ich bin.

Ihr seid also als lebendige Lichtfackeln auf die Erde gestellt, und es ist euer Amt, in den Stürmen dieser Zeit als Fels in der Brandung zu stehen und als Licht im Schatten der Dunkelheit zu leuchten. So habt ihr geleuchtet, habt versucht, das Licht in dem, der euch begegnete, zu entzünden. Viele Male ist euer Licht erloschen, und dann bin ich abermals zu euch gekommen, in anderen Gestalten, in anderen Personen, und immer wieder habe ich euer Feuer neu entzündet.

Viele Male glaubtet ihr euch allein und verlassen. Doch der Vater sandte euch allezeit Propheten und Helfer. Nun aber ist der Augenblick gekommen, da ein jeder in seinem eigenen Amte wirken soll: als Fels in der Brandung der Stürme dieser Zeit und als brennendes, leuchtendes Licht in dieser Dunkelheit aus Unwissenheit, Verwirrung und Angst. Dies sei euer Auftrag, diesen führt aus! Bald wird euer Auftrag vollendet sein, und ihr werdet zu jenem Ort gerufen werden, der lange schon vorbereitet ist.

Ich habe viele Male beobachtet, wie die Kraft eures Glaubens euch verließ. Wahrlich, wahrlich, in jener Zeit wird die Liebe der meisten erkalten. Dies nehmt ihr manches Mal auf euch als Resultat der Kämpfe, die um euch toben, der Wunden, die euch von denen geschlagen werden, die ihr liebt. So bitte ich euch noch einmal: So ihr geschlagen werdet, liebt dennoch! So euch Schmerz zugefügt wird, liebt um so mehr! So Verwirrung, Angst und Dunkelheit um euch herrschen, ist es euer Amt, um so mehr zu leuchten, um so stärker zu sein und um so mehr zu lieben. Denn ich sage euch, wahrlich, der Vater liebt Seinen gefallenen Sohn Luzifer nicht weniger als jeden einzelnen von euch, und auch ich habe Judas niemals aus meiner Liebe entlassen. Ich habe euch auch geliebt, als ihr im Garten Gethsemane in meiner schwersten Stunde mich verlassen hattet und schlieft. Dennoch habe ich euch geliebt, und allezeit werde ich euch lieben.

So lernt, eure Liebe ohne Vorbehalt und ohne Urteil zu verströmen! Berechnet nicht euren Nutzen, euren Vorteil, bevor ihr jemandem eure

Liebe schenkt! Ihr seid manches Mal in eure falschen Vorstellungen über die Liebe verstrickt. Ihr habt euch Bilder erschaffen, denen ihr Macht über euch gebt. Dies war gemeint, als der Vater euch das Gesetz gab: «Du sollst dir kein Bild machen!» Ihr habt darunter das Götzenbild aus Silber oder Gold verstanden. Doch dies war ein geistiges Gebot. Gemeint war, daß ihr allezeit allem, was euch begegnet, offen und neutral gegenübertreten sollt, daß ihr nicht richtet, verwerft, bewertet, sondern daß ihr Licht und Liebe seid und eure Liebe ohne Vorbehalt schenkt, ohne einen Lohn dafür zu erwarten.

So rufe ich euch noch einmal zu, jetzt in dieser letzten Zeit: Liebt mit eurem ganzen Selbst ohne Vorbehalt, leuchtet uneingeschränkt, seid das lebendige Licht und der sichtbare Ausdruck der Wahrheit aus Gott, und laßt den Glauben in euch leben! Und so der Sturm dieser Zeit euch ereilt und ihr als Fels in der Brandung steht und als Licht leuchtet und um die Wahrheit wißt, die ihr selber seid, habt ihr euer Versprechen erfüllt, und ihr seid die wahren Träger des Christus.

Ich ging zur Erde hinab, um das Amt und die Kraft des Christus dorthin zu tragen. Ihr seid mir gefolgt, um dieses Amt auf euch zu nehmen und weiterzutragen. Ihr habt es getragen um dieses Erdenrund. Wahrlich, in den vergangenen Gezeiten dieser Erde seid ihr viele Wegmeilen mit euren Füßen gegangen und habt mit eurem Mund Worte aus mir gesprochen. Ihr habt das Amt des Christus verkündet, wie es euch geheißen wurde. Doch als die Kämpfe heftiger wurden und ihr viele Wunden davontrugt, erlosch manches Mal euer Licht. Nun seid ihr müde, und oft fehlt euch die notwendige Kraft.

So gebe ich euch heute das Bewußtsein: Jetzt, während ihr meinen Worten lauscht, sind viele liebende Hände beauftragt, euch an die Lichtkanäle aus den Bereichen des Vaters anzuschließen, und ihr werdet ebenso mit jenen Energiefeldern verknüpft, die einst eure Heimat waren. In der kommenden Zeit wird euch mehr an Kraft, wird euch mehr an Licht und Liebe zufließen. Denn dies braucht ihr wohl. Vertraut allezeit darauf, daß ihr mit eurer wahren Heimat, mit der Quelle des Lichtes selbst verbunden seid und daß die Liebe allezeit durch euch fließt, so ihr es nur geschehen laßt.

Und dies sei euer Amt, daß ihr einem jeden Liebe schenkt, welcher euch gegenübersteht, daß ihr allezeit dort, wo ihr seid, aus dem Geist der göttlichen Weisheit leuchtet und daß ihr wißt, wer ihr seid: die Träger des Amtes aus dem Christus. Als solche wirkt! Dies ist der

Wunsch, dies ist die Bitte eures Bruders, eures Freundes, eures Mitstreiters Jeschua.

Harret aus! Die Zeit wird bald vollendet sein. Beobachtet aufmerksam alles, was um euch geschieht, denn vieles hat sich bereits in der irdischen Natur und in der Atmosphäre, die die Erde umschließt, verändert! Dies sind die Zeichen der Zeit. Fürchtet nichts, denn alles wurde euch zuvor als Information, als Vorbereitung gesagt! Was ihr jetzt von Tag zu Tag deutlicher und klarer erschaut, ist nichts weiter als die Sichtbarwerdung dessen, was euch zuvor angekündigt wurde.

Laßt ab von euren irdischen Sorgen, denn sie sind Ketten, mit denen ihr euch selber an die Erde fesselt. Laßt ab von euren Ängsten, denn sie sind ebensolche Fesseln! Denkt allezeit daran: Bald ist es vollendet, und euer Amt ist es, Liebe, Licht, Wahrheit und Frieden zu sein. Denn so ihr dies seid, wird die Welt, die um euch ist, mich in euch erkennen, und dies wird die Hilfe aus Gott durch euch sein. So wie einst durch mich die Hilfe von Gott auf die Erde kam, so kommt jetzt diese Hilfe von Gott durch euch auf die Erde. Kehrt euch ab von Angst, Zweifel und Unsicherheit! Festigt euren Glauben, auf dem ihr stehen könnt, denn wenn euer Glaube wankt, werdet ihr fallen. Doch ihr werdet benötigt in dieser letzten Zeit.

Jetzt ist der Augenblick gekommen, da euer Amt in seiner Größe und Wichtigkeit beginnt. Nicht, indem ihr nach den Vorstellungen und Bildern eurer Welt Wichtigkeit verkörpert, nein. Wandelt in Demut und seid in den Stürmen dieser Zeit der Fels in der Brandung, das Licht in der Dunkelheit, indem ihr einfach das seid, was in Wahrheit euer Same ist. Indem ihr euch zu euch selbst, zu eurem Ursprung bekennt, wird diese Kraft des Christus und das Bewußtsein aus ihm in euch leben und durch euch wirken. So ihr euch aber verführen laßt, in Angst und Zweifel zu fallen, kann das Bewußtsein des Christus sich nicht in euch verankern. Kehrt immer wieder zurück zu euren Wurzeln! Diese Wurzeln sind der Same des Lichtes, ihr seid aus Gott geboren als Seine Kinder. Dieses Bewußtsein haltet fest, tragt es in alle Ebenen eures Seins und laßt niemals zu, daß andere euch diesen geistigen Schatz rauben und euer Wissen und euren Glauben, wer ihr seid, antasten und beschmutzen.

Viele Arme greifen nach euch, um euch diesen geistigen Schatz zu entreißen. Ihr betet um Schutz und wißt nicht, wie viele Male dieser Schutz im Verlaufe eines Erdenmenschentages wirksam ist. Könntet ihr sehen, was unsichtbar um euch herum geschieht, würdet ihr ständig ein

Schwert aus Licht erblicken, das die dunklen Greifarme von euch abtrennt. Ihr geht durch euren Tag, ohne dies zu bemerken. Ständig wird um euch gekämpft, damit ihr im Frieden, in der Liebe, in eurem Selbst bleibt, denn auf der Erde leuchtet euer Licht nicht sichtbar, aber in den dunklen astralen Bereichen ist es offenbar. Viele sind es, die sich an eurem Licht bereichern wollen. So ist der geistige Helfer an eurer Seite ständig bestrebt, euch in der Freiheit des eigenen Seins, geschützt und unangetastet, zu belassen. Dankt ihm dafür, gedenkt seiner Mühe, seiner Liebe und Arbeit noch mehr, denn es ist eine große Liebe, die euch umgibt!

Wenn ihr in eurem Leben dennoch Gefahr und Bedrängnis erlebt, habt ihr dies selbst gerufen, oder aber es ist zu euch gelangt, weil es zugelassen ist und ihr dessen bedürft, um daran zu wachsen und zu lernen. Ihr werdet aber allezeit beobachtet, ihr seid allezeit abgeschirmt, ihr seid allezeit im Segen, im Schutze und in der unendlichen Liebe eures himmlischen Vaters.

Der Augenblick wird bald zu euch kommen, da der Vater eure Liebe zu Ihm prüfen wird. Der Schöpfer, der Christus und der Mensch Jesus haben sich allezeit in Liebe zu euch bekannt. Immer wurde euch die Treue gehalten. Niemals wurdet ihr verlassen. Unendlich und ununterbrochen werdet ihr geliebt, bei jedem Atemzug, den ihr tut. Bald aber werdet ihr geprüft werden, ob ihr den Mut habt, euren Schöpfer, euren Christus, ebenso zu lieben. Für einen jeden kommt die Stunde der Entscheidung, und ihr werdet die Wege nach eurem Willen, nach eurem Herzen, nach eurem Mut gehen. Festigt euren Mut, euren Glauben! Laßt Liebe bei euch sein! Der Christus will durch euch wirken.

In großer Liebe umarme ich euch. Der Segen des Allerhöchsten ruhe auf euch! Fürchtet nichts, denn ich bin bei euch allezeit! Gott der Vater läßt euch grüßen. Euren Frieden belasse ich euch, meinen Frieden gebe ich euch. Euer Licht belasse ich euch, das Licht des Schöpfers gebe ich euch. Eure Liebe belasse ich euch, und die Liebe der göttlichen Einheit, die Liebe aus mir und die Liebe aus all jenen, die mit euch sind, seien euch Trost und Kraft für die nächsten Tage. Auf ein Bald! In froher Hoffnung, in Erwartung und Freude des Kommenden nehme ich Abschied. Euer Bruder, euer Freund, euer Mitstreiter Jeschua.

Wie immer, wenn Jeschua sich mit einer Botschaft an uns wandte, hatten auch dieses Mal viele der Anwesenden, noch bevor er angehoben hatte zu sprechen, seine hohe Liebesenergie im Raum wahrgenommen. Aber nicht nur wir Menschen waren stets tief berührt von seiner Ausstrahlung. Hören wir, was Herakles 1997 im Arbeitskreis Sterbebegleitung von TERRAMOR über die Liebe des Sohnes sagte:

Wollte ich euch diese Weise der Liebe beschreiben, so wüßte ich nicht, woher ich die Worte zu nehmen hätte. Denn ihr wißt um die Gefühle für euch von der Seite des Mannes, der euch liebt, ihr wißt um die Liebe einer Mutter und eines Vaters, und ihr wißt um die Liebe, die ihr selber habt für eure Kinder, für diese Erdenwelt, für die Schönheit der Natur. Aber ihr könnt nicht die Größe der Liebe erfassen, deren der Sohn fähig ist. Es vermag auf diesem Erdenrund, es vermag in allen Universen niemand so zu lieben wie er. Dies sagt euch euer alter Lehrer Herakles. Die Liebe des Sohnes ist von einer Art, die da beglückt und beschämt zugleich. Und ihr werdet nirgendwo anders als in seinen Augen, in seinem Herzen diese Liebe finden.

So ihr im Zweifel seid, prüft die Liebe! Und so ihr die Liebe des Sohnes findet, werdet ihr erkennen: Es ist euer Bruder Jeschua, es ist der mächtige Christus. Denn niemand vermag so zu lieben wie er. Spürt mit eurem Herzen, und ihr werdet ihn erkennen an seiner Liebe. Von allen Kreaturen, von allen aufgestiegenen Meistern, von allen Wesen des Lichtes und der Liebe, die Großes in der Vergangenheit geschöpft haben und die gegenwärtig und künftig Großes schöpfen, ist keiner befähigt, so zu lieben wie er. An seiner Liebe werdet ihr ihn allezeit erkennen.

So ihr ihn mit der größten Liebe, deren ihr fähig seid, ruft, wird er euch allezeit antworten. Niemals ist ein Ruf ungehört verklungen. So ihr den Sohn ruft, wird er euch Antwort geben, und ihr sollt ihn zu unterscheiden lernen an der Weise seiner Liebe. Denkt also immer daran: Niemand vermag so zu lieben wie er. So spürt meine tiefe Rührung! Auch ich, Herakles, der viele Male zu Füßen des Sohnes saß, habe diese Liebe erfaßt und aus ihr getrunken. Und ich künde euch aus meinem Sein: Nirgendwo bin ich einer solchen Liebe noch einmal begegnet.

Die Morgendämmerung eures wahren Seins

30. Juni 1997

Gott zum Gruße! Herakles ist zu euch gesandt, die ihr die getreulich Suchenden seid und nun begonnen habt, die Morgendämmerung eures wahren Seins zu erleben. Ja, ihr seid im Begriff, zu eurer wahren Identität zu erwachen. Dies ist ein großer, wichtiger Augenblick für uns und ein noch bedeutungsvollerer für einen jeden von euch, denn es ist dieser Augenblick, dessentwegen ihr euch hierherbestimmt habt: in dieses Leben, in diese Zeit, an diesen Ort.

Dies ist der Augenblick, da die Wahrheit beginnt, sich nach der Qualität dessen, der sie in sich trägt, in allen Teilen dieser Erdenwelt zu offenbaren. Das Innerste wird nach außen gekehrt und für einen jeden offensichtlich. So seid voller Freude! Wohl beginnt ihr, die dunklen Wolken zu erblicken. Ihr erblickt jedoch ebenso das Licht, das von Mal zu Mal diese Erdenwelt heller durchdringt.

Aus dem Bewußtsein des einzelnen werden die Reinigung und die Trennung vollzogen. Da ist kein Richter, der die Seelen in das linke oder rechte Lager einteilt. Die Entscheidungen, die lange schon getroffen wurden, offenbaren sich nun in den äußeren Begebenheiten ebenso wie in den Gefühlen, die ein jeder von euch nun tiefer und deutlicher empfindet.

Ihr spürt immer öfter ein Befremden. Wenn ihr Menschen begegnet, die nicht euren Weg gewählt, sondern sich andere Ziele gesetzt haben, obwohl ihr ihnen über einen langen Zeitraum verbunden wart, reift in euch die Erkenntnis, daß der Abschied vor der Türe steht. Sie sind euch aus den bisherigen Lebensbereichen vertraut, und dennoch fühlt ihr euch ihnen fremd. Dies zeigt, daß ihr erwacht. Ihr beginnt, eure wirkliche Identität zu ahnen und nach und nach die Masken abzulösen, die notwendig waren, um dieses irdische Leben zu leben und den von euch gefaßten Plan zu verwirklichen. Die Masken bröckeln, und darunter kommt die Wirklichkeit eurer wahren Identität hervor.

Dies sind Prozesse, die ihr mit gemischten Empfindungen durchlebt. Heute ist das Lachen unter euch, morgen die große Traurigkeit und übermorgen die Unsicherheit. Und manchesmal schleichen sich noch Angst und Ratlosigkeit in euer Gemüt. Die Stunden unseres Zusammenseins sind dazu angetan, euch bei euren Empfindungen, euch beim Erwachen zu eurer wahren Identität liebend unter die Arme zu greifen. Wir werden versuchen, die von euch empfundene Ratlosigkeit, die von euch gestellten Fragen aufzufangen und euch zur richtigen Zeit die Antworten zu geben.

Wie euch bereits früher angekündigt wurde, werdet ihr euch nun im Erleben der eigenen unaufgelösten Aspekte wiederfinden. Ihr werdet Krankheiten gegenübertreten, die ihr, tief in euch verborgen, über lange Zeiten unerkannt, unbewußt und ungefühlt getragen habt. All dies wird nun in euer Empfinden, in euer Tagesbewußtsein emporsteigen, denn ihr werdet von außen unablässig mit hohen Lichtquanten beschallt. Es ist die Photonen-Energie, die sich nun in Oktaven in das Bewußtsein euer Zellen hineinbegibt und eine völlige Umstrukturierung eurer Energiekörper und das Empfinden starker Emotionen in euch bewirkt. Nehmt dies dankbar an! Wenn ihr jetzt im persönlichen Bereich Schwierigkeiten in der Partnerschaft habt, oder wenn Krankheiten in euch aufflackern, so seid dankbar und habt keinerlei Angst, denn es ist die euch zuvor angekündigte notwendige Reinigung, die jetzt von außen ausgelöst wird.

Auf der Ebene eures Geistes und eures Seelenbewußtseins habt ihr euch dies gewünscht, habt euer Ja dazu gegeben. Ihr habt den Auftrag für diesen Weg und für diese Weise der Reinigung erteilt. So seid nicht erstaunt, wenn nun diese Reinigung in tiefgreifender Weise stattfindet und alles in euch offenbart und alles aus euch hinaustransformiert, was bisher eurer Vervollkommnung und Transformation im Weg gestanden ist.

Wir haben in der Vergangenheit von den Phasen der Transformation gesprochen. Nun aber seid ihr in eine neue Entwicklung eingetreten: Es ist eine Mutation, die sich in euch vollzieht. Ihr seid dabei, euch zu feinstofflichen Lichtwesen zu mutieren, und ihr werdet noch vieles hinter euch lassen. Ihr spürt dies bereits, ihr ahnt es. Manches Mal macht sich Bangigkeit in eurem Herzen breit, und immer öfter seid ihr befremdet über das, was sich außerhalb von euch tut. So möchten wir euch trösten, so möchten wir euch ermuntern. Wir möchten euch voller Freude zurufen: Seid dankbar, denn es ist die von euch ersehnte und erbetene Reinigung, und es ist ebenso die Errettung.

In den astralen Bereichen haben sich viele erdgebundene Seelen losgelöst und sind in die Ätherbereiche eingekehrt, die euren physischen Planexten umschließen. Wir haben euch in der Vergangenheit gebeten, euch mit liebendem Herzen der erdgebundenen Wesenheiten helfend anzunehmen. Nun aber seid ihr von dieser Aufgabe entbunden. Es ist das Licht des Christusbewußtseins, das die astralen Bereiche in einer solchen Intensität und allumfassenden Weise durchdringt, daß ein jegliches Wesen, das nicht das Licht in sich trägt, mehr oder weniger die Flucht ergreift. Ihr wißt aus den vergangenen Lehrstunden, daß das Licht sich dorthin bewegt, wo es ein Verbundensein, eine Beziehung gibt, wo es eine Resonanz findet. Ihr seid die lebendigen Scheinwerfer in der Dunkelheit des unbewußten kollektiven irdischen Bewußtseins. So ist das, was von euch ausgeht, ein Signal, das in der Vergangenheit dem Licht den Weg gewiesen hat.

Dieses Licht hat euch nun erfaßt und ebenso all die Bereiche, die es auf dem Weg zu euch durchwandert hat. Alle Wesen und alle lebendigen Individuen, die sich in diesen astralen Zwischenbereichen befanden und dieses Licht nicht ertragen konnten, flüchteten in großer Angst in die physischen Bereiche zurück. So ist die Atmosphäre dieser Erdenwelt übervölkert, und ihr werdet aus eigener Kraft nicht den Übergriffen der Angstenergien, die von diesen unwissenden und verwirrten Seelen ausgehen, standhalten können. So begebt euch aus diesem Tätigkeitsfeld heraus!

Ihr habt bereits erfahren, daß eure Energiezentren, die sich geöffnet haben, von ihren bisherigen Verbindungskanälen getrennt und nach und nach an die geistigen Bereiche angekoppelt werden. Dies ist der Grund, warum ihr nicht mehr dafür zuständig seid, im astralen Bereich zu wirken. Es haben sich Heerscharen, Legionen von Lichtwesen eingefunden, diesen verwirrten Seelen beizustehen, und sie sind in liebevoller Weise bemüht, sie aufzufangen.

Die Angstenergie, die in diesen Bereichen entsteht und auf die Erde dringt, bildet auf der anderen Seite die Resonanzfläche für jene Wesen [von anderen Planeten], die mit der Motivation zur Erde strömen, sie für die eigenen Ziele und Zwecke zu gewinnen. Dies ist der Kampf von Schatten und Licht. Ihr habt euch für die Seite des Lichts entschieden. Der Graben, der sich zwischen dem Dunklen und dem Hellen befindet, wird von Mal zu Mal breiter. In dem Maße, wie sich der Graben verbreitert, trennt ihr euch von den Auswirkungen der Dunkelheit. Dies ist der Grund, warum es euch jetzt möglich ist, eure noch unvollendeten Aufgaben in leichterer Weise zu lösen. Die aufflackernden Krankheiten, die ungelösten Aufgaben, die nun keinen Aufschub mehr dulden, gestalten sich so, daß sie die Entscheidung aus sich selbst heraus erzwingen.

All diese Situationen resultieren daraus, daß ihr euch von der Dunkelheit abgewendet habt und jeder Schatten in euch von euch weichen muß. Ihr habt euch auf die Seite des Lichts begeben, und ihr werdet nun von dieser Seite getragen. Es ist das Licht selbst, das in euch diese Schatten bekämpft und verwandelt. Von Mal zu Mal mehr werdet ihr diese Umwandlungen und das Kämpfen des Lichts in euch als eine Erleichterung, als eine Form der Befreiung und der Erlösung erfahren. Seid also dankbar und seid bestärkt darin, daß die Aufgabe, denen zu dienen, die den physischen Körper verlassen haben, immer noch große Bedeutung hat, aber für euch beendet ist. Beginnt nun, zuerst die eigenen emotionalen, psychischen und geistigen Bereiche zu klären, denn ihr wißt wohl, daß ein klarer Geist benötigt wird, damit ihr die Situation und den Zeitpunkt genauestens erfassen könnt, wann ihr gerufen werdet, um aus euch heraus zu wirken. So versteht, diese Schulung ist dazu angetan, zuerst euch selbst zu reinigen und zu klären und euch dann zu befähigen, euer Gegenüber in seiner Wahrhaftigkeit zu erfassen.

So will ich euch heute einige Punkte als theoretischen Unterricht nennen, dessen ihr als Basis für die kommende praktische Arbeit bedürft. Ihr werdet gebeten, euch selbst in der wahren Identität zu erfassen. Seid hier besonders geduldig mit euch, bleibt in großer Liebe zu euch selbst! Habt vor allen Dingen Mut, denn ihr werdet dann und wann noch von euren unerlösten Aspekten angehalten werden, an den von euch selbst erschaffenen Masken festzuhalten. Wir bitten euch, habt Mut und beginnt, euch mit dem Gedanken anzufreunden, daß das Leben, das ihr bis heute geführt habt, in jedweder Form ein Scheinleben war, das ihr angenommen habt, um den Dienst auf der Erde zu verrichten. Dieser Dienst ist nun beinahe vollendet, und ein neuer Dienst beginnt, der eines neuen Bewußtseins und eines neuen Wirkens bedarf.

So werdet mutig und erkennt, daß der Lebens- und Arbeitsbereich, den ihr wähltet, eine Scheinidentität war, die ihr euch erschaffen habt, um auf dieser Erde unerkannt euren Dienst anzutreten und von den Menschen angenommen zu werden. Ihr werdet nun erwachen und erkennen, daß ihr von außerhalb, von anderen, höher entwickelten Kulturen hierher gekommen seid. Ihr habt Identitäten angezogen, die es euch erleichtert haben, den Dienst zu verrichten. Nun aber ist dieser Dienst beendet, und es gilt, die Scheinidentität wieder auszuziehen wie ein Kleid, wie eine Uniform, denn ihr werdet befördert, ihr werdet einen höheren Dienstgrad einnehmen. Und das Kleid für euer neues Wirken steht bereit. So bitten wir euch, bekundet Mut und legt voller Freude und Liebe, voller Hoffnung und Kraft sanft diese Scheinidentität wieder ab!

Ihr werdet, so ihr den Mut aufbringt, immer schneller in die Erinnerung eures wahren Seins und eurer Herkunft gelangen. Etliche unter euch haben bereits begonnen, die Erinnerung an die astralen Erlebnisse in euren Träumen immer öfter und klarer mit in das Tagesbewußtsein zu übernehmen. Dies ist eine Phase, die wir begrüßen. Dies zeigt euch an, daß ihr zu erwachen beginnt und die Schleier über eurem Unterbewußtsein angehoben werden. Das bewußte mehrfache Träumen und die nicht verlorengegangene Erinnerung ist ein deutliches Zeichen, daß ihr beginnt, eure Scheinidentität abzustreifen und die wahre Identität wieder anzuerkennen.

Wir beobachten dies mit großer Freude, ebenso die Fortschritte, die wir bei einzelnen von euch wahrnehmen können, die verstanden haben, daß nicht bei den Menschen Hilfe zu suchen und zu finden ist, sondern daß ihr euch mit einem jeglichen Anliegen bitte konkret, direkt und sofort an die geistigen Führer und die Sternenbrüder wendet, die euch zur Seite gegeben wurden. Wir bitten euch, daß ihr jetzt mit dem freudigen Experimentieren beginnt. Sprecht eure Sternenbrüder an, denn ihr seid an die Raumschiffe angeschlossen und mit jenen Abteilungen verbunden, zu denen ihr gehört. Aus diesen Bereichen ist Hilfe sofort möglich.

So rate und ermuntere ich euch: Wendet euch in allen Belangen an die Raumgeschwister und an eure geistigen Führer, bittet um Zeichen, um Antwort und Hilfe! Dann werdet still und neutral und hört nach innen! Ihr werdet die Reaktionen sofort, ich wiederhole dies in aller Klarheit und Deutlichkeit, ihr werdet die Reaktionen sofort spüren. So ihr Schmerzen habt, geht in den Zustand der inneren Stille und bittet um einen Eingriff. Ihr müßt konkret rufen, konkret diese Anweisung geben, und ihr werdet spüren können, daß die Reaktion sofort zu euch gelangt.

Bisher waren es Stufen des Lernens in Bezug auf das Vertrauen und den Glauben. Nun aber seid ihr in eine neue Phase eingetreten, und es geht darum, daß ihr eure wahre Identität erkennt, sie annehmt. In dem Maße und in der Geschwindigkeit, wie ihr euch mutig in eure wirkliche Identität begebt, werden sich die vorhandenen Blockaden und Probleme in allen euren Lebensbereichen auflösen, seien es die Probleme aus den materiellen, finanziellen Bereichen, seien es die gesundheitlichen Blockaden, seien es die Probleme, die ihr im beruflichen Arbeitsfeld vorfindet.

Bittet konkret, daß euch alles genommen wird, was euch hindert, zu eurer wirklichen Identität vorzustoßen, damit ihr euren wahren Dienst antreten könnt. Wenn ihr in dieser Weise mit dem absoluten Ja eures ganzen Seins bittet, so seid gewiß, wird die Reaktion und die Antwort sofort erfolgen.

Nun ist die Zeit gekommen, mit den geistigen Ebenen direkt zu arbeiten und nicht mehr nur die Ratschläge von Herakles über diesen sprechenden Mund zu hören, sondern konkret und aktiv daran zu arbeiten, selbst die Verbindung aufzunehmen. Ich ermuntere euch herzlich und eindringlich, dies zu tun, denn ihr werdet wunderbare Erlebnisse für euch verzeichnen können. Dies wird euch ermutigen und bestärken, und ihr werdet nach und nach die ungelösten Aufgaben abschließen können.

Manches werdet ihr noch hinter euch lassen. Wir bitten euch sehr, seid auch hier in der Freude! Habt keine Furcht, denn in der Weise, wie ihr eure Aufgaben annehmt, werdet ihr die Antworten erhalten! So habt ein Lachen in eurem Herzen und in eurem Gesicht, denn jetzt ist die Zeit gekommen, da vieles einfach geht! Nun ist den Sternengeschwistern und den geistigen Helfern erlaubt, die Energieschleusen zu öffnen, so ihr sie nur darum bittet.

Bis jetzt mußtet ihr euch mühen, euer Vertrauen und euren Glauben zu stärken, nun aber seid ihr in die Phase eingetreten, da ihr bitten könnt und durch die Resultate, durch die sofortige Hilfestellung immer mehr Mut faßt und mit immer größerer Leichtigkeit und Freude eure Aufgaben löst. So ihr auf dem Weg seid, euch in Freude zu klären und ohne Angst zu verstehen, daß ihr nicht seid, wer ihr glaubtet zu sein, werdet ihr vieles bewirken können.

Ihr werdet die Menschen, die euch begegnen, durch den Schleier ihrer Masken hindurch erkennen können. Eure Aufgabe ist es jetzt zu lernen, die Masken, die die Menschen tragen, zu durchschauen, und die Worte, die sie sprechen, das, was sie aussenden, nicht einfach als wahr anzunehmen, wie dies in der Vergangenheit der Fall war. Wir bitten euch, lernt die Worte und Gefühle, die euch erreichen, zu analysieren! Hört nicht nur mit dem physischen Ohr, tastet alles mit eurem Seelenbewußtsein ab! So werdet ihr die Schleier heben und die wirkliche Identität des Menschen vor euch erkennen.

Die Menschen selbst kennen ihr wirkliches Sein oft nicht. Denkt nur an euren eigenen Weg! Auch ihr habt lange geglaubt, in dieser Identität zu Hause zu sein, und das Erwachen läßt euch, die ihr doch in der Vergangenheit große Hilfen erhieltet, staunen. So habt Verständnis und lernt, den Menschen in vollkommener Neutralität gegenüberzutreten! Laßt euch nicht beeindrucken durch die Redeweisen, durch die Tränen, Klagen und scheinbaren Leiden. All dies sind Verhaltensweisen aus dem äußeren Menschen und sagen nichts über den inneren Menschen und dessen wirkliche Qualitäten und Bedürfnisse aus.

Versucht, nicht aufgrund eurer äußeren Wahrnehmungen zu reagieren, sondern in das Innere des Menschen einzudringen! Doch tut dies bitte in der größten Achtung, in der größten Liebe und in Neutralität, denn wirken dürft ihr in dem anderen Menschen nicht. Ihr sollt nur gefühls- und bewußtseinsmäßig in ihr Seelenbewußtsein eindringen, um zu erfassen, worin die wirkliche Aufgabe besteht, wo wirkliches Leid vorhanden ist.

Der Mensch gibt vieles von sich, was aus den Ebenen des Verstandes und nicht aus den wirklichen Nöten der Seele kommt. So lautet die Aufgabe, zu lernen, die Menschen im positiven Sinn zu durchschauen und die wirkliche Not des Menschen zu erfassen, die durch vielerlei Kleider und Masken getarnt ist.

Dies praktisch zu üben war bereits für die Zusammenkünfte in der Vergangenheit geplant. Jedoch kamt ihr in die Lehrstunden mit der Mühsal der eigenen Belastungen. Geistiges Arbeiten ist aber nicht möglich, wenn ihr euch mit eigenen ungelösten Dingen beschwert. So habe ich, Herakles, den Auftrag gehabt, euch aufzuklären und euch wieder in die Neutralität eurer eigenen Mitte einzuloten. Ich werde auch künftig dieses Instrument jeweils zuvor auf den Unterricht vorbereiten. Wenn jedoch in eurem Lebensbereich Unvorhergesehenes geschieht und ihr aus dem seelischen Gleichgewicht geworfen werdet, seid ihr nicht fähig, die wichtige Arbeit zu verrichten und die Botschaften aus unseren Bereichen aufzunehmen. Aus diesem Grund werde ich, Herakles, ab und zu immer wieder zu euch sprechen, um euch über eure Situationen, über euer Sein aufzuklären.

So möchte ich euch auch für die Zukunft ermuntern, wenn ihr Fragen und Nöte habt, gleich welcher Art, seien es materielle, emotionale oder seelische, wendet euch nicht an die Menschen und bedrängt nicht dieses Instrument, sondern bittet um Antwort und Unterstützung aus unseren Bereichen! Die von euch gestellten Fragen und die von euch genannten Leiden werden eingesammelt wie in einem Krug, und der Inhalt wird in unseren Bereichen ausgegossen. Der Rat trifft sodann die weisen Entscheidungen. Es ist eine Versammlung der geistigen Führer aus euren Bereichen, die in diesen Augenblicken den entleerten Krug umkreisen, und um sie ist der Rat der Ältesten aus den Ebenen der Weißen Bruderschaft. Gemeinsam wird beratschlagt und die Lösung gesucht und gefunden. Und dann wird euch diese Lösung erreichen.

Wir sind angewiesen, euch in euer Gleichgewicht zurückzuführen, damit ihr frei seid für das geistige Wirken. So habt nun die Gewißheit, daß ihr von liebenden Lichtpfeilern umgeben seid, die um alles wissen, was bei und in euch ist. Ruft nicht mit Worten, sondern bittet aus eurem Herzen und aus eurer Seele! So wissen eure geistigen Führer, wessen es bedarf, und die Antwort wird folgen. Parallel sollt ihr, wie ich es euch bereits sagte, versuchen, Erfahrungen zu sammeln, indem ihr aus euch selbst heraus aktiv mit dem eigenen geistigen Führer und dem Sternenbruder arbeitet, damit ihr direkt und sofort an euch selbst die Reaktion erfahrt. Sodann geht immer wieder in den Unterricht und erfaßt das neue Wissen und die Weisheiten, die euch so lange schon erreichen wollen.

Wir sind sehr glücklich über diesen Werdegang. Ihr habt wahrlich in großer Beschwerlichkeit vieles durchlitten. So sich diese Beschwerlichkeiten in der nächsten Zeit nicht auflösen, habt die Gewißheit, daß ihr die Worte, die ich soeben gesprochen habe, noch nicht richtig verstanden habt.

Da ist noch ein Rat, den ich euch für die kommende Zeit geben möchte. Immer wieder werden euch Zwiespalt, Irrtum und Verwirrung zu erreichen versuchen. Ihr sollt unterscheiden lernen, was wahr und was unwahr ist. So ihr gleichzeitig auf der Ebene eurer Seele und der eures Geistes ein Ja fühlt, wißt, ist es im Guten. So ihr im Kopf das Ja habt und im Herzen das Nein oder umgekehrt, folgt immer dem Herzen! Doch gebt euch Zeit und wißt, solange das Ja im Herzen nicht mit dem Ja im Kopf übereinstimmt, so ist die Wahrheit von außen noch nicht zu euch gelangt. Vollzieht eure Entscheidungen erst dann, wenn ihr auf allen Ebenen eures Seins das gänzliche Ja empfindet! Laßt euch nicht bedrängen und nicht irreführen! Räumt euch Zeit ein, denn ihr sollt eure Entscheidungen erst treffen, wenn einheitlich in all euren Bewußtseinsebenen das vollkommene Ja vorhanden ist. Dann trefft die Entscheidung, trefft sie klar, seid konsequent und steht zu dem, was ihr gesprochen habt, und es wird sein, wie ihr es wünscht.

Dies ist ein wichtiger, wertvoller Lehrsatz, den ich, Herakles, euch im Namen all eurer geistigen Führer und im Namen eures geliebten Bruders und Meisters Jeschua sende. Klärt ab, gebt euch Zeit und sprecht das Ja auf allen Ebenen eures Seins, und wenn ihr es gesprochen habt, bekennt euch dazu und steht dahinter wie ein Lichtpfeiler! Und es wird sein, wie ihr gesprochen habt.

Im weiteren spricht Herakles über die Größe und die Macht des menschlichen Willens. Dieser Teil der Botschaft ist bereits in Band 1 abgedruckt («Dein Wille geschehe jetzt!», Seite 79).

Nun also seid gesegnet und geht voll der Freude an die Arbeit! Es ist so vieles für euch vorbereitet. Ihr habt in der Vergangenheit manches gelernt und verstanden. Wir sind dankbar und gehen voller Freude diesen Weg mit euch. Es warten viele schöne Töne, viele Wohlgerüche und Farben auf euch, die euch befähigen werden, von Mal zu Mal leichter in die höheren Dimensionen aufzusteigen. Das Lernen wird für euch wie ein Abenteuer sein. Es wird Freude für euch sein.

Denkt daran, der Graben, der sich zwischen dem Licht und dem Schatten befindet, wird breiter und breiter, und die Dunkelheit entfernt sich immer mehr von euch. Je weiter sich die Dunkelheit von euch entfernt, desto weniger hat ihr langer Arm die Möglichkeit, nach euch zu greifen. Die Lösung eurer Aufgaben wird euch leichter fallen. Vor euch stehen freudige Aufgaben, und die Freude wird zur Glückseligkeit wachsen. Segen über euch!

In tiefer Liebe grüßen euch die, die euch als Sternengeschwister aus den Raumschiffen und die euch als geistige Führer verbunden sind. Es grüßt und umarmt euch ebenso euer alter Meister und Lehrer Herakles. Gott zum Gruße!

Herakles spricht in dieser Botschaft von den uns zur Seite gestellten Sternengeschwistern. Wie uns bereits vorher mitgeteilt worden war, ist uns in dieser Endzeit neben dem Schutzengel aus den geistigen Ebenen (der auch Schutzgeist oder geistiger Führer oder Torhüter genannt wird) zusätzlich ein Sternenbruder oder eine Sternenschwester als Helfer zugeordnet, also ein Wesen, das als Mensch in einer höheren Dimension inkarniert ist und auf einem anderen Planeten lebt oder auf einem der Raumschiffe Dienst tut. In Teil III dieses Bandes («Der Schutzengel – Bote unseres Hohen Selbst», Seite 117 ff.) geht es darum, wie wir mit unserem Schutzgeist in einen bewußten Kontakt treten können. Wir wurden jedoch gebeten, unsere Aufmerksamkeit auch auf unseren Sternenbruder zu richten, die Schwingung dieses Begleiters zu erfühlen und sie in der Qualität von der des geistigen Führers zu unterscheiden.

Wir erhielten den Hinweis, daß der persönliche geistige Führer sich an der linken Seite unseres Körpers aufhält, während wir den Sternenbruder wahrnehmen können, wenn wir uns auf unsere rechte Körperseite konzentrieren. Wenn wir im Tiefschlaf auf astrale Seelenreise gehen, werden wir oft von den Sternengeschwistern auf die Raumschiffe geführt und auf die kommenden Ereignisse vorbereitet. Immer mehr Menschen berichten von ihren Erinnerungen an diese nächtlichen Erlebnisse. Inzwischen ist es etlichen Teilnehmern der Arbeitskreise gelungen, im Tagesbewußtsein in eine Verständigung mit dem Sternenbruder oder der Sternenschwester zu treten.

Der 1995 an die Seminarteilnehmer ergangene Auftrag, in Zusammenarbeit mit der geistigen Welt die Heerscharen erdgebundener Seelen in den astralen Ebenen den Weg ins Licht zu weisen, wird in der vorstehenden Botschaft für beendet erklärt. In Band 1 findet der Leser Näheres zu diesem Auftrag («Dein Wille geschehe jetzt!», Seite 194). Das, was von 1995 bis Mitte 1997 durch die Zusammenarbeit zwischen geistiger Welt und irdischen Helfern für die leidenden Seelen in den Astralbereichen geschah, soll in einem der Folgebände dokumentiert werden.

Der obige Widerruf des Auftrags betrifft nicht die Befreiung physischer Menschen, die von erdgebundenen Seelen «besetzt» sind und sich deshalb nicht nach ihrem eigenen Lebensplan entwickeln können. Die Ablösung erdgebundener Seelen ist nach wie vor erwünscht und gerade in dieser Zeit von besonderer Bedeutung. Denn wir haben gehört, daß wegen der starken Lichteinstrahlung viele erdgebundene Wesen aus den Astralsphären in unseren physischen Bereich geflüchtet sind. Sie versuchen verstärkt, sich mit jenen Menschen auf der Erde zu verbinden, in deren Schwingungsfeld sie eine Resonanz finden, also etwas entdecken, was ihnen gleicht. Natürlich ist es in erster Linie die Aufgabe jedes einzelnen selbst, durch seelische Selbstreinigung alle Anknüpfungspunkte für Fremdbesetzungen auszuschließen und, falls dennoch ein astrales Wesen sich Eingang in die Aura oder den Astralkörper verschafft hat, sich von ihm mit der Hilfe des Schutzgeistes zu lösen.

Erkennt eure wirklichen Wünsche und Ziele!

30. November 1996

Es umfängt euch und es ist bei euch der, der euch vertraut ist als Freund, als Bruder mit Namen Jeschua. Gott zum Gruße!

Viele von euch haben mich als den Menschen im Fleisch mit Namen Jesus gekannt. Ihr habt vermeint, in mir den Christus zu sehen. Der Christus aber ist das Überselbst eines kollektiven Bewußtseins, das zusammengeflochten ist im ersten aus den Seelenebenen der vierundzwanzig Ältesten, dem Bewußtsein der ersten Söhne des Lichtes. Dieses Überselbst hat aus sich eine Vielzahl von Aspekten des Lichtes, des Bewußtseins ausgesendet, die sich als Meister verkörpert haben, die ihr aus der Vergangenheit kennt. Ich, der Mensch Jesus, war einer von ihnen. Ich bin bei euch, ich bin mit euch, und ihr könnt mein Sein direkt fühlen, denn ich war und bin euch als Mensch vertraut. Als solcher habe ich mich euch immer wieder zugewendet, und ich habe durch mein Fleisch das Licht des Vaters, die Liebe des Höchsten gesendet.

Weil ich einer bin wie ihr, fühlt ihr meine Nähe, seid ihr fähig, die Schwingung meiner Seele aufzunehmen. Wäre ich nicht bei euch aus diesem Menschsein von einstmals, würde die Schwingung meines Lichtes euch noch nicht erreichen. Wir sind uns vertraut von alters her. Dies ist der Grund, daß ihr mich fühlt, daß ihr mich erkennt. Bevor der Mensch Jesus zur Erde niederging, durchwanderte er des Vaters Haus. Die Sonne war eine Wohnstatt, eine Lehrstatt, die mir als Lehrer und als Meister gegeben wurde. Ich habe in den Bereichen der Sonne gelehrt, ich habe in den Bereichen des Saturn gelehrt. Meine Wesenheit ist allen auf dem Planeten Venus vertraut. So bin ich von einem Ort zum anderen gegangen, denn des Vaters Haus hat viele Wohnungen.

Auf der Erde aber wurde mein Licht allzu dicht zusammengefügt, und ich war euch gleich. Und aus diesem Gleichsein habe ich euren Schmerz, eure Not verstanden. Dies ist, was uns verbindet. Ich weiß aus meinem eigenen Sein, was ihr an Schmerz tragt, denn ich habe den Schmerz geteilt. Und wieder bin ich bei euch, um mit euch den Schmerz zu teilen, um mit euch diesen Schmerz zu erlösen, ihn in jene Kraft umzuwandeln, die euch beflügelt, alles zu überschreiten, was euch noch hier und dort in eurem Sein die Begrenzung gibt.

Lernt, meine geliebten Lichtperlen, an eure Träume zu glauben, denn sie werden euch unablässig aus eurem eigenen Sein gesendet. Es ist euer Lichtkörper, der sein Licht durch die Universen hinabschwingt in eure Dunkelheit, dorthin, wo ihr im Physischen verweilt. Da ihr aber zu wenig aufmerkt, was da aus eurem Hohen Selbst kommt, haben die Signale des Lichtes nicht die Möglichkeit, sich in euch zu verankern. Ihr, die ihr mühselig, die ihr beladen seid, die ihr angebunden seid durch eine Vielzahl physischer Geißeln und Ketten, die ihr als Programmierungen von außen angenommen habt, die tief in euch verwurzelt sind und die euch viele Male eure Meinung und euer Verhalten vorschreiben, geht hin und trennt all dieses ab! Legt die Abhängigkeit, legt den Fallstrick ab, der um euren Fuß gelegt ist, der nach vorne schreiten will, um für euch die Freiheit zu erringen. Gebt euch Zeit, gebt euch Raum für die Kraft eurer Träume, denn aus eurem Hohen Selbst empfangt ihr jene Bilder und Impulse, die den Urgrund eures wahren Wunsches und eures wirklichen Zieles bilden. Schenkt also jenen Impulsen Aufmerksamkeit, die unablässig zu euch gesendet werden aus dem Bereich eures Seins, wo ihr im Ursprünglichen, im Reinen, im Licht und in der Liebe seid.

Dies gebe ich euch als Ratschlag. Ihr habt in euch noch eine Vielzahl jener Aspekte verankert, die unerkannt, die unerlöst, die unbewußt sind. In eurer Psyche haben sich jene Verhaltensmuster manifestiert, die euch immer wieder Fallstricke legen. Es sind geistige Machenschaften, mit denen ihr euch gegenseitig knechtet oder knechten laßt: die Erwartungshaltung, die Vorstellung über das, was nach euren Wünschen, nach euren Bedürfnissen zu sein hat. So bitte ich euch, laßt davon ab, eure Wünsche und Bedürfnisse auf den zu projizieren, der um euch ist, sei er auch euer Partner oder euer Kind. Gebt denen die Freiheit, die ihr liebt! So gebt ihr euch selbst die Freiheit, und fortan ist aufgelöst, was sich unerkannt als ein heimlicher Feind wider euch erhoben hat.

Lernt, die Vorstellungen, Wünsche und Begierden loszulassen! Lernt, all jene Meinungen loszulassen, die ihr in vielfacher Weise hegt, da ihr vermeint, nur glücklich zu sein, da dieser oder jener bei euch ist, da dieses oder jenes sich in eurem Besitz befindet. All diese Vorstellungen laßt los, und ihr werdet erfahren, daß ihr nicht verlieren, sondern vielmehr gewinnen werdet. Denn es sind die Angst und die falsche Vorstellung, die euch in die Abhängigkeit zwingen, euch in euren Kräften geistig und physisch zu verausgaben. Trugbilder aus den Ebenen eures unerlösten Seins gaukeln euch das Bild des Glücks vor. Ihr jagt diesen Trugbildern nach und gebt eure Kraft, eure Zeit, euer ganzes Sein hinein. Und wenn die Menschen um euch nicht euren Wünschen und Vorstellungen entsprechen, fallt ihr in den Zustand der Enttäuschung.

Laßt los, und ihr werdet erfahren, daß die Freiheit sich zu euch kehren und euch erfüllen wird. Wenn ihr mit eurem ganzen Sein euch selbst liebt sowie alles, was um euch ist, werden die Kraft der Liebe und die Freiheit aus ihrer natürlichen Gesetzmäßigkeit euch das zuführen, was der Wunsch eures wahren Selbst ist.

Die vielen Gaukelbilder werden von eurem Emotionalkörper und von den Energien aus der physischen Ebene erstellt. Diese beiden Ebenen senden euch oft aus eurem unbewußten Sein, eurem Unterbewußtsein, jene Impulse, die ihr als Bilder der Begierde in euch erstehen seht. Und mit ihnen verbinden sich Impulse von außen, die ihr aus den Gedanken, der Erwartungshaltung und den Gefühlen derer, die euch umgeben, auffangt. So wird das Muster der Gaukelbilder gestrickt, denen ihr viele Male erliegt.

Darum prüft euch, beschaut euren Seelenboden und blickt tief in euch hinein! Verbindet euch immer wieder mit eurem wahren Sein, das als lebendiges geistiges Bild des Lichtes am Firmament der Einheit steht! Von dort blickt tief in euer physisches Sein hinein und empfangt die Bilder eurer wahren Wünsche! Danach gebt ihnen Raum und Zeit, daß sie sich in euch verankern mögen. Und tut dies in großer Liebe und Hingabe, nicht um dieses oder jenes anderen willen, tut es um eurer selbst willen, um der Liebe und der Freiheit willen! Wenn ihr auf diese Weise an euch arbeitet, werden die inneren Verstrickungen, die aus den physischen und feinstofflichen Abhängigkeiten gewoben sind, sich nach und nach auflösen.

Es ist das Trugbild eines Wunsches, der nicht euer wahrer und nicht euer eigener Wunsch ist, der euch immer wieder Enttäuschung bereitet, ebenso wie die Unwissenheit und die falsche Vorstellung über das, was Liebe und was Freiheit ist. Ihr seid alle aus der Unendlichkeit geliebt, und ihr tragt alle in euch die Freiheit. Und dort, wo ihr euch als Gefangene fühlt, wißt, sind es die Stricke, die ihr selbst gewoben habt.

Segen über euch! Geht nun, meine geliebten Freunde, meine Brüder und Schwestern, die ihr mir die Treue gehalten, die ihr mich geliebt habt bis zu diesem Augenblick, geht und verwirklicht eure Träume! Ruft sie zu euch mit der Kraft der Liebe und mit dem Sehnen eures Herzens! Und es wird zur rechten Stunde vor euch stehen, was euer aller Wunsch ist:

die Liebe und die Freiheit für das eigene Sein. Segen über euch! Ihr habt gespürt in euren Seelen, daß mein Sprechen an diesem Tage ernsthaft und manches Mal gar mahnend war.

Segen über euch noch einmal! Es umfängt euch, es liebt euch, es grüßt euch Jeschua, der Bruder. Gott zum Gruße!

Wie so häufig, wenn Susanne aus der Trance in das Tagesbewußtsein zurückkehrte, wußte sie auch dieses Mal nicht, ob die übermittelte Botschaft identisch war mit dem, was sie während der Durchsage parallel an Unterweisungen erhalten und an Bildern gesehen hatte. Häufig konnten diese Unterweisungen und Bilder die gesprochene Botschaft auf schöne Weise ergänzen oder verdeutlichen. Deshalb waren die Anwesenden immer gespannt auf ihre anschließenden Erläuterungen, durch die sie sich die Einzelheiten der erhaltenen Botschaft noch einmal in Erinnerung rufen konnten. Wir schließen hier ihre Erläuterungen zur Botschaft Jeschuas an.

Ich habe den Auftrag, über unsere inneren Abhängigkeiten zu sprechen, die uns immer wieder veranlassen, Dinge zu tun, die uns nicht zum besten gereichen. Obwohl wir das wissen, tun wir sie dennoch aus einem inneren Zwang heraus. Wir können nicht anders, glauben wir. Die Art der Abhängigkeit ist zunächst unwichtig. Ob wir nun ständig Süßes oder Alkoholisches zu uns nehmen, weil unser Körper danach verlangt und wir nicht widerstehen können; oder ob wir regelmäßig zu viel essen, wenn es uns gut schmeckt; ob wir ohne Nikotin nicht auskommen oder ob wir fernsehsüchtig sind: immer geht es darum, daß wir in der Ausübung unseres Willens nicht mehr völlig frei sind, daß wir einem Zwang unterliegen. Dieses Prinzip ist es, worauf wir unsere Aufmerksamkeit lenken sollten.

Wir müssen uns darüber im klaren sein, daß ein Teil der Willenskraft für Dinge benutzt wird, die wir nicht eigentlich wollen, daß also andere Kräfte am Wirken sind, die unsere Willenskraft und damit unsere Lebenskraft beeinträchtigen. Der Mensch neigt hier zur Verharmlosung. Wir geben nicht gerne zu, daß wir wirklich nicht ohne dieses oder jenes auskommen. Wir machen uns vor, daß wir auch davon lassen könnten, wenn wir es wirklich wollten. Je stärker die Abhängigkeit, um so erfinderischer sind wir in der Rechtfertigung. Tatsache ist, daß wir bei jeder Form von Abhängigkeit nicht mehr uneingeschränkt über die Kraft unseres Willens verfügen.

Ich bin abhängig, wenn ich ohne dies oder jenes im normalen Zustand nicht mehr leben kann. Wenn ich meinem Körper diese oder jene Stoffe nicht gebe und ich dadurch in eine Unruhe gerate, die mich bei jeder anderen Tätigkeit behindert, oder wenn dadurch meine Nerven verrückt spielen, liegt eine Abhängigkeit vor. Bei kleinen Abhängigkeiten geht ein kleiner Teil der Willenskraft verloren, aber es ist immer eine Ablenkung von anderen Zielen. Bei einer großen Abhängigkeit verlieren wir viel Willenskraft, und wir gehen in einem großen Umweg am eigenen Lebensziel vorbei. Das ist der eine Punkt.

Der zweite ist, daß Abhängigkeiten uns immer wieder in eine tiefere Schwingungsfrequenz hinunterziehen. Wir wissen, wenn wir tief schwingen, sinken unsere Energien ab, und wir können unsere Gedanken und Handlungen nicht in der Qualität formen, wie wir das aus einer höheren Frequenz heraus tun. Je höher wir schwingen, um so lichter und reiner sind unsere Energien, und entsprechend sieht das aus, was wir erschaffen.

Ein weiterer Punkt ist, daß wir durch die Impulse, die aus der Abhängigkeit kommen, von der Verwirklichung unserer wahren Wünsche abgelenkt werden. Ein Beispiel: Eine Abhängigkeit kann auch darin bestehen, daß wir der beruflichen Karriere wegen um alles in der Welt eine bestimmte Position erreichen wollen. Und schon sind wir abgelenkt von den wirklich wichtigen Schritten, die in der persönlichen Entwicklung anstehen.

Was aber sind unsere wahren Wünsche? Gewiß nicht jene, die die Werbewirtschaft auf uns projizieren will. Unser gesamtes Wirtschaftssystem ist darauf aus, uns einzureden, was unser Glück ausmacht und was wir uns wünschen sollten. Prüfen wir also alles kritisch, was uns von Menschen in unserem Umfeld, von Gruppen oder von der Gesellschaft als erstrebenswert dargestellt wird. Unsere wahren Wünsche können nur die sein, die wirklich aus *uns* kommen. Das heißt aber: Nur was wir in der Verbindung mit unseren eigenen höheren Bewußtseinsebenen als Impulse, als Verheißung, als Sehnen erspüren, weist uns den Weg zu unseren wirklichen Zielen. Deshalb ist unser Hohes Selbst die einzig echte Quelle unserer Träume und Wünsche.

Als Wichtigstes wurde mir vorhin erklärt, daß Abhängigkeiten falsche Wunschbilder in uns hervorrufen, die uns davon abhalten, die Träume unseres wahren Wesens zu verwirklichen. Vorstellungskraft und Willenskraft sind zwei wichtige Instrumente, mit denen wir Träume und Wünsche realisieren können. Wenn ich aber in einer Abhängigkeit stehe, wird mir ein großer Teil meiner Willenskraft entzogen, und es werden mir Vorstellungen eingeflößt, die nicht die eigenen sind.

Bei vielen Abhängigkeiten ist es nur eine Frage der Zeit, bis die gedankliche und emotionale Kraft, die wir für die Erfüllung unserer Wünsche aufwenden, sich verselbständigt und zu dem wird, was wir ein Elemental nennen – eine feinstoffliche Schöpfung von uns, die aus dem Selbsterhaltungstrieb ständig nach neuer Nahrung schreit, uns also immer wieder drängt, denselben Wünschen nachzugeben. Wie es mit unseren Abhängigkeiten bestellt ist, stellen wir schnell fest, wenn wir uns daran machen, einmal eine der Fesseln mit unserer Willenskraft abzulegen. Am besten fangen wir mit kleinen Dingen an, damit wir Erfolg haben und nicht entmutigt werden. Und wenn wir so Schritt für Schritt unseren Willen wieder von den Schlingen der Abhängigkeiten befreien, sollten wir genau hinschauen, was dann für Bilder, Wünsche und Vorstellungen in uns hochkommen.

Es ist eine geistige Reinigung in der Matrix der Gedankenformen. Wir werden sehen, daß durch die Befreiung von den Abhängigkeiten sich unsere inneren Bilder reinigen. Und wir werden Bilder, Wünsche und Träume entdecken, die verschüttet waren, die nun aber nicht mehr fremde, sondern unsere eigenen sind. Sie werden die geistigen Elixiere für neue, kreative Tätigkeiten sein.

Nehmt eure heimkehrenden Kinder an!

Am 7. Juni 1997 behandelte Herakles ausführlich das Phänomen, daß wir in dieser Zeit wieder mit allem konfrontiert werden, was einmal von uns ausgegangen ist: alle getrennten Seelenanteile, die für einen gewissen Zeitraum in anderen Bereichen Erfahrungen gesammelt haben; alle verdrängten und unerlösten Aspekte, die jetzt an die Oberfläche unseres Bewußtseins kommen; schließlich unsere Elementale, also unsere eigenen Gedankenschöpfungen, die sich verselbständigt haben und nun von außen auf uns einwirken. Da wir nur als Ganzheit in die höheren Dimensionen aufsteigen können, mahnt Herakles, diese Anteile, die er «unsere Kinder» nennt, anzunehmen, gegebenenfalls in lichte Aspekte umzuwandeln und dann zu integrieren. Daneben spricht er auch von erdgebundenen Seelen, die sich zwischen diese heimkehrenden Kinder zu mischen versuchen, aber nicht aufgenommen, sondern abgetrennt werden sollen, damit sich jede Seele unbeeinflußt von Fremdenergien eigenständig entwickeln kann.

Ihr geliebten Erdenseelen, Herakles ist zu euch gesandt, und ich umfange euch mit meinen Armen der Freude und der Liebe. Wir sind in einer Vielzahl geistiger Wesenheiten versammelt, die euch aus euren Seelengefilden vertraut sind: Es sind die geistigen Führer, die an euren Seiten verweilen, und es sind die vielen Helfer aus den Bereichen der Sternenwelt, die in euren Energiefeldern tagein und tagaus, und nun intensiver und mehr von Mal zu Mal, an den Fäden eurer geistigen und energetischen Gewänder wirken. Ihr seid eingebunden – im wahrhaftigen Sinne des Wortes – von tausendfältigen Lichtfäden, durch die unablässig energetische Lichtimpulse gesendet werden. Diese Impulse erreichen das Innerste eures Seins, welches sich in physischer Form im Kern eurer Zellen zentriert und manifestiert hat. So werdet ihr also aus den Himmeln ernährt, so werdet ihr aus den kosmischen Gefilden geschult.

Und ich, Herakles, bin jene berufene Stimme, die gesandt ist, euch die Nahrung und die Weise der Schulung zu erläutern, damit sich auch euer Verstandesdenken öffnet und von Mal zu Mal fähiger wird, das wahrzunehmen und aufzuschließen, was als kosmische Botschaft, als geistige Nahrung gesendet wird, damit die Schlüssel der Erkenntnis die euch noch scheinbar verschlossenen Bereiche der Unwissenheit aufschließen, damit sich auch euer Verstandesbewußtsein von nun an nicht mehr wider euer natürliches Wachsen stelle, sondern dem geistigen Bewußtsein die Hand reiche, gleichwie einem Bruder nach einem lange währenden Streit die Hand zur Versöhnung gereicht wird, so daß die beiden Brüder, das Verstandesdenken und das geistige Bewußtsein, gemeinsam Hand in Hand voranschreiten in ein neues Bewußtsein, in eine gänzlich neue Zeit und in ein neues Verständnis all dessen, was in euch und was um euch ist. Dies ist, was augenblicklich in einem jeden von euch geschieht.

Könnte ich euch die Bilder vor eurem physischen Auge erstellen, welche hier in unseren Gefilden für uns alle sichtbar sind, wäret ihr tief berührt ob der großen Emsigkeit, mit der die vielfältigen Lichtfäden um eure Aura und um eure Zellen in den Gewebestrukturen gewoben werden. Es ist ein beständiges Wirken und Arbeiten. Diese Arbeit wird nun nicht mehr durch Phasen der Ruhe unterbrochen, nein. Es ist eine fortwährende, die sich unablässig an jedem einzelnen von euch vollzieht.

Wir haben euch in früheren Übermittlungen etliche Male erklärt, daß in den Phasen eures Tiefschlafs, da sich der physische Körper in die Periode der Erholung und der Regeneration begibt, die geistigen Führer und die kosmischen Helfer sich an den Seiten eurer Schlafstätte befinden, um eure Energiezentren, die Chakren, von Mal zu Mal höher einzustellen. Nun also wißt, diese Arbeit ist seit geraumer Zeit eine fortwährende, eine ununterbrochene, und hierin liegt die Ursache der Veränderungen, die ihr in euren Lebensbereichen wahrnehmt – an eurem physischen Körper, in eurem emotionalen Bereich und ebenso auf der psychischen Ebene.

Die Reaktionen, die unablässig in unvorhergesehener Weise bei euch auftreten, sind natürliche Resultate der Einwirkungen, denen ihr jetzt alle unterliegt, denen ihr euch aus freiem Willen unterzogen habt, denn ihr habt euch vor vielen Zeiten berufen, diesen Plan zu dieser Zeit an diesem Ort zu vollziehen. Jetzt ist die Zeitepoche, da dieser Plan abgeschlossen werden soll, und es ist der Anbeginn des abschließenden Aktes, und ihr steht in der Vorbereitung, zu erwachen und neu geboren zu werden.

Ihr werdet in euch selbst sterben, in euch selbst neu auferstehen. «In euch selbst sterben» bedeutet, daß der physische Körper seine Schwingungsmuster nun beständig höherschraubt, um in ein durchlässigeres, feinstofflicheres Sein zu gelangen. Es ist das Sterben eines niederen Daseinsaspektes, es ist das Sterben jener engen Grenzen und Mauern, die unablässig aus der Ebene des eingegrenzten Verstandesbewußtseins erbaut worden sind, und es ist ein Sterben eures niederen Selbst und des Aspektes, der euch als Egoismus in euch vertraut ist. Was ihr als inneren

Kampf erspürt, sind die Bewegungen der Auflehnung der niederen Aspekte, aller tiefschwingenden, aller unaufgelösten Aspekte in euch, die nun fortwährend mit den Informationen und Lichtimpulsen konfrontiert werden, die von euren eigenen Zellen ausgesendet werden. Dies ist der Kampf in euch. Dieser Kampf wird alles in euch sterben lassen, was euch behindert, in eine neue Dimension, in einen neuen Körper hineinzuwachsen. Ihr werdet diese unerlösten Aspekte ablegen, ihr werdet alle tieferschwingenden Frequenzen ablösen. Dies ist mit dem «Tod in euch» gemeint.

Ihr werdet in euch selbst auferstehen, indem die nun arbeitenden Lichtfäden bereits den neuen Körper gestalten. Versteht euch als eine Puppe, als einen Kokon. Ihr seid eingewoben. Der geistige Kern und das Bewußtsein befinden sich in einer Phase der Transformation, der gänzlichen Umgestaltung, und der euch umgebende Energielichtkörper aus den Lichtfäden, die unablässig gewoben werden, ist zum einen Teil eine Schutzhülle, die dafür Sorge tragen soll, daß die von außen einströmenden Programmierungen, die diesem euren Wachstumsprozeß hinderlich sind, euch nicht erreichen können. Dieser Kokon ist zum anderen Teil jene Energiemasse, die euch in den feinstofflichen Bereichen eures Seins ernährt.

Euer physischer Körper beginnt nun, sich nach und nach von der Nahrungsaufnahme des physischen Seins abzutrennen. Das heißt, wenn ihr euch aufmerksam beobachtet, werdet ihr feststellen oder habt ihr bereits festgestellt, daß ihr auf mancherlei, das euch bis jetzt zuträglich war, so reagiert, daß ihr es abstoßt. Ich habe bereits die Ursache hierfür erklärt, die darin liegt, daß eure Energiezentren, eure Chakren, sich nun weiter geöffnet haben und sich bereits in einem Anschlußprozeß befinden. Die Kanäle der Energiemuster und -netze der anderen Planeten eures Sonnensystems, das eure Heimstatt ist, sind euch nun zugewendet, und ihr bemerkt ihren Einfluß, den Durchfluß durch diese Kanäle. Die empfangenen Energien werden direkt in euren Zellkern übermittelt.

Dies sind neue Informationen, dies sind gänzlich neue Rhythmen in euren Zellen. Das heißt, eure Zellen schwingen nicht mehr in dem alten Rhythmus, sie schwingen in einer höheren und kürzeren Taktfolge. Dies bewirkt eine Vibration, die im Ton höher und schneller ist. Auf diese Weise habt ihr die Möglichkeit, Energien, Informationen und Frequenzen zu empfangen, die nicht aus dem Energienetz dieser Erde und seiner

Atmosphäre entspringen. Ihr werdet also mit einer kosmischen Nahrung ernährt. Diese Nahrung enthält eine Vielzahl von Informationen, die euer Verstandesbewußtsein noch nicht aufzuschließen weiß, jedoch sind euer Seelenbewußtsein und das Bewußtsein eures Geistes hier in williger Empfangsbereitschaft und nehmen mit Freuden die Nahrung aus dem Geistigen auf.

Versteht, was sich als scheinbarer Kampf, als Widerstand in und bei einem jeden von euch findet, sei es in den physischen, körperlichen Bereichen oder sei es in den alltäglichen Situationen eures sogenannten Lebenskampfes, sind die Auswirkungen und die Reaktionen, die ihr erfahrt. Ihr habt auf der einen Seite die alten Muster und die alten Einflüsse und Frequenzen, die ihr aus den atmosphärischen Bereichen des Planeten Erde entnehmt, und ein anderer Teil eures Seins reagiert bereits auf die kosmisch empfangenen Impulse. Es ist nun an euch, Verständnis für euch selbst aufzubringen, geduldig und langmütig mit euch zu sein.

Wir bitten euch sehr, daß ihr euch hierin gegenseitig einen Raum der Großzügigkeit erschafft, denn ihr werdet bemerken, daß im Umgang mit den Menschen, die sich in eurem nahen Lebensbereich befinden, sich die Konflikte und Reibungspunkte von Mal zu Mal häufen. Ihr stellt fest, daß die Menschen, die neben und mit euch leben, sich anders verhalten, als ihr es erwartet, erhofft oder gewohnt seid. Ihr seid irritiert über ihre Verhaltensweisen und ebenso über das, was aus euch selbst vollzogen wird. So steht ihr euch gegenüber und meint, euch manches Mal nicht mehr zu erkennen. Dies ist als gut anzusehen, denn es ist der Sterbeprozeß. Die alten Muster, die alten Erkenntnisse werden durch die neueren abgelöst.

Es sind die einströmenden Seelenanteile, die sich nun von ihren eigenen Inkarnationsebenen abgelöst haben und zu euch gerufen worden sind. Ihr habt sie magnetisch durch den neuen Schwingungstakt in euren Zellen angezogen. Dies ist ein geistiges Rufen, das von diesen sich außerhalb befindenden Seelenaspekten vernommen worden ist. Sie sind diesem Ruf gefolgt und befinden sich nun in eurer geistigen Atmosphäre, sie umgeben euch.

Dies ist der Grund, warum ihr euch manches Mal gegenseitig fremd erscheint, warum ihr die Verhaltensweisen, auch den Sprachgebrauch nicht mehr einordnen könnt, denn es ist ein vielfältiges Geschehen, es ist ein fortwährendes Sichumgestalten und Sichneugestalten, und es ist ein ständiges Sterben und Neugeborenwerden. So gebt euch also Raum, habt Verständnis und Geduld für euch selbst und für den, der um euch ist und in ebensolcher Weise wie ihr selbst diesen Geschehnissen gegenübersteht, ohne sie zu verstehen.

Eine Vielzahl von Seelenaspekten haben sich nun wie in einem Kreis um euch eingefunden. Es sind heimgekehrte Kinder, die ihr selbst einmal geboren habt und die ihr in die unterschiedlichsten Evolutionsbereiche entsendet habt, damit sie die Pläne des Lebens und das Wissen und Verstehen aus dem höheren Geist für sich selbst erfahren, um dann als erwachte und bewußte Kinder zurückzukehren in das, was ihr seid: das Elternpaar.

So sind diese Seelenaspekte also zurückgekehrt und haben ebenso vergessen wie ihr, daß sie einstmals von euch entsandt worden sind. Sie sind nicht einem inneren Ruf, sondern reflexartig dieser Programmierung gefolgt und stehen nun vor euch und wissen mit sich selbst und der Situation nichts anzufangen. Ihr aber vernehmt und verspürt eurerseits die Anwesenheit und die Einflüsse dieser vielfältigen Schwingungen, die allesamt eure eigenen sind, die sich aber in einer so großen Vielfältigkeit und in einer so unterschiedlichen Qualität befinden, daß ihr oftmals irritiert seid.

Wenn ihr unschlüssig und euch nicht klar seid, was es in euren Lebensbereichen zu entscheiden gilt, so sei euch gesagt, daß sich hier die Einflüsse der vielen Seelenanteile, die sich jetzt zu euch begeben, bemerkbar machen und für diese Unklarheit in euch sorgen. Denn jeder Aspekt wünscht nun, sich selbst zu erkennen, und sucht sich zu integrieren und mit seinem eigenen Ich-Bewußtsein zu identifizieren. Es ist ein vermeintlicher Kampf. So wie der eine Seelenanteil vermeint, euren Körper nun für sich allein gewinnen zu müssen, um einen neuen Lebensraum für sich zu haben, so vermeinen die anderen Seelenteile dies ebenso, und ihr habt unbewußt in euch das Bedürfnis, euch zu verteidigen, eure Identität und Individualität zu schützen und zu behaupten.

So seid ihr in einem Kampf, der nur ein scheinbarer ist. Ihr kämpft gegen euch selbst. Ihr seid von euren eigenen Seelenanteilen umgeben, die heimgekehrt sind, um allesamt von euch integriert zu werden. Es ist das Unbewußtsein dieser Seelenanteile und euer Unbewußtsein über die vorhandene Situation, was euch manches Mal in die Emotion der Unklarheit, Unsicherheit und Unschlüssigkeit führt. So seid von nun an in diesen Prozessen gelassener und versteht, daß all dies, was bei euch geschieht, ein notwendiger und gewünschter, ein wertvoller, schöner und sehr tiefgreifender Prozeß ist! Es ist das Heimkehren eurer vielen Teile.

So bekämpft sie nicht mehr und habt den Mut, anzuerkennen, daß auch ihr vieles noch an euch und in euch habt, was ihr an anderen Menschen beurteilt und bewertet. Anerkennt, daß dies in euch selbst vorhanden und zu euch zurückgekehrt ist, um integriert, um innerhalb der Polarität ausgewogen zu werden und in den Mittelpunkt, die Ausgewogenheit, zu kommen. Versucht, euch in euren Verhaltensweisen zu beobachten, und seid gelassen! Wenn viele Emotionen in euch aktiv sind, denkt allezeit daran, es ist ein Sichordnen, ein Sichfinden, ein Sicherkennen, und es ist sodann ein liebevolles Sichvereinen. Die Einheit eures Seins soll in euch entstehen. Wenn diese Einheit in euch geschaffen ist, werdet ihr die Energien und kosmischen Nahrungen gänzlich uneingeschränkt empfangen können, und dies wird die Transformation in eurem physischen Körper und euren Energiekörpern vollenden.

Ihr seid in dieser wichtigen Umbauphase, und wir bitten euch sehr, daß ihr diese Prozesse gelassener vollzieht. Beobachtet, seid liebevoll und duldsam, und vor allen Dingen nehmt die Geschehnisse nicht in diesem großen Maße ernst! Laßt euch nicht so sehr beeindrucken und erschrekken! Lächelt darüber und beschaut sie euch aus der Distanz von außerhalb! Laßt eure heimgekehrten Seelenanteile miteinander kommunizieren, laßt sie gegenseitig sich zueinander finden, und mischt euch nicht durch eure Angst in diese Prozesse ein! Versetzt euch nicht selbst immer wieder in ein zwanghaftes Verhalten, daß ihr nun klar sein müßt, entscheiden müßt, daß ihr vorwärts gehen müßt, daß ihr die Zeit nicht versäumen wollt. Dies sind Programmierungen, die euch aus der Ebene des Verstandesbewußtseins immer wieder durchpulsen und die diese wichtigen Integrationsprozesse in großem Maß behindern und zusätzlich stören.

Geht also in den Situationen, da ihr fühlt, daß sich die Emotionen chaosartig bewegen, gedanklich aus euch selbst heraus, tretet zurück und überlaßt euren heimgekehrten Seelenanteilen den Schauplatz und die Bühne, und laßt sie für sich selbst untereinander klären, daß sie Geschwister sind, daß das Zuhause, welches ihr als der Körper und die einheitliche Wesenheit seid, für jedes Kind Platz hat und daß ihr in großer Freude seid über jedes Kind, das heimgekehrt ist.

So wie eine Mutter und ein Vater ihrem Kind nicht den Zutritt und die Heimkehr verwehren, nur weil es keine goldene oder weil es eine dunkle Haarfarbe hat, und wie die Mutter ihr Kind liebt, auch wenn es hier und dort Schwächen hat, wenn es nicht klar und schön gebildet ist, so werden die wahrhafte Mutter und der wahrhafte Vater niemals die Türe schließen und ihrem Kind die Heimstatt verwehren.

Öffnet also die Tür in eurem Haus, öffnet euer Bewußtsein in eurem ganzheitlichen Wesen, und laßt die Kinder, die heimgekehrt sind, eintreten, denn sie haben viele Reisen und Wege hinter sich gebracht und sind müde ob der lange währenden Wanderschaft. Sie sind verwirrt. Ihre Wanderschaft dauerte so lange, daß sie den Ausgangspunkt und den Zeitpunkt, wann sie sich von euch entfernten, vergessen haben. Sie sind zurückgekehrt, weil ihr sie durch die biologischen Kennungen gerufen habt, die ihr als Information in eurem Schwingungsmuster aussendet. Sie sind diesem Ruf gefolgt und stehen nun vor der Tür eurer Wesenheit und wollen eingelassen werden. Ihr seid es, die noch nicht erkannt habt, daß es eure eigenen Kinder sind, die um Einlaß bitten, weil ihr vermeint, diese und jene Qualität sei nicht eure. Versteht also, es geht darum, daß ihr nun offen und mutig seid, alles in euch anzuerkennen, was ihr aus der Ebene eures Denkens selbst verworfen und verurteilt habt.

Ihr habt für euch selbst Bilder und Vorstellungen geschaffen, die euren Idealen und Zielen entsprechen. Es ist euer Bemühen gewesen, diese Ziele zu erreichen und die Vorstellungen zu verwirklichen. Nun empfindet und spürt ihr um euch eine Vielzahl von Qualitäten, die diesen Zielen und Vorstellungen keinesfalls entsprechen. So weist ihr sie feindselig ab, ja ihr meint sogar, ihr müßt euch vor ihnen schützen. Dies bedeutet für jene Seelenanteile das Zuschlagen der Tür, die doch das Zuhause ist. Dies ist die Situation, in der ihr euch befindet.

Wir bitten euch, daß ihr nun beginnt, völlig neutral und aufrichtig euch selbst zu beobachten und zu erforschen. Wenn ihr wirklich ehrlich mit euch selbst seid und in dieser jetzigen Phase den Mut zur Wahrhaftigkeit eures wirklichen Seins aufbringt, werdet ihr erkennen und feststellen, daß nur das bei euch ist, was in seinem Schwingungsmuster direkt mit euch verbunden ist, das heißt, was mit euch in Resonanz steht. Es ist in eurem Lebensumfeld niemals etwas vorhanden, das nicht eurem inneren Schwingungsmuster entspricht, seien dies nun Seelenanteile, die durch den Impuls des biologischen Rufens zurückgekehrt sind, oder aber seien es andere Wesenheiten aus dem Astralbereich, die sich unter die heimgekehrten Seelenaspekte gemischt haben. All dies empfindet, erspürt ihr nun um euch. So wißt, es ist der Seelenaspekt, das Elemental oder das aus der Astralwelt eingetroffene Wesen nur deshalb bei euch, weil ihr in euch ein Schwingungsmuster tragt, das sich mit ihrem Schwingungsmuster verbunden hat.

Ihr habt in der Vergangenheit gelernt, daß ihr aus euren Gedanken und Gefühlsmustern Wesenheiten erschaffen könnt; es sind dies die Elementale. Die Erschaffung der Engelwelten hat sich auf diese Weise vollzogen. Die ersten Söhne der Einheit, welche euch als die Erzengel vertraut sind, hatten den Auftrag zu schöpfen und ebenso den Auftrag, sich zu vermehren, so wie dieser Auftrag an den physischen, biologischen Menschen im materiellen Sein ergangen ist. Die geistigen Ursöhne und Urfamilien haben den Schöpfungs- und Fortpflanzungsauftrag in der Weise erfüllt, daß sie ihre geistigen Schöpferfähigkeiten benutzten, um aus sich selbst Gedanken- und Gefühlskräfte zu entsenden und diese zu verdichten, um sie sodann abzutrennen in eine eigene befreite Identität. Auf diese Weise sind die vielen Heerscharen der Engelwelt entstanden. Es sind Legionen, die einem jeglichen Ursohn der Schöpfung untertan sind. Diese Legionen sind seine Schöpfungen und werden aus diesem Grund allezeit seinen Anweisungen folgen.

Auch ihr habt unbewußt eure Schöpfungen in dieser Dichte der dritten Dimension vollzogen. Ihr seid nun diesen euren eigenen Schöpfungen ausgesetzt, ihr werdet in jedweder Weise mit ihnen konfrontiert. So bitten wir euch sehr, anerkennt, was bei euch ist, was um euch ist, und beginnt zu verstehen, daß weder der Seelenanteil noch das Elemental noch die andere Wesenheit aus dem Astralbereich, die sich bei euch befindet, feindselig ist. Als feindselig empfindet ihr lediglich die Qualität, die euch energetisch übermittelt wird. Wenn ihr diese Qualitäten nicht für euch haben wollt, habt ihr die Aufgabe und die Möglichkeit, euch gedanklich zu diesen euch umgebenden Seelenaspekten wie zu den anderen Wesenheiten aus den astralen Ebenen zu begeben und Frieden mit ihnen zu schließen, so daß ihr beginnt, die Situation zu verstehen und sie für euch selbst und auch für diese Wesenheiten zu klären, denn sie sind wie die Seelenaspekte unwissend, weshalb sie sich energetisch in eurem Lebensumfeld befinden. Ihr habt sie durch innere Impulse angezogen, da die Schwingungsmuster, die ihr ausgesendet habt, sie gleichsam gerufen haben. So sind sie bei euch und wissen nicht den nächsten Schritt, den es zu tun gilt.

Gebt also allem, was sich um euch befindet, nicht angstvolle Aufmerksamkeit, sondern seid gelassen und distanziert und wißt allezeit: Die

Impulse, die ihr empfangt und die euch unangenehm sind, sind lediglich Qualitäten der Schwingungsmuster, die in irgendeiner Weise mit euch selbst noch in Verbindung und im Gleichklang sind. So ist dies eine Schulung für euch, damit ihr alles, was in euch schlummert, entdeckt. Was unerlöst, unausgebildet, vergessen und verdrängt war, all dies wird nun in euer Bewußtsein gehoben, damit ihr es wahrnehmen könnt. Ihr nehmt es in unangenehmer Weise wahr, und hierin liegt der Irrtum, den ihr umkehren sollt.

Versteht, dies, was ihr als Angst, als Bedrängung, als Bedrohung wahrnehmt, dies sind alles Aspekte, die in euch selbst verankert sind, Aspekte, die ihr euch in vergangenen Inkarnationen erworben habt, die ihr als ungelöste Aufgaben in die tiefsten Schichten eures Unterbewußtseins verdrängt habt. Es ist die Auswirkung der Lichtfäden, die eure Körper durchdringen, daß die unerlösten Aspekte die in hohen Frequenzen schwingenden Lichtimpulse nicht ertragen können und aus diesem Grund nun die Flucht ergreifen aus der Ebene des Unterbewußtseins, das für einen langen Zeitraum hier als Heimstatt, als Sicherheit und als Versteck gedient hat.

Die Lichtfäden, die von Mal zu Mal um euch aktiver werden, durchdringen alle Schichten eures Seins und haben nun diese Schichten des Unterbewußtseins erreicht. Es werden alle hier versteckten Anteile, von denen ihr vermeint, daß sie euch nicht zugehörig sind, da sie in eurem bewertenden Verstandesdenken Ablehnung finden, all diese werden nun aufgeschreckt und steigen nach oben.

Diese aufgestiegenen unerlösten Aspekte sind es, die sich mit den in der Astralebene befindlichen Elementalen verbunden haben, die ihr ebenso selbst erschaffen habt. Es ist ein Heimkommen, ein Ernten jener Aussaaten, die ihr selbst getätigt habt. Was du säst, wirst du ernten. Dies ist der Augenblick der Ernte, daß all eure Taten zu euch zurückkehren. Dieser Prozeß ist ein schöner, und wir bitten euch sehr, daß ihr eure Einstellung über das, was bei euch geschieht, verändert. Denn jedes Elemental, jeder unerlöste Aspekt in euch hat dafür Sorge getragen, daß ihr Erfahrungen durchwandert habt, die für euch schmerzhaft, die unangenehm waren, aber ihr habt gelernt, und ihr habt in euren Gefühlsmustern die unterschiedlichen Nuancen und Farbpaletten integriert, die vorhanden sind.

Dies war eine Form der Schulung, die ihr selbst bewußt gewählt habt, denn ihr wolltet Verstehen und Mitgefühl erwerben. So weist die Elementale, die unerlösten Aspekte und die Seelenanteile nicht von euch! Ihr seid von einer Gruppe von Wesenheiten umgeben, die sich aus diesen drei Ebenen und Qualitäten zusammensetzen. Es ist an euch, daß ihr diese Kinder alle liebt, daß ihr sie nicht fortschickt, denn sie werden wiederkommen. Ihr seid der Vater und die Mutter, und ihr seid das Zuhause, von dem sie ausgegangen sind und in das sie wieder zurückzukehren wünschen. So laßt sie also ein und liebt sie, und löst nur jene Schwingungen und Qualitäten auf, die nicht eurem Plan und eurem Wunsch entsprechen! Und wißt, dies ist auch das Wünschen im tiefsten Sein all dieser euch umgebenden Wesenheiten, daß sich die erworbenen und die ausgedrückten Fähigkeiten und Qualitäten stets dem Licht und der Liebe zuwenden.

Die Evolution vollzieht sich in einer Vielfalt und in einer Größe, die ihr noch nicht erfassen könnt, und ich versuche, euch mit diesen Worten ein Bild zu malen, damit ihr eine Ahnung von dem habt, was bei euch geschieht. Wir bitten euch sehr, habt keine Angst! Alles, was ihr als bedrohlich und beängstigend empfindet, ist deshalb bei euch, weil es durch die Resonanzflächen, die ihr selbst geschaffen habt, in einer energetischen Verbindung mit euch steht. Nehmt diese Erkenntnis dankbar in euch auf, und geht nicht mehr kämpferisch gegen eure eigenen unerlösten Anteile vor, sondern beginnt, in Liebe und Verständnis alles umzuwandeln und zu integrieren. Dies ist das Neugeborenwerden.

Sterben wird nur das, was eurem wahren Sein, Sehnen und Wünschen widerspricht. Alles, was diesem entgegensteht, wird seinen Tod finden, indem es in den gegenteiligen Aspekt umgewandelt wird. Wenn es umgewandelt ist, werdet ihr es in eure eigene Wesenheit integrieren. Diese eure Wesenheit ist eine multidimensionale, eine ständig wachsende und sich ausdehnende und eine ständig erwachende, zu neuen Erkenntnissen fähige Seelen- und Geistessubstanz, die dem Ruf folgt, dem Licht und der Liebe zu dienen und in die wahre Heimat des eigenen Ursprungs zurückzukehren.

Was jetzt geschieht, ist das Vorspiel eines größeren Prozesses, der euch noch bevorsteht. Wenn ihr jetzt eure Seelenanteile integriert und eure unerlösten Aspekte umwandelt und befreit, und wenn ihr auch eure Elementale umwandelt und befreit, habt ihr alles, was euch zugehörig ist, in euch selbst integriert. Wenn ihr in eurer Ganzheit seid, werdet ihr fähig sein, diese Dimension zu verlassen, um in einer anderen Daseinsebene weiter zu wachsen. Dort werden neue Wege und Pläne vor euch liegen.

Ihr werdet noch einmal einen Integrationsprozeß vornehmen. Ihr werdet eure Anteile aus der geistigen Ebene in euch integrieren, denn so wie ihr in der physischen Ebene wirksam wart, um durch eure Gedanken- und Gefühlsenergien in den astralen Welten eure Samenkörner zu verankern, und wie ihr in den astralen Welten eure Elementale oder andere Schöpfungen manifestiert habt, die im Augenblick zu euch zurückkehren, so werdet ihr, nachdem ihr in der höherschwingenden Dimension eure Pläne und Entwicklungsstufen weiterverfolgt habt, wiederum eine Vielzahl von Seelenaspekten und Elementalen um euch vorfinden, die ihr jedoch nicht in der astralen, sondern in der geistigen Ebene manifestiert habt und die sodann ebenso von euch wieder aufgenommen werden wollen.

Diese jedoch werden von einer höheren, lichtvolleren Qualität sein. Dies ist jener Wachstumsprozeß, durch den ihr euch auf ein höherschwingendes Energiefeld vorbereitet, und sodann werdet ihr bereit sein, eurem anderen Teil zu begegnen, der euch als das Dual vertraut ist.

Nun also durchlauft ihr den Prozeß, daß ihr die in der astralen Ebene erschaffenen Manifestationen in euch vereint, und zu einem späteren Zeitpunkt werdet ihr die Aufgabe haben, die in der geistigen Ebene manifestierten Aspekte in euch zu integrieren. Wenn ihr alle Anteile vollständig in euch vereint habt, werdet ihr mit dem Teil eures Seins vereint werden, der die andere Hälfte, das Dual, ist. Danach wird der große Integrationsprozeß stattfinden, daß ihr von eurem Hohen Selbst aufgenommen werdet. So ist das, was sich jetzt vollzieht, ein Vorprozeß. Beobachtet ihn bitte aufmerksam, beobachtet ihn in großer Freude und in großer Liebe. Bekämpft diese natürlichen Vorgänge nicht und seht sie nicht als feindliche an, sondern erkennt sie einfach als die Heimkehr eurer eigenen Anteile.

Allesamt sind sie lebendig, allesamt sind sie sich ihres eigenen Selbst bewußt, und allesamt streben sie einem höheren Sein entgegen. Allesamt wollen sie leben, so wie ihr. Versteht auf diese Weise die Prozesse, die ihr durchlauft, und seid in großer Freude! Wenn ihr noch Kämpfe zu bestehen habt, ist in diesen Augenblicken das Licht besonders intensiv und aktiv in euch und bei euch.

Das Licht sendet ständig Impulse, die euch durchdringen. Alles, was diesem Licht in seiner Qualität und Frequenz nicht entspricht, wird nun reagieren und sich wehren. Das Licht wird nicht eher ruhen, bis jedes Atom in euch durchdrungen ist und die Frequenz der Weisheit und die

Frequenz der Liebe übernommen hat. Wenn ein Anteil und wenn Atome und Moleküle in euch in ihrer Programmierung noch das Unlicht haben, tobt der Kampf.

Aber die Frequenz des Lichtes wird sich durchsetzen, da sie die stärkere ist, und die Anteile, die noch aus dem Unlicht programmiert und aktiv sind, werden sich mehr und mehr auflösen. Sie werden weniger werden, das heißt, ihre Frequenzen werden von Mal zu Mal schwächer. Auf diese Weise wird das Licht seinen Sieg in euch vollziehen, nicht kämpferisch, sondern einfach durch sein Dasein.

Licht ist bei euch, Licht ist in euch. Wäre kein Licht in euch, hätte das Licht niemals den Weg zu euch gefunden. Doch ihr steht in Resonanz zum Licht. Aus diesem Grunde ist es bei euch. Es sind die geistigen und kosmischen Helfer, die euch augenblicklich in die Lichtfäden einhüllen, damit das Licht quantitativ mehr und mehr werde, und damit die unlichten Anteile in euch umgewandelt werden und sich an die Frequenz der Licht- und Liebesprogrammierung anschließen oder sich ihr unterordnen. Das sind die Prozesse, die stattfinden.

Hier schloß Herakles die Erklärungen zur Ernährung an, die bereits in Band 1 veröffentlicht sind («Dein Wille geschehe jetzt!», Seite 227).

Die meisten Menschen, die auf dem geistigen Wege sind, werden die lebhaften inneren Bewegungen bei sich festgestellt haben, die Herakles so eindrücklich beschreibt und die er auf unsere «heimkehrenden Kinder» zurückführt. Wie aber können wir im einzelnen erkennen, ob wir es mit einem unerlösten Aspekt, einem Elemental oder einem zurückkehrenden Seelenanteil zu tun haben? Oder gar mit einer erdgebundenen Fremdseele, die sich an eine in uns noch vorhandene Resonanzfläche anbinden will?

*Wenn eine **erdgebundene Seele** oder Anteile von ihr sich in der Aura oder im Astralkörper eines Menschen eingenistet haben, spürt dieser in der Regel deutlich, daß er von einem fremden Willen gesteuert oder doch zumindest stark bedrängt wird. Er fühlt sich nicht frei. Ihm ist bewußt, daß er Dinge tut, die er eigentlich nicht tun möchte. Dies ist besonders dann der Fall, wenn die fremde Seele ihre Wünsche oder gar ihre Süchte über den Körper des Wirts ausleben will. Häufig berichtet ein Mensch, der auf diese Weise bedrängt wird, daß er einen Druck in der Brust spürt und nicht frei durchatmen kann, oder daß er in sich eine Stimme sprechen hört, die er nicht als zu ihm gehörig empfindet. Auch wenn ein Mensch sich verfolgt fühlt und in Depressionen gerät, kann eine Besetzung vorliegen.*

Manchmal hat der unfreiwillige Gastgeber sich auch an die erdgebundene Seele gewöhnt, vor allem dann, wenn diese nicht in unlauterer Absicht gekommen ist, sondern nur Zuflucht im Körper eines Freundes oder Verwandten gesucht hat. Doch bleibt auch dies eine Behin-

derung des freien Willens einer anderen Seele, es behindert ihre Entwicklung und ist deshalb nach den geistigen Gesetzen nicht erlaubt. Häufig auch gibt sich der ungebetene Gast fälschlich als ein Verwandter aus, um akzeptiert zu werden. Zusammenfassend läßt sich sagen, daß dem ungefragten Gastgeber mehr oder weniger bewußt ist, daß er eine fremde Seele bei sich hat, oder aber dies schnell erkennt, wenn er darauf angesprochen wird.

*Ein **unerlöster Aspekt** kann schlicht eine tiefsitzende menschliche Schwäche sein, ein Charakterzug, der uns immer wieder in eine niedrigere Schwingung versetzt, oder eine ungute Eigenschaft, die uns bislang nicht bewußt war. Es kann sich um Abhängigkeiten jeder Art handeln, die wir oft vor uns selbst nicht zugeben möchten, die aber unseren freien Willen beeinträchtigen. Es kann auch einfach eine schlechte Angewohnheit sein, die wir nicht an uns mögen, aber noch nicht abgelegt haben. Es können Ängste jeder Art sein, auch nicht zugelassene und deshalb nicht ausgelebte Wünsche oder aber Krankheiten, die sich erneut manifestieren, weil ihre seelische Ursache noch nicht erkannt und behoben ist. Wenn ein unerlöster Aspekt eine solche Eigenkraft gewinnt, daß er sich verselbständigt, haben wir es mit einem Elemental zu tun; hier sind die Übergänge fließend.*

Die Qualität dieser Zeit liegt eben auch darin, daß durch die Einstrahlung der Christusenergie alle diese Aspekte sich sehr viel deutlicher zeigen als in der Vergangenheit oder erstmalig aus dem Unterbewußtsein hochkommen, so daß wir die Chance haben, in relativ kurzer Zeit uns dieser alten Lasten bewußt zu werden, sie als unsere eigenen anzuerkennen, sie umzuwandeln und zu integrieren.

*Wollen wir einen **zurückkehrenden Seelenanteil** identifizieren, tun wir gut daran, uns an die Ausführungen von Herakles zu erinnern. Wenn wir in unseren Entscheidungen unklar, unsicher und unschlüssig sind; wenn wir glauben, uns verteidigen zu müssen gegenüber plötzlich in uns auftauchenden «fremden» Überzeugungen und Gefühlen; wenn wir irritiert sind über deren unterschiedliche Qualitäten, die starke Emotionen in uns erzeugen, uns auch erschrecken und die wir keineswegs mit uns glauben vereinbaren zu können; wenn wir meinen, gegen Auffassungen, die sich unverhofft in uns melden, unsere Identität und Individualität behaupten zu müssen: dann haben wir es mit zurückkehrenden Seelenanteilen von uns zu tun, die integriert werden wollen.*

***Elementale** (nicht mit den vier Elementen zu verwechseln) sind astrale Wesenheiten, die wir Menschen erschaffen. Alle unsere Gedanken und Gefühle gehen als Energiewellen in den Ätherraum und manifestieren sich in der Astralebene. Wenn wir die gleichen Gedanken und Gefühle über einen gewissen Zeitraum ständig wiederholen, verdichtet sich ihre Manifestation, und daraus entsteht schließlich ein eigenständiges, intelligentes und sich seiner selbst bewußtes Wesen, eben ein Elemental. Es verfügt über eine Gestalt und lebt in der astralen Welt getrennt von seinem Schöpfer.*

Um aber seine Existenz zu sichern und die manifestierte Dichte aufrechtzuerhalten, ist es darauf angewiesen, stets die Art von Nahrung weiter zu erhalten, aus der es entstanden ist. Deshalb verbindet es sich energetisch immer wieder mit seinem Schöpfer und mit anderen Menschen, deren Gedanken- und Gefühlsmuster der eigenen Qualität entsprechen. Auf diese Weise wirkt ein astrales Elemental in der physischen Welt. Es nimmt Einfluß auf den Menschen, der sein Schöpfer ist, indem es ihn zur Wiederholung der immer gleichen

Gedanken- und Gefühlsmuster drängt. Der Dichtegrad seines Energiekörpers entscheidet über das Maß seiner Kraft und Handlungsfähigkeit sowie über seine Lebensdauer. Findet das Elemental keine Resonanzflächen, über die es sich aufladen kann, fehlt also die lebenserhaltende Energiezufuhr, verringert sich der Dichtegrad seines Energiekörpers, und es verliert an Kraft und Einfluß.

Inhalt und Qualität der Gedanken und Gefühle, aus denen das Elemental entstanden ist und von denen es sich ernährt, formen die Gestalt der Wesenheit und bilden die Motivation seiner Handlungen. So werden durch positive, lichtvolle Gedanken, etwa der Freude und der Hoffnung, und durch positive Gefühle, etwa der Liebe, des Friedens und der Harmonie, stets Elementale erschaffen, die unterstützend und hilfreich in unser Leben einwirken können. Wie Herakles darlegte, sind die Engelscharen die von den Erzengeln erschaffenen Elementale.

Negative Gedankenformen, ob bewußt oder unbewußt, zum Beispiel Neid, Haß, Eifersucht sowie Gefühle des Leidens, der Traurigkeit, der Wut und des Zorns erzeugen dunkle Wesenheiten, die sich bis zu Dämonen auswachsen können. Sie entstehen ausschließlich in den untersten lichtlosen Astralbereichen und sind dort ebenso wie auf der physischen Ebene wirksam. Auch ein Zweifel kann sich durch ständige Wiederholung als Elemental manifestieren. Daraus erwachsen die Psychosen und Depressionen. Ein Zweifel-Elemental hat immer die Programmierung: «Du schaffst das nicht, du kannst das nicht, du doch nicht». Wenn die Gedankenenergie dieser Programmierung sich verdichtet, sich schließlich abtrennt und verselbständigt, bleibt sie dennoch im Lebensbereich ihres Schöpfers. Sie benötigt unablässig neue Energien, also trägt sie aus sich selbst heraus den Wunsch, daß der Mensch nicht aufhört, diese Gedanken zu wiederholen.

Wenn Menschen aus bewußt erzeugten negativen Gedankenkräften Elementale erschaffen und sie gezielt einsetzen, um andere Menschen zu manipulieren, muß uns dies nicht beunruhigen, denn eine negative Wesenheit kann sich nie mit Menschen oder Energiefeldern verbinden, die nicht in Resonanz zu ihm stehen. Wir sind nie schutz- oder hilflos. Wir sind immer nur uns selbst ausgesetzt, wir ernten lediglich die Früchte unserer eigenen Saat. So lehrt uns auch das Wissen über die Elementale: Wir sind die Schöpfer unseres Lebensraumes; die Qualität unserer Gedanken und Gefühle entscheidet, womit wir uns umgeben und wer unser Leben beeinflußt.

Geschichte einer Befreiung

5. Dezember 1997

Des öfteren wies die geistige Welt daraufhin, daß die Klärung und Reinigung, die Herakles uns in seiner vorangehenden Botschaft ans Herz legte, erst den Weg frei macht für die vor uns liegenden Entwicklungsschritte. Deshalb gehen wir dem Thema hier weiter nach und entnehmen einer Schutzgeistsitzung das folgende konkrete Beispiel für das Entstehen eines Elementals und die Abtrennung von ihm.

Eine Frau war aus Enttäuschung über den Mann, von dem sie ein Kind hatte, immer aufs neue so tief in Wut und Zorn geraten, daß sie nur voller Verbitterung an ihn denken konnte. Der Schutzgeist klärte sie darüber auf, daß der Schmerz über die nicht erfüllten Erwartungen und alle deswegen von ihr erzeugten negativen Gedanken und Gefühle diesem Manne gegenüber inzwischen so stark geworden seien, daß sie sich zu einem Elemental verselbständigt hätten. Dieses feinstoffliche Wesen würde stets aufs neue belebt und aktiviert durch die Gedanken und Emotionen, die sie diesem Mann immer noch entgegenbringe. Dieses von ihr geschaffene Energiepotential sei wie eine eigenständige Persönlichkeit, die ständig von außerhalb ihrer Aura auf sie einwirke mit dem Ziel, ihre Emotionen weiter zu schüren.

Der Schutzgeist erklärte der jungen Mutter sodann, daß das Elemental über drei Energiefäden ständig mit ihr verbunden sei, von denen je eines in ihrem dritten Auge, ihrem Herzchakra und ihrem Sonnengeflecht ende. Und er fuhr mit den folgenden Worten fort, die wir in Auszügen zitieren:

Ich bitte dich sehr, daß du dich von diesem astralen Wesen befreist und mit dem geistigen Schwert deiner Willenskraft diese drei Energieverbindungen abtrennst. Gehe an einen Ort der Stille, und wenn du gänzlich ungestört bist, kehre mit deinen Gedanken, mit deiner Konzentration in die Mitte deines Selbst ein. Versuche, vor deinem inneren Auge dieses Wesen zu sehen. Wenn du es siehst oder erspürst, sprich es in deinen Gedanken an und wisse, daß dieses Wesen fähig ist, jedes Wort, jeden Gedanken und jedes Gefühl aufzunehmen und zu verstehen, denn es verfügt über Intelligenz und hat ein eigenes Bewußtsein.

So nimm also Kontakt auf und sage ihm, daß von nun an seine Anwesenheit für dich nicht mehr vonnöten ist und daß du dich trennen willst und mußt, um deinen Weg in vollkommener Freiheit und unbeeinflußt gehen zu können. Die Reaktion wird Angst und Panik sein, weil es sich in seiner Existenz bedroht fühlt. Es wird versuchen, sich energetisch noch enger an dich zu binden. Wichtig ist, daß du in dieser Situation völlig klar bleibst und weißt, daß die Angst nicht deine eigene ist, auch wenn du sie konkret als solche empfindest. Ich bitte dich sehr, daß du diese Worte auf das genaueste beachtest, denn sie sind von großer Wichtigkeit.

Gib diesem Wesen in klaren Gedankengängen und voller Liebe zu verstehen – und wenn es dir hilft, sprich laut –, daß es von nun an ebenfalls vollkommen frei ist und die Aufgabe hat, seine eigene Qualität und sein eigenes Bewußtsein vom Negativen ins Positive umzupolen, und daß du es bittest, fortzugehen und dem Licht zu folgen, welches aus meinem Amte bereitgestellt ist, um dieses Wesen aufzunehmen, es zu durchlichten und in ein völlig anderes Dasein zu verwandeln.

Zu Beginn wirst du deutlich das Widerstreben und die Verweigerung wahrnehmen können, die Trennung anzunehmen. Versetze dich in die Situation dieses Wesens! Es weiß, daß, wenn du es abtrennst, die Auflösung seines feinstofflichen Körpers erfolgen wird. Wenn du die lebenserhaltende Energie nicht mehr liefern wirst, wird das Wesen mehr oder weniger ausgehungert. Und dessen ist es sich bewußt.

Beruhige es, schenke ihm deine Liebe und bedenke, daß du es als ein unbewußter Schöpfer aus deinen Gefühlen und Gedanken der Vergangenheit erschaffen hast und Verantwortung trägst, welchen Werdegang diese deine geistige Schöpfung nehmen wird. Gib dem Wesen Aufschluß, daß das, was vor ihm liegt, erstrebenswerter ist als der aktuelle Zustand seines Seins. Male ihm die Zukunft in jenen Farben, die aus Licht und Liebe geformt sind. Schicke es zu mir und nenne ihm meinen Namen. Lenke seine Aufmerksamkeit auf mich, denn ich habe die Anweisung, dieses Wesen in jene Bereiche zu führen, wo es nach seiner Bestimmung den Wachstumsprozeß zum Besseren, zum Höheren vollziehen kann.

Das Elemental ist fähig, all deine Gefühle auf das genaueste zu analysieren. Wenn du die Wahrheit sprichst, wird es die Wahrheit deiner Worte und deiner Gefühle augenblicklich erfassen. Und dies wird schließlich zu der Überzeugung führen, daß der Augenblick der Trennung gekommen ist und daß die Trennung der bessere Weg für jeden von euch ist. Wenn du das Wesen also überzeugt und vorbereitet und ihm den neuen Weg gewiesen hast, nimm dein geistiges Schwert und sprich in Gedanken: «Ich trenne alle energetischen Verbindungen zu der Qualität Schmerz, Leid, Erwartung und Enttäuschung ab.»

Dann stelle dir vor, wie du mit deinen Händen ein geistiges Schwert aus reinem, weißem Licht umfaßt. Dies ist das Symbol deines reinen und klaren Willens. Und dann schlage die drei Verbindungen durch! Atme etliche Male tief durch und beschaue dir dein inneres und äußeres Kleid, welches deinen physischen Körper energetisch ummantelt. Mit deinem geistigen Auge wirst du die zurückgelassenen Restenergien des Elementals finden. Es sind dunkle Schatten in deiner Aura, die an manchen Stellen wie Flecken dein Energiekleid durchziehen.

Erbitte aus der göttlichen Einheit das geistige weiße Licht der Reinigung und gib dem Bewußtsein des Lichtes den Impuls: Durchdringe jede Körperzelle, jede Bewußtseinsebene und jedes energetische Feld meines Seins mit deiner Kraft, mit dem Prinzip der Reinigung, und durchstrahle mit dem göttlichen Weiß deines Lichtes mein ganzes Sein! So wirst du von diesem geistigen Licht durchleuchtet und durchströmt werden. Dies wird der endgültige Reinigungsprozeß von den Auswirkungen dieser Wesenheit sein. Doch dies ist nur der erste Schritt.

Begib dich danach an die Bewältigung deiner Vergangenheit auf der psychischen Ebene. Dies ist von großer Wichtigkeit, denn hier hast du eine Blockade erschaffen, die es dir nicht möglich macht, dich in deinem wahren Wesen und in deinen wahren Wünschen zu erkennen und zu erfühlen. Gehe abermals in Gedanken zu dem Mann, mit dem du einst die Tage geteilt hast, und sprich von Seele zu Seele. Erteile ihm aus deinem Herzen die vollkommene Vergebung all dessen, was er dir zugefügt hat. Wenn du fähig und bereit bist, ihm gänzlich und selbstlos alles zu verzeihen, was gewesen ist, dann verzeihe auch dir, daß du dich viele Male verworfen hast. Und dann kehre dich um und lasse diesen Menschen in seinem eigenen und abgetrennten Lebensbereich. Stelle deine Hoffnung, deine Erwartung und deine Vorstellung ein, was dieser Mann zu tun und wie er zu sein hat. Lasse all dieses los.

Denn dies waren die geistigen Essenzen, aus denen du das Elemental gebaut hast, und hier entstand die Stagnation deiner Entwicklung. Du hast Aufmerksamkeit und Kraft und Zeit in diesen Menschen und in die Vergangenheit hineingegeben. Auf diese Weise hast du nicht erkannt, was lange schon bei dir ist. Du bist abgelenkt gewesen durch deinen Schmerz, die Enttäuschung und die unerfüllten Wünsche. So lasse also los und wisse: Dieser Mann ist auf die Erde gekommen, um seinen eigenen Lebensplan zu erfüllen. Es gibt keine karmische Verbindung zwischen seiner Seele und dem Kind. Er ist nur das physische Instrument gewesen, das die notwendigen materiellen Bestandteile beigetragen hat, damit die Seele deiner Tochter als körperliches Wesen auf die Erde kommen konnte.

Die Enttäuschung ist wie ein Stachel noch tief in deinem Herzen vergraben und verursacht in Abständen immer wieder aufs neue einen Schmerz. Ich bitte dich sehr, geliebte Tochter, begib dich in die Mitte deines Herzens und entferne diesen Stachel. Dies wird dir möglich sein, wenn du bereit bist, alle Erwartungen loszulassen, wenn du die Vergangenheit und die Erinnerung daran abschneidest und beginnst, frei zu werden und ganz du selbst zu sein. Dieser Weg wird anfänglich ein beschwerlicher sein. Denn er erfordert von dir viel Mut, und du mußt lernen, deine Denk- und Sehweise in vieler Hinsicht zu korrigieren. Aber nur so wird es möglich sein, daß du deine neue Lebensphase erfahren und verwirklichen kannst, wie es deiner Würde und deinem Wunsch entspricht und wie es in deinem Lebensplan steht.

Bitte arbeite an dem Elemental! Wenn du dich hier befreit hast, wirst du dich selber vollkommen anders wahrnehmen. Die Gefühle, die du spürst, kommen oft nicht von dir selber. Sie werden dir von außen übermittelt. Du mußt lernen zu unterscheiden, wann du aus dir selber denkst und fühlst und wann du nur ein Instrument und ein Empfänger bist.

So bitte ich dich sehr, werde vollkommen neutral. Erwarte nicht von den Menschen, daß sie in dein Leben treten, um dir deine Bedürfnisse zu befriedigen oder um mit dir das Schöne oder das weniger Schöne zu teilen. Dein Wohl und Wehe ist nicht von den Menschen abhängig, die bei dir sind oder nicht bei dir sind. Dein Weg wird bestimmt von der Qualität der Erkenntnis, die in dir ist.

So lerne denn, dich selber zu lieben und Liebe zu geben. Projiziere diese Liebe nicht auf einen Menschen oder einen Gegenstand, sondern versuche, selbst einfach Liebe zu sein in jeder Tat, in jedem Wort, in jedem Gedanken. Dann werden sich in der Atmosphäre deines Lebensbereiches wie in deinen Energiefeldern die Qualitäten und Schwingungen ständig erhöhen. Auf diese Weise wirst du naturgemäß andere Menschen und andere Situationen magnetisch in dein Leben rufen. Es ist wichtig, daß du nicht verharrst und Ausschau hältst, was von außen zu dir gelangt. Erkenne, daß dein Leben in seiner Qualität einzig und allein von dir abhängt. Gib also alles, was du wünschst, selbst zu empfangen, von dir nach außen. Auf diese Weise schaffst du die geistigen Elixiere, die sich naturgemäß verdichten, bis sie in die sichtbare Realität treten.

Du bist auf die Erde gekommen, um deinen Weg zu gehen. Du hast nicht die Aufgabe, den Vorstellungen und Erwartungen anderer zu entsprechen. Lasse auch deine Erwartungen und Forderungen an die Menschen los. Dies ist eine Einschränkung und Beeinflussung ihres Lebensplanes, und dies ist euch Menschen nicht gestattet. Und so ihr es dennoch tut, wenn auch aus Unwissenheit, erntet ihr allezeit Enttäuschung. Dies sind natürliche Gesetzmäßigkeiten. Durch die Erfahrung von Leid erkennt ihr den falschen Weg ...

Wenn ihr sprecht, sprecht von der Liebe!

17. Juli 1997

Ich begrüße euch im Namen des Sohnes Gottes, der euch bekannt ist als Jesus der Christus. Es spricht zu euch, die euch auf ewig liebt und die ihr kennt als Mutter Maria. Gott zum Gruße, ihr Kinder des Lichts, ich umfange euch. Seid gesegnet in diesem Augenblick!

Die dunklen Wolken auf der Erde haben sich zu einer großen Macht verbündet, und auf der anderen Seite hat sich ebenso die Kraft des Lichts verbündet. Ihr seid aus dieser Kraft, aus dem Volk der Kinder Gottes auf die Erde gekommen, um zu dienen. Ihr dient ein jeder an seinem Platz, ein jeder in seinem Amt.

Ihr habt jetzt eine andere Zeitqualität, denn die Erde schwingt in höheren Frequenzen, das heißt, eure Gedanken und Gefühle haben eine größere Kraft und brauchen nicht mehr soviel Zeit, um in eine sichtbare Wirkung zu gelangen. Alles geht schneller, alles geht einfacher. Alle Kräfte, die auf der Erde vorhanden sind, werden jeden Tag stärker, ob es die dunklen oder ob es die lichten Kräfte sind. Dies ist die Wirkung der Kraft des Christusbewußtseins. Das Christusbewußtsein durchdringt eure Erde. Da ist kein Stein, auf den nicht die Schwingungen aus dem Licht und der Kraft des Christus, des Sohnes, einwirken. Diese Kraft bewirkt ein Potenzieren aller vorhandenen Qualitäten, aller existierenden Kräfte.

So werden jene Menschen, die sich auf den Weg des Lichts begeben haben, von Tag zu Tag stärker, von Tag zu Tag fähiger, die sogenannten Wunder zu vollbringen. Die Menschen auf der Seite des Schattens wachsen ebenso in ihrer Kraft. Die Schatten werden größer, ihr Wirken wird mächtiger. Dies ist der Kampf, der auf der Erde tobt. Ihr aber, sorgt euch nicht! Richtet eure Augen nach vorne, versucht, die Dunkelheit hinter euch zu lassen! Beachtet sie nicht! Wenn ihr sprecht, sprecht von der Liebe, und im selben Augenblick wächst die Liebe in euch und auf der Erde.

Durch jedes Wort von euch, so es aus dem Göttlichen entspringt, wird der Sohn wirken. Ihr seid die Instrumente, ihr seid die Diener des Lichts.

Denkt nicht an die Schrecken, an die Gefahren, denkt an den neuen Morgen, der vor euch steht und der euch die Freiheit und den Frieden bringen wird! Das, was euch verheißen wurde, ist näher, als ihr meint. So freut euch, laßt jede Sorge, jedes Leid, jeden Zweifel hinter euch!

Ihr wurdet von vielen Wesen belagert, die euch Zweifel und Unklarheit sandten. Sie sind bemüht, euch in der Kraft eures Glaubens zu erschüttern, indem sie jene Menschen benutzen, die ihr liebt. Sie greifen eure Glaubenskraft an und versuchen, die Klarheit eures Glaubens und die Klarheit eurer Wahrnehmung zu trüben.

Manchmal seid ihr unsicher, und es scheint, als ob die Wahrheit schwer zu finden sei, denn viele stehen jetzt auf und geben sich den Namen eines Propheten, sprechen von Licht und Erlösung. Seid wachsam und hört allezeit auf das, was eure Seele durch euer Herz spricht, indem ihr euch mit eurer Aufmerksamkeit von allem abwendet, was Angst und Leid auslöst! So seid ihr nicht in Verbindung mit jenen Wesen, die die Dunkelheit zu euch bringen wollen.

Seid vorsichtig, seid sehr behutsam, sprecht nicht über negative Dinge! Lest nicht, was über die vielen Katastrophen dieser Erdenwelt geschrieben wird! Sie sind vorhanden und werden sich vermehren. Dies jedoch ist ein Prozeß der Reinigung, der euch oft vorhergesagt wurde. Laßt diese Dinge geschehen, beachtet sie nicht und habt niemals Angst, wo ihr euch auch befindet! Ihr seid allezeit beschützt.

Keiner, der sich an die Macht des Lichtes wendet, und keiner, der nach dem Sohn, nach dem Vater oder nach mir ruft, wird Unsicherheit oder Leid erfahren. Ihr seid geschützt. Es ist unwichtig, ob ihr nach Santus, nach dem Sohn, nach der Mutter oder nach dem Schöpfer selbst ruft, denn wir sind alle eins und dennoch viele. So wie der Vater in mir ist, so ist der Vater in einem jeglichen von euch, und der Sohn ist in einem jeglichen von euch, und auch ich, die Mutter, die ich als das Prinzip des Schutzes der Unbeholfenen wirke, bin in euch, und ihr seid in mir. So sind wir eins und dennoch viele. So ihr in Gefahr seid, so Angst und Zweifel euch überfallen, denkt an diese Worte: Wir sind eins!

In dem Augenblick, da ihr Gefahr verspürt, sprecht in euren Gedanken oder, so ihr es wünscht, sprecht laut:

Im Namen des Sohnes der Einheit,
in dessen Kraft und Herrlichkeit ich gesandt bin,
Wirke, Geist der Wahrheit!
Wirke, Kraft der Weisheit!
Erstrahle, Glanz der Liebe!

Amen. Es werde!

Dies soll in eurem Geist das Schwert des Lichtes sein.

Ihr seid im Namen des Sohnes gesandt, und in dem Augenblick, da ihr in seinem Namen denkt, fühlt und sprecht, wird der Sohn selbst in euch sein und wird durch euch als das lebendige Wort wirken.

Es beugt sich alle Schöpfung dieser Erdenwelt, es beugt sich die Schöpfung aller Universen unter das Wort des Sohnes, denn der Sohn selbst ist das lebendige Wort, das ausgegangen ist von Gott durch alle Ewigkeit, durch Zeit und Raum. Dies sagt euch eure Mutter Maria.

Habt niemals Angst! So ihr in Situationen gelangt, da ihr euch bedroht fühlt, sprecht diese Worte und wirkt im Namen des Sohnes!

Denkt allezeit daran: Wir sind eins und dennoch viele, und all die vielen werden in dem einen wirken. So der eine darum weiß, daß er viele in sich hat, werden all die vielen augenblicklich mit ihrem Geist wirksam sein, und alle Schöpfung wird sich diesem Wort beugen. Denn das Wort ist lebendig und das Wort wurde Fleisch. So ist das Wort in euch abermals Fleisch geworden. So wißt: Dies ist der Weg, mit dem ihr wirken könnt, alles zu verändern, alles zu besiegen.

Die Worte der Kraft, die wir als «Schwert des Lichtes» gebrauchen sollen, sind uns zweimal übermittelt worden, hier von Maria und zuvor von Jeschua. Immer wenn wir Gefahr verspüren und uns von dunklen Kräften bedroht fühlen, sollten wir dem Rat Marias folgen, dieses Mantra «im Namen des Sohnes der Einheit» zu sprechen und dabei die Worte «Wir sind eins!» zu denken.

Die Menschen, die dieses Mantra bereits gegen unterschiedlichste Gefahren eingesetzt haben, berichten beglückt von seiner Durchschlagskraft. Es wirkt mit Macht, wenn negative Wesenheiten aus niederen Astralebenen oder aus außerirdischen Bereichen uns anzugreifen versuchen. Da auf unserer Erde der Kampf zwischen Schatten und Licht einem Höhepunkt entgegengeht, empfiehlt es sich, diese Affirmation als magische Formel stets bereit zu haben, um sie in jeder Lage ohne Zögern sprechen zu können.

TEIL II

Verbündet euch mit dem Geist der Elemente!

Einführung

Immer wieder hat die geistige Welt die Menschen aufgerufen, nicht in Angst und Panik zu fallen, wenn die Elemente Feuer, Luft, Wasser und Erde «mit Mächtigkeit über den Erdball gehen». Wir sollten vielmehr lernen, mit dem Geist der Elemente Kontakt aufzunehmen, damit sie uns als Brüder und Schwestern erkennen und uns verschonen. Jeschua selbst sagte am 8. April 1995: «Sprecht sie [die Elemente] in Gedanken an und wendet euch an den Geist, der in ihnen wohnt und nach demselben Plan vom Vater gesandt ist, wie ihr vom Vater in diese Zeit, auf diese Erde gesandt seid. Verbündet euch mit ihnen und wißt, sie sind Mitstreiter, die euch zur Seite stehen werden. Nehmt ihre Kraft in euren Dienst!»

Inzwischen stellen wir fest, daß die Naturgewalten, wie in den Botschaften angekündigt, weltweit immer heftiger auf die Übergriffe des Menschen und ihre Mißachtung der Schöpfungsordnung reagieren. Dennoch lautet die Botschaft aus der geistigen Welt, daß wir all dies unbeschadet überstehen können, sofern wir in der verbleibenden Zeit lernen, die von den Wesen des Lichts aufgezeigten geistigen Gesetzmäßigkeiten auf unser Leben anzuwenden. Dazu gehört auch, aus einem Geist der Liebe wieder mit den Elementen zu kommunizieren.

Wo immer in diesem Buch von den Elementen die Rede ist, geht es selbstverständlich nicht um die sogenannten «chemischen Elemente», also um die Grundstoffe, welche im «Periodensystem» der modernen Chemie erfaßt sind. Wir sprechen hier vielmehr aus einer geistigen Sicht von den alten Schöpfungselementen, die schon frühen Hochkulturen und auch der europäischen Antike als die geistigen Urprinzipien bekannt waren, aus denen alles erschaffen wurde und die sich auf der physikalischen Ebene in feuriger, luftiger, wäßriger oder erdiger Form ausdrücken. In anderen Lehren wird manchmal ein fünftes Element genannt: das Akasha- oder Ätherprinzip. Darunter wird, vereinfacht gesagt, eine Urkraft verstanden, aus der die vier Elemente hervorgegangen sind und die wir hier, wie es die Religionen auch tun, als Gott bezeichnen.

Die folgenden Botschaften können uns helfen, ein tieferes Verständnis für das Wesen der vier Elemente zu gewinnen. An den Anfang haben wir die wunderschöne Gottesbotschaft über die vier Elemente gestellt, die Susanne im Februar 1999 erhielt und der auch der Titel für dieses Buch entstammt.

Weil Ich dich liebe

14. Februar 1999

Fürchte dich nicht, denn Ich, dein Gott, habe dich bei deinem Namen gerufen. Du bist Mein. Du sollst das Zittern der Erde nicht fürchten, noch soll dich die zehrende Flamme des Feuers ängstigen. Und wenn sich der Wind mit Macht zum Sturm erhebt und die Ströme das Land überfluten, so bin Ich bei dir. Es wird dir kein Leid geschehen, weil Ich dich liebe. Denn Ich habe dich teuer von der Erde erkauft, weil Ich dich liebe.

Erwache, Mein über alles geliebtes Kind, und erkenne, wer du bist. Denn eben deshalb bist du zur Erde herniedergegangen, damit du Mich, deinen Schöpfer, im Fleische offenbarst.

Ich throne inmitten deiner Zellen, und durch das Feuer Meines ewigen Geistes bist du das ICH BIN. Jedwede Schöpfung lebt in Mir und aus dem Feuer Meines ewigen Geistes. Und würde Ich nur einen Augenblick Mein Feuer aus der Schöpfung entnehmen, so wäre dies der sofortige Zerfall, ein Schatten, der zu Staub zerfällt.

Dein Atmen ist wie Ebbe und Flut. Durch deinen Odem kehrt Mein Geist in dir zurück ins Reich der kosmischen Ewigkeit. Ich aber bin der Kosmos, Ich bin die Ewigkeit. Und holst du Mich aus dem zeitlosen Raum durch deinen Atem zurück in deinen Fleischeskörper, bin Ich in dir und du in Mir. Ohne Mich gibt es kein Sein.

Mit dem Wasser der Wahrheit habe Ich dich getauft, auf daß du Mich wiederfinden kannst. Denn nur die Wahrheit macht dich frei, Mich in dir zu erkennen. Also gab Ich dem Wasser die Macht der Klarheit, auf daß du dich reinwaschest vom Schmutz des Irrtums und dem Dunkel der Unwissenheit. Suche Mich, denn Ich bin hier. Durch deine Nieren fließe Ich, um dich zu reinigen, weil Ich dich liebe.

Aus dem Staube der kosmischen Unendlichkeit, der zuvor durch Meinen Odem ging, gab Ich dir Form und Gestalt, so wie Ich Sonne, Mond und Sterne aus dem Staube schuf. Dich aber habe Ich nach Meinem Ebenbild geschaffen, weil Ich dich liebe. Du bist auf ewig Mein. Und glaubst du nicht an Mich, so liebe Ich dich dennoch.

Dem Satz «... durch das Feuer Meines ewigen Geistes bist du das ICH BIN» möchten wir einige Äußerungen des Sohnes der Einheit vom Januar 1997 zur Seite stellen. Diese geben uns zu verstehen, daß die Engelscharen «das kleine Volk» des Vaters, das ins neue Jerusalem heimgeführt werden soll, an dem ICH BIN-Zeichen auf der Stirn erkennen werden. Das heißt, erst wenn dieses Zeichen sichtbar ist, wenn wir also das «Feuer des ewigen Geistes» in uns so entfacht haben, daß es lodert, werden wir gerufen.

Wie lieblich ist es, im Kreise derer zu verweilen, die die Meinen sind! Gott der Vater läßt euch grüßen, denn auf eurer Stirn ist das Zeichen des Sohnes geschrieben, welches lautet: «ICH BIN der ICH BIN». Dies ist das Siegel, das ihr einst von mir empfangen habt. Ich habe euch aus allen Völkern und Nationen gesammelt, und der Augenblick ist nicht mehr fern, da ich mein Volk vereinen werde. Ich will mein kleines Volk ins neue Jerusalem heimführen.

Über diese Erde gehen Engelscharen und beschauen sich die Stirn der Menschen. So da zu lesen ist: «ICH BIN der ICH BIN», werden sie gerufen, werden sie gesammelt. Ihr, die ihr mir gefolgt seid, die ihr mir Diener wart auf dieser Erde, die ihr mir Schwestern und Brüder in den Bereichen der Venus wart, ihr tragt auf eurer Stirn das Zeichen, welches mein Siegel ist. Mein Volk ist gezählt wie die Sterne am Firmament. Der Vater weiß die Zahl derer, die die Seinen sind. So freut euch! Erhebt eure Augen, frohlockt! Ich komme bald!

Die Elemente als Aspekte der Lebenskraft

10. Februar 1999

Einige grundlegende Erklärungen, die uns auf Fragen zu den Elementen von der geistigen Welt übermittelt wurden, fassen wir im folgenden mit eigenen Worten zusammen.

Die vier Elemente sind vier Aspekte des Geistes Gottes, der Lebenskraft. Die Elemente sind also vier und doch eins, nämlich göttliche Lebenskraft. Diese transformiert sich in den vier Elementen stufenweise in immer dichtere materielle Ausdrucksformen, und zwar in der Reihenfolge: Feu er, Luft, Wasser und Erde.

Das Element Feuer ist dem geistigen Bereich zugeordnet und muß als die treibende Lebenskraft verstanden werden, welche durch die göttliche Liebe und die göttliche Weisheit bewegt wird. Der Mensch steht mit dem geistigen Feuer in ständiger Verbindung. Das Geistesfeuer in uns ist die brennende Flamme, die uns am Leben erhält, es ist das Gesetz des Lebens in uns, welches Liebe, Weisheit, Frieden und Harmonie ist. Gott hat sich durch das Element Feuer als ewigwährender Geist in uns verankert, auch in unserer materiellen Lebensausdrucksform. Dieses Feuer des Geistes ist das ICH BIN in uns. Von dieser Geistesflamme sprach Jeschua, als er sagte: «Ich bin gekommen, um ein Feuer anzuzünden auf Erden, und ich wollte, es würde schon brennen.»* Unsere Aufgabe besteht darin, die Flamme der Liebe und der Weisheit in uns zu nähren, sie zu verstärken – so wie man ein Feuer, das angezündet ist, aber nur glimmt, durch weiteres Brennmaterial und Zufuhr von Sauerstoff entfacht.

Wir müssen unterscheiden zwischen geistigem und physischem Feuer. Das im Feuerelement wirkende geistige Prinzip der Lebenskraft drückt sich in unterschiedlichen Erscheinungsformen auch physikalisch aus, zum Beispiel als Licht der Flamme, als Wärme und Hitze, als Blut in unseren Adern, als Elektrizität, und so fort. So wie das Element Feuer, das Geistesfeuer, in materieller Form als Licht erscheinen kann, das die Dunkelheit erhellt, vermag es auch die Gestalt einer Feuersbrunst anzunehmen, die verzehrt und zerstört, wenn der Mensch dem Element nicht

* Lukas 12,49

in Liebe, Weisheit, Frieden und Harmonie, also nicht dem göttlichen Lebensgesetz entsprechend, begegnet.

Das Element Luft ist dem Ätherbereich zugeordnet. Auch dieses Element stellt einen Aspekt der Lebenskraft dar, die wieder nichts anderes ist als der Geist Gottes mit dem Gesetz Weisheit, Liebe, Frieden und Harmonie, jedoch in einer tiefer transformierten physikalischen Ausdrucksform als das Feuerelement. Durch die physikalischen Substanzen im Ätherraum ermöglicht das Element Luft dem Menschen, daß er atmen und in einem materiellen Körper leben kann. Indem wir die Luft einatmen, stehen wir in ständiger Verbindung mit dem Geist des Elementes Luft.

Während wir im Element Feuer den Geist, die reine Information finden, drückt sich das Luftelement als nächste Stufe bereits als Äther aus, also gasförmig. Das Feuerelement ist also das geistige Lebensprinzip, und das Luftelement ist das feinstoffliche Lebensprinzip. Während das Feuer der reine göttliche Geist ist, kann man die Luft als den intellektuellen Geist bezeichnen, denn der Prozeß des Denkens geschieht in Verbindung mit dem Element Luft. Wir setzen in uns das göttliche Lebensprinzip des Luftelementes durch Gedankenarbeit und durch geistige Bewußtwerdung in Bewegung.

Das Element Wasser hingegen entspricht den Emotionen, den Empfindungen des Menschen. Es ist die Seele, die in besonderer Weise auf das Wasserelement reagiert. Dieses Element ist nach der Luft die nächst tiefere Stufe der Transformation: von festerer Form als das Gas, ist es aber auch noch nicht feste Materie, es ist flüssig. Das Wasserelement ist die Verbindung, die Übergangsform zwischen Geist und Feinstofflichkeit einerseits und Materie andererseits.

Auch der Mensch, dessen physischer Körper sich zum größten Teil aus dem physikalischen Element Wasser zusammensetzt, steht zwischen Geist und Materie. Er hat die Aufgabe, im Bewußtsein des göttlichen Lebensgesetzes von Weisheit, Liebe, Frieden und Harmonie den Geist in einer materiellen Form in der irdischen Polarität zum Ausdruck zu bringen. Hierbei stehen ihm die Elemente zu Diensten – in geistiger, in feinstofflicher, in halbmaterieller und in materieller Form. So geschieht die Transformation von der geistigen zur materiellen Welt.

Das Element Erde ist die letzte Ausdrucksform der sichtbar gewordenen göttlichen Lebenskraft. Es ist ein Prinzip, das die drei anderen Elemente in sich birgt, sie in sich wirken läßt. Durch ihre Dichte bringt das Erdelement sie in eine materielle Erscheinungsform. Es ist die grobstofflich manifestierte Form der anderen Elemente.

Für den richtigen **Umgang des Menschen mit den vier Elementen** ist es entscheidend, daß wir den Schöpfungsplan verstehen. Gott, der Schöpfer allen Seins, hat den Menschen nach Seinem Bilde geschaffen. Also ist auch der Mensch ein Schöpfer. Und Gott vertraute ihm als der Krone der Schöpfung die Erde an: «Mache sie dir untertan, fülle sie und herrsche über sie!»* So wurde alles, was auf der Erde ist, auch die Macht der Elemente, dem Willen des Menschen unterworfen.

Aber der Mensch hat noch nicht verstanden, daß die Elemente tatsächlich seinem Willen gehorchen. Ob dieser Wille bewußt oder unbewußt, positiv oder negativ ist, spielt keine Rolle. Hier tritt ein Gesetz aus sich selber in Kraft, weil es in der Schöpfung so verankert ist und weil Gott den Menschen, sei er nun bewußt oder noch unbewußt, über die Geister der Elemente gesetzt hat.

Wenn die Elemente aus sich selber, von außen unbeeinflußt, tätig sein können, wirken sie unabdingbar nach dem göttlichen Lebensgesetz, das sie in sich tragen. Unbeeinflußt erzeugen sie nur positive, lebensunterstützende, lebenserhaltende Energien – der spezifischen Art ihres Wesens entsprechend. Nur der menschliche Wille vermag hier einzugreifen und diese Tätigkeit zu beeinflussen. Der Geist des Elementes folgt diesem Willen, weil er vom Schöpfer den Auftrag erhalten hat, dem Menschen zu dienen.

Die Elemente selbst können aus sich heraus nichts anderes verwirklichen als das in sie eingebundene Lebensprinzip. In dieser Tätigkeit schwingen die Elemente unaufhörlich und wirken durch alle Bereiche. Wenn der Mensch mit seinem freien Willen beginnt, wider das geistige Lebensgesetz von Liebe, Weisheit, Frieden und Harmonie zu leben, produziert er lebensfeindliche, zerstörerische Energien, die dem natürlichen Wirken der Elemente widerstreiten.

Die Elemente nehmen die Energien auf, die vom kollektiven Bewußtsein der Menschen erschaffen werden, und es kommt zu Konfrontationen unterschiedlicher Energiequalitäten im Bereich des Feuers, im Ätherraum, in der Ebene der Wasserwelten und im Element der Erde. Für

---

* 1. Moses 1,26–29

einen gewissen Zeitraum ist das Bewußtsein der Elemente in der Lage, die negativen Qualitäten in sich zu tragen. Es versucht, sie umzuwandeln und der eigenen positiven Qualität anzugleichen. Wenn aber das kollektive Bewußtsein des Erdenmenschen unablässig fortfährt, zerstörerische Schwingungen zu erzeugen, vermögen die Elemente sie nicht mehr umzuwandeln. Sie halten die angesammelten Energien schließlich nicht mehr aus und werfen sie zurück.

Das sind dann die Prozesse, die wir als Sturm, als Flutwelle, als Überschwemmung, als Erdbeben oder als Vulkanausbruch erfahren. Wenn solche elementare Erscheinungen irgendwo auftreten, sind sie immer ein Zeichen dafür, daß in dieser Region die lebensfeindlichen Energien des kollektiven menschlichen Bewußtseins ein Quantum erreicht haben, das die Elemente nicht mehr absorbieren können. Dann erntet der Mensch, was er gesät hat.

Verwirklicht er das Gesetz des Lebens, werden ihn die Elementegewalten in jeder Weise unterstützen. Wenn er aber kraft seines freien Willens das Gesetz verletzt, werden die Elementegewalten ebenfalls seinem Willen folgen und die Verletzung als Verwüstung im Naturreich widerspiegeln. Immer also wird er über kurz oder lang das Ergebnis seines Verhaltens im Ausdruck seines Lebensraumes finden.

Wenn der Mensch endlich verstanden hat, daß sein Denken, Fühlen, Reden und Handeln wirklich der Schöpfungsplan für das Umfeld ist, in dem er lebt, und wenn er beginnt, sich in all seinem Tun zu kontrollieren und innerhalb der polaren Gesetzmäßigkeit ausgewogen zu leben, dann wird es die Extreme auch in der Natur bald nicht mehr geben, weder Dürre noch Überschwemmung, weder Kälte- noch Hitzewellen, und das Klima wird sich gleichmäßig freundlich gestalten. So wird es auf der neuen Erde sein.

Die Verwüstungen durch Naturgewalten sind also immer das Resultat des menschlichen Willens; ob wir uns unseres Willens und unserer Macht bewußt sind oder nicht, ändert nichts an dieser Gesetzmäßigkeit. Der Mensch ist, so oder so, immer schöpferisch tätig. Er ist unabdingbar Schöpfer, denn das ist das Bild Gottes, nach dem er geformt ist. Jetzt ist die Zeit, daß der Mensch diese Zusammenhänge erkennt und nicht länger sein Schicksal beklagt, sondern die Verantwortung für sein Tun auf sich nimmt. Der Mensch muß nicht die Erdbeben und auch nicht die Flutwellen fürchten, er muß nur sich selber fürchten.

Die Wesenszüge einer Menschengruppe und die Elemente stehen in einer bestimmten Wechselwirkung. In jedem Menschen sind alle vier Elemente wirksam, und es ist gut, wenn sie in einem ausgewogenen Verhältnis zueinander stehen. Doch zumeist dominiert eines der Elemente in einem Menschen oder in einer Volksgruppe. So sind Menschen mit einem lebhaften Temperament meistens im sonnigen Süden angesiedelt und haben einen engen Bezug zum **Element Feuer.** In ihrer Mentalität drückt sich das als feurige Leidenschaftlichkeit aus. Ihr Verhalten kann in besonderer Weise das Element Feuer beeinflussen und in Tätigkeit setzen, in guter wie in unguter Weise.

Wenn eine solche Menschengruppe in ihrem kollektiven Bewußtsein über einen langen Zeitraum gegen das göttliche Lebensgesetz verstößt, wird sie wegen ihrer besonderen Beziehung zum Feuerelement eben dieses Element besonders reizen. Und sie wird es zu tun haben mit Naturerscheinungen wie Hitzewellen, Waldbränden oder Vulkanausbrüchen.

Das rationale Denken des Menschen steht in besonderer Beziehung zum **Luftelement.** Wenn eine Volksgruppe durch ihr intellektuelles Bewußtsein eine einseitige und starre Geisteshaltung entwickelt, sich von ihrem geistig-göttlichen Bewußtsein abtrennt und nur das Verstandesdenken gelten läßt, behindert sie den natürlichen Fluß ihrer eigenen Evolution und die ihres Lebensraumes. Dadurch wird diese Volksgruppe vor allem das Bewußtsein des Luftelementes reizen, und die kühlen Winde können zu Stürmen von zerstörerischer Kraft werden.

In Regionen, wo die Menschen verlernt haben, geistig offen und beweglich zu bleiben, wird der Geist des Luftelementes ihnen mit Stürmen und Orkanen die Erfahrung vermitteln, daß es Einsichten jenseits des linearen, rationalen Denkens gibt. So werden sie wieder auf das göttliche Lebensgesetz von Liebe und wirklicher Weisheit ausgerichtet, werden also «gerichtet», aber letztlich sind sie es selbst, die sich das «Gericht» bereiten.

Menschen, die sehr gefühlsbetont sind und sich von Emotionen leiten lassen, werden eher die Nähe des Wassers suchen. Wenn sie aber ihre Gefühle zum Beispiel zugunsten ihrer materiellen Interessen völlig unterdrücken, sind sie es, die das **Wasserelement** besonders reizen. Der Geist des Wasserelementes wird dort aktiv werden, wo Menschen mit ihren Gefühlen nicht richtig umgehen. Menschen, die lange ihre tieferen Emotionen verdrängt haben und in ihren Gefühlen untereinander und zu ihrem Gott erkaltet sind, werden eher mit Hochwasser, Sturmfluten und Überschwemmungen rechnen müssen.

Menschen, die sehr in der Materie verankert sind, die nicht loslassen können, Probleme mit dem Gottvertrauen haben und sich lieber auf sich selbst und ihren Verstand verlassen, werden eher das **Erdelement** erregen, das sie dann in ihrer vermeintlichen materiellen Sicherheit erschüttert. Im äußeren Lebensraum ist diese Erschütterung als Erdbeben wahrzunehmen – als Erdbeben, das alles zerstört: das Haus, in dem sie sich sicher wähnten; das Krankenhaus, in dem sie glaubten, geheilt werden zu können, und so fort.

Der Mensch hat die Möglichkeit, gemeinsam mit den Elementen in Liebe und Weisheit, in Frieden und Harmonie zu leben. Hat er die Elemente aber aus dem Gleichgewicht geworfen, muß er wissen, daß auch ihre negativen Erscheinungsformen nichts anderes sind als ein Spiegelbild seines Bewußtseins, seines Entwicklungsstandes. In allem, was den Menschen umgibt, hat er einen Spiegel, in dem er sich selber erkennen kann.

Aber selbst wenn die Elemente sich bereits in Aufruhr befinden, kann der einzelne Mensch, wenn er Liebe ausstrahlt und in seinem Gemüt Frieden und Harmonie bewahrt, mit dem Geist der Elemente in Verbindung treten, sich als Bruder und Schwester in der Liebe zu erkennen geben und den Elementegeist besänftigen.

Willkommen im Reich der Elemente!

16. Juli 1995

An einem Nachmittag während eines Elemente-Seminars im Juli 1995 wurde der Impuls vermittelt, mit der Gruppe in die freie Natur zu gehen. Als sie sich auf einem Hügel eingefunden hatte, kam es zu einer bewegenden Begegnung mit den Elementen, zu einem «heiligen Augenblick». Als der Geist des Windes – in dieser Botschaft Sprecher aller vier Elemente – sich über Susanne meldete und sagte: «Spürt meinen Odem und spürt meine Zärtlichkeit», kam plötzlich Bewegung in die stille Sommerluft, und der Geist des Windes berührte jeden einzelnen «als Zeichen brüderlicher Liebe» mit einem warmen, zarten, aber sehr deutlichen Windhauch, den er eine Umarmung, einen Willkommensgruß nannte. Und in dem Augenblick, als er vom Geist des Wassers sprach, fielen aus wolkenlosem Himmel unvermittelt Regentropfen, doch keiner wurde wirklich naß, und es hieß: «Die Tropfen, die euch berühren und küssen, sind zugleich die Freudentränen des Himmels» – Freudentränen über eine Begegnung «im Namen der Liebe» zwischen Menschen und Naturgewalten, eine Begegnung, die als «neue Vermählung, als Hochzeit» besungen wurde.

Ihr habt mich gerufen. Ich bin Kraft, ich bin Zärtlichkeit, ich bin Zorn, und ich bin Liebe. Ich umfange euch mit meiner Seele. So spürt denn meinen Odem und spürt meine Zärtlichkeit. Gott der Vater läßt euch grüßen. Der mich gesandt hat, ist eben jener, der auch euch gesandt hat. So will ich euch also berühren, ich, der Geist des Windes, der die Liebe in sich birgt und ebenso den Zorn.

Ich habe mich euch mit Sanftmut und mit Zärtlichkeit genähert, denn diese Empfindungen sind es, die mich aus eurem Sein gerufen haben. Man hat mich unterrichtet über den Wunsch, der in euch geboren wurde. So wißt, daß der Geist des Windes in sich denselben Wunsch verspürt. So nehmt diese meine Umarmung als Willkommensgruß und als Zeichen unserer brüderlichen Liebe, nehmt diesen Liebesgruß ebenso als Bestätigung des gemeinsamen Ziels.

In der Atmosphäre herrschen Unruhe und Angst, und ich werde an viele Orte gerufen. Nun bin ich also mit einem großen Teil meines Seins in Sanftmut zu euch gekommen, und dies ist gleichsam ein Verbundenwerden, eine Hochzeit. Im Namen der Liebe bin ich gerufen, im Namen der Liebe bin ich gesandt. Ich danke euch, die ihr zwischen der Erde und dem Himmel steht. Es sei euch nun die Bereitschaft des Elements aller Winde, Lüfte und Stürme verkündet, zu euch zu gelangen, so ihr wiederum aus der Liebe zum gemeinsamen Ziele ruft. So ihr mich spürt, so ihr mich hört, sendet den Gruß der Liebe, auf daß ich euch erkenne über alle Entfernungen hinweg! Sendet mir Worte der Liebe! So weiß ich um das gemeinsame Ziel.

Das, was ihr nun verspürt, ist der Geist des Wassers, sind die Umarmungen des Elements der Reinigung. So spürt die Arme, die euch durch den sanften Wind umfangen, die euch lieben und streicheln, und spürt den Tau, der euch berührt und der euch küßt. Dies sind die Liebesgrüße aus dem Geist des Wassers.

Die Hilfe des Menschengeschlechtes wurde uns angekündigt, und eben wurde uns der Augenblick der Vermählung angekündigt. So ist dies nun die Auferstehung, das Jetzt und das Nun.

Ruft mich, ihr Brüder und Schwestern, die ihr im Geiste, in der Liebe mit uns einig seid! Ruft uns! Wir haben den Auftrag und die Ermächtigung, zu jeder Stunde zu euch zu eilen, um euch sogleich Hilfe zu bringen. Seid willkommen in unseren Reichen! Und seid gewiß, unsere Reiche sind ebenso die euren. Ihr seid die Gäste, die das Gastrecht haben in alle Ewigkeit.

Die, die sich jetzt mit uns verbunden haben, hegen dieselbe Hoffnung, denselben Wunsch und streben zum selben Ziel: Es grüßen euch die Geister des Windes, und es grüßen euch die Geister des Wassers, und die Erde, die da unter euch schwebt, sendet euch nun mit ihrem Pulsschlag den Dank und erwidert die Liebe, die aus euren Reihen, durch euer Wirken tief in sie hineingelangte. Es ist wie ein heiliger Augenblick, und die Tropfen, die euch berühren und küssen, sind zugleich die Freudentränen des Himmels. Es weint die Seele dieser Erde, es schlägt ihr Herz mit euch im selben Rhythmus. Willkommen, willkommen im Reich des Windes, im Reich des Wassers, im Reich der Erde, im Reich des Feuers!

Wißt allezeit, daß wir mit euch verbunden sind, wißt allezeit um die gemeinsame Liebe und das gemeinsame Ziel, denn der Geist des Windes und auch der Geist des Feuers und des Wassers befinden sich im Kampf und suchen in diesem Tränental, sich aus der Liebe neu zu gestalten. Alle Gewalt der Elemente soll aufgelöst werden. Was noch zerstörerisch ist, wißt, ist euer Spiegelbild. Wenn ihr das Zerstörerische in euch umzuwandeln sucht, sind wir an diese Neugeburt angeschlossen. So laßt uns also fernerhin gemeinsam in Liebe zu unserem großen Ziel schreiten, auf daß am Ende der neuen Vermählung jede Zerstörung in uns in göttliche, reine Liebe umgewandelt ist. Dies ist der Wunsch aller Elemente, und wenn ihr denselben Wunsch hegt, sind wir vereint auf ewig.

Wir lieben euch, wir umfangen euch, wir danken euch. Es sprach der Geist des Windes, und es grüßen der Geist des Wassers und der Geist des Feuers. Und mit den Grüßen der Erde umfängt euch in allumfassender Liebe Sanat Kumara. Gott zum Gruße!

Was Gott zusammengefügt hat ...

18. Oktober 1997

Auch im Oktober 1997 waren die vier Elemente Thema eines Seminars. Die bunt gemischten Fragen der Teilnehmer führten immer wieder zu interessanten Exkursen, bei denen Susanne frei sprach, aber von der geistigen Welt geführt wurde. Wir haben die wechselnden Themen, die sich häufig assoziativ ergaben, weitgehend in der Abfolge belassen, wie sie im Seminar behandelt wurden. So schloß sich die erste hier folgende Erläuterung an eine Frage nach dem Wesen der Elektrizität an. Im weiteren Verlauf kam auch das Thema Instinkt und Intuition auf, und dieses wiederum wurde anschließend von der geistigen Welt in einer Trance-Durchsage aufgegriffen.

Alle Kräfte, alle Energien, in welcher Form auch immer sie sich ausdrükken, sind Geist, sind Lebenskraft, also Substanz aus Gott, entweder bewußt oder unbewußt. Nehmen wir den elektrischen Strom als ein Beispiel! Der Mensch hat gelernt, ihn zu erzeugen und vielfältig einzusetzen. Aber er weiß nicht, woher die Elektrizität kommt und was sie im Ursprung ist. So selbstverständlich er auch mit der Elektrizität umgeht, er ist sich in aller Regel nicht darüber im klaren, daß er mit dem Geist Gottes arbeitet, der sich in der physikalischen Form der Elektrizität ausdrückt und in dieser Qualität und Existenzform einfach nur unbewußt ist und sich aus diesem Grunde vom Menschen benutzen läßt. Wäre der elektrische Strom sich seiner Identität bewußt, würde er sich nicht dem Willen des Menschen bedingungslos unterordnen.

Solange eine Energie sich ihrer Identität nicht bewußt ist, läßt sie sich kanalisieren, formen, verändern. Aber womit wir auch arbeiten, wir arbeiten immer mit dem Geist Gottes, der sich nur in unterschiedlichen Stufen, Qualitäten und Formen ausdrückt, je nach dem Entwicklungsgrad der darin enthaltenen Atome und Moleküle, die ebenso wie alles Leben und wie auch wir Menschen auf dem Wege der Evolution und der Bewußtwerdung sind.

Geist in seiner Urform ist die intelligente Lebenskraft, die das Wissen aller Gesetzmäßigkeiten in sich birgt. Geist ist die Essenz Gottes, ist die Lebenskraft schlechthin, ist Gott in seiner Ursubstanz. Innerhalb der Einheit ist diese Ursubstanz bewußt und intelligent, außerhalb der Einheit ist diese Lebenskraft intelligent, aber zunächst unbewußt. Wie kann etwas gleichzeitig sowohl intelligent als auch unbewußt sein? Es gibt unterschiedliche Arten der Intelligenz in den einzelnen Lebensformen. Eine Pflanze beispielsweise kann keine mathematische Aufgabe lösen, kann keine Sprachen erlernen oder Musik komponieren. Dennoch, so sagt die geistige Welt, ist die Pflanze intelligent. Bringe ich den Pflanzensamen irgendwo in einen Acker, nimmt sie aus dem Element der Erde, der Luft und des Wassers nur jene Nährstoffe zu sich, die sie ihrer Art entsprechend benötigt. Sie verfügt über das Wissen, welche Stoffe sie braucht. Setze ich eine andere Pflanze an denselben Ort, wird sie sich aus den Naturbereichen wiederum nur jene Stoffe, und genau in jenen Mengen, zuführen, die sie benötigt, um ihre Art zu erhalten.

Woher hat sie diese Intelligenz? Sie kommt aus dem göttlichen Funken, aus der Idee Gottes, die in ihr lebt. Diese Idee Gottes ist in der Pflanze als geistige Formel enthalten und wirkt als physikalische Programmierung. Die Pflanze ist also intelligent, obwohl sie sich nicht bewußt ist, woher sie dieses Wissen bezieht. Die Unbewußtheit besteht, weil die Lebensform sich aus der Einheit abgetrennt hat. Durch diese Abtrennung hat sie das Wissen aus der Einheit aber nicht verloren. Alles, was sie aus diesem Wissen benötigt, wird sie kraft ihres Instinktes anwenden, ohne daß ihr Bewußtsein dies nachzuvollziehen braucht.

Was notwendig ist, um eine Lebensform zu erhalten, tut diese unbewußt durch die innewohnende Intelligenz, ohne darüber nachzudenken, ohne entscheiden zu müssen, was richtig oder falsch ist. Die Lebensform wendet ihre Intelligenz instinktiv richtig an, nur das Bewußtsein, was da nun tatsächlich geschieht und warum das so vor sich geht, hat die Lebensform nicht.

Und wenn nun die Pflanze stirbt und der Funke Gottes in ihr, die Geistseele, frei wird und eine neue Lebensform annimmt, beispielsweise die einer höher entwickelten Pflanzenart, macht sie neue Erfahrungen, und mit jeder neuen äußeren Erscheinungsform öffnet sich das Bewußtsein der Geistseele um einige Grade mehr. Auf diese Weise beginnt das Unbewußte, sich langsam wieder in Bewußtsein zu transformieren. Und irgendwann hat dieser Lebensfunke, diese göttliche Idee, so viel Erfahrungen gesammelt, daß aus ihr eine Menschenseele gereift ist. Dieser göttliche Lebensfunke hat, während er das Pflanzenreich und das Tierreich durchwanderte, alle physikalischen Gesetze dieser Bereiche als Information im Bewußtsein der Zellen gespeichert, und er hat die Substanzen aus diesen Lebensbereichen in feinstofflicher Art gesammelt. Aus den gespeicherten Informationen und Atomen ist eine Seelensubstanz entstanden, ein Seelenkörper. Die Idee Gottes in diesem Seelenkörper will sich verwirklichen. Und nun beginnt die Menschwerdung und damit ein bewußter Entwicklungsweg, auf dem auch wir stehen.

Wenn eine Seele zum ersten Mal als Mensch inkarniert, beginnt das allmähliche Erwachen des Bewußtseins und des Wissens, was Geist und Seele ist. Wenn ein Schutzgeist seinen Schutzbefohlenen eine «alte Seele» nennt, so meint er eine Seele, die ihren Seelenkörper vor langer Zeit bereits ausgebildet hat und schon viele Male als Mensch über den Geburtsweg in einen Lebensraum inkarniert hat. Eine «junge Seele» ist noch nicht lange auf diesem Weg, hat erst einige Male als Mensch auf einem Wohnplaneten gelebt.

Wenn wir von Geistseele sprechen, drücken wir damit aus, daß der Geist beseelt ist und daß Geist und Seele eine Einheit sind. Was ist nun aber Geist, und was ist Seele, deren wir uns in unserer gegenwärtigen Entwicklung bewußt werden sollen? Wir haben gelernt, daß Geist die Lebenskraft schlechthin ist – unsterblich, unauflösbar, unendlich. Er trägt in sich den Aspekt, daß er niemals ein Ende nehmen wird. Er ist die Kraft, die alles antreibt. Die Seele hingegen ist der Teil des Geistes, der empfindungsfähig ist. Der Geist ist intelligent und bewußt oder unbewußt, und wenn er unbewußt ist, hat er nur die Möglichkeit, über den Seelenanteil in sich, über die Empfindung, bewußt zu werden.

In der Einheit, in der alle Gegensätze vereint und aufgehoben sind, sind Geist und Seele der männliche und der weibliche Teil Gottes, die vereint in sich ruhen und untrennbar miteinander verbunden sind. Diese untrennbare Einheit von Geist und Seele ist allen Lebewesen in gleich untrennbarer Weise mitgegeben. Jedes Lebewesen besitzt männliche und weibliche Anteile, trägt in sich einen Geist und eine Seele. Nur das Maß dieser Anteile ist in den Lebensformen unterschiedlich. Überwiegt der männliche Anteil, drückt sich das im männlichen Geschlecht, im umgekehrten Fall im weiblichen Geschlecht dieser Lebensform aus.

Wir alle kennen den Satz: «Was Gott zusammengefügt hat, das soll der Mensch nicht trennen.»* Damit ist die Einheit von Geist und Seele, von männlichem und weiblichem Aspekt in jedem Lebewesen, in jedem göttlichen Lebensfunken, in jedem Atom gemeint. Es ist also nicht falsch, diesen Satz auf die beiden Pole männlich und weiblich zu beziehen, die

* Matthäus 19,6, Markus 10,9

zwei und doch untrennbar eins sind. Doch liegt eine große Tragik darin, daß der Mensch im Laufe der Entwicklung dieses heilige Gesetz immer enger interpretiert und schließlich fälschlich allein auf die eheliche Partnerschaft bezogen hat.

Wie schon Wissenschaftler früherer Kulturen, auch auf anderen Planeten, so haben auch die Kernforscher des 20. Jahrhunderts dieses Gesetz mißachtet und das, was Gott zusammengefügt hat, getrennt. Sie haben nicht gesehen, daß der lebendige, intelligente Geistfunke, die göttliche Idee in geistiger Form, sich auch in jedem Atomkern als Einheit von Geist und Seele, von Weisheit und Liebe, physikalisch gesprochen als Elektrizität und Magnetismus, ausdrückt. Wenn also nun unsere Physiker hingehen und den Atomkern spalten, trennen sie das Prinzip des Geistes vom Prinzip der Seele. Der Geist ohne den Seelenanteil ist nicht empfindungsfähig und reagiert nicht mehr aus seiner Einheit, sondern nur aus seinem Teilprinzip. Wenn ich den Geist von dem Seelenanteil, von dem Seelenbewußtsein, trenne, setze ich die göttliche Lebenskraft ungebremst frei. Der Geist nämlich bezieht, um positiv wirken zu können, die Intelligenz aus dem Seelenbewußtsein. Wir nehmen also der Kraft des Geistes den äußeren Rahmen, der ihr gesetzt ist, um kontrolliert nach dem göttlichen Prinzip zu wirken. Wir setzen eine Kraft frei, die dann unkontrollierbar ist.

Um es noch einmal zu verdeutlichen: Geist ist die Kraft, und Seele ist das Bewußtsein; bei der Kernspaltung wird das Bewußtsein von der Kraft abgespalten. Wenn wir eine Atomexplosion beobachten, ahnen wir, wie stark diese Kraft Gottes, dieser Geist wirklich ist. Sie kann nur durch ihren anderen Teil, das Bewußtsein, gezügelt werden. Nur die Seele kann diese Kraft in Schach halten. Wenn ich die Seele vom Geist trenne, ist der Geist unbewußt, denn er erreicht seine Bewußtheit nur durch und über die Seele. Wenn also diese Kraft nicht weiß, wer und was sie ist, wirkt sie nur aus sich selbst heraus in ihrer unerschöpflichen Mächtigkeit, und in diesem Moment wirkt sie auch zerstörerisch.

Ich will noch auf die Frage eingehen, wie es mit der Untrennbarkeit von Geist und Seele ist, nachdem wir doch gelernt haben, daß der Mensch auch den Astralkörper, also den Seelenkörper, ablegt, wenn er seine Entwicklungen in den physischen Ebenen und auch in den Astralsphären abgeschlossen hat. Wenn das Seelenbewußtsein soweit herangereift ist, daß auch die Astralsphären ihm keine Möglichkeiten zur weiteren Bewußtwerdung bieten, weil alles bereits erfahren und integriert ist, wird in der Tat auch der astrale Seelenkörper sterben, wie zuvor der physische Körper gestorben ist. Aber der geistige Körper zieht dann die Seelenessenz wie einen Mikrofilm in sein drittes Auge hinein. Wenn er so mit der Seelenessenz vereinigt ist, beginnt der Geistkörper seine Entwicklungen in den geistigen Ebenen. Sind auch hier alle Lernstufen im Bewußtsein dieser Seele integriert, löst sich auch der Geistkörper auf. Wenn die reine Essenz des Geistes und der Seele ohne äußere Form zurückbleibt, kehrt die Geistseele als ungetrennte Essenz von Geist und Seele, als immaterielles, rein spirituelles Bewußtsein in die Einheit zurück.

Wenn die Stürme sich um euch erheben ...

18. Oktober 1997

Die geistige Welt achtete sorgsam darauf, daß sich bei der Seminararbeit keine Mißverständnisse einschlichen. Im folgenden berichtigt der Schutzgeist Carola unser Verständnis von der Wirkungsweise des Instinkts und der Intuition. Sodann wird am Beispiel der drei Juden im Feuerofen erläutert, wie unsere Schutzengel tätig werden, um uns vor den Naturgewalten zu bewahren, sofern wir dem Schöpfer in Liebe vertrauen und in Verbindung mit unserer geistigen Führung stehen.

Gott zum Gruße, ihr lieben versammelten Erdenmenschenseelen! Mein Name ist Carola, und ich bin die geistige Führerin dieser Seele, durch dessen physischen Mund mein Wort zu euch gelangt.

Ich spreche mit der Erlaubnis des Sohnes aus der Einheit im Auftrage und entsprechend dem Wunsche all der geistigen Führer, die hier augenblicklich anwesend sind, die sich an euren Seiten befinden und die beschlossen haben, sich einheitlich im Verbund der Liebe durch mich als Fürsprecherin an euch zu wenden.

Neben euren geistigen Führern sind ferner etliche jener Seelen anwesend, die ihren physischen Körper verlassen haben und nun ihre Heimstatt im Seelenreich der astralen Welt gefunden haben. Eine Vielzahl derer ist mit der Erlaubnis des Sohnes aus der Einheit hier anwesend und lauscht nun den euch übermittelten Worten. Es ist ihr Wunsch, euch mitzuteilen, daß sie in großer Liebe, ungetrennt und ungetrübt, weiterhin geistig mit euch verbunden sind. So nehmen sie also Anteil an diesem geistigen Liebesmahl, denn als solches sollt ihr diese Botschaft verstehen, die ich beauftragt bin, an euch zu entsenden.

Ein jeglicher von euch ist hierher geeilt, gerufen durch den Geist, der in ihm wohnt. Nun wißt, es gibt weitere Ursächlichkeiten, warum ihr euren Fuß hierher gesetzt habt. Wir haben euch gerufen, wir, eure geistigen Führer, die wir beauftragt sind, euch durch diese so bedeutungsvolle und schwierige Zeit zu leiten. Es ist unser aller Wunsch, daß ihr euch noch mehr im Vertrauen und in der direkten Zusammenarbeit mit uns öffnet. Vieles in den kommenden Geschehnissen wird euch manches Mal noch erschüttern, und in mancherlei Weise wird der Glaube und die Wahrhaftigkeit und die Liebe in einem jeglichen von euch geprüft werden. So wollen wir euch unsere Aufgabe, die wir nicht allein aus uns heraus, sondern ebenso im Auftrage des Sohnes zu tun beschlossen haben, euch noch einmal in Klarheit erläutern.

Ihr habt gesprochen von der unbewußten Intelligenz, die im Bewußtsein einer jeden Körperzelle gleich welcher Lebensform weilt, und daß dies das geistige Erbe aus der Weisheit der Einheit ist, das ihr wie eine geistige Aussteuer mitbekommen habt auf euren Entwicklungsweg aus der Einheit in die Polarität. Nun also sprecht ihr von dieser unbewußten Intelligenz, der sich die Lebensform zu bedienen weiß über das Instrument des Instinktes. So möchten wir hier einflechten, daß eure Vorstellung über das Instrument des Instinktes eine falsche ist und wir den Wunsch verspüren, dies zu berichtigen.

Wenn ein Tier, eine Pflanze oder auch ein Mensch unbewußt eine richtige Handlung vollzieht, so geschieht dies nicht durch einen Instinkt, der aus dem Nichts wirkt, vielmehr ist es die geistige Führung, die hier beauftragt ist, dem noch verschlossenen Bewußtsein jene Handlungsweisen auf den Geist zu legen, die es zu tun gilt, um die eigene Lebensform zu erhalten. Wenn ihr beobachtet, daß ein Tier aus dem Instinkt das Notwendige zu tun weiß, ohne dies über den Verstand und seine lineare Denkweise nachvollziehen zu können, wenn also das Tier die Nahrung an jenem Orte sucht, wo es sie findet, ohne jemals darüber eine Belehrung erhalten zu haben, so ist dieser Instinkt, wie ihr ihn nennt, nicht ein Instrument, das aus sich selber aus dem Nichts wirkt. Vielmehr ist in diesem Augenblick die geistige Führung beauftragt, diesem Lebewesen auf den Geist zu legen, zu tun, was notwendig ist, ohne daß das Tier in diesem Augenblick begreift, warum es diese Handlung vollzieht. Es folgt dieser inneren Eingebung, ohne zu wissen, woher sie kommt.

Dies ist für eine geistige Führung der Beginn, dies ist die einfache Art zu wirken. Wenn die Lebensform sich entwickelt und das Bewußtsein sich mehr und mehr öffnet und die Intelligenz an Bewußtsein gewinnt, so ist es Aufgabe der geistigen Führung, nicht mehr über das Instrument des Instinktes, sondern über die erwachende Intuition zu wirken. Versteht den Unterschied: Das, was ihr Instinkt nennt, ist das unbewußte Handeln nach einem inneren Aufruf, der aus der Ebene der geistigen Führung erfolgt. Wenn die Lebensform bewußter wird, beginnt die geistige Führung, nicht mehr allein das Instrument des Instinktes zu aktivieren, sondern vielmehr die Intuition, das heißt, den Geist, das Bewußtsein zu wecken und die Lebensform zu veranlassen, selbst die notwendigen Schritte, die zur Lebenserhaltung zu tun sind, zu erkennen.

Ihr seid allesamt eingebunden in einen Lichtkreis, der ständig aus unserem Bereich erneuert wird, aus unserer Liebe und aus der Weisheit, an die wir energetisch angeschlossen sind und die uns aus der Ebene eures Hohen Selbst zufließt. Und dieses wiederum bezieht die Weisheit aus der Einheit selbst. So werdet ihr von einem Lichtkreis, der euch umgibt und euch allezeit segnet und schützt, energetisch mit Liebe und mit Licht, also mit Weisheit, versorgt.

Ihr geht nun also durch diese großen Veränderungen, und vieles wird euch begegnen, dessen Daseinsform euch fremd erscheinen mag und dennoch von alters her vertraut ist. Es ist unser Wunsch, daß ihr noch mehr aus der Angst, aus der Unsicherheit herausgeht. Wir bitten euch sehr, haltet noch besser an dem fest, was euch verheißen wurde, und richtet eure Aufmerksamkeit nicht auf das Gestern, sondern immer auf das Morgen. Ihr seid hierhergekommen, weil eure Seelen euch geführt haben, dies zu erfahren, was euer Verstand noch nicht anzunehmen bereit ist. So also öffnet euch und vertraut und sucht eure Furcht mit dem Wissen zu besiegen, daß ihr allezeit geliebt, gesegnet und vollkommen geschützt seid und daß es durch das geistige Gesetz der Liebe Gottes unmöglich ist, daß einer vom Leid angetastet wird. Es wird nur zu euch gelangen, was ihr selbst zu euch gerufen habt. Und dieses wiederum wird gefiltert und durch unseren Eingriff in eine Form gebracht, die euch allemal zum Guten und zur Erkenntnis dient. Darauf vertraut allezeit.

Denkt daran, ihr seid nicht nur mit körperlichen Sinnen ausgestattet, ihr seid ausgestattet mit geistigen Organen. Und diese gilt es nun zu aktivieren – mit Freude, Vertrauen und dem Wunsch, hier gemeinsam mit uns zu wirken. Das, was vor euch liegt, wird von vielen Lebensformen als Leiden empfunden werden. Dies aber ist lediglich der Grad ihrer noch vorhandenen Unbewußtheit. Bemüht euch also, bewußt durch euer Leben und die nächsten Zeiten zu gehen, und setzt alles daran, im Glauben und im Vertrauen zu wachsen. Wenn die Stürme sich um euch erheben und die Erde um euch bebt, wenn sich um euch das Feuer in seiner Macht aktiviert oder das Wasser, bleibt gänzlich ruhig. Verbindet euch in den Augenblicken der Aktivität der Elemente nicht mit dem Geist der Bewegung, sondern sucht vielmehr, sofort die Ruhe und den Frieden in euch zu festigen.

Tretet nicht in Kontakt mit der Kraft und dem Strudel der sich aktivierenden Energie in dem erregten Element. Gebt vielmehr dem Geist des wirkenden Elementes aus eurer inneren Ruhe, Freude und Hoffnung den Trost und das Erkennungszeichen: «Wir sind Brüder und Schwestern in anderer Art, und dennoch sind wir eins; wenn wir jetzt auch äußerlich getrennt sind durch die verschiedenen Lebensformen, sind wir dennoch eins, aus demselben Geist und Ursprung geschöpft. Und ebenso wie du suche auch ich Liebe und Frieden und Vollkommenheit.» Und das Bewußtsein, das dem Geist des Elementes innewohnt, wird dies als Zeichen der Liebe empfinden, als ein Verbundensein mit einem Freund, der das augenblicklich durchlebte Leid teilt und versteht.

Die Elemente auf der Erde sind in hohem Maße erregt. An den vier Enden dieser Erde werden die Kräfte der Elemente von den Engeln der Macht gehalten.* Aber es herrscht ein Toben, und ihr Wunsch ist, mit ihren Kräften auszubrechen, um Erlösung, um Freiheit zu erfahren. Und so werden sich mancherorts diese Kräfte aktivieren, da die von außen einströmenden Reize der Unliebe die Elemente in übergroßem Maße erregen. Ihr aber wißt, es wird der Augenblick kommen, da ein Engel den Auftrag erhält, den vier Engeln der Macht die Posaune zu übergeben, und dies bedeutet, daß die Kräfte der Elemente ausgelöst werden.

Die vier Engel an den vier Ecken der Erde werden ihre Hände öffnen, und einem jeden Element wird freigestellt werden, nach seinem Willen zu verfahren ohne Einschränkung durch die Hand der Engel der Macht. Dies wird der letzte Augenblick sein, wenn der Erdball die gänzliche Reinigung erfährt. Ihr aber, die ihr noch auf der Erde weilt, wißt und erinnert euch allezeit daran: Es ist die Kraft und das Maß eures Glaubens und der Liebe, die ihr in euch tragt, die bewirken, daß die Elemente euch nicht berühren.

So denkt an jene Männer, die als Juden im Lande Babel lebten, unterjocht vom letzten König des Reiches Babel, dessen Name Nebukadnezar war und der das goldene Bild hatte aufrichten lassen. Dem ganzen Volke wurde aufgegeben, sich vor diesem Bild niederzuwerfen und es als Gott anzubeten. Es gab drei Männer aus Judäa, die ihr Haupt nicht vor diesem irdischen Gott beugten. Und Nebukadnezar, der König, war in großem Grimm über den Ungehorsam dieser Männer und gab die Anweisung, sie in den Feuerofen zu werfen. Diese Begebenheit, die im Buch der Schriften geschrieben steht,** sollt ihr nicht als bloßes Gleichnis verste-

* Offenbarung 7,1

** Daniel 3

hen. Erkennt vielmehr die große Kraft des Glaubens und das große Maß der Liebe dieser drei Seelen zu ihrem Schöpfer. Ihre Energie des Glaubens und der Liebe gab ihrer geistigen Führung die Möglichkeit, jene geistige Kraft zu erzeugen, die benötigt wurde, um die physischen Zellen dieser drei Menschen umzustrukturieren, so daß der Geist des Feuers diese Materie nicht berührte.

Die Struktur dieser Menschen wurde während des Aufenthaltes im Element des Feuers in jene Form gebracht, die dem Inwendigsten des Feuers vollkommen gleich war. Diese geistige Struktur war die Qualität der Liebe zu Gott, das Vertrauen und der unerschütterliche Glaube. Und es bestand eine Verbindung von Geist zu Geist, von Liebe zu Liebe. So haben die Flammen, die Kraft dieses Elementes, diese Seelen nicht verzehrt. Notwendig waren die Verbindung mit der geistigen Führung und der Glaube an den Schöpfer und die Liebe zu Ihm.

Wir erbitten nicht von euch, daß ihr an uns, die geistigen Helfer an euren Seiten, glaubt. Wir bitten und ermuntern euch vielmehr: Festigt euch in der Liebe für und im Glauben an den Schöpfer. In dem Maße, wie ihr glaubt, wie ihr nicht euch selbst, sondern den Schöpfer liebt, aus dessen Geist ihr hervorgegangen seid, ist es uns geistigen Helfern möglich, die notwendigen geistigen Elixiere zu erschaffen und sie wie einen Geistesmantel um euch zu legen, so daß es nicht möglich sein wird, daß euch etwas berührt.

Es werden der Geist des Windes, der Geist des Wassers, der Geist des Feuers und auch der Geist der Erde euch an diesem äußeren Mantel erkennen. Und sie werden lächelnd an euch vorüberziehen. Ihr aber, gebt euren Teil hinzu, damit es uns geistigen Lichtwesen möglich ist, diesen für euch notwendigen Schutz zu errichten, indem ihr liebt, indem ihr unablässig nach der Wahrheit sucht. Denn ihr werdet verführt, ihr werdet irregeführt, und es ist der Geist des Unlichtes ständig unterwegs, das Samenkorn des Zweifels in euch zu säen. Haltet also an der Liebe und am Glauben zu eurem Schöpfer fest und mehret diese Liebe und diesen Glauben! So ist es uns geistigen Wesen ein leichtes, aus diesem von euch erschaffenen geistigen Elixier den Mantel des Schutzes zu weben.

Vieles, vieles wäre noch zu sagen. Die geistigen Helfer an eurer Seite haben den großen Wunsch, direkt an euer physisches Ohr zu gelangen. Doch ist es nicht erlaubt, weil die direkte Übermittlung euch in eine Bequemlichkeit führt und ihr eure eigene Kraft, eure Möglichkeiten nicht aktiviert. Noch einmal übermittle ich euch im Auftrage all jener, die hier anwesend sind, die Bitte, euch mit eurer Kraft und Aufmerksamkeit auf die Liebe zu Gott, auf den Glauben und das Vertrauen zu besinnen, denn dies allein wird uns die Möglichkeit geben, euch unbeschadet durch die kommende Zeit zu führen. So nehme ich also Abschied aus meinem mir anvertrauten Instrument. Segen über euch aus dem Bereiche der Einheit! Ich übermittle euch den Liebesgruß des Sohnes der Einheit, der euch vertraut ist als Jesus, der Christus, und ich übermittle euch ebenso den Liebesgruß und den Segenswunsch jener, die bei euch sind bei jedem Atemzug und jedem Schritt, den ihr tut. Wir lieben euch, und wir sind in großer Freude ob der kommenden Dinge. Gott zum Gruße! Es sprach zu euch im Namen derer, die euch liebend geistig umgeben, Carola.

Das Leben ist unablässige Bewegung

19. Oktober 1997

Anschließend an die Trance-Durchsage behandelte Susanne in freier Rede weitere Themen, die ihr auf den Geist gelegt worden waren. Hierbei ging es vor allem um unsere Einwirkung auf die Elemente, also unsere Verantwortung für ihre Erregung, und andererseits um unsere Reaktion, wenn sie uns bedrängen.

Wenn sich überall auf der Erde die Naturgewalten aufbäumen, sollten wir gelernt haben, trotz der äußeren Turbulenzen in unseren Gemütsregungen neutral zu bleiben. Wenn wir wegen des Tobens der Elemente in Sorge oder gar Panik geraten, bilden wir in uns ein Resonanzfeld für ihre Erregung, und sie können uns erfassen und mitreißen. Wenn wir aber auch dann in der Lage sind, uns stets in Erinnerung zu rufen, wer wir in Wirklichkeit sind, und wenn wir uns im Glauben und in der Liebe nicht erschüttern lassen, werden diese Dinge keinen Zutritt zu uns haben, so wie das Feuer den drei Männern im Feuerofen nichts anhaben konnte.

Aber gleichgültig, ob nun das Element des Feuers tobt oder das der Luft, des Wassers oder der Erde, wir sollten uns stets aufs neue bewußt machen, daß in allen ein intelligenter und bewußter Geist wirkt. Dieser Geist ist von derselben Essenz und hat den gleichen Ursprung wie unser Bewußtsein. Und deshalb können wir diesen Geist als Bruder und Freund ansprechen.

Sicherlich, es wird eine große Prüfung für uns sein, gelassen, ausgeglichen und voller Vertrauen zu bleiben, wenn ein Orkan oder eine Wasserflut uns scheinbar bedroht. Deshalb wird uns immer wieder gesagt, daß wir jetzt jede Gelegenheit wahrnehmen sollten, uns in der Neutralität zu üben. In unserem Lebensumfeld, in der Familie, in der Partnerschaft, im Betrieb sind wir immer mal wieder verwickelt in Auseinandersetzungen, Streitereien und Machtkämpfe. «Es brennt» mal hier, mal dort, und wir erleben manchen «Sturm» im kleinen Maßstab. Wir sollten solche Geschehnisse als Schulung begrüßen und immer versuchen, ruhig und im Frieden zu bleiben und die anderen – gleichgültig, was geschieht – dennoch zu lieben.

Das, was wir im äußeren Lebensraum als Sturm, als Erdbeben, als Überschwemmung erleben, läuft ebenso in uns selber ab. Wenn die Elemente in uns von außen gereizt werden, reagieren sie: Unser Kopf wird rot vor Wut, wir sind erschüttert, wir explodieren, und wenn es ganz schlimm wird, bekommen wir einen Herzinfarkt. Wir kennen alle den Satz: «Jetzt laß aber mal Luft ab!» Man bläst sich richtig auf, man platzt fast. Auch die Elemente im Raum haben einen Körper, in dem Atome und Moleküle in geistiger Urform eingebunden sind, die einer naturgesetzlichen Ordnung folgen. Wirft der Mensch sie aus ihrer Harmonie, aus ihrem Gleichgewicht heraus, muß er mit den Konsequenzen leben, auch wenn er sich nicht bewußt ist, daß er der Auslöser ist.

Deshalb haben wir den Auftrag, uns vom Unbewußten ins Bewußte zu entwickeln, damit wir wissen, daß jede unserer Handlungen eine Ursache setzt, die bestimmte Wirkungen zeitigt. Unser Verstand kann nur sehr begrenzt die Folgen dessen, was er verursacht, mitverfolgen oder nachvollziehen. Es geht also darum, den Verstand immer weiter zu öffnen, damit er immer mehr geistiges Bewußtsein integrieren kann, so daß der Mensch nicht mehr aus Unbewußtheit sich und seinem Lebensraum schadet.

Jeschua hat gesagt, wir sollten die Kraft der Elemente in Dienst nehmen. Wir Menschen sind den Elementen auf dem Weg der Bewußtwerdung voraufgegangen, und deshalb ist die Natur uns dienstbar. Die Natur ist auf einer Stufe der Evolution, auf der wir uns auch einmal befanden, als wir noch unbewußter waren. Man sagt auch, der Mensch sei die Krone der Schöpfung. Wenn wir allerdings sehen, wie er mit der Schöpfung umgeht, können wir diesen Satz nur mit einem bitteren Beigeschmack aussprechen.

Die Elemente sind in ihrem Normalzustand ausgewogen, friedlich und harmonisch. Sie dienen dem Lebensraum und allem Lebendigen in ihm. Wenn aber eine größere Zahl von Menschen über einen längeren Zeitraum lebensfeindliche Impulse wie Selbstsucht, Haß oder Angst aussendet, dann erschüttert dies das Bewußtsein der Elemente. Sie empfinden dies als persönlichen Angriff auf ihre Wesenheit und fühlen sich in ihrer Existenz bedroht. Diese Reizung bewirkt, daß die in einem Element verbundenen Seelenpartikeln aus dem Gleichgewicht geraten und ihre Erregung sich schließlich dermaßen steigert, daß es zu einem Ausbruch kommt, den wir dann Katastrophe nennen. Es ist ein geistiger Prozeß, dessen wir uns meistens nicht bewußt sind. Wir nehmen nur seine Auswirkung im physikalischen Bereich wahr.

Wenn wir Wasser in einem Topf erhitzen, beginnt es zu sieden. Es entsteht Dampf. Je heißer der Topf wird, um so mehr erregt sich das Element, bis es sprudelt und überkocht. Nichts anderes passiert in geistiger Form. Wir entzünden den Geist, das Bewußtsein eines Elementes, und da es in seiner Harmonie gestört wird und in seiner friedfertigen naturgemäßen Daseinsform sich nicht mehr normal ausdrücken kann, reagiert es. Es wehrt sich einfach, mehr nicht. Daß dies hier durch ein Erdbeben, dort durch eine Überschwemmung oder ein Unwetter geschieht, ist kein Zufall. Es hat mit der Beziehung der Menschen zu dem jeweiligen Element zu tun und mit der Programmierung der ausgesendeten energetischen Reize. Ein Machtgebaren hat eine völlig andere Qualität als Angst oder Haß. Die Qualität der Energie ist über das Resonanzgesetz an das jeweilige Elemente-Prinzip gekoppelt.

In weiten Teilen der Erde sind durch negative Gedanken der Menschen, und nicht nur der gegenwärtig auf ihr lebenden, Energien produziert worden, die die Erdatmosphäre immer mehr verdichtet haben. Wenn die Atmosphäre so dicht geworden ist, daß das Leben darin immer mehr erschwert wird, kommt es zwangsläufig zu einer Reinigung. Jeder Lebensraum ist ein göttlich organisiertes System. Wenn es bedroht wird, erhält der Lebensraum Hilfe durch die Elemente. Aber nicht nur die Elemente sorgen für die Reinigung der Erde. Das geistige Licht, das als Photonenring jetzt unsere Atmosphäre und den Planeten durchdringt, wirkt klärend und hilft den Menschen, sich für die eine oder die andere Seite zu entscheiden. Die Menschen mit lichtvollen Qualitäten werden in ihrer Entwicklung unterstützt und können in relativ kurzer Zeit die noch vorhandenen unerlösten Aspekte bereinigen. Aber auch die dunklen Eigenschaften werden durch die neutrale Kraft des Christusbewußtseins potenziert, und wenn wir nicht an ihnen arbeiten, verstärken sie sich gleichfalls. So offenbaren sich alle Menschen in ihrer inneren Qualität.

Wir sollten uns immer bewußt bleiben, daß alle noch so dramatischen Bewegungen in der Natur keine Zufälle sind, sondern notwendige Evolutionsprozesse, die nach einem göttlichen Plan ablaufen. Das Leben als solches ist ständiges Fließen, unablässige Bewegung. Alle Naturreiche gehen aus der unbewußten göttlichen Intelligenz heraus frei und zwanglos und gerne den Weg der Evolution. Der Mensch aber hat auch hier seinen freien Willen. Konzentriert er seine Aufmerksamkeit ausschließlich auf die materielle Seite des Lebens, dauert es nicht lange, und er wird blind für geistige Entwicklungen. Begriffe wie «Veränderung» und «Neues Zeitalter» sind ihm zuwider, ja er glaubt, sich aus dem Evolutionsprozeß herausbegeben zu können. Die Entwicklung aber schreitet fort und wird ihn eines Tages unvorbereitet treffen, ihn überrollen, und er wird sich dann als entkörperte Seele im jenseitigen Bereich wiederfinden.

Eine solche Seele wird dann von den geistigen Helfern liebevoll über das Geschehen aufgeklärt und erhält die Möglichkeit, sich im Astralbereich weiter zu entwickeln, sich zu schulen, bevor sie sich wieder auf einem Planeten inkarniert, der schwingungsmäßig der alten Erde vor der Reinigung entspricht. Und sie kann die gleiche Erfahrung noch einmal oder noch viele Male machen, bis sie schließlich erkennt, daß sie sie nicht länger braucht.

Was sich bei Menschen, die sich gegen die Entwicklung des Planeten stemmen und sich schließlich hilflos den Katastrophen ausgeliefert sehen, als Angst ausdrückt, ist die Unwissenheit des niederen Selbst und seines Verstandes. Das Hohe Selbst aber weiß um den Sinn und will die Reinigung. Wenn also der äußere Mensch nicht bereit war, sich zu öffnen, die Verstandesgrenzen aufzuheben und aus einem höheren Bewußtsein heraus zu lernen, die Seele innen aber diese Öffnung, diese Freiheit will, wird sie von sich aus die Dinge so leiten, daß der Befreiungsprozeß zwangsläufig eintritt, und nimmt dabei den Tod des physischen Körpers in Kauf.

Wir müssen immer bedenken, unsere Seele ist vollkommen und rein und hat andere Zielsetzungen als unser Verstand. Der Verstand hat die Aufgabe, den materiellen Körper zu erhalten und zu schützen. Alles, was unsere Physis in Gefahr bringt, versucht er abzuwehren. Der Mensch fällt so lange in Angst, bis er gelernt hat, aus seinem höheren Bewußtsein heraus zu reagieren.

Auch bei Krankheiten liegt vielfach ein Konflikt zwischen dem äußeren Menschen und seiner Seele zugrunde. Wenn die Seele erkannt hat, daß der äußere Mensch trotz aller Anstöße nicht zu den geistigen Entwicklungen bereit ist, die anstehen, zieht sie schließlich ihre Kraft aus dem Körper zurück. Auf der Verstandesebene gibt der Mensch seinen Willen nicht auf, gesund zu werden. Seine Seele aber fühlt sich abgelenkt und will ihre Kraft nicht länger in Umwege investieren. Wenn es dann mit dem Körper zu Ende geht, klagt der Verstand des Menschen. Aber das ist nicht seine Seele. Hier müssen wir unterscheiden lernen. Wir sollten uns also bewußt sein, daß im Äußeren häufig etwas geschieht, was der Verstand keineswegs will, was aber die Seele, die auf einer höheren Erkenntnisstufe steht, herbeigeführt hat. Die Seele ist immer diejenige, die sich durchsetzt.

Wir haben viele Möglichkeiten, den Umgang mit den Elementen zu üben und uns unserer tiefen Verbindung mit ihnen bewußter zu werden. Ein Weg ist die Meditation, und Sanat Kumara wird uns noch durch eine solche Meditation führen. In der nachfolgenden Übung werden wir uns mit unserem Bewußtsein in das Wasser begeben und dem nachspüren, was wir empfanden, als wir auf dem Entwicklungsweg zum Menschen noch in diesem Element Erfahrungen sammelten.

Wenn es irgendwo einen Sturm gegeben hat, können wir auch einmal mit unserem Bewußtsein zurückgehen und neutral in dieses Geschehen eintauchen. Es ist möglich, daß wir uns selbst als diesen Sturm erleben, daß wir die Gedanken und Emotionen empfinden, die dort hochgekommen sind, daß wir aufgewühlt und aggressiv werden und sogar das Gefühl haben zu explodieren.

Bei einer Überschwemmung oder einem Erdbeben werden wir völlig andere Erfahrungen machen, wenn wir mit den Energien, die sich aktiviert haben, Kontakt aufnehmen, und es wird sein, als wären wir körperlich dort anwesend. Wir werden spüren, daß die Elemente ein Teil von uns sind und wir ein Teil von ihnen. Wir können einen weiteren Schritt tun und die unzähligen Geist-Seele-Partikeln, die in dem Element vorhanden sind, in Liebe ansprechen. Wichtig ist, daß wir bei einer solchen Bewußtseinsreise möglichst neutral bleiben und uns nicht emotional mitreißen lassen. Dann kann sie uns eine interessante Erfahrung vermitteln, sollte aber nicht zu einer regelmäßigen Übung werden.

In der Bibel heißt es: «Macht euch die Erde untertan!» Und dem Menschen wurde tatsächlich das Wissen mitgegeben, wie er den Elementen gebieten kann. Wenn er einen gewissen geistigen Reifegrad erreicht hat, vermag er dieses Wissen zu aktivieren. Ein Mensch, der bereit ist, sich für dieses Wissen zu öffnen, wird auch nicht mehr persönlich mit Katastrophen konfrontiert, weil er für seine Entwicklung Leid nicht mehr braucht. Wenn er aber mit seinem Verstand grundsätzlich das höhere Wissen ablehnt, das er benötigt, um sich selbst als jemanden zu erkennen, der über dieser Schöpfung steht, wird er bei Katastrophen auch immer der Unterlegene sein, er wird Kampf und Leid erfahren.

Wir alle waren sicherlich in vielen Leben so kleingläubig oder so auf den äußeren Menschen ausgerichtet, daß wir Naturkatastrophen erlebt haben und in ihnen umgekommen sind, weil das eine Erfahrung war, die wir brauchten. In der kommenden Zeit ist es nicht nur wichtig, dem Naturgeschehen gegenüber die innere Neutralität zu bewahren, sondern auch gegenüber dem Leid anderer. Wenn wir erleben, daß Menschen von den Elementen erfaßt werden, dürfen wir uns nicht in Mitleid hineinsteigern, denn dann schaffen wir sofort eine geistige Verbindung und projizieren verstärkende Energien in das Geschehen, die keineswegs hilfreich sind. Ruhig und gelassen zu bleiben bedeutet nicht Lieblosigkeit. Dort, wo wir helfen können, werden wir helfen. Wo äußere Hilfe nicht mehr möglich ist, können wir die Seelen der Betroffenen ansprechen, ihnen Liebesgrüße senden, sie segnen und Gott darum bitten, daß sie erkennen und verstehen.

In Krisensituationen, die uns emotionalen Schmerz bereiten, Neutralität zu bewahren, ist schwer, denn wir sind ja nicht aus Stein. Aber wir müssen uns darüber im klaren sein: Unser Schmerz ist eine geistige Kraft. Und unsere Gedanken sind Brücken in die aktuelle Situation hinein. Das heißt, wenn wir eine solche Situation persönlich oder über das Fernsehen erleben und in einen emotionalen Schmerz, in eine Depression oder in Angst verfallen, dann sind wir durch eine Gedankenbrücke mit der Situation und den davon betroffenen Menschen augenblicklich verbunden. Und wir helfen ihnen nicht, sondern wir beschweren die Situation. Zu ihrem Schmerz und ihrer Angst kommt unser Schmerz und unsere Angst hinzu.

Wir haben uns entschieden, aus Liebe zu dienen und zu helfen. Um aber eine wirkliche Hilfe sein zu können, muß man gelernt haben, über seinen Gefühlen zu stehen, wenn es notwendig ist. Ein Gefühl ist eine große Kraft, auch ein geistiges Instrument. Die Aufgabe besteht darin, sich von den eigenen Gefühlen nicht überrennen zu lassen, klar, nüchtern und objektiv zu bleiben, aus der Distanz heraus die Situation zu betrachten, ihr aber mit der Kraft, die in dem Gefühl unserer Liebe liegt, zu begegnen. Das heißt, wir dürfen uns weder von unserem Mitleid noch von eigenen Ängsten in eine tiefere Schwingung hinabziehen lassen.

Bewußtseinsreise in das Wasserelement

19. Oktober 1997

Mit der folgenden Übung wollen wir die Erinnerung wecken an die Zeit, als wir selbst im Wasserelement gelebt haben. Wir wollen den Geist ansprechen, der darin wohnt, und sehen, wie es uns dabei geht, wie es sich anfühlt, wenn wir in unsere eigene Vergangenheit zurückgehen und gleichzeitig den Jetzt-Geist des Wassers ansprechen. Der Geist des Wassers ist ganz konkret, ganz materiell hier anwesend. Zum einen in meinem Glas, aus dem ich trinke. Sodann besteht unser aller Körper zum größten Teil aus Wasser, und schließlich ist der Geist dieses Elementes als Erinnerung in unseren Zellen verankert. Wir müssen also nicht ans Meer fahren und brauchen auch nicht zu warten, bis es regnet.

Der Geist aller Elemente ist anwesend in uns. Der Geist des Feuers lebt in uns als elektrische Kraft, es ist die physikalische, materielle Ausdrucksform des Geistes Gottes, der all unsere Organe antreibt, damit sie arbeiten, damit sie leben. Im Blut, das durch unsere Adern fließt, ist der Geist des Feuers in unserem Körper tätig. Daß wir atmen können, verdanken wir dem Geist des Elementes der Luft. Wir atmen ein, wir atmen aus, und unsere Lungenbläschen füllen sich ständig mit diesem Element. Und im Bewußtsein unserer Zellen schwingt die Erinnerung daran, was es heißt, Luft zu sein. Ohne daß wir nachdenken, wissen wir, wie das Element Luft in uns wirkt, wie wir atmen und mit diesem Element umzugehen haben, auch wenn wir das vom Verstand her nicht nachvollziehen und nicht in Worten ausdrücken können. Trotzdem wissen wir es, weil wir all das einmal in der reinsten Form bewußtseinsmäßig selbst waren. Und deswegen sollten wir uns nicht so sehr beeindrucken lassen von unserem Verstand, der immer sagt, er könne sich das nicht erklären. Es ist klar, diese Ebene weiß wenig, aber wir haben viele Ebenen, die sehr viel wissen, und unser Verstand muß ganz einfach dazulernen.

Das Verstandesdenken ist nur ein Aspekt des geistigen Bewußtseins. So wie die Seele viele Aspekte hat, müssen wir auch den Geist als einen Verbund von vielen Aspekten verstehen. Er drückt sich in vielen Ebenen gleichzeitig aus, in der physischen Dimension eben als Verstand. Dieser ist eine Ausdrucksform meines Geistes und ist bewußt als Werkzeug für diese Ebene geschaffen. Es gibt andere Teile meines Geistes, in denen das lineare Denken aufgehoben ist, und wieder andere, in denen sogar die

Begriffe für Zeit und Raum aufgehoben sind. Mit diesem geistigen Bewußtsein kann ich in die Vergangenheit und in die Zukunft gehen, da gibt es diese begrenzende Zeiteinteilung, die ja nur in meiner verstandesmäßigen Vorstellung existiert, nicht mehr. Unser Geist ist also zusammengefügt aus unterschiedlichen Aspekten. Der Verstand ist ein Aspekt, der in sich selbst begrenzt, aber erweiterungsfähig ist.

Wie vor jeder geistigen Arbeit haben wir uns auch zu Beginn der Übung mit dem Wasserelement zunächst mit dem weißen Licht gereinigt und mit dem violetten Licht geschützt. Die Anleitung dazu ist hier nicht wiedergegeben, da sie im Übungsteil von Band 1 enthalten ist («Dein Wille geschehe jetzt!», Seite 269).

Mit der Gewißheit, daß wir vollkommen gereinigt und geschützt sind, konzentrieren wir uns auf unseren physischen Körper und beginnen, ihn zu entspannen. Wir lassen los. Wir lösen alle Spannungen in unserer Muskulatur, und unser physischer Körper sinkt in eine tiefe Entspannung. Wir lassen los. Tiefer und tiefer sinkt unser Körper in die Entspannung.

Wir konzentrieren uns jetzt auf unser Gesicht, auf unseren Kopf, lenken unser geistiges Bewußtsein direkt dort hinein und beginnen, auch unser Gesicht zu entspannen. Wir lassen los. Die Spannung in unserem Kiefer beginnt sich zu lösen. Auch unsere Wangen werden weich, und der Druck in der Augenpartie löst sich jetzt auf. Wir empfinden unser Gesicht als vollkommen entspannt und angenehm weich.

Wir denken uns jetzt in die Mitte unseres Kopfes hinein und lösen auch dort die letzte Anspannung auf. Wir lassen los. Unser Kopf entspannt sich, wird weich. Unser physischer Körper ist jetzt vollkommen gelockert, er beginnt zu schlafen, während unser Geist jedoch wach und wahrnehmungsfähig bleibt. Unser Körper schläft und regeneriert.

Wir beginnen, jetzt auch unseren Geist zu entspannen. Wir lassen alles los, wir denken nicht, wir fühlen nicht, wir brauchen nichts zu beweisen, wir erwarten nichts. Es gilt nichts zu tun, als nur zu sein. Wir lassen los. Unser Kopf wird weit und leicht, und unser Geist beginnt sich auszudehnen. Wir genießen dankbar das Gefühl der Entspannung, des Friedens, der Ruhe.

Wir vergessen für diesen Augenblick, daß wir als Mensch auf die Erde gekommen sind. Wir begeben uns in unsere Erinnerung. Wir heben die Grenzen von Vergangenheit, Gegenwart und Zukunft auf, wir sind frei.

Und unser Geist wandert zurück in die Erinnerung, weiter und weiter. Wir sind vollkommen frei und wandern zurück in die Vergangenheit. Und wir beginnen uns an jenen Augenblick zu erinnern, als wir uns mit den Wassertropfen eins fühlten und die Einheit des Ozean waren.

Wir waren eins und dennoch viele. Unser Bewußtsein war verflochten mit dem Geist aller anderen Wassertropfen, und wir erinnern uns, wie wir uns leicht und beweglich und grenzenlos als Tropfen des Wassers im Ozean bewegten. Wir fließen als Wassertropfen im großen Ozean, werden von Wellen und Wogen getragen.

Wir nehmen wahr, was um uns geschieht, wir wissen um die Anwesenheit der uns umgebenden Geistfunken, die ebenso wie wir als Wassertropfen den großen Ozean bilden. Wir sind der Lebensraum für viele Pflanzen und Tiere. Wir beobachten die Fische im Wasser, die durch uns hindurchschwimmen. Wir erspüren ihre Gefühle, wir sehen ihre Gedankenbilder, und wir sind eins mit ihnen. [Musikuntermalung] Wir erinnern uns.

Jetzt haben wir genügend Erinnerungen wachgerufen. Unser Bewußtsein hält diese Bilder fest. Langsam nehmen wir Abschied aus dem Geist des Elementes Wasser. Wir kehren langsam aus unserer Erinnerung zurück. Unser Bewußtsein strömt wieder in unseren physischen Menschenkörper ein, und dieser beginnt nun langsam zu erwachen. Wir dehnen unser Bewußtsein im ganzen Körper aus, atmen tief ein und aus, bewegen unsere Finger, unsere Hände, öffnen die Augen und sind ganz im Hier und Jetzt!

An den Schwierigkeiten, die wir haben, unser Bewußtsein in das Wasserelement auszusenden, können wir ablesen, wie weit wir noch von unserem Verstand dominiert sind, bewußt oder unbewußt. Wenn er uns einredet, daß das nicht funktionieren kann, und wir dies glauben, geschieht uns nach unserem Glauben. Das Glaubensprinzip funktioniert immer. Wenn wir umgekehrt den Verstand überzeugen, daß dies sehr wohl möglich ist, können wir in die Vergangenheit zurückgehen und eine Tür nach der anderen aufstoßen. Wir wissen, daß es eine Akasha-Chronik gibt und daß in dieser astralen Bibliothek alle unsere Gedanken, Worte, Gefühle, Erfahrungen und Handlungen aufgezeichnet sind. Von dem Augenblick an, da wir als Idee Gottes von der Einheit in die Polarität hinausgehaucht worden sind, haben sich die Energien, die wir auf dem langen Weg zur Menschwerdung erzeugten, im Ätherraum als Informationen manifestiert. Sie können abgerufen werden, und zwar von jeder Seele, die die notwendige Reife erreicht hat.

Wenn wir noch keinen Zugang zur Akasha-Chronik haben, dann heißt das, daß wir unser geistiges Bewußtsein noch zu sehr in unser jetziges Körperbewußtsein, in diese eine Ebene der Entwicklung, kanalisiert haben. Und wir sollten beginnen, uns auch bildlich vorzustellen, daß das, was wir jetzt hier ausdrücken, nicht unsere wirkliche Identität ist, sondern nur ein kleiner Aspekt, ein kleiner Ausdruck unserer Seele. Dann werden Übungen wie die soeben durchgeführte immer einfacher, dann haben wir einen direkten Zugang zu unserer Erinnerung.

Bei solchen Bewußtseinsreisen versuchen wir, Gefühle oder Bilder oder akustische Geräusche wahrzunehmen. Auch das Wahrnehmen von Düften und das Schmecken gehören dazu. Es gibt Menschen, die nicht medial fühlen, sehen oder hören, aber über ihren Geruchssinn Informationen erhalten. Sie riechen plötzlich einen bestimmten Duft und wissen, welcher geistige Helfer anwesend ist. Wir sollten uns durch keine Erwartung festlegen und gleichzeitig alles für möglich halten. Dann werden wir der Kommunikationsart begegnen, die unserem Wesen und unserer Begabung am nächsten kommt.

Wenn wir nun aber gar nichts wahrnehmen, dann sagt uns auch dies nur, daß unser Verstand noch zu viel zu sagen hat, und wir sollten versuchen, zwischen ihm und unseren seelischen Empfindungen eine größere Ausgewogenheit zu erreichen. Das heißt nicht, den Verstand zu bekämpfen, sondern ihn in einen Zustand des Verstehens zu bringen, denn sonst wird zurückkommen, was wir aussenden, das heißt, der Verstand wird ebenfalls kämpfen. Indem wir beginnen, die unterschiedlichen Daseinsebenen in uns anzuerkennen und bewußt und freudig zu erforschen, stellen wir eine Kommunikationsmöglichkeit in uns selbst her, das heißt, wir verbinden Aspekte, die unser gegenwärtiges Bewußtsein noch als getrennt empfindet.

Unser Bestreben sollte immer die Einheit sein. Wir träumen von einer Einheit mit dem Schöpfer selbst, aber bis dahin ist es für uns alle noch ein weiter Weg der Bewußtwerdung. Wir sollten bemüht sein, zuerst auf der Stufe, auf der wir uns gegenwärtig befinden, eine Einheit zu erreichen. Nicht genug, daß wir – wenn auch nur in unserer Vorstellung – getrennt sind von unserem Dual und ebenso von unserem Hohen Selbst, wir müssen außerdem feststellen, daß der Teil, der wir als dieser inkarnierte Mensch sind, noch einmal in verschiedene Ebenen aufgesplittert ist – wenn auch wiederum nur in unserer Vorstellung, in unserer Unwissenheit, nicht aber in Wirklichkeit.

Aber eben diese Unwissenheit und der Glaube, daß wir getrennt sind, genügen, daß unser Verstand sich darauf einrichtet und dementsprechend reagiert, indem er die seelischen Wahrnehmungen blockiert. Also sollten wir die Einheit in uns selbst herstellen, indem wir von einer Bewußtseinsebene aus mit der anderen Bewußtseinsebene in uns kommunizieren, das heißt, wir sprechen mit unserem geistigen Bewußtsein unser Verstandesbewußtsein an, wie wenn ein Vater zu seinem Kind spricht, das dabei ist, zu wachsen und zu lernen, und belehrt werden muß, damit es versteht. Erst wenn der Verstand akzeptiert hat, daß alle Ebenen in uns zusammengehören, daß dennoch jede für sich eigenständig agiert und reagiert, aber immer dem Geistbewußtsein untergeordnet ist, kann die Einheit aller inneren Aspekte, die sowieso vorhanden ist, sich auch im Verstandesbewußtsein wirksam ausdrücken, und es hört auf, Blockaden zu errichten. Erst dann haben wir mit unserem Geist ungehinderten Zugang in unsere Zukunft und in unsere Vergangenheit. Erst dann sind wir auch bereit, eine Stufe höher zu gehen und uns mit weiteren Seelenanteilen zu verbinden.

Wir haben oft falsche Vorstellungen, wie etwas zu sein hat, beispielsweise unsere Art, medial zu empfangen. Wenn wir diese Vorstellungen loslassen, sind bereits viele Blockaden weggeräumt. Wenn wir zweitens den Ehrgeiz und drittens die Ungeduld aufgeben, haben wir bereits ein großes Stück Freiheit gewonnen. Mit der Ungeduld holen wir uns selbst einen Tyrannen ins Haus. Wenn wir unter seinem Joch wirken, kommt nichts Gutes dabei heraus. Das Gleiche gilt für den Ehrgeiz.

Wir dürfen den Ehrgeiz allerdings nicht mit Eifer verwechseln. Ernsthaftigkeit, Beständigkeit und Eifer sind durchweg etwas Positives, aber das Wort Ehrgeiz besagt: Geiz um die Ehre. Das heißt, ich will etwas unbedingt erreichen, um Ehre zu gewinnen, und wenn ich auch nur vor mir selber gut dastehen möchte. Auf dem geistigen Weg hat Ehrgeiz nichts zu suchen, denn Ehrgeiz bedeutet: Ich will, und zwar unbedingt. Über dem geistigen Weg aber steht: Dein Wille geschehe! Das ist genau das Gegenteil.

Die vier Elemente in uns

16. Juli 1995

Mit der folgenden Übung macht Sanat Kumara uns den unaufhörlichen Energieaustausch zwischen den Elementen und uns Menschen bewußt. Zum Schluß leitet er uns zur Öffnung aller zwölf Chakren an und tritt dann als unser Fürsprecher vor Gott, um die Gaben für uns zu erbitten, die wir für die kommenden Aufgaben benötigen. Sanat Kumara wurde den Seminarteilnehmern zuvor vom Sohn der Einheit mit den Worten angekündigt: «In den kommenden Stunden wird der zu euch gelangen, dem dieser Planet von alters her anvertraut ist: der König dieser Erdenwelt. Sein Name ist Sanat Kumara. Er ist euch zugeteilt als Meister und Lehrer. Ihr werdet durch die Botschaft von Sanat Kumara lernen, die direkte Verbindung mit den Wesen der Elemente aufzunehmen, die das Weltgeschehen im Atmosphärischen lenken und bestimmen.»

Es spricht zu euch Sanat Kumara. Ich begrüße euch in Freude und mit Herzlichkeit. Ich bin zu euch gesandt, um euch zu unterweisen. Ihr wurdet mir anvertraut vom Sohne selbst. Gott zum Gruße!

Ich werde euch zuerst eine Übersicht und ein Verständnis der elementaren Kräfte des Universums vermitteln, die auf dem Erdball wirken und zu denen ihr in einer Wechselbeziehung steht. Ihr sollt das Zusammenwirken erfühlen lernen zwischen eurem Sein und den Elementen des Feuers, des Wassers, des Windes und der Erde.

Eure Füße und eure Beine sind dem Element der Erde zugeordnet. Mit eurem physischen Körper wie mit den Ätherkörpern und den feinstofflichen Körpern habt ihr im Bereich der Füße und Beine einen direkten Kontakt mit der Erde. Indem ihr sie berührt und auf ihr wandelt, seid ihr allezeit mit ihr verbunden und empfangt ihr Energien aus ihrem Inneren. Mit euren Füßen und Beinen, die dem Erdelement entsprechen, seid ihr also mit dem Irdischen, dem Manifesten, dem Dichten verbunden.

Die Organe der Nieren und der Blase sind dem Wasserelement zugeordnet. Mit diesem Teil eures Seins seid ihr in energetischer Verbindung mit dem Element Wasser. So ihr also im Bereich der Blase und der Nieren Blockaden habt, wendet euch an den Geist des Wassers. Und so ihr Beschwerden in den Füßen und Beinen habt, überprüft, ob in eurem Gedankengut, in euren Gefühlen noch die Bereitschaft vorhanden ist, auf der Erde zu leben.

Von der Zone des Solarplexus, des Sonnengeflechts, geht die Nerventätigkeit aus. Hier ist die Zentrale des vegetativen Nervensystems, die Antriebsstelle eures Seins. Sie ist ebenso wie euer Herz dem Feuer zugeordnet, dem aktiven Element. Das Wasserelement ist das passive.

Die Organe des Atmens, die da sind die Lungen, die Nase und die Luftröhre, sowie der Kopf sind dem Luftelement zugeordnet. Alles, was ihr geistig zu erforschen, zu entwickeln sucht, nehmt ihr auf und empfangt ihr vom Elementegeist des Windes, der über die Organe, die dem Luftelement zugeordnet sind, zu euch gelangt und sich in euch auswirkt.

Lungen, Luftröhren und Kopf also sind die körperlichen Regionen, die in direkter Beziehung zum Luftelement stehen. So ist der Kopf zum Geist hin geöffnet, ihr habt über Kopf und Atem durch das Luftelement die Verbindung von der Erde mit den höheren geistigen Ebenen. Und ihr habt darunter das Feuerelement, das sich zwischen der Erde und den geistigen Ebenen bewegt. Hier ist die Kraft und die Aktivität, die das Leben in Bewegung hält. Die darunter liegenden Organe der Blase und der Nieren schaffen mit dem Wasserelement den Ausgleich zur Energie des Feuers. Das kühle Element des Wassers mit seiner Passivität bringt das Gleichgewicht.

So habt ihr also den Kopf, der euch mit den geistigen Ebenen, und die Füße, die euch mit der Erde verbinden, dazwischen die Elemente Feuer und Wasser, die das Leben erschaffen, in Fluß bringen und in Bewegung halten.

Das Feuer ist der Antrieb aller Energien, die Bewegung und Beschleunigung bewirken. Das Wasser bedeutet Reinigung, Beruhigung und Ausgleich. Es führt jene Energien, die das Element Feuer hervorgerufen hat, in die innere Mitte, in die Harmonie.

Dies ist der Aufbau eures Seins, und dies ist ebenso der Aufbau des Planeten Erde, und die Tiere und Pflanzen haben denselben Aufbau. Die Erde ist nach diesem Bild geschaffen, und alles, was sich auf und in der Erde befindet, lebt nach diesen Prinzipien.

So ihr Beschwerden habt in den Körperregionen, die dem Luftgeist, dem Feuergeist, dem Wassergeist oder dem Erdgeist zugeordnet sind, sprecht die jeweiligen Elementegeister an und bittet um die Erkenntnis, was da in eurem Sein noch nicht verstanden, noch unerkannt ist, und so wird der zuständige Elementegeist euch die Informationen senden.

So bitte ich euch nun um die gemeinschaftliche Arbeit. Benutzt euer geistiges Auge und malt mit Hilfe eurer Intuition und kraft eurer Gedanken die Bilder in eurem Innersten und befolgt in Liebe und Demut die Anweisungen, die ich euch gebe.

So bitte ich zuerst, daß ihr euch entspannt. Konzentriert euch sodann auf die Füße und die Beine. Fühlt mit den Flächen der Fußsohlen die Erdenergien. Richtet eure geöffneten Hände auf die Erde. Nun nehmt über die Füße und über die Hände die Strömungen wahr, die aus dem Innersten der Erde zu euch in das menschliche Erdelement gelangen. Spürt die Kraft, die der Planet Erde euch zusendet. Konzentriert euch auf das Erdelement und auf jenen körperlichen Bereich, der dem Erdelement zugeordnet ist.

Nun nehmt eure Hände und legt sie auf den unteren Teil des Bauches, wo sich die Blase befindet. Konzentriert euch auf diesen Teil eures Seins, die Blase und die beiden Nieren.

Und nun wendet euch mit eurer Gedankenkraft allen Flüssen, Bächen, Strömen, Meeren und Ozeanen dieser Welt zu. Spürt den Einklang, den Rhythmus. Mit diesem Teil eures Seins, nämlich mit der Blase und den Nieren, seid ihr verbunden mit den Ozeanen, mit dem Wasser dieser Welt.

Verbindet euch mit dem Wasserelement und nehmt die Kraft wahr, die durch eure Hände zur Blase und zu den Nieren strömt. Spürt die Verbindung, spürt die feinen Energien, die euch durchströmen.

Legt sodann die linke Hand auf euer Herz und die rechte Hand auf den Bereich des Solarplexus, der sich über dem Nabel befindet. Verbindet euch im Geiste mit dem Element Feuer. Ruft den Geist des Feuers. Er wird sich durch seine Energien bemerkbar machen und diesen Teil eurer Physis berühren.

Nun nehmt den mittleren Finger der rechten Hand und berührt das dritte Auge, das sich in der Mitte der Stirn befindet, zwischen den Augenbrauen, dort, wo die Nasenwurzel sitzt. Fühlt mit dem Mittelfinger euer drittes Auge und ruft den Geist des Windes.

Konzentriert euch auf eure Lungenflügel, auf euren Hals, auf die Luftröhren, auf die Bronchien, auf euren Kopf, auf das Gehirn. Ruft den Geist des Windes und spürt die feinen Energien, die das Element des Luftigen in diesen Teil eures Körpers sendet. Konzentriert euch auf die Lunge, auf die Luftröhre, auf die Bronchien, auf das Gehirn.

Nun atmet tief aus.

Und nun stellt euch vor, daß mit jedem Atemzug, den ihr einatmet, die von den Elementen gesendeten Energien in voller Bewegung fließen. Sie sind aktiv. Die Regionen eures Körpers werden bewußt mit den Energien aus den jeweiligen Naturelementen verbunden.

So werde ich euch gleich um das zwölfmalige Ein- und Ausatmen bitten. Tut dies mit dem Bewußtsein und der Vorstellungskraft, daß mit jedem Einatmen die Energien der Naturelemente in die jeweiligen Körperteile hineingeatmet und aktiviert werden. Wenn ihr dann ausatmet, gebt ihr alle vorhandenen Blockaden, Gifte und Disharmonien von euch weg.

Eine Vielzahl geistiger Helfer hat den Auftrag, die von euch befreiten, hinausgegebenen, ausgeatmeten Disharmonien aufzusammeln und an den kosmischen Umwandlungsort zu bringen.

So versteht diesen Prozeß, den wir vollführen werden, zum einen Teil als einen Reinigungsvorgang. Betrachtet die Übung zum anderen Teil als das bewußte Sichverbinden mit den Naturelementen, die aktiviert werden sollen. Die Elemente in der Natur und die ihnen entsprechenden Bereiche unseres Körpers sollen in Einklang gebracht werden.

Ihr sollt lernen, die Wechselwirkungen zwischen der Naturgewalt, dem Atmosphärischen, und eurer Physis zu erspüren. Denkt daran, wenn ihr einatmet: Mit jedem Atemzug verbindet ihr euch gleichzeitig mit allen vier Elementen, ihr atmet die Energien aus den Elementen in euch hinein, die an den jeweils zuständigen Organen und Bereichen eures physischen Körpers Harmonisierung und Heilung bewirken. Dies ist die Aufgabe, dies ist das Ziel dieser Übung: Ihr sollt euch im Inneren reinigen und euch im Äußeren aktiv mit den Energien der Naturelemente verbinden.

So bitte ich noch einmal um Entspannung. Beginnt mit dem Atmen. Zwölfmal einatmen und zwölfmal ausatmen. [Pause]

So habt ihr euch nun gleichermaßen gereinigt, aktiviert und angeschlossen. Als nächsten Schritt werden wir uns zu euren Ätherkörpern begeben. Ihr werdet aufgefordert, die Energiezentren, die Chakren, gleichmäßig zu öffnen. Und erinnert euch beim Öffnen der sieben Energiezentren, daß da noch fünf weitere Energiezentren sind.

Ihr habt in euren Ätherkörpern und über eure Ätherkörper hinaus die Verbindung mit den atmosphärischen, den kosmischen Energien. Über die fünf weiteren Energiezentren steht ihr mit den Planeten in Kontakt.

So stellt euch mit eurem geistigen Auge euren physischen Körper vor, der im Inneren gereinigt und an die Kräfte der Naturelemente im Äußeren angeschlossen wurde. Schaut, wie euer physischer Körper in energetischer Verbindung mit den Naturelementen Erde, Wasser, Feuer und

Luft steht, die auf diese Weise in harmonisierender und aufbauender Weise in euch aktiv sind. Versucht, mit eurem inneren Auge die Energien wahrzunehmen, die von den Elementen zu euch strömen und direkten Einfluß auf euch nehmen.

Lenkt nun euren Blick auf die Chakren, die in eurem Ätherkörper verankert sind. Die Wurzeln der Energiezentren liegen in der ätherischen Wirbelsäule. Sie sind die Ausgangspunkte der Stengel, die eure feinstofflichen Ebenen wie auch den physischen Körper durchdringen. Sie gehen also durch euch hindurch von der Wirbelsäule nach vorne und öffnen sich am äußersten Rand eurer Ätherkörper zu den Blüten, den Chakren.

Sucht die Chakren mit eurem inneren Auge zu erschauen. Seht euch selbst in eurem Ätherkörper und erblickt, wie ein Chakra nach dem anderen sich gänzlich öffnet und aktiviert. Wenn ihr am siebten Energiezentrum, dem Scheitelchakra, angekommen seid, lenkt euren Blick nach oben und nehmt die fünf weiteren Chakren wahr, die mit dem Kosmischen in direkter Verbindung stehen. Öffnet in harmonischer Einheitlichkeit auch diese Energiezentren.

Bleibt in dieser Position bitte. Ich werde als euer Fürsprecher, als euer Meister und Lehrer vor den Thron des Vaters treten und für euch um all die Gaben bitten, die euch gegeben werden sollen, damit ihr euren kommenden Aufgaben im größtmöglichen Maße gerecht werden könnt. Bleibt bitte in der Position innerer Beschaulichkeit und der harmonischen Öffnung aller eurer Energiezentren.

Vater der Liebe,

ich, Sanat Kumara, trete als Fürsprecher derer vor Dich,
die als die Berufenen in Liebe mit mir verbunden sind.

Vater, ich bringe Dir für diesen Augenblick die Deinen zurück,
die Du mir aus Liebe und aus Gnade anvertraut hast.
Siehe, ich habe sie vorbereitet in ihrem Sein,
und ich erbitte nun im Namen Deines geliebten Sohnes Jesus Christus,
daß Du Deinen heiligen Geist über diese mir Anvertrauten ausschüttest.
Schenke ihnen Deine Weisheit und Deine Kraft,
schenke ihnen Deine Sanftmut und Deine Langmut.

Vater, schenke ihnen den Glauben und das Vertrauen,
und schenke einem jeglichen,
was er im Irdischen wie im Geistigen braucht,
um der Berufung und der hochheiligen Aufgabe
in Treue gerecht zu werden.

Segne und beschütze sie, Vater, im besonderen,
und laß ihnen allezeit in ihrem Bewußtsein zuteil werden,
daß Du der Lenkende, der Wissende, der Weisende bist,
der in den Stunden des gemeinsamen Wirkens durch Seinen Geist,
durch Seine Liebe einen jeglichen formt und führt.

Segne sie, Vater, auf daß sie in der Befähigung wachsen,
die Größe dessen zu erkennen, was in diesem Augenblick geschieht
sowie künftig geschehen wird.

Gib einem jeglichen im Überfluß von Deinem Selbst.
Sende uns sodann zurück in den Bereich unseres Wirkens.
Begleite Du uns mit Deinem heiligen, liebenden Auge.

Vater, wir danken Dir.
Wir danken Dir und tragen den Wunsch vor Deinen Thron,
daß Du auch künftig für einen jeglichen von uns spürbar bleibst.

Erhöre die Bitten Deines getreuen Dieners Sanat Kumara.
Erhöre auch die Bitten und das Flehen derer,
die Du mir im Hier und Jetzt anvertraut hast.

Wir danken Dir. Amen.

Meine mir anvertrauten und geliebten Schüler! Habt Dank für die Begleitung, habt Dank für das Vertrauen, das ihr bekundet habt! So ist für diesen Augenblick die Übung beendet. Geht in die Entspannung, macht eine Pause und erholt euch!

Segen über euch! In großer Liebe, Sanat Kumara. Gott zum Gruße!

TEIL III

Der Schutzengel – Bote unseres Hohen Selbst

Einführung

Seit der allerersten Botschaft, die wir aus der geistigen Welt empfangen haben, bis zum heutigen Tage werden wir ermutigt, ermahnt und gedrängt, eine bewußte Verbindung mit unserem Schutzengel, unserem persönlichen geistigen Führer, aufzunehmen:

Haltet allezeit die Hand eures geistigen Führers fest, der euch unablässig zur Seite steht und euch grenzenlos liebt! Ob ihr wankt oder zweifelt, ob ihr ängstlich seid oder ohne Vertrauen – euer geistiger Führer ist bei euch mit einer Liebe, die mit menschlichen Worten nicht auszudrücken ist. (Herakles am 12. Mai 1997)

Die geistigen Helfer strecken euch in Liebe ihre Hände entgegen. Sie zu ergreifen ist hingegen euer Teil. (Ein Bote des Einen, Band 1, «Dein Wille geschehe jetzt!», Seite 23)

Es grüßen euch eure persönlichen geistigen Führer. Sie warten auf ein Wort von euch. Sprecht zu ihnen! Fühlt sie, spürt sie, wachst zu ihnen hin! Nehmt ihre Hilfe in Anspruch! (Der Sohn der Einheit, Band 1, «Dein Wille geschehe jetzt!», Seite 126)

Heute ist es nicht mehr einer kleinen Zahl von Mystikern vorbehalten, mit den Engelwesen in Kontakt zu treten. Wir alle werden in den Wirren der kommenden Zeit den Rat unseres Schutzengels brauchen. Die Weise, wie wir seine Inspirationen aufnehmen, ist bei jedem Menschen unterschiedlich. Wir sollten deshalb nicht mit festgefahrenen Meinungen, wie ein solcher Kontakt auszusehen hat, unsere Wahrnehmung blockieren.

Es folgen einige ausgesuchte Botschaften, die uns Anregungen für die Aufnahme des Kontaktes geben können. Das Ziel ist, daß wir die Energie unseres Schutzengels unter allen anderen Energien, die auf uns einströmen, mit absoluter Sicherheit identifizieren können. Dann werden wir künftig in jeder noch so ungewohnten und schwierigen Situation in der Lage sein, uns seines Rates zu versichern, also nie «ratlos» sein, in welcher Bedrängnis wir uns auch befinden mögen.

Schließt euch eurem geistigen Führer an!

17. Mai 1996

Gott zum Gruße! Mein Name ist Herakles. Ich bin aus den geistigen Gefilden entsendet, um euch durch diesen Kanal Wissen und Verstehen aus dem Geiste zu erteilen. Ich, Herakles, habe vor vielen Zeiten auch im physischen Fleische gelebt und bin in jenem Lande gewandelt, das euch als Griechenland vertraut ist. Ich habe dort in den heiligen Tempeln als Meister und Lehrer das Verständnis der geistigen Philosophie vermittelt. Etliche von euch, die sich hier in diesem Kreise der Suchenden eingefunden haben, sind mir von alters her vertraut. Denn einst waren sie in meiner Obhut. Sie haben in dieser längst vergangenen Erdenzeit durch mich die Lehren gehört, die ich nun auf diese Weise abermals zu übermitteln berufen bin. Große Freude herrscht in unseren Bereichen. Ich will euch mit dem gesprochenen Wort das Bild malen, das ihr mit eurem physischen Auge noch nicht schauen könnt.

Hier sind anwesend auf der linken Seite der, den ihr als den Erzengel Michael kennt, und auf der rechten Seite der, der euch als Erzengel Raphael vertraut ist. Diese beiden Lichtwächter haben die Aufgabe, alles zu überwachen, was während dieser Stunden des Zusammenseins vonstatten geht.

Ihr könnt bereits das Einfließen unserer Liebesenergien spüren. Ihr seid umgeben von einer Vielzahl geistiger Freunde und Lichtboten, die an diesen Ort gerufen wurden, um durch die Reihen zu gehen und einem jeden die Hand auf das Haupt zu legen. Empfangt also in diesem Augenblick wie in allen Stunden des Zusammenseins unsere Liebe. Empfangt das Licht aus der Quelle, aus der Einheit selbst, und legt alles, was als Schmerz, als große Sorge und als unbeantwortete Frage in euch ist, mit euren geistigen Händen dem Vater vor Seinen Thron. Er wird sich eine jede Sorge und ein jedes Leid beschauen. Bittet den Vater, daß Er dieses Leid hinwegnehme, und ihr werdet in den Stunden des Zusammenseins die Auflösung und Umwandlung all dessen erfahren, was euch betrübt.

Dies also soll die Schule des Geistes sein, die euch lehren will, euch an den geistigen Führer anzuschließen, der bei euch ist, der in euch ist und der eine unendliche, reine Liebe in sich trägt. So lernt, den geistigen Führer in euch bewußt und klar zu erfühlen, ihn anzusprechen und mit ihm gemeinsam zu wirken. Wißt, seit eurem ersten Atemzuge, als ihr aus den astralen Seelenbereichen in das physische Sein eingehaucht wurdet, ist er bei euch. Die geistige Essenz, das Bewußtsein und die Energie eures Geistführers sind den äußeren Rändern eurer Aura eingewoben. Dieses Energiekleid, welches euren physischen Körper ummantelt, birgt also in sich die Energie, das Bewußtsein und die Lichtessenz eures geistigen Führers. Auf diese Weise ist er fähig, an jedem eurer Gedanken, an jeder eurer Emotionen teilzuhaben. Ihr tut keinen Augenaufschlag, keinen Atemzug und keinen Schritt ohne die Gegenwart eures geistigen Führers, der euch durch alle Tage eures Seins begleitet. Es ist der Wunsch des geistigen Engels, der bei euch weilt, euch über seine Anwesenheit Aufschluß zu geben. Es ist sein Wunsch, daß ihr beginnt, ihn bewußt wahrzunehmen, um auf diese Weise die Aufgabe und das Zusammenwirken zu erleichtern.

Wenn ihr also bereit seid, euch dem Schutzgeist bewußt zu öffnen, wird er immer klarer und deutlicher zu euch gelangen. Ihr werdet aufgefordert, von nun an eure Gedankengänge und eure Emotionen zu beobachten, denn dieses sind die Kommunikationsinstrumente, über welche sich euer geistiger Führer bemerkbar macht und ausdrückt. Beobachtet euch beim Erstellen eurer Gedanken, und bald werdet ihr den geistigen Begleiter finden, der in euch spricht. Wenn ihr eure Gehirnzellen nicht betätigt und nicht selber denkt, hat euer geistiger Führer die Möglichkeit, mit seinen Energien die Gehirnzellen zu aktivieren und auf diese Weise einen Gedanken in euch zu produzieren. Dies ist die natürliche Kommunikation, die jeder geistige Führer mit der ihm anvertrauten Seele pflegt. Dies ist dem Menschen vom Beginn seines bewußten Denkens an zugedacht und ist wirksam. Wenn ihr also nun bewußt eure Gedankengänge kontrolliert und beobachtet und zu unterscheiden lernt, wann ihr aus euch selbst denkt und wann euer geistiger Führer durch eure Gedanken zu euch spricht, um euch aus der Liebe und der Weisheit Rat zu erteilen, wird die Kommunikation bald einfach sein.

Wenn ihr selbst aktiv und intensiv eure Gedanken bildet und es der Wunsch eures geistigen Führers ist, dennoch zu euch zu gelangen, hat er die Möglichkeit, seine Energien auf eure Nervenbahnen zu legen. Auf diese Weise werden die Vibrationen der Schwingungen erhöht, und es wird ein Gefühl geboren und aktiviert. Die Emotion ist also eine vom geistigen Führer benutzte Symbolsprache, der euch auf diese Weise zu ermuntern oder, wenn notwendig, euch vor Verhaltensweisen und Plänen zu warnen versucht. Beobachtet also bewußt eure Gedanken und eure

Gefühle und lernt zu unterscheiden, wann ihr aus euch selber denkt und fühlt und wann euer Schutzgeist versucht, euch eine Hilfe zu geben! Seid herzlich dazu eingeladen! Ich übermittle euch dies im Auftrage eurer Schutzgeister, die sich allezeit immer wieder aufs neue liebend zu euch gesellen. Ihr sollt lernen, euch mit Hilfe des geistigen Führers aus euch selbst Rat zu holen. Ihr sollt lernen, all eure geistigen Werkzeuge, die in euch sind, zu erkennen, zu erforschen und liebevoll und bewußt anzuwenden, auf daß ihr im Verständnis über euch selbst wachst.

Ihr habt euren eigenen Ursprung vergessen, und ihr habt vergessen, daß ihr die Schöpfer eures Lebens seid. Einst wurde ein jeder von euch aus der Substanz Licht geformt. Die Geistessenz Licht ist die Ursubstanz des Schöpfers selbst. So ist euch aus den alten Schriften vertraut, was auch euch in vielen Leben erreicht hat: Im Anfang war der Logos, das geistige Bewußtsein des Schöpfers. Dieses Bewußtsein war körperlos, raumlos. Ihr könnt es als Gedanken bezeichnen. Dieser Gedanke erwachte und wurde Seiner eigenen Existenz gewahr. Als der Logos in dem Bewußtsein «ICH BIN» und «ICH BIN Geist» erwachte, begann Er, aus diesem Geist zu erschaffen.

Dieser Geist sprach: «Es werde!», und aus dem Bewußtsein des Geistes wurde das Wort geboren. Das Wort ist die Manifestation aus dem Gedanken, und die Kraft des Geistes manifestierte das Wort als Licht. So begann der Logos, das Licht zu erschaffen. Das Licht ist der Körper des Logos. Der Schöpfer gab sich selbst eine Form, einen Körper, und dies geschah durch das «Es werde!» Versteht die große Bedeutung dieses Schöpfungsaktes! So gelangte der Schöpfer, das Bewußtsein, der Logos, durch Sein Wort, das Er aus Seinem Geiste sprach, zur Manifestation des Lichtes. Der Geist gab sich also selbst eine Form und einen Körper aus Licht. Und aus diesem geistigen Lichtelixier wurde alles Sein erschaffen. Das Universum mit allen Sternen, Sonnen und Planeten und mit allen Schöpfungen darauf wurde aus der Ursubstanz Licht erschaffen.

So erschuf der Vater, der Schöpfer, euch aus sich selbst. Aus Seiner Lichtsubstanz nahm Er einen Teil und formte diese Schöpfung. Und Er formte sie nach Seinem Bilde, welches vollkommen ist und war und in alle Ewigkeit sein wird. So erhielt ein jeder von euch die vollkommene Form, und ein jeder von euch ist das Bild seines Schöpfers. In euch wurde die Schöpferkraft gelegt, wie sie im Schöpfer selbst ist. Der Schöpfer warf die Lichtteile, die Lichtaspekte, aus sich selbst, aus dem Zentrum der Einheit, in die Polarität, denn es war und ist der Wunsch des Schöpfers, daß Seine Schöpfung einen eigenen und freien Willen habe und ihn ausübe. So also gab der Schöpfer Seine lebendigen Lichtfunken in die Polarität, auf daß sie die Konfrontation mit dem Gegenpol erfahren, auf daß die Schöpfung erwache und sich selbst erkenne, wie auch Er sich selbst erkannt und verstanden hat.

Die ausgeworfenen Lichtfunken begannen in großer Freude und Glückseligkeit, im Universum durch ihr Sein und ihre Vollkommenheit bewußt schöpferisch tätig zu sein und um sich herum zu gestalten, was Ausdruck ihres Wunsches und ihres freien Willens war. Diese bewußten, vollkommenen göttlichen Lichtfunken – ihr würdet sie Götter nennen, doch bedenkt, daß ihr selbst diese wart – begannen, aus der Kraft des Geistes zu schöpfen. Aus dem Gedanken «Es werde!» und aus dem Bewußtsein «ICH BIN Geist, ICH BIN Licht, ICH BIN vollkommen» wurde eine Vielzahl der Schöpfungen geschaffen.

Die bewußten Schöpfer, die Tätigen, begannen, sich bei ihrem Gestalten zu beobachten. Sie begannen, ihre Werke zu vergleichen und einen Wettkampf auszutragen. In diesem Augenblick gebaren sie das Urteil und den Richterspruch. Sie beurteilten und bewerteten die Schöpfungen der anderen. Der Prozeß des Ehrgeizes, des Wettkampfes, des Richtens und Urteilens setzte ein. Während dieses Prozesses entfernten sich die schöpfenden, bewußten Lichtfunken mehr und mehr aus dem Zentrum, aus der Einheit. Und sie vergaßen ihren Schöpfer, ihren eigenen Ursprung. Sie wetteiferten in ihrem kreativen Tun und fielen von Mal zu Mal mehr in die Dichte der Materie.

So versteht den Ursprung eures Seins! Es hat der Erdenmensch sich weit entfernt von seinem Schöpfer und sein wahres Selbst vergessen. So erbarmte sich der Schöpfervater Seiner Kinder, Seiner Lichtfunken, die den Weg der Dunkelheit gegangen waren. Der Vater suchte, die Erinnerung Seiner Kinder wachzurufen, um sie heim ins Vaterhaus zu ziehen. Er folgte Seinen Kindern auf den Weg der Dunkelheit bis auf den Erdball. Er sandte einen Teil von sich in das Fleisch. Dies ist euch als die Geburt, als die Mission Jesu Christi vertraut. Und der Aspekt Gottes im Fleische vollzog all die Tränen nach und all das Leid und die Ungerechtigkeit auf der Erdenwelt. Es war Wunsch und Wille des Schöpfers, Seine Schöpfung auch in den Empfindungen des Fleisches zu erfahren.

So also versteht, es war das große Erbarmen des Vaters, daß Er Seinen Sohn sandte, um auf diese Weise euch in eurem Weg, in eurer Entwicklung zu erfühlen. Die Geburt des Sohnes des Schöpfers schuf einen großen Lichtkanal mit einer starken Kraft aus der göttlichen Einheit, der göttlichen Allmacht, zur Erdenwelt hinab. Durch diesen geistigen Licht- und Kraftkanal sind allezeit die göttlichen Boten und jene zu euch gekommen, die gesendet wurden, um den Erdenmenschen immer wieder an die eigene Herkunft und an sein wirkliches Sein zu erinnern.

So ist dieser Augenblick, wo ich zu euch sprechen darf, abermals einer, da der Vater in großem Erbarmen sucht, euch zu erinnern an das, was ihr seid, wer ihr seid und was in euch ist! Die Erinnerung an eure Schöpferkraft soll euch zurückgegeben werden, auf daß ihr frei werdet von einer jeglichen Manipulation, auf daß ihr frei und stark werdet in eurem eigenen Sein. So lernt, lernt, geliebte Erdenseelen! Ihr habt noch nicht verstanden, eure Gedankenkraft in der richtigen Art und Weise zu handhaben. Euer Selbst ist in Vollkommenheit zusammengesetzt. Ihr habt in euch ein geistiges Bewußtsein, ein Körperbewußtsein, ein Seelenbewußtsein, ein Unterbewußtsein. All dies zusammen ist ein vollkommener Teil eures geistigen Seins. Erkennt, daß ihr mit eurem Verständnis nur aus der einen oder der anderen Ebene schöpft. Wißt also, ihr seid in eurem Ursprung vollkommen und rein, aus Licht geschaffen, nach dem Bilde Gottes und im Auftrag der Liebe geformt, um euch selbst in eurem freien Willen und eurer Vollkommenheit zu erfahren.

Euer Hohes Selbst als das ganzheitliche Sein ist nicht auf dieser Erdenwelt angesiedelt. Ihr seid alle vor den Toren der Einheit versammelt, und es ist das Bestreben einer jeden Seele, diese Einheit wieder für sich zu gewinnen, in sie zurückzukehren, die Polarität zu überwinden, um wieder mit dem Ursprung und dem Schöpfer vereint zu sein. Stellt euch das Vaterhaus als den Schöpfer vor, als die Kraft und die Quelle, als das Licht und die Liebe selbst. Um diese Einheit stehen alle Hohen Selbst, welche ihr seid. Das Hohe Selbst, dieses Bewußtsein, ist in unablässiger innerer Beschau und sucht die Aspekte in sich zu finden, die noch nicht vollkommen sind. Sind solche Aspekte entdeckt, werden sie herausgenommen und durchforscht, und wenn im Bewußtsein des Hohen Selbst offenbar ist, was es zu vervollkommnen gibt, wird Ausschau gehalten, in welcher Ebene, in welchen Situationen die benötigten Entwicklungen vonstatten gehen können. So wird dieser Aspekt aus dem Hohen Selbst in Form einer Inkarnation in ein Leben auf den Erdball oder auf einen anderen Planeten entsandt. Es wird ein Lebensumfeld mit all jenen Menschen und Situationen gewählt, durch die die Lebensaufgaben sich so gestalten, daß Vollkommenheit errungen werden kann.

So versteht euch also! Ihr seid manifestierte Teile, die aus eurem Hohen Selbst mit dem Auftrag entsandt wurden, die unerlösten Aspekte in euch zu erkennen und zu befreien, dann zurückzukehren und sich wieder in Vollkommenheit in dieses geistige Bewußtsein einzufügen. Alles, was in eurem Erdenleben geschieht, ist unter ständiger Kontrolle eures Hohen Selbst. Ihr werdet aus jenem Teil eures eigenen Seins gelenkt, der gänzlich erwacht ist und sich im Wissen über sich selbst, sein Ziel und seinen Plan befindet. Die Aufgabe des geistigen Führers an eurer Seite ist es, euch nahezubringen, was es nach dem Plan eures Hohen Selbst zu tun gilt. Eure Aufgabe ist es, die Entfernung eures niederen Selbst von eurem Hohen Selbst von Mal zu Mal zu verringern, so daß ihr euch wieder näherkommt und die Tätigkeit eures geistigen Führers sich erübrigt. Alles, was aus der Ebene des Schutzgeistes geschieht, geschieht nicht nach seinem Plan oder Willen, er führt nur den Plan eures Hohen Selbst aus. Der Schutzgeist ist gleichsam ein Kurier, der den Willen des Hohen Selbst in den Willen des niederen Selbst trägt. Das niedere Selbst widerstrebt oft dem Willen des eigenen Hohen Selbst. Dies ist Entwicklung, und dies sind die Reibungspunkte in eurem Sein.

Alles, was in eurem Leben geschieht, Glück oder Unglück, ist nicht einem Schicksal, einem Zufall unterworfen oder gar einem Gott, der euch straft oder belobigt. Alles, was geschieht, sind die Resultate eurer Gedanken, eurer Wünsche, eurer Gefühle, die sich manifestieren und euch als konkrete Lebenssituationen begegnen. So ihr nicht einig seid mit eurem Hohen Selbst, habt ihr Leid in eurem Leben. Dies ergibt sich nie aus Zufälligkeit oder aus dem, was ihr so gerne das Schicksal nennt. Die Energien des Leids habt ihr immer aus dem Widerstreben gegen eure eigene höhere Bewußtseinsebene erschaffen.

So lehre ich euch heute, dies zu verstehen, damit ihr in den kommenden Zeiten euer Leben und eure Entwicklung ohne Leid und Schmerz zu gestalten lernt. Seid also noch einmal herzlich aufgerufen, euren geistigen Führer in euch bewußt wahrzunehmen, auf daß er euch leicht und klar den Plan, das Ziel und die Aufgabe aus den Ebenen eures Hohen Selbst übermitteln kann. Wenn ihr die Kommunikation mit eurem geistigen Führer gelernt habt, werdet ihr die Aufgabe haben, zu entscheiden, ob ihr den Rat eures übergeordneten Seins annehmen wollt oder ob der manifestierte Teil, der ihr seid, weiter in seiner Unvollkommenheit und Unerlöstheit verharren will. Dies ist eine Entscheidung, die ihr immer wieder treffen müßt. Und dies wird euch, je nach der Entscheidung, ein

Lernen und Wachsen ohne Widerstände und Leid, in Freude und Leichtigkeit bescheren oder aber ein Lernen und Wachsen nur unter Enttäuschungen und Schmerzen.

Ihr habt allezeit den freien Willen. Den geistigen Helfern an eurer Seite und auch uns ist es grundsätzlich untersagt, in euer Leben ungebeten und ungefragt einzugreifen. Wir dürfen den freien Willen auch des niederen Selbst, welcher der manifestierte Aspekt des Höheren Selbst ist, nicht antasten. Ob sich dieser Wille im Guten oder im Unguten ausdrückt, es ist uns nicht erlaubt einzugreifen. Wünscht ihr also Hilfe aus unserem Bereich, muß die klare Bitte von euch ausgehen. Dann sind wir ermächtigt, konkret zu helfen. Wenn ihr aber keinen Auftrag erteilt, sind wir nicht berechtigt einzugreifen, denn das wäre die Verletzung jenes göttlichen Gesetzes, welches besagt, daß der Wille einer jeden lebendigen Kreatur frei und unantastbar ist.

Wir danken euch, daß ihr euch in der Bereitschaft eingefunden habt, die Worte aus unseren Bereichen aufzunehmen. Wir danken euch, daß ihr das Vertrauen in euch erschaffen habt, euch Ebenen zuzuwenden, die für eure physischen Augen noch nicht wahrnehmbar sind. Dennoch wißt, jeder, der sich an diesem Ort eingefunden hat, wurde aus sich selbst berufen. Ihr habt bereits vor vielen Zeiten aus der Ebene eures Seelenbewußtseins Impulse und Energien empfangen, die euch an diesen Ort gerufen haben. In den Herzen, den Seelen eures Seins ist eine große Kraft vorhanden, die ihr als das Sehnen oder das Heimweh der Seele kennt. Es ist die unbewußte Erinnerung an die Heimat, an den Ursprung, an das Einstmals, als ihr euch als kreative Schöpfer im Licht, in der Freiheit und in der Liebe befandet. All diese Erfahrungen habt ihr gesammelt und in der Ebene eures unbewußten Seins gespeichert, und dort schlummern sie als ein geistiger Schatz, der in euer bewußtes Tagesdenken aufsteigen will. Aus der Ebene des Unbewußten steigen jene Kräfte auf, die ihr über euren Körper als das Sehnen und als das Heimweh eurer Seele wahrnehmen könnt. Es manifestiert sich aus den Energien der Erinnerung an ein besseres und freieres Sein. Diese Erinnerung klopft an eine Türe, die noch verschlossen ist.

Eure Aufgabe ist es, diese Türe zu öffnen, damit die Erinnerungen nach und nach aufsteigen und ihr aus der Kraft, die hier eingewoben ist, schöpfen könnt, damit ihr lernt, die Kraft eurer Gedanken und Gefühle so zu kanalisieren, daß die Pläne und Wünsche eures tiefen, wirklichen Seins sich in eurem Leben sichtbar manifestieren. Eine große Kraft ist in dem Teil eures Seins, den ihr das Unterbewußtsein nennt, eingebunden. Darüber ist zur Sicherheit ein Filter gelegt, der euch als Schutz dient. Würden wir diesen Filter mit einem Male gewaltsam öffnen, würden diese großen, geballten Kräfte, die Erinnerungen an das Vergangene, unkontrolliert in euer Tagesbewußtsein aufsteigen. Die große Flut der Informationen aus der Vergangenheit und die große Kraft, die in euch schlummert, würde euer Verstandesdenken überfluten, und ihr wäret nicht fähig, die vielen Erinnerungen einzuordnen und zu verstehen. Ihr wäret sehr geschwächt, ihr würdet dem Wahnsinn verfallen, da ihr die große Fülle dessen, was in euch ist, nicht aufnehmen könnt.

Da ihr nun in die Bereitschaft gelangt seid, euch zu öffnen und im Verstehen, wer ihr selbst seid und was das Leben und der Sinn allen Seins ist, zu wachsen, beginnt sich in der Ebene eures höheren Bewußtseins, das dem Verstandesdenken übergeordnet ist, der Kanal auszudehnen und zu öffnen. Der Energiefilter, der über eurem Unterbewußtsein liegt, ist an euer geistiges Bewußtsein angeschlossen. In dem Augenblick, wo ihr euer geistiges Bewußtsein öffnet, öffnet sich parallel auch dieser Filter, und die Energie der Erinnerung wird wohldosiert und gefiltert in euer bewußtes Tagesdenken aufsteigen. Dies wird in eurem Tagesbewußtsein den Wunsch aktivieren, euch für das Verstehen und Wissen allen Seins weiter zu öffnen. Wenn ihr bemüht bleibt, den Kanal eures geistigen Bewußtseins auszudehnen, wird der Filter über eurem Unterbewußtsein mehr und mehr geöffnet. Auf diese Weise werdet ihr aus dem eigenen inneren Schatz der Vergangenheit schöpfen können. Das Wachsen liegt also in euren Händen. Wenn ihr euch bemüht, in euch selbst zu erwachen, und bereit seid, aus euch selbst zu schöpfen, ist dies ein Bewußtseinsakt, der von eurem Willen gesteuert wird. Gebt also jener Kraft, die euch tief in eurem Herzen als Sehnen, als Heimweh vertraut ist, die Freiheit und Möglichkeit des Ausdrucks!

Ihr geht durch die Tage eures Seins in großer Mühsal. Da ist keiner unter euch, der nicht die Erfahrung von Schmerz und Leid kennt. Und keiner ist unter euch, der nicht das Heimweh nach einem besseren Sein in sich trägt. Ihr alle ruft zu euch und wünscht euch Frieden und Liebe. So sage ich, Herakles, euch: Wenn in euch der Wunsch ist, so liegt in euch auch die Möglichkeit, den Wunsch zu verwirklichen. Lernt, aus der Warteposition herauszugehen! Legt alle Erwartungen an die Politik, an die Kirchen oder gar an eure Forschung und eure Wirtschaft ab! All diese Bereiche werden euren tiefsten, innersten Wunsch nicht erfüllen können.

Denkt allezeit daran: Was ihr euch von außen wünscht, muß zuerst in euch selbst erschaffen werden, damit ihr in euch die Resonanzenergie habt, so daß das Erwünschte von außen zu euch kommen kann. Das Leben ist ein Kanalisieren und Aktivieren von Energien. Ihr, die ihr euch in einem physischen Körper manifestiert habt, wißt selber, daß das Leben Bewegung und Fließen ist. Ihr sollt lernen, die Energien, die in euch fließen, in ihren Qualitäten so zu gestalten, daß der Ausdruck dieser Energien die Verwirklichung eurer Wünsche darstellt. Denkt daran, in euch ist die Kraft des Willens, die Kraft des Geistes und die Möglichkeit, das «Es werde!» zu sprechen.

Ihr habt mir nun eure Aufmerksamkeit geschenkt, geliebte Erdenseelen. Ihr seid aber auch erschöpft von der Energieaufnahme, denn jedes Wort, das euch aus unseren Bereichen gesendet wird, trägt nicht nur die Information in sich, sondern auch eine Kraft und eine Energie aus dem Geiste des Vaters selbst. Diese Kraft wird in euren Bewußtseinsebenen manifestiert. In dieser Kraft wirkt ein aus dem Geiste manifestiertes Licht. Wenn ihr die gesprochenen Worte mit euren physischen Ohren hört, nehmt ihr mit eurem Verständnis die Informationen auf, die Bewußtseinsebenen all eurer Körperzellen jedoch nehmen die Lichtkraft aus dem Geiste auf. Und dies hat euch nun ermüdet, denn ihr seid an die Intensität dieser großen Lichtkraft in dieser konzentrierten Kanalisierung noch nicht gewöhnt. Ich ziehe mich zurück, um euch eine Phase der Entspannung zu gönnen, damit die Lichtenergien sich in Ruhe in den Bewußtseinsebenen eurer Körperzellen manifestieren können.

Wißt, es ist wichtig, daß aus den Ebenen des Schöpfers das Licht in seiner Uressenz wieder direkt in das Bewußtsein eurer Körperzellen gelangen kann, denn der Augenblick ist nicht allzu fern, da dies lebensnotwendig sein wird. Die Erde geht einem Endpunkt, einer großen Reinigungsphase entgegen. Eine Vielzahl von Rettungsaktionen ist vorbereitet, und jene Menschen werden in den Rettungsplan einbezogen werden können, die die dafür notwendige Lichtfrequenz in ihrem physischen Körper manifestiert haben. Ihr ahnt noch nicht die Bedeutung dieser Stunden, zu denen wir uns zusammengefunden haben. Wißt aber, es ist die Liebe selbst, die euch gerufen hat, die den Auftrag erteilt hat, euch für ein besseres Sein vorzubereiten.

Habt noch einmal herzlichen Dank für euer Vertrauen und eure Offenheit. Seid ganz gewiß, daß alles, was zu euch gelangen will, dazu dienen soll, euch in der Liebe zu festigen, euch im Licht höher schwingen zu lassen. Mit jedem Mal, da ihr mit der eigenen Lichtkraft höher schwingt, werdet ihr zu neuem und größerem Verstehen in euch selbst erwachen. Seid also bereit, weiter zu arbeiten, öffnet euch und nehmt auf, was euch gesendet ist. Es ist von der göttlichen Allmacht selbst zusammengefügt. Der Vater hat Seine Weisheit und Seine Liebe hineingelegt. Es ist unser Auftrag, dieses geistige Elixier, diese Grundessenz der Liebe und des Lichtes, in geistiger Form an euch weiterzugeben, auf daß es sich manifestieren und wachsen möge, auf daß es durch euch scheine und für jeden, der euch gegenübertritt, wahrnehmbar sei. Segen über euch und noch einmal herzlichen Dank! Es verabschiedet sich der geistige Lehrer mit Namen Herakles. Gott zum Gruße!

Noch oft erfolgte der Hinweis, daß die geistigen Wesenheiten nicht aktiv in unser Leben eingreifen, wenn wir sie nicht ausdrücklich dazu auffordern. Herakles machte dies einmal am Beispiel der Schutzübung deutlich (Band 1, «Dein Wille geschehe jetzt!», Seite 271). Wenn sich an der Außenseite der Schutzkugel oder des von uns geschaffenen energetischen Gitternetzes Energien angesammelt haben, die nicht zu unserem Wohle sind, und wir nicht wissen, wie mit ihnen umzugehen ist, können wir unseren Schutzengel bitten, sie in seine Verantwortung zu übernehmen. Herakles stellte auch hierzu klar:

Der geistige Führer hat nicht die Befugnis, den Akt ungebeten zu vollziehen. Er ist an eurer Seite, um euch zu beschützen und euch zu unterstützen auf dem Weg vom niederen zum höheren Bewußtsein. Er darf nicht aus eigenem Willen, also unbeauftragt, in euer Sein eingreifen. Ihr seid in der Entfaltung, in der Entwicklung gänzlich frei. Erteilt also dem geistigen Führer einen Auftrag! Dann ist er berechtigt einzugreifen.

Die vorstehende Botschaft spricht von jenen göttlichen Lichtfunken, die nach Verlassen der Einheit als bewußte Schöpfergötter tätig waren, dann aber durch Wettkampf und Ehrgeiz in immer größere Dichte fielen und schließlich zu Menschen in grobstofflichen Körpern wurden. Wie aus vielen weiteren Botschaften über die Entstehungsgeschichte des Menschen hervorgeht, entfernten sich die göttlichen Lichtfunken – alle ausgestattet mit einem freien Willen – unterschiedlich weit von der Einheit, wenn sie sich in die Polarität begaben.

Manche entfernten sich so weit oder – wie es auch heißt – «fielen so tief», daß sie das Bewußtsein verloren, ein Kind Gottes zu sein. Eine solche unbewußte Seelensubstanz nahm den Weg durch die Naturreiche, um schrittweise wieder bewußt zu werden. Sie verband sich mit Mineralien, Pflanzen und Tieren und inkarnierte schließlich als Mensch, um dann zu erkennen, daß sie weder Mineral noch Pflanze, noch Tier, noch Mensch ist, sondern eine immaterielle ewige Seele, ein Teil von Gott. Diese Form der Menschwerdung ist in Teil IV dieses Bandes beschrieben («Erkennt in allem, was ist, Gott!»).

Andere Lichtfunken wiederum hielten früher auf ihrem Weg, der sie von der Einheit fortführte, inne. Sie verloren nie ganz das Bewußtsein, daß sie ewige Seelen, daß sie Gotteskinder waren. Sie inkarnierten als Menschen auf einem der Planeten und blieben stets bestrebt, den Weg zurück in die Einheit zu gehen. Zu dieser Gruppe der Lichtfunken gehören viele der gottzugewandten Sternengeschwister, die uns in der Evolution um Abertausende von Jahren voraus sind und deshalb schon lange beispielsweise die Fähigkeit besitzen, gefährdete Völker anderer Planeten in ihre Obhut zu nehmen, eine Fähigkeit, die sie auch bei den bevorstehenden Umwälzungen auf der Erde unter Beweis stellen werden.

Es ist die Kraft des Wunsches, die zum Ziele führt

17. August 1997

Wie wichtig ist es uns wirklich, Kontakt mit unserem Schutzgeist zu bekommen? In einem Seminar im August 1997 erzählte Jorge, ein Teilnehmer aus Chile, die folgende, leicht abgewandelte Zen-Geschichte, die Herakles anschließend aufgriff:

> Ein Schüler fragte seinen Meister, wie stark sein Verlangen sein müsse, um mit den Engeln in Kontakt zu kommen. Darauf ging der Meister mit ihm zu einem Fluß und hielt seinen Kopf so lange unter Wasser fest, bis er wild um sich schlug und nach Luft rang. Da sagte der Meister: «Dein Verlangen findet Erfüllung, wenn es genauso stark ist wie jetzt dein Verlangen, wieder atmen zu können.»

Ihr geliebten Erdenmenschenseelen, die ihr als Träger des Lichtes euch hier versammelt habt, wer anders könnte denn sprechen als der euch altvertraute Freund, Lehrer und Meister namens Herakles? Dankbar bin ich für diesen Augenblick, der mir eingeräumt wurde, um direkt in eure Ohren und Herzen zu gelangen. Vordringlich wünscht ihr zu wissen, auf welche Weise ihr den direkten Kontakt erreichen könnt mit denen im Unsichtbaren, die ihr liebt. So danken wir dir, Jorge, sehr für das Bild von dem Meister, der seinen Schüler gar unter das Wasser hielt. Leider steht mir hier nicht das Wasser zur Verfügung, mit dem ich euch belehren könnte. So bin ich wohl abermals auf das geöffnete Ohr angewiesen.

Was ihr durch dieses Bild verstehen sollt und was wir euch viele Male aus unseren Bereichen übermittelt haben: Es ist der Wunsch, der euch zum Ziele führt. Der Wunsch ist jedoch von unterschiedlicher Kraft. Meßt also an der Intensität eures Wunsches die Möglichkeit der Verwirklichung. Wieviel der Bedrängnis bedarf es, bis ihr willens seid, aus euch heraus so sehr zu wünschen und so laut zu rufen, daß ihr meint, ohne diesen Wunsch nicht weiter leben zu können?

Wohl wahr, ihr wünscht oft, ihr ruft viel, jedoch ist in diesem Wunsch und in diesem Rufen nicht genügend Kraft vorhanden. Wir wissen wohl, daß ihr bedrängt werdet. Es ist eine subtile, unsichtbare Macht, die die Kraft eures Wünschens dämpft. Denn diese Macht weiß um eure Möglichkeiten und Fähigkeiten. Würdet ihr aus eurem wirklichen Sein aktiv werden, wäre euch im selben Augenblick vieles möglich.

Es ist ein weiterer großer, mächtiger Geist, der auf eurer Erde sein Unwesen treibt. Dieser Geist ist euch allen wohlbekannt. Er trägt den Namen Bequemlichkeit. Ein weiteres Unwesen auf eurer Erdenwelt trägt den Namen Ablenkung, wieder ein anderes Wesen ist die Sorge. Aber wir wollen die Zeit nicht vertun mit dem Benennen dessen, was ihr bereits kennt.

Worauf ich euch aufmerksam machen möchte, ist das, was kommen wird. Ihr wißt um die Reinigung, die notwendig ist, die bereits begonnen hat und die alles, auch euch, erfassen wird. Ihr wißt, daß die Reinigung Bedrängnis und Leid hervorrufen wird, ihr wißt aber auch um euren Schutz, in den ihr eingebunden seid. Doch wenn der Geist der Bequemlichkeit sich euer bemächtigt, wird auch die Bedrängnis euch ereilen. Dies ist nicht eine Strafe, dies sind keine karmischen Abläufe wegen ungelöster Aufgaben aus der Vergangenheit, sondern dies ist eine spontane Aktion eures eigenen Hohen Selbst, das sich Leid und Bedrängnis zunutze macht, um euch in die Bereitschaft zu bringen, den Geist der Bequemlichkeit zu besiegen.

Jeder einzelne von euch wird die kommende Zeit so an sich erfahren, wie es seiner Entwicklung am dienlichsten ist. Denn dies ist eine wichtige Phase, um derentwillen ihr hierher gekommen seid. Es ist die letzte Phase, in die ihr eingetreten seid. Diese letzte Wegstrecke wird euch mit euren noch nicht aufgelösten Aspekten konfrontieren. Ihr werdet die Bedrängnis in unterschiedlicher Form erfahren. Wenn ihr Angst und Unvertrauen hinsichtlich der materiellen Belange habt, wenn ihr ängstlich seid, weil die Naturelemente sich aktivieren, wird euch genau in diesem Bereich die Bedrängnis begegnen. Jene, auf die diese Form der Bedrängnis keinen Eindruck macht, werden in den psychischen, seelischen und emotionalen Bereichen die Bedrängnis erfahren.

In aller Klarheit wiederhole ich für euer Verständnis noch einmal: Nur dort, wo die unerlösten Aspekte noch nicht erkannt und aufgelöst worden sind, werden sie in Aktion treten, euch begegnen. Und dies ist nicht Strafe, dies bedeutet in keinem Falle Gefahr, sondern dies ist das Mittel zum Zweck, dessen sich euer Hohes Selbst bedient, damit ihr die letzten unerlösten Ebenen in euch entdecken, erkennen, annehmen und befreien könnt. Bei allem, was geschehen wird, habt ihr immer die Möglichkeit der Wahl. Wenn ihr in eurem Glauben und eurem Vertrauen und in der Liebe zu Gott gefestigt seid, wird all dies an euch vorüberziehen und euch nicht betasten. Wenn ihr aber wankt, wird euch erreichen, was vonnöten ist, damit ihr das in euch besiegen könnt, von dem ihr nicht wißt, daß es noch in euch ist.

Von einem jeden von euch kann die kommende Zeit in vollkommener Freude durchlebt und erfahren werden. Und dies wird so sein, wenn ihr euch selbst vertraut und dem, der euch entsandt hat. Auch eure Erde durchlebt diese kommende Zeit nicht mehr im Leid, sondern in der vollkommenen Freude. Die Erde hat ihr neues Kleid bereits erblickt. Ich wünschte sehr, daß das Jubeln eurer Mutter Erde euch dann erreicht, wenn ihr ins Wanken und Zweifeln geratet. Leid wird nicht benötigt, Leid ist nicht gewünscht, nicht von denen, die euch lehren, nicht von dem, der euch erschaffen hat. Bei euch liegt die Entscheidung, ob ihr lachen oder weinen werdet.

So viele Male wurdet ihr von dem, was wichtig und wesentlich ist, durch Beiwerk abgelenkt. Alles, was ihr an Informationen braucht, was vonnöten und von Bedeutung ist, habt ihr bereits erhalten. Jetzt ist die Zeit gekommen, daß ihr dies in eurem Verständnis festigt. Erwartet also nicht völlig neue Informationen. Ihr habt einen kleinen Zeitraum nur noch, das Wissen, das euch gegeben wurde, anzuwenden, um in der entscheidenden Stunde bereit zu sein.

Die kommenden Abläufe werden sich so gestalten, daß die unerlösten Aspekte die Möglichkeit finden, aufgedeckt, erkannt, angenommen und aufgelöst zu werden. Ihr werdet lernen, euch in der klaren geistigen Wahrnehmung zu stabilisieren. Wir wünschen sehr, daß ihr lernt, euch selbst zu vertrauen. Und ihr werdet lernen zu unterscheiden, was für euch gut, was für euch unwichtig ist.

Bleibt klar in eurem Geist, arbeitet daran, die Harmonie in euch zu festigen – auch in Krisensituationen! Glaubt, liebt, leuchtet und vor allen Dingen: wünscht mit aller Kraft und freut euch! Wenn ihr noch Angst in euch spürt wegen der Bedrängnis, von der gesprochen wurde, so seid dankbar! Denn jetzt ist noch die Zeit, sie umzuwandeln. Der Augenblick, wo ihr von der Erde hochgehoben werdet, ist euch nicht bekannt. Zu diesem Zeitpunkt soll, was jetzt noch unerlöst ist, umgewandelt sein. Und so richtet – zusätzlich zu eurem eigenen Bemühen – euren Wunsch als Gebet an den Vater. Und Er wird das, was euch noch fehlt, hinzufügen.

In großer Freude, von der ich wünsche, daß sie euch erfaßt, segne ich euch, danke ich euch und nehme für diesen Augenblick von euch Abschied. In großer Liebe euer Freund, euer alter Lehrer Herakles. Gott zum Gruße!

Ihr seid umgeben von unseren Liebesenergien

25. Juli 1997

In der folgenden Botschaft erfahren wir aus der Sicht einer geistigen Führerin, in welcher Weise die Schutzgeister die Gedanken und Empfindungen ihrer menschlichen Schützlinge wahrnehmen. Wir erfahren ebenfalls, wie wichtig es auch für unsere Schutzengel ist, daß wir uns regelmäßig mit dem weißen Licht reinigen, weil sonst ihr Kontakt mit unseren feinstofflichen Energiefeldern für sie beschwerlich und schmerzhaft werden kann.

In Freude, hier sprechen zu dürfen, begrüße ich euch. Gott zum Gruße! Mein Name ist Carola. Ich bin die geistige Führerin dieser Seele, und ich bin zu euch gesandt, um im Auftrag vieler zu sprechen, die sich eingefunden haben, um euch in diesen Stunden des Suchens, des Verstehen- und Lernenwollens zu begleiten. Viele Lichtboten aus den geistigen Schulen und Hierarchien sind an eurer Seite. Und ihr seid umgeben von den Liebesenergien derer, die euch seit dem Augenblick begleiten, da ihr in die atmosphärischen Bereiche dieser Erdenwelt eingehaucht wurdet. Wir, die ihr als Schutzengel oder als geistige Führer oder Schutzgeister bezeichnet, haben den Auftrag, jeden Augenblick zu nutzen, da ihr bereit und geöffnet seid, den Segen und die Energien der Weisheit zu empfangen, die nicht von uns kommen, sondern nur durch uns an die Bewußtseinsebenen eurer Körper übermittelt werden.

Ihr habt nun allesamt eine große Vorbereitung zu treffen, denn die Entwicklungen, die sich augenblicklich auf dem irdischen Gefilde vollziehen, ergreifen ein jegliches Leben auf diesem Planeten. So sind wir dessenthalben in besonderer Freude, auf geöffnete Ohren zu stoßen, denn gar vieles und Bedeutungsvolles will euch so lange schon erreichen.

In den Stunden, da euer physischer Körper ruhte, um zu regenerieren, hatten wir die Aufgabe, aus den Bereichen eures Hohen Selbst zu wirken, um die Frequenzen eurer Energiekörper von Mal zu Mal höher einzustellen, damit die Schwingungsfelder, die von außerhalb euren Planeten erreichen und euch mehr und mehr durchdringen, schmerzlos aufgenommen werden. Die Schwingungserhöhung eures Planeten Erde bewirkt, daß die Evolution in großen, schnellen Schritten um sich greift und viele von euch in hohem Maße überfordert. Dies also ist der Grund unserer Freude, daß wir gerade in diesem so bedeutungsvollen Augenblick eurer Evolution, eurer Mutation, geöffnete Ohren vorfinden, um euch hier in direkter und konkreter Weise wertvolle Hilfestellungen zu vermitteln.

Wir sehen in unterschiedlichen Schattierungen eure Lichtausströmungen, die von euren Auren ausgesendet werden und die ihr durch eure Gedanken, eure Gefühle, eure Wünsche und Ziele erzeugt. All dies können wir in Formen und Farben wahrnehmen, die unablässig als Energiewellen von euch ausströmen, den Ätherraum mit Farbenpracht bereichern und uns die Qualität eurer Gedanken und Gefühle mitteilen. So können wir allezeit ablesen, was tief in euch ist. Eine jede Gemütsbewegung ist dem geistigen Führer sofort bewußt, denn sie ist sichtbar. Uns ist bekannt, wenn ihr im Zweifel seid, uns ist offenbar, wenn ihr Angst oder Freude empfindet oder wenn ihr offen seid. Jetzt also seid ihr offen. Dies teilt sich uns in der Farbschwingung Gelb mit, in einem leuchtenden, hellen Gelb und einer leichten Einfärbung der Farbschwingung Orange.

Ihr habt auf euren irdischen Gefilden bereits hier und dort die Möglichkeit, mit Hilfe technischer Geräte dieses Energiefeld sichtbar zu machen. Ich möchte aber einfügen, daß die Farben der Aura auf diesen Fotografien Momentaufnahmen eurer augenblicklichen Gemütsverfassung sind und nur bedingt etwas über den Zustand, die Qualität eurer Seele und über den Grad eures geistigen Bewußtseins aussagen.

So möchte ich euch erklären, in welcher Weise wir geistigen Führer euch wahrnehmen und wie wir die Möglichkeit haben, alles zu erfassen, was in euch ist. Nicht, indem ihr es uns vermittelt, nicht, indem wir große Studien betreiben. Wir brauchen nur zu schauen und zu hören, denn jede Energie, die euch in Form einer Schwingungswelle verläßt – ein Vorgang, der ständig vor sich geht –, hat ihre eigene Frequenz, ihre eigene Farbe, auch ihren eigenen Ton, und – was euch noch nicht vertraut ist – jede Schwingungswelle hat auch einen Geruch, einen Duft. Um die konstant vorhandenen Farbfelder eurer Energieaussendungen ergeben sich ständig wechselnde Energieblitze und Wellen, die euch verlassen und in den Ätherraum entsendet werden. Und wie bereits gesagt, sind die Formen und Farben, die Düfte und die Töne der von euch ausgehenden Energien für uns das Bild, an dem wir gewahr werden, wie es euch ergeht und wessen ihr bedürft.

Wir haben die Möglichkeit, unsere Energiefelder in den äußeren Rand eurer Auren einzuweben. Auf diese Weise sind wir augenblicklich energetisch mit euch verflochten und verbunden. Das heißt, ein jeder

Gedanke und eine jede Emotion wird, sowie sie entsteht, zeitgleich von uns mitempfunden, miterlebt. So ihr also denkt, ist dieser Gedanke, wenn wir es wünschen, parallel in uns vorhanden, als ob wir selbst diesen Gedanken erstellen würden. Wir können auch unsere Energiefelder in eurer Aura soweit ausdehnen, daß wir eure Gefühle parallel mitempfinden. So sind wir mit euch verwachsen wie ein unsichtbarer Zwilling, der mit euch denkt, der mit euch fühlt, der mit euch geht und mit euch handelt. Und es sind Augenblicke großer Glückseligkeit, wenn ihr stille werdet und euch in das innere Sein kehrt, um dem zu lauschen, was in euch zu euch sprechen will.

Denn ihr seid zusammengefügt aus vielerlei unterschiedlichen Instanzen, die euer Selbst ergeben. Ihr habt viele Körper, ihr habt viele Bewußtseinsebenen. Jede Bewußtseinsebene hat ihre eigene Instanz, die befugt ist, sie zu lenken und zu leiten. So findet inwendig in euch ein ständiges Kommunizieren statt, ein ständiges Konzert, das von dem großen Orchester eurer Seelentöne gestaltet wird. Es ist euch noch nicht möglich, all dies mit eurem Hören und Sehen wahrzunehmen, wohl jedoch mit eurem Fühlen.

Ich habe die Aufgabe, im Namen eurer geistigen Führung und mit der Erlaubnis eures Hohen Selbst euch ein Verständnis und eine Vorstellungskraft zu vermitteln, wie wir geistige Wesen an euren Seiten im Lebensbereich eurer derzeitigen Inkarnation wirken. All diese Informationen erreichen euch, damit ihr auf der einen Seite euer Bewußtsein erweitert, auf der anderen Seite die geistige Weisheit direkt erfassen könnt. Sie sollen vor allen Dingen dazu dienen, euch in ein Verständnis zu führen, daß ihr allezeit unendlich geliebt, gesegnet und geschützt seid. In einer immerwährenden Liebe sind wir an eurer Seite, und wir wissen um alles, was in euch und was um euch ist. Manches Mal ist uns nicht erlaubt, euch eine Vorherschau darüber zu geben, was euch in den nächsten Augenblicken erreichen wird, denn die Weise, wie wir mit euch arbeiten dürfen, hängt vom Reifegrad eures geistigen Bewußtseins ab. Wenn wir sehen können – und dies ist eine Leichtigkeit für uns –, daß eine Vorhersage kommender Ereignisse euch keine Hilfe, sondern eine Belastung wäre, ist uns nicht erlaubt zu sprechen.

Hier möchte ich euch in aller Deutlichkeit sagen, fürchtet euch niemals vor kommenden Ereignissen, denn es gibt nicht, wie manche von euch meinen, ein vorherbestimmtes Schicksal, das den einen oder anderen zu ereilen vermag. Es gibt ebensowenig Glück oder Unglück. Dies sind Wortschöpfungen, entstanden aus dem Unverständnis der Menschengeschlechter dieser physischen Instanz. Aus Beobachtungen wurden falsche Schlüsse gezogen, und daraus haben sich in der Vergangenheit leider eine Vielzahl von Unglücken erschaffen, die niemals «die Vorsehung» oder «das Schicksal» waren, sondern vielmehr eine unbewußt programmierte energetische Verdichtung und Aktivierung von Situationen und Begebenheiten, die niemals geplant und gewollt waren.

Wir haben in der Vergangenheit vielerorts beobachtet, wie die Unwissenheit im Umgang mit den unsichtbaren Dimensionen, das Nichtwissen der dort herrschenden Gesetzmäßigkeiten, die Naivität vieler Menschen, das Wunschdenken und falsche Vorstellungen dazu geführt haben, eben diese Situationen zu produzieren. Es sind falsche Schlüsse gezogen und auf diese Weise Lehrsätze geschaffen worden, die in der eigenen Gesetzmäßigkeit immer ihrer Funktion entsprechen, wie ihr sagt, funktionieren, denn ihr habt noch nicht verstanden, daß ihr hierhergekommen seid als das menschliche Ebenbild des Schöpfers. Ihr habt vergessen, daß ihr selber Schöpfer seid. Ihr seid die Schöpfer nicht nur im materiellen, sichtbaren Bereich, wo ihr euch in euren beruflichen Ebenen ausdrückt, nein. Ihr seid die Schöpfer des Lebensweges, des Lebensplanes, den ihr selbst, ein jeder von euch für sich, aus freiem Willen gewählt habt nach dem Wunsch, der der Qualität der Seele entspricht. Ihr seid hierher gekommen, um euch in der größtmöglichen Vollkommenheit zu entfalten, und ihr habt jene Lebenssituationen gewählt, die euch den Rahmen und den Raum geben, das zu lernen, was ihr noch an Fähigkeiten und Qualitäten eurer Seele, eures Geistes braucht.

So sind manchmal die beruflichen oder aber die persönlichen Lebensbereiche eingeengt und leidvoll. Hier habt ihr euch bereits in die Erkenntnis aufgeschwungen, daß all dies nicht Zufall ist, sondern daß diese Situationen selbstgewählt und nach dem Gesetz von Ursache und Wirkung entstanden sind. Nun möchten wir dieser Erkenntnis ein Vielfaches hinzufügen, damit das Kommende für euch verständlich und leicht wird, damit ihr euren Evolutionsprozeß unterstützen und uns bewußt die Hand der Zusammenarbeit reichen könnt. Wir sind in großer Freude hierüber. Es ist der Wunsch jedes geistigen Helfers, daß er wahrgenommen wird, denn dies erleichtert seine Arbeit sehr. Es ist sein Wunsch, daß ihr die Hand herüberreicht in den für euch noch unsichtbaren Bereich, damit wir sie liebend umfassen und euch über die vielen Klippen und Unebenheiten eurer Wege führen können.

Ihr habt ein gar schwieriges Leben, ein besonderes Umfeld und eine besondere Zeit gewählt, und vieles steht vor euch, das ihr noch nicht verstehen könnt. So seid auf das herzlichste getröstet und wißt: Alles wird sich so gestalten, daß jeder die Möglichkeit hat, dies zu nutzen, um Klarheit und innere, höhere Weisheit wachsen zu lassen und im alltäglichen Leben anzuwenden. Vieles wird einfacher werden, und vieles, was augenblicklich noch als scheinbare Blockade oder Behinderung in eurem Leben vorhanden ist, wird euch gänzlich verlassen.

Ihr seid allesamt eingebunden in einen größeren Plan, der den eigenen um ein Vielfaches übertrifft. Ihr wirkt parallel in einem großen, kollektiven Verbund, denn ihr seid miteinander und mit den Naturreichen des Planeten verbunden und über den Planeten hinaus mit Wesenheiten, die ihr vergessen habt, die dennoch mit tiefer Liebe im Herzen auf euch blicken. Ihr seid auch mit uns und mit Dimensionen verbunden, aus denen heraus ihr ständig beobachtet werdet. Ihr werdet gehegt und gepflegt in einer Weise, wie ihr es mit eurem derzeitigen Bewußtsein noch nicht erfassen könnt.

Jeder Mensch, jede Stadt, jedes Land, jedes Volk und jeder Planet hat einen eigenen Plan, oder, wie ihr es nennt, ein eigenes Karma. So habt ihr diesen Ort und diese Zeit und dieses Land gewählt, um hier mit euren Möglichkeiten und Fähigkeiten jenen Beitrag in den kollektiven Verbund einfließen zu lassen, der benötigt wird, damit sich die Erde in eine höhere Schwingung begeben kann.

Euer Erdenplanet ist umgeben von vielen dunklen geistigen Wolken, und in den für euch unsichtbaren Bereichen gehen ständig Kämpfe vonstatten. Aus den Astralbereichen werden viele dunkle Energien zu euch entsendet. Ihr lebt in einem energetischen Dunst, der euren Geist benebelt. Ihr werdet merken, daß das geistige Arbeiten sich von Mal zu Mal schwerer gestaltet. Viele Impulse bedrängen euch ständig, die es euch immer schwerer machen, die eigenen inneren Regungen wahrzunehmen. Ihr habt vieles in eurer Wahrnehmung aufgenommen, als ob es die eigene Empfindung, der eigene Gedanke sei.

Wir aber sagen euch, bitte lernt, eure Energiefelder zu reinigen, denn ihr werdet mit Energien aus der Erdatmosphäre beschallt, die mehr als giftig und ungut sind. Und es sind diese Informationen, die ihr ständig unbewußt mit euren feinstofflichen Körpern aufnehmt, die euch benebeln und die es euch erschweren, zu euch selber durchzudringen und zu erfassen, was das wirkliche Bedürfnis eures Weges ist. Lernt, so bitten wir euch, immer besser, immer tiefgreifender eure Energiefelder zu reinigen, denn es ist für uns geistige Wesenheiten eine große Beschwerlichkeit, in ihrer Dichte zu verweilen. [Der Leser findet diese Übung in Band 1, «Dein Wille geschehe jetzt!», Seite 269.]

Unsere Energiefelder sind vollkommenes Licht, und die Qualität einer jeden Schwingung, die von uns ausgeht, ist allergrößte Demut dem Schöpfer und jeglichem Leben gegenüber, ist Liebe und ist Achtung vor dem freien Willen. Wenn wir hinabtauchen, um uns im Physischen zu offenbaren, ist das, was uns an Energiequalitäten erreicht, für unsere Reinheit schmerzhaft. Wenn ihr also wünscht, mit uns in einen bewußten Kontakt zu gelangen, mit uns zu arbeiten – und dies begrüßen wir sehr –, werdet ihr aufgerufen, zuerst zu lernen, euch selbst immer wieder aufs neue zu reinigen. Und wenn ihr in euren Bewußtseinsebenen und Energiefeldern gereinigt seid, reinigt bitte den Raum, in dem ihr euch befindet, denn ihr sprecht in diesem Raum Worte und erzeugt Gefühle, die nicht den Unterricht betreffen. So sind hier eine Vielzahl von Energien vorhanden, die unserer Arbeit nicht zuträglich sind, und wir bitten euch herzlich und innig, daß ihr diesem Raum und euren Energiekörpern und Bewußtseinsebenen eine Qualität der vollkommenen Neutralität gebt, damit das Übermitteln für mich leichter wird, damit euch noch mehr von den geistigen Weisheiten, von den göttlichen Wissenschaften erreichen kann, die sehr wohl auch mit dem Instrument eures Verstandes zu erfassen sind.

Daß ihr zu dieser Zeit an diesen Ort geeilt seid, hat stattfinden können, weil euer Hohes Selbst und eure geistigen Führer gemeinsam die göttliche Allmacht darum gebeten haben, auf diese Weise in direkte Verbindung mit euch treten zu dürfen. Es bedarf einer Erlaubnis, in dieser Weise zu euch Menschen zu gelangen. Es wird zuvor abgeklärt, ob denn die Begegnung unserer Dimension mit der materiellen Dimension denen, die sich hier eingefunden haben, zum Guten gereicht oder aber Angst oder sogar Behinderung bewirkt. So ist ein langer Prozeß vorausgegangen, bevor ihr euch hier habt einfinden können.

Viele Male sind eure geistigen Führer vor den Thron des Vaters getreten und haben um die Erlaubnis gebeten, sprechen zu dürfen, sich in direkter Weise kundtun zu dürfen. Eure geistigen Führer haben die Bewegungen eurer Seelen wahrgenommen. Ihr habt ein Sehnen in euch, und ihr sucht, die Wahrheit nun in direkter Weise zu erfassen. Ihr wollt euch nicht mehr begnügen mit dem, was geschrieben steht, mit dem, was ihr hört. Das Sehnen eurer Seelen hat diesen Wunsch dem Hohen Selbst geoffenbart, und der geistige Führer hat versucht, ihn zu erfüllen. Lest daran den Bereitschafts- und Reifegrad eures geistigen Bewußtseins ab.

Niemals wird euch aus unseren Bereichen etwas erreichen, das euch schadet. Allein ihr seid aufgerufen, wachsam und aufmerksam zu sein, denn eben die bereits genannte Energie der Atmosphäre, die euren Erdball umgibt, ist es, die euch desinformiert, die euch irritiert und die es so schwierig werden läßt, das Unterscheidungsvermögen auszubilden.

So danken wir noch einmal der göttlichen Allmacht, daß wir in diesen so schweren Zeiten die Erlaubnis haben, direkt mit euch zu arbeiten. Warum wünscht ihr, in eine direkte Verbindung mit der geistigen Welt zu treten? Warum wünscht ihr, den geistigen Führer zu sehen oder zu hören oder zu spüren, und warum wünscht ihr, diesen Weg zu gehen? Es ist die Reinheit eures Herzens und das Sehnen eurer Seele, die den Heimweg anzutreten sucht in ein Land, das ein schöneres ist als dieses hier. Es ist die Seele, die sich nun zu erinnern beginnt an eine Heimstatt in weit zurückgelegener Vergangenheit.

Da dieser Beweggrund ein gesegneter und ein guter ist, habt ihr das Gute auf euch gezogen. So lernt, daß die Qualität des Wunsches, den ihr in euch hegt, die Resonanz für das erschafft, was ihr von außen zu euch zieht. Wenn ihr das Gute wollt, werdet ihr kraft der natürlichen geistigen Gesetze das Gute in euer Leben ziehen. Wenn aber in euch das Ungute ist, wenn ihr Weisheiten und Informationen aus den geistigen Bereichen zu erreichen sucht, um andere zu beherrschen und egoistische Ziele zu verfolgen, so seid gewiß, auch solche geistigen Bereiche sind existent, und ihr werdet auch aus diesen Bereichen Antwort erhalten.

Es sei euch dies gesagt zum Verständnis. Es soll keine Drohung sein, und es soll nicht das Gefühl vermittelt werden, daß wir euch erschrecken wollen. Wir haben den Auftrag, euch in aller Deutlichkeit die Daseinsbereiche, wie sie sind, zu vermitteln, und wir haben euch aufzuklären, in welcher Weise ihr vorgehen könnt, damit die dunklen Machenschaften euch nicht erreichen. Seid gesegnet und fürchtet nichts und wißt allezeit: Wenn ihr den Wunsch nach Liebe, nach Wahrheit und nach dem Guten hegt, werdet ihr aus der Qualität und dem Gesetz der von euch erzeugten Energien zwangsläufig all jenes anziehen, das der Qualität dieser Gedanken, Gefühle, Ziele und Wünsche entspricht. Darum achtet auf alles, was von euch ausgeht, denn der Kosmos wird euch in vielfältiger Form antworten, denn ihr seid umgeben von Reichtum und Fülle. Allein ihr habt diesen kosmischen, geistigen Reichtum in seiner Gesetzmäßigkeit noch nicht erkannt. So also seid ihr hier, um die Gesetze zu lernen, nach denen die kosmischen, geistigen Dinge sich formen und verdichten und sich sichtbar in euren materiellen Bereich hineinziehen lassen.

So ihr also eure Ohren und euer Herz öffnet, wird euch nicht nur die Information aus diesem Wort erreichen, es wird euch auch die Energie erreichen, die ihr benötigt, um euer Lebensfeld so zu gestalten, daß die Leiden und Blockaden sich auflösen. Sie sind vorhanden, weil ihr hier und dort noch nicht verstanden habt, was das Leben euch sagen will, und so ihr verstanden und erkannt habt, werden sich diese Dinge auflösen.

Euer Geist weiß, daß diese Zeit eine besondere ist. Eure Seele weiß, daß die besonderen Situationen und Qualitäten auf eurem Erdball so gestaltet sind, daß ihr wie in einer schweren Schule all jene Fähigkeiten erwerben könnt, die von höchster, ja von allerhöchster Qualität sind. Ihr habt wahrlich ein schwieriges Feld gesucht, doch ihr habt Mut, ihr tragt alle in euch die geistigen Schwerter, die es euch erlauben, alles zu besiegen, was eurem Ziele im Wege steht. Ich spreche vom Schwert stets in der Weise des Geistigen. Wir kämpfen nicht mit Drohungen oder Angst. Wir kämpfen mit dem Schwert der Liebe, dem Schwert des Verständnisses, dem Schwert des Lichtes.

Wir trennen nur geistige Verstrickungen ab, die hier oder dort die Entwicklung behindern. Dieses Schwert ist niemals auf einen anderen gerichtet, sondern nur auf den eigenen Lebensbereich, auf die geistigen Ursachen unserer Blockaden, unseres mangelnden Verständnisses. So versteht das Wort «Schwert», und so versteht das Wort «kämpfen». Kämpfen in unseren Bereichen heißt immer: bemüht sein, zu erkennen und zu überwinden, was im Geistigen behindert.

Segen über euch! Es umarmen euch in großer, tiefer Liebe und Freude der Verbund der geistigen Führer, die euch umgeben. Es sprach zu euch der Schutzgeist dieses Instrumentes mit Namen Carola. Segen über euch und Segen über dieses gemeinsame Arbeiten! Gott zum Gruße!

Nicht nur im vorstehenden Text werden wir vor den negativen Impulsen gewarnt, die uns aus den unsichtbaren Bereichen bedrängen. Immer wird geraten, wir sollten unseren physischen Körper zu einem feinfühligen Instrument entwickeln, um die vielfältigen Energien, die gerade in dieser Zeit auf uns einströmen, klar unterscheiden zu können. Herakles sagte dazu:

Lernt, den eigenen Körper als lebendiges Wahrnehmungsgerät auszubilden, das euch befähigt, die Impulse, die Schwingungen, die Energien und Wesenheiten, die euch unsichtbar umgeben, in der Qualität zu analysieren, um sie sodann anzunehmen oder abzuweisen. Dies ist ein wichtiger Faktor, den es zu erlernen gilt, denn ihr lebt in einer sehr bewegten Zeit, und es strömen Impulse, Energien und Schwingungen aus vielen Ebenen zu euch. Die Motivation der Wesenheiten, die euch in einer Vielzahl unsichtbar bedrängen, ist gänzlich unterschiedlich und nicht immer lauter.

Lernt die Zeichen zu deuten, die wir euch geben!

19. Oktober 1997

Die Schutzgeister kennen viele Formen, sich uns kundzutun. Wie sie sich uns über das physische Instrument unseres Körpers mitteilen, schilderte die geistige Führerin Carola einmal wie folgt:

Wißt, über unsere Liebe haben wir den direkten Zugang zu eurem Geist und zu eurer Seele. In eurem Herzen drücken wir uns aus. Ihr könnt uns über euren Körper wahrnehmen wie über ein Instrument, das euch sagen wird, ob wir euch zu einer Tat ermuntern oder aber euch zu bewegen suchen, innezuhalten und umzukehren. All dies könnt ihr am physischen Instrument eures Körpers ablesen, denn wir benutzen diese äußere Hülle, indem wir unsere Energien dort in unterschiedlichem Maße und in unterschiedlichen Qualitäten hineinlenken.

So werdet ihr manchmal ein inneres Drängen spüren und manchmal ein inneres Verhalten und Stocken. Ihr werdet Wärme und Kälte spüren. Die Schauer, die ihr über eure Haut erfahrt, sind Energien aus unserem Geist, die wir eurem Körper übermitteln und die euch das Zeichen geben sollen, etwas zu tun oder nicht zu tun. Und wenn ihr aufmerksam darauf achtet, haben wir die Möglichkeit, euch in immer feinerer und konkreterer Weise Zeichen zu übermitteln. Es bedarf aber für diese Weise des direkten Zusammenwirkens eines Bewußtseins, eines freudigen Wollens, und es bedarf hierfür ebenso des Glaubens und des Vertrauens.

In einem Seminar 1997 ging Susanne auf weitere Zeichen ein, die wir von den Schutzgeistern erhalten und oftmals nicht ernst nehmen.

Der Wunsch unserer geistigen Freunde besteht auch darin, daß wir den scheinbaren kleinen Zufällen, Begegnungen und Situationen mehr Bedeutung beimessen und dabei noch mehr nach innen horchen. Manchmal bringen sie uns in eine Begegnung mit einem Menschen, der uns etwas erzählt, und in diese Erzählung versuchen sie, ihre Botschaft einzuflechten. Sie schicken uns beispielsweise den Menschen über den Weg, der genau das erlebt hat, was sie uns sagen wollen. Sie versuchen also, andere Menschen als Brücke zu benutzen, um uns etwas mitzuteilen. Leider sind wir oft zu sehr mit uns selbst beschäftigt, um dem anderen wirklich zuzuhören. Zwar macht uns manchmal ein Satz aus einem solchen Gespräch nachdenklich. Er geht uns nach, wie man sagt. Aber schließlich schieben wir ihn beiseite, weil wir die darin enthaltene Botschaft noch nicht als eine Information von unserem Schutzengel enttarnen können.

Unsere Schutzengel sind ständig bemüht, Formen zu finden, mit denen sie uns erreichen. Sie wissen genau, worauf wir achten, was uns interessiert. Wenn wir gerne moderne Songs hören, vermitteln sie uns beispielsweise einen Impuls, das Radio anzustellen, wenn darin ein Lied wiedergegeben wird, dessen Text eine Antwort für uns enthält. Die Botschaften erreichen uns sehr wohl, aber oft erscheinen sie uns zu belanglos, zu unwichtig, und wir hören nicht hin. Es ist wie mit der wichtigen Aufgabe, von der wir überzeugt sind, daß sie uns als Lichtarbeiter gestellt ist. Sie ist tatsächlich wichtig, nur suchen wir fälschlicherweise die Wichtigkeit im Äußeren, im Weltlichen, und meinen, es gehe um spektakuläre Aktionen oder um Führungspositionen, die wir anzustreben hätten. In gleicher Weise erwarten wir auch vom Schutzgeist stets die wichtige Botschaft. Die Botschaften kommen ständig zu uns, aber wir sind meist nicht offen für sie. Wenn uns im Tagesablauf etwas aufstößt, sollten wir immer mal wieder fragen: «Was will mein Schutzgeist mir damit sagen?» Wenn wir den unscheinbaren Begebenheiten mehr Beachtung schenken, stoßen wir plötzlich auf eine Fülle von Informationen, die genau für uns gedacht sind.

Wenn ich hier sitze und in Kontakt mit der geistigen Welt gehe, dann ist es auch nicht so, daß ich die Augen schließe und einen dramatischen Posaunenschall und von weit her eine gewichtige Stimme höre, sondern es ist ganz, ganz einfach. Es wird mir eine Information als Gedanke in den Kopf gelegt, und ich spreche diesen Gedanken aus. Da es nicht mein eigener Gedanke ist, kenne ich nicht den nächsten Satz, der kommt. Und daran kann ich erkennen, daß es nicht von mir ist.

Wenn wir lernen, uns selbst nicht immer mit falschen Vorstellungen und Bildern in die Irre zu führen, wie der Kontakt und die Information mit unseren geistigen Freunden auszusehen hat, wenn wir das alles loslassen, werden wir vielleicht erstaunt feststellen, daß der Kontakt schon lange besteht. Oft hören wir von Menschen, die sich inzwischen ganz natürlich mit ihrem Schutzgeist als ihrem besten Freund austauschen, daß sie lange vor dieser Phase des bewußten Kontaktes mit Gedanken und Überlegungen, ja ganzen Sätzen konfrontiert waren, die sich wie selbständig in ihrem Kopf bildeten, ohne daß sie sich das erklären konnten. Manchmal haben sie diese Gedanken lange als seltsame Einfälle oder auch als Gefühlsduselei verworfen, bis sie endlich begriffen, daß es niemand anders als ihr Schutzgeist war, der sich auf diese Weise bemerkbar machte.

Bewußte Kontaktaufnahme mit dem Schutzengel

Auf die Frage, welche praktischen Übungen uns helfen könnten, möglichst schnell die Verbindung mit dem geistigen Führer aufzunehmen, erhielten Besucher von Schutzgeistsitzungen oft die Empfehlung, den inzwischen bewährten Weg zu wählen, den wir im folgenden beschreiben.

Benötigt werden weiche Bleistifte und großflächiges Schreibpapier, zum Beispiel das von Zeichenblöcken. Wir setzen uns – möglichst täglich und zur gleichen Zeit – in einen Raum, in dem wir ungestört sind, und entspannen uns mit meditativer Musik und ruhigen Atemzügen. Wir absolvieren die Reinigungs- und Schutzübung und neutralisieren den Raum (Band 1, «Dein Wille geschehe jetzt!», Seite 269). Falls dies früher am Tage schon geschehen ist, greifen wir die Reinigung in Kurzform mit der ersten Bitte des folgenden Gebetes noch einmal auf. Jeweils vor der Kontaktaufnahme mit dem Schutzengel sollten wir um den Segen Gottes bitten und unser Tun in den Dienst der Liebe stellen.

> «Ich bitte die göttliche Allmacht um die tiefgreifende Reinigung all meiner Körper und Bewußtseinsebenen und um die Reinigung der Atmosphäre dieses Raumes.
>
> Ich bitte um den Schutz und den Segen für diese Arbeit und gebiete allen unsichtbaren Wesenheiten, die nicht im Bewußtsein des Christus wirken, mein Schwingungsfeld und meinen Wirkungsbereich zu verlassen.
>
> Alles, was jetzt und hier geschieht, stelle ich in den Dienst der allumfassenden Liebe. Es soll dem Schöpfer zur Ehre gereichen und mir zur Weisheit und höheren Erkenntnis dienen.
>
> Ich spreche nun die geistigen Wächter der Wahrheit an und bitte sie, dafür zu sorgen, daß jedes Wort, das ich schreibe oder spreche, Wahrheit und Verstehen in das Bewußtsein dieser Erde trägt.
>
> In der Gewißheit, daß ich jetzt in göttlicher Liebe vollkommen geborgen und geschützt bin, spreche ich das geistige Wesen an, das befugt und befähigt ist, mit mir in eine erlaubte und segensreiche Verbindung zu treten, und bitte um Kontaktaufnahme.

So heiße ich meinen Schutzengel herzlich willkommen. Gott zum Gruße!»

Wir vergegenwärtigen uns, daß unser Schutzgeist uns schon immer mit einer unendlichen Liebe und Geduld begleitet hat und daß jetzt seine Freude groß ist, wenn wir uns ihm bewußt und ausschließlich zuwenden. Wir sollten ganz unverkrampft und unbeschwert, ja spielerisch vorgehen. Wenn wir wissen, wie unser Schutzgeist sich nennt, rufen wir ihn bei seinem Namen und nennen ihm die Fragen, die wir auf dem Herzen haben. Wir formulieren sie klar, genau und eindeutig und sprechen ihn dabei direkt an.

Dann gehen wir wieder in den Zustand meditativer Stille und vor allem absoluter Neutralität. Wir lassen alle eigenen Interessen, alle persönlichen Erwartungen hinsichtlich der Antworten los. Wir konzentrieren uns mit all unseren Gefühlen auf die Seele unseres Schutzengels und versuchen, ganz er zu sein.

Wir bitten ihn, unsere Hand zu führen, und im Bewußtsein, daß wir ganz mit ihm verschmolzen sind, beginnen wir, spontan und beherzt zu schreiben, und zwar so, wie wir denken, daß er uns ansprechen würde. Zu unserem Schutz sollten wir immer mit dem «Gott zum Gruße!» beginnen. Wir sind es, die schreiben, aber wir führen den Stift gewissermaßen für ihn, in seinem Namen. Während wir auf die Fragen eingehen, sollten wir möglichst keine Unterbrechungen aufkommen lassen, auch wenn wir nicht wissen, wie das Ende des Satzes aussehen wird, den wir gerade schreiben, oder wie es danach weitergeht. Darüber machen wir uns keinerlei Gedanken. Wir schreiben unbeirrt weiter. Dies geschieht meist mit einer größeren Schrift als gewöhnlich, deshalb brauchen wir Platz auf dem Papier. Dabei geht es nicht um Schönschrift.

Wir bleiben uns beim Schreiben bewußt, daß wir mit unserem Schutzgeist eins sind und daß wir seine Gedanken, nicht die unseren, zum Ausdruck bringen wollen. Das Ergebnis wird zuerst eine Mischung aus seinen und unseren Gedankenschwingungen sein. Und das ist absolut in Ordnung. Zuerst mag unser Anteil noch überwiegen, aber wenn wir regelmäßig weiter üben, wird der Anteil unseres Schutzgeistes immer größer werden. Und nach und nach erlangen wir die Befähigung, ihn direkt zu vernehmen.

Noch wirksamer ist diese Übung, wenn wir das, was wir niederschreiben, gleichzeitig auf ein mitlaufendes Tonband sprechen. So geben wir dem Schutzgeist Gelegenheit, auch unsere Stimme zu benutzen. Wenn wir nachher das Tonband abspielen, werden wir bald spüren, wann wir aus uns selbst gesprochen haben und wann er seine Gedanken über uns ausgedrückt hat. Wenn wir schneller sprechen und das Geschriebene nicht immer lesbar sein sollte, haben wir das Tonband zur Sicherheit.

Wir sollten beim gleichzeitigen Schreiben und Sprechen versuchen, die Energien, die der Schutzgeist in die Worte einbindet, über unsere Haut, über das dritte Auge und die Zirbeldrüse wahrzunehmen. Wenn wir mit diesen Organen seiner Energie nachspüren, werden wir ihn immer deutlicher empfinden. Das Ziel ist, daß wir die Energie unseres Schutzengels unter allen anderen, die auf uns einströmen, mit absoluter Sicherheit identifizieren können. Dann sind wir in der Lage, uns in jeder Situation seines Rates zu versichern. So werden wir nie «ratlos» sein, in welcher Bedrängnis wir uns auch befinden mögen.

Übung zur Inkorporation des Schutzgeistes

26. Juli 1997

In der vorangehenden Übung ging es um die Kontaktaufnahme mit dem Schutzgeist, wenn er sich am Rand unserer Aura aufhält und von dort aus wirkt, also von außen nach innen. Die folgende Übung soll ein Gefühl dafür vermitteln, wie es ist, wenn unser Schutzgeist sich mit seinem Schwingungsfeld in unseren physischen Körper einfügt. Wie jede Übung sollte auch diese mit der Reinigungs- und Schutzübung beginnen, wie sie in Band 1 (Seite 269) beschrieben ist.

In dem Bewußtsein, daß die Kraft des göttlichen weißen Lichtes uns gereinigt hat, daß die geistig-energetische Schutzkugel uns umgibt und daß auch der Raum, in dem wir uns befinden, in seiner Schwingungsqualität neutral ist, entspannen wir jetzt unseren Körper und konzentrieren uns auf ihn. Wir nehmen nur uns selbst wahr. Mit unserem geistigen Bewußtsein geben wir unserem physischen Körper jetzt den Impuls: Entspannung!

Alle Anspannungen in unserem Körper, alle Blockaden in unseren Energiefeldern lösen sich auf. Unser Körper ist ruhig und gelassen. Auch unser Geist ist vollkommen harmonisch.

Wir lassen alles geschehen, wissen uns behütet und geschützt. Unsere Aufgabe lautet: Beobachten, wahrnehmen, verstehen. Wir werden selbst nicht aktiv, wir forcieren nichts, wir erwarten nichts, wir lassen einfach geschehen. Wir hören und sehen mit unseren inneren Augen und Ohren, wir spüren und beobachten.

In Gedanken sprechen wir jetzt unseren Schutzgeist an und bitten ihn, daß er mit seinen Energiefeldern in einen direkten Kontakt mit uns treten möge. Wir bitten um die direkte Verbindung mit seiner Wesenheit, bleiben aber vollkommen gelöst, bleiben entspannt und lassen geschehen.

Unser Schutzgeist nähert sich uns. Wir konzentrieren uns auf unser Sonnengeflecht, auf unser drittes Auge und auf unser Halschakra, denn durch eines dieser drei Energietore wird unser Schutzgeist mit seinen Energien in uns eintreten.

Wie ein sanfter, warmer Luftstrom strömen die Bewußtseinsenergien unseres Schutzgeistes jetzt durch eines dieser drei Energietore in unseren Körper ein. Die Energien unseres Schutzgeistes steigen auf und breiten sich in all unseren Gehirnzellen aus.

Wir spüren, wie unser Kopf sich nach außen hin ausdehnt. Auf unserem dritten Auge können wir eine leichte Spannung wahrnehmen. Es ist eine deutliche Reaktion und das Zeichen, daß die Energie unseres Schutzgeistes sich jetzt in unserem Kopf ausgebreitet hat.

Das Bewußtsein unseres Schutzgeistes strömt weiter aus, fließt durch unseren Hals, durchdringt unsere Stimmbänder, und nach und nach wird unser ganzer Körper von seinen Bewußtseinsenergien ausgefüllt. Wir selbst bleiben völlig inaktiv. Wir lassen geschehen, sind aufmerksam, aber gelassen.

Unser Schutzgeist hat die Möglichkeit, mit seiner Energie unsere Gehirnzellen zu aktivieren und auf diese Weise seine Gedanken in unserem Kopf zu erzeugen. Er hat ebenso die Möglichkeit, seine Energien auf unsere Nervenbahnen und unseren Emotionalkörper zu leiten. Auf diese Weise ist es ihm möglich, seine Empfindungen und Gefühle, die er für uns hegt, über unseren Körper mitzuteilen.

Wir konzentrieren uns jetzt auf die Wahrnehmung unserer Gefühle, bleiben selbst vollkommen neutral, lassen geschehen, bleiben entspannt und locker. Unser Schutzgeist wird jetzt seine Liebe energetisch auf unsere Nervenbahnen, auf unseren Emotionalkörper übertragen. So können wir seine Liebe zu uns körperlich erfahren. (Musikeinspielung)

Unser physischer Körper hat sich jetzt an die Schwingung unseres Schutzgeistes gewöhnt. Wir verharren regungslos in diesem Zustand, lassen unseren Schutzgeist weiter gewähren, unterbrechen seine Liebesströme nicht, greifen nicht in seine Arbeit ein. Wir bleiben vollkommen neutral, beobachten, fühlen, nehmen wahr.

Wir prägen uns dieses Gefühl der Anwesenheit, der Schwingungsfrequenz unseres Schutzgeistes tief in unser Gedächtnis ein. An diesem Gefühl werden wir künftig unseren Schutzgeist wiedererkennen und werden ihn von allen anderen Energien und Schwingungen zu unterscheiden wissen.

Wir bitten unseren Schutzgeist um ein Erkennungszeichen, ein Symbol, das uns künftig in Liebe verbinden soll, an dem wir seine Identität, seine Anwesenheit erkennen. Wir bitten ihn um ein geistiges Symbol. Dies kann ein Gefühl sein, ein Wärmeschauer, oder aber vor unserem geistigen Auge zeigt sich eine Blume oder ein anderes Zeichen.

An diesem Gefühl und an diesem Zeichen werden wir von nun an die Anwesenheit unseres Schutzgeistes erkennen. Wenn er sich uns künftig nähert, um in einen direkten Kontakt mit uns zu treten oder aber uns

Informationen oder andere Hilfestellungen zu geben, werden wir zuvor dieses jetzt vereinbarte Erkennungszeichen wahrnehmen.

Wir begrüßen unseren Schutzgeist mit «Gott zum Gruße!» Wir danken ihm für die Bereitschaft, auf diese Weise mit uns zu arbeiten. Wir danken der göttlichen Allmacht für die Erlaubnis, diese Erfahrung machen zu dürfen. Wir bitten um den Segen für diesen und alle weiteren bewußten Kontakte dieser Art.

Wir bitten die göttliche Allmacht, daß uns diese Arbeit mit dem Schutzgeist auf unserem Wege zu uns selbst und in unserer geistigen Bewußtwerdung allezeit zum Segen gereiche. Und wir geloben, daß wir dabei all unser Bestreben stets in den Namen und in den Dienst der Liebe stellen. Alles, was wir tun, soll uns und denen, die uns begegnen, zur Erkenntnis und zum Segen gereichen.

Wir bitten unseren Schutzgeist, daß er uns all das mitteilen möge, was ihm aus seiner Sicht wichtig für uns erscheint.

Wieder entspannen wir uns, werden vollkommen neutral, beobachten und werden gewahr. Unser Schutzgeist beginnt jetzt, unsere Gehirnzellen zu aktivieren. Wir lauschen den inneren Worten, wir schauen die inneren Bilder und wir empfangen seine Liebe. Wir lassen geschehen, wir nehmen wahr.

Langsam wird es Zeit, diesen Kontakt zu beenden. Wir bedanken uns noch einmal bei unserem Schutzgeist. Wir werden zu einem anderen Zeitpunkt diese Arbeit, diesen Kontakt wiederholen, und unser physischer Körper wird sich immer besser an die höher schwingende Energie unseres geistigen Führers gewöhnen.

Jetzt aber nehmen wir Abschied. Langsam zieht sich unser Schutzgeist aus unserem physischen Körper zurück. Wir lassen auch dieses zu, versuchen, nicht festzuhalten. Unser Schutzgeist verläßt unseren physischen Körper, zieht sich zurück an den äußeren Rand unserer Aura. Und wir breiten jetzt unser geistiges Bewußtsein wieder in unserem Körper aus.

Wir unterstützen diesen Prozeß, indem wir tief ein- und ausatmen. Wir atmen tief ein und aus, kommen in unser Tagesbewußtsein zurück, bewegen unsere Hände, unsere Finger und öffnen die Augen.

TEIL IV

Erkennt in allem, was ist, Gott!

Erkennt in allem, was ist, Gott!

1. November 1998

Herakles entfaltet im folgenden eine Gesamtschau des Entwicklungsweges jener Lichtfunken, die sich aus der Einheit so weit in die Polarität begaben, daß sie ihrer selbst gänzlich unbewußt wurden und den Weg zur Bewußtwerdung und Menschwerdung über die Naturreiche der Mineralien, Pflanzen und Tiere antraten. Einen anderen Entwicklungsweg des Menschen beschreibt Herakles in der Durchgabe «Schließt euch eurem geistigen Führer an!» (Teil III dieses Buches). Die hier folgende Botschaft übermittelte er im November 1998 im Rahmen eines Seminars, in dem es um ein neuartiges Radionik-Gerät ging.

Die Radionik wurde zwar im Ansatz bereits im vorigen Jahrhundert entdeckt, doch beschäftigten sich bis heute nur relativ kleine Kreise mit ihr. Sie ist eine im wahren Sinne ganzheitliche Kunst des Umgangs mit allem Lebendigen. Sie arbeitet nicht auf der physischen, sondern auf der informationellen Ebene, auf der räumliche und zeitliche Entfernungen keine Rolle spielen. Sie wird als eine «Technologie in Wechselwirkung mit dem Bewußtsein» beschrieben. Es verwundert daher nicht, daß die medizinische Seite der Radionik, die man mit vollem Recht eine ganzheitliche Heilkunst nennen kann, von der Schulmedizin – außer im angelsächsischen Raum – bisher kaum aufgegriffen wurde, herrscht doch in ihr immer noch die grobstofflich-materielle, naturwissenschaftlich längst überholte Ausrichtung.

Der Radioniker setzt in Verbindung mit speziell dafür entwickelten Geräten neben den wissenschaftlichen Erkenntnissen bewußt auch seine höheren geistigen Fähigkeiten ein, wie beispielsweise die intuitiven und sensitiven. Er geht davon aus, daß die Energiesysteme des Menschen – manche sprechen vom morphogenetischen Feld, andere vom «Inneren Daten-Feld (IDF) – analytische Informationen über vorhandene Störfelder liefern, die durch radionische Re-Information behoben werden können.

In dieser Durchsage erfährt eine hochentwickelte Version der Radionik und damit die Radionik als solche Bestätigung aus der geistigen Welt. Denen, die sich mit diesem neuen Wissen auseinandersetzen, verheißt Herakles die Fähigkeit, «mit jenen Weisheiten in Kontakt zu treten, die aus höheren Dimensionen zu euch gelangen wollen».

Da es der Wunsch eures Suchens ist, zu verstehen, was der Geist ist, ist es der Geist selbst, der sich in diesem Augenblick offenbart. Ich habe dennoch einen Namen, mit dem ich mich zu euch begeben möchte. Vor vielen Zeiten war ich euch als jener Lehrende in den Hallen von Griechenland vertraut, der den Namen Herakles trug.

So wißt, ich bin keine Wesenheit in materieller Form. Mein Bewußtsein ist bekleidet mit einem astralen Gewebe, mit Energien, die sich zusammenfügen aus Elektronen, aus Atomen, so wie bei jeder Lebensausdrucksform. Ich, Herakles, bin augenblicklich bewußter Geist, der sich durch dieses Instrument verdichteter Energie zu euch begibt, auf daß ihr die Möglichkeit habt, Geist in seiner Urexistenz und seiner Urausdrucksform zu verstehen.

Gott zum Gruße, ihr geliebten Suchenden, die ihr euch geöffnet habt und die ihr Mut bekennt, neue Wege zu beschreiten! Wir haben uns hier in den geistigen Ebenen versammelt. Und ihr seid umgeben von einer Vielzahl jener Geistesbewußtseinsfunken, die in weit zurückliegender Vergangenheit sich ebenfalls in der Begrenzung eines materiellen Körpers befanden. Ich habe nicht den Auftrag und die Erlaubnis, hier die einzelnen Namen zu nennen, die euch vertraut sind aus den Büchern, die auf eurer Erde geschrieben sind. Doch wißt, alles, was sich einstmals im Fleisch geoffenbart hat, ist in seinen Urausdruck, in die Lebensform des Geistes, zurückgekehrt. Aus diesem Bereich erreicht euch heute diese Information.

Es ist wesentlich und wichtig, daß ihr verstehen lernt, daß alle Materie durchgeistigt ist und sich aus diesem Grunde überhaupt in einen wahrnehmbaren Ausdruck begeben kann. So ihr also verstehen wollt, was Geist ist, was Materie ist, begebt euch allezeit zurück an den Ursprung und fragt: Woher komme ich, und wohin gehe ich? So habe ich den Auftrag, über die Schöpfung zu sprechen. Denn das Verständnis der Schöpfung ist der Schlüssel, welcher euch ermöglicht, mit dem menschlichen Verstand alles nachzuvollziehen, was ihr benötigt, um die Begrenzung eures intellektuellen Bewußtseins aufzuheben.

So versteht, daß im Anbeginn der Geist war und daß dieser Geist allezeit vorhanden und die einzige Quelle und Form der Energie ist, die existiert, nämlich Gott. Es ist die Lebensenergie. Was ihr als Leben, als Bewußtsein, als Geist verstehen sollt, ist nichts anderes als Gott. Und diese Urform der göttlichen Lebenskraft ist eine Energie, die Raum und Zeit durchwandert. Aus diesem Bereich der Energie des Geistes Gottes entspringt alles Sein.

In der Einheit herrscht die Gesetzmäßigkeit von ungeteiltem Sein. Alles, was in sichtbarer, materieller Form existiert, hat sich lediglich aus der Gesetzmäßigkeit des Urgeistes Gottes, der Lebenskraft, herausbegeben und ist in die Ebene und den Lebensraum der polaren Gesetzmäßigkeit getreten. Dieser Vorgang, den wir als den Schöpfungsakt bezeichnen, ist der Ausdruck und die Tätigkeit der Intelligenz Gottes, die sich selbst beschauen wollte, indem sie aus dem innersten geschlossen-ruhenden Raum der Einheit sich als Essenz des Lichtes in den Raum der Lichtlosigkeit, der Polarität, hinauskatapultiert hat.

Bei diesem Vorgang wurden viele Funken des göttlichen Lichtes frei. Und diese Funken sind die euch vertrauten Atome. Ein Atom ist nichts weiter als die Verbindung des göttlichen Geistes, der sich zusammensetzt aus Weisheit und Liebe. Innerhalb des Atoms befinden sich diese beiden Aspekte als geistiges Prinzip. Und aus diesem Gesetz des Lebens, aus diesem Geist Gottes wurde eine jegliche Lebensausdrucksform ins Bewußtsein gerufen.

Wenn also ein Atom sich aus der Einheit herausbewegt und durch den Raum in die Polarität gelangt, so erkennt darin einen Seelenfunken, der sich auf den Weg macht, um einmal in späteren Zeiten als bewußter Mensch zu existieren. Dieser Aspekt – göttliche Weisheit und göttliche Liebe – ist die Verbindung der beiden Prinzipien, die unteilbar sind, die Leben möglich machen.

So erkennt, daß der Aspekt «göttliche Weisheit» das Wissen und Verstehen über alles Sein in sich birgt und daß das Prinzip «göttliche Liebe» als Anziehung wirkt. So diese beiden göttlichen Aspekte, die göttliche Weisheit und die göttliche Liebe, innerhalb der polaren Gesetzmäßigkeit aktiv werden, berechnet die göttliche Weisheit aus dem eigenen, vollkommenen Bewußtsein Gottes, wieviel an Elektronen und Molekülen benötigt wird, um diese oder jene Lebensausdrucksform in einer materiellen, halbmateriellen, feinstofflichen oder geistigen Art zu erschaffen. Es ist göttliche Weisheit, die die Anzahl und die Geschwindigkeit der benötigten Elektronen berechnet, die den Atomkern umkreisen sollen.

Es ist göttliche Liebe, die diese berechneten Elektronen an sich zieht und so das Atom in Bewegung setzt. Die göttliche Liebe drückt sich im physikalischen Bereich als Magnetismus aus, und die göttliche Weisheit drückt sich in der polaren Welt sichtbar als Elektrizität aus.

Ihr seht also, dieses Feld der Physik ist der erste wahrnehmbare Ausdruck des Geistes, der sich lediglich von einem unsichtbaren, rein geistigen Zustand in einen physikalischen Zustand transformiert und sich von dort aus in weitere Stufen der Transformation bis hin zur Verdichtung und Sichtbarwerdung der Materie begibt. In allem, was ihr seht, wirkt göttliche Weisheit und göttliche Liebe.

Die Weisheit berechnet aus ihrem vollkommenen, unfehlbaren göttlichen Wissen die jeweils benötigte Anzahl und Geschwindigkeit der Elektronen, die den Kern des Atomes umkreisen. Und das Prinzip göttlicher Liebe zieht in Form des Magnetismus diese Elektronen an sich, um eine Lebensform zu erschaffen, die dem inwendigen Wunsche des Schöpfers, der Verbindung von göttlicher Weisheit und göttlicher Liebe, entspricht.

Wenn also ein Atom aus dem Innersten der göttlichen Einheit in die Dimensionen der polaren Lebensebene geworfen wird, ist es auf dem Wege, sich seines Seins, seiner individuellen, abgespaltenen Lebensausdrucksform, bewußt zu werden. Alles, was ihr sehen, was ihr fühlen, alles, was ihr jemals begreifen könnt, ist nichts anderes als die tausendfältige Ausdrucksform göttlicher Lebenskraft, göttlicher Energie, göttlicher Weisheit und göttlicher Liebe.

Nachdem das Atom durch den Schöpfungsakt des Atmens des Kosmos aus der Einheit in die Ebene der Polarität getreten ist, durchwandert es den Ätherraum, den Kosmos, und es durchwandert – ohne Bewußtsein des eigenen Selbst – Zeit und Raum. Und die erste Form des Lebens, die ihm begegnet, wird sodann zum äußeren Gehäuse seiner neuen Lebensform.

Stellt euch vor, ihr seid ein Atom und werdet explosionsartig aus dem Innersten der göttlichen Einheit in die Polarität hinausgeschleudert. Ihr schwebt durch den Kosmos. Und es begegnet euch sodann ein Tropfen des Wassers oder aber ein Kristall aus Eis oder aber eine Abspaltung eines Sternes in der Auflösung, ein Meteorit. So werdet ihr diesen Teil, der euch in materieller, in gasförmiger oder in anderer Lebensausdrucksform begegnet, durchdringen, da ihr Geist seid, da ihr Atom seid. Und ihr werdet euch in das Inwendigste dieser euch begegnenden Lebensausdrucksform integrieren. In diesem Augenblick seid ihr fähig, all das aufzunehmen und wahrzunehmen, was diese euch umgebende materielle oder halbmaterielle Lebensausdrucksform zu vermitteln vermag.

Das Atom kann also durch das Gedrängtsein vieler Atome den Druck der Dichte spüren. Es kann den Unterschied der Temperaturen fühlen. Es kann alles in sich aufnehmen und wahrnehmen, was der Tropfen, der Kristall, der Stein, was die Lebensausdrucksform wahrnimmt. Und das Atom vermeint in diesem Augenblick, der Tropfen, der Eiskristall oder der Meteorit zu sein. Dies ist der Anbeginn, daß Atome lernen, bewußt zu werden. Dies könnt ihr als die ersten Inkarnationen ansehen.

Ein Bewußtseinsfunke, der sich als Atom durch Zeit und Raum und alle Stufen der Schöpfung bewegt, hat die Aufgabe und das Bedürfnis, sich selbst zu erfahren. Und es ist der natürliche Prozeß der Evolution, daß das Sicherfahren in der Weise vonstatten geht, daß die jeweilige äußere Lebensausdrucksform als die eigene verstanden wird.

Ihr kennt dies als den Begriff der Gruppenseelen: Viele Atome machen sich auf den Weg und verbinden sich zeitgleich mit dieser oder jener Lebensausdrucksform. Die getätigten Erfahrungen sind Lehrstunden, die durch das Leben selbst vermittelt werden. Diese Lehrstunden dauern so lange, bis die äußere Lebensausdrucksform durch den natürlichen Prozeß ihrer Auflösung den Bewußtseinsfunken wieder freisetzt.

So also der Meteorit auf eine konfrontierende Gegenseite auftrifft und sich durch das Zerspringen der materiellen Form auflöst, werden die innewohnenden Atome freigesetzt. Der Seelenverbund dieses kollektiven Atomgefüges ist sodann wieder frei, und jedes einzelne Atom durchwandert abermals Zeit und Raum und Dimension, bis die nächste Begegnung mit einer anderen Lebensausdrucksform stattfindet, um sich sodann dort wieder zu integrieren.

Dies ist die erste Stufe der Inkarnation, die unbewußt von einem Seelenfunken vollzogen wird, der auf dem Weg zur Menschwerdung ist. Auf diese Weise erfährt das Atom alle Stufen des Seins, alle Stufen des Lebensausdrucks, alle Lebensdimensionen, die in unterschiedlicher Gesetzmäßigkeit gestaltet sind. Und so durchwandert das Atom im Verbund mit vielen anderen Seelenbewußtseinsfunken die Stufe des Ätherraums, die Stufe des Mineralreiches, die Stufe der Pflanzenwelt und die Stufen der Tiere. Jedes Atom wird durch diese großen Reisen und vielen Inkarnationen, die es hinter sich bringt, immer bewußter, hat aber sich selbst als eigenes, lebendes Individuum noch nicht wahrgenommen.

Es hegt immer noch die Meinung, der Stein, der Tropfen, die Pflanze oder das Tier zu sein. Das Bewußtsein ist noch nicht so weit herangereift, daß es aus sich selbst erkennen kann: ICH BIN. Dies ist der Weg und die Bedeutung des Lebens und des Menschen, daß er erkennt, daß er nichts anderes ist als der abgetrennte Teil von Gott, der sich als Lebensausdrucksform in individueller Weise seines eigenen Selbst bewußt werden soll.

Alles, was ihr seht, ist Gott. Und keine Existenz ist außerhalb von Gott. Die Unterscheidung liegt lediglich darin, daß Gott in universeller Weise als unaufhörlich sprudelnde Lebenskraft existiert, die beständig Licht und Liebe produziert und durch Zeit und Raum entsendet. Aus diesem universellen göttlichen Bewußtsein, aus dieser universellen göttlichen Kraft spaltet sich durch den natürlichen Evolutionsprozeß beständig göttliche Energie und göttlicher Geist in einen Zustand des Individuellen ab, indem die Essenz des Lichtes, des Geistes den Zustand der Einheit verläßt, um in die Gesetzmäßigkeit der Polarität zu treten.

Dennoch ist ein jedes abgespaltene Atom, ein jeder abgespaltene Funke des Geistes Gottes nichts anderes als Gott, als göttliche Vollkommenheit im individuellen Ausdruck. Es ist göttliches, universelles Sein, oder es ist göttliches, individuelles Sein. Und indem Gott sich in einen Zustand abgetrennter Individualität begibt, ist dies die Möglichkeit für eine jede Energie, für ein jedes Atom, sich selbst zu erfahren, um Schöpfung und Leben und Gott zu verstehen.

Auf dem Wege zur Menschwerdung habt ihr euch alle zum Ziel gesetzt, zu verstehen, wer ihr seid. Und so laßt euch heute von Herakles sagen: Ihr seid göttliches Licht, göttliche Weisheit, und ihr seid göttliche Liebe in einer sichtbaren, manifestierten, individuellen Lebensausdrucksform, die sich augenblicklich innerhalb der dritten Dimension entwikkelt! Dies ist der Stand eures jetzigen Seins.

Während der ganzen Zeit des Beisammenseins tobte der Wind um das Haus und drang durch den Spalt der Balkontür hörbar bis in den Raum.

Ich möchte eure Aufmerksamkeit auf den Wind und den Sturm in eurer Atmosphäre lenken. Was ihr dort vernehmen und beobachten könnt, sind nichts weiter als geistige Brüder und Schwestern, denen ihr in der Evolution voraufgegangen seid. Auch ihr habt einstmals als unbewußtes Atom im Gesetz des Windes gelebt. Und ihr vermeintet damals, Wind zu sein. Und so erkennt, daß der Sturm um euch nichts weiter ist als eine natürliche Reaktion, die durch das Verhalten der Menschen hervorgerufen wurde.

Auf der Erde habt ihr viele Gesetze der Liebe gebrochen und vieles getan, was dem Gesetze Gottes widerspricht. Das Überschreiten und Brechen der göttlichen Lebensgesetze hat die Elemente in einer Weise bewegt und geschürt, daß die innewohnenden Atome naturgemäß, aber unbewußt in Aufruhr gerieten.

Begreift, daß alles lebt, auch der Tisch, von dem ihr vermeint, daß er nicht atmet, nicht denkt, nicht weiß. Versteht, daß auch ihr im Ursprung eures Seins auf dem Wege zu dem, was ihr jetzt seid, euch in den verschiedensten Lebensausdrucksformen befunden habt. So ihr also wißt, daß alles Gott ist und sich euch nur in unterschiedlicher Ausdrucksweise präsentiert, ist es an euch, zu begreifen, daß das, was scheinbar tot, was scheinbar starr und unbeweglich ist, nur eine Lebensausdrucksform darstellt, die euch folgen will.

Ihr habt die Möglichkeit, nun, da ihr dieses Wissen in euer menschliches Verstandesbewußtsein aufnehmen könnt, es anzuwenden, indem ihr dieser Materie von nun an anders begegnet. Erkennt in allem, was ist, Gott! Und erkennt, daß Gott sich vom universellen Ausdruck in einen individuellen Ausdruck abspaltet und in diesem Zustand die Möglichkeit hat, die negativen Aspekte göttlicher Kraft zu schöpfen. Erkennt also, daß der Geist Gottes in allem, was ihr sehen, fühlen und schmecken könnt, vorhanden ist, daß ihr wahrgenommen werdet und daß ihr die Möglichkeit habt, mit allem, was euch umgibt, in eine Kommunikation, in eine Verbindung zu treten.

Doch ihr müßt dabei immer bedenken: Ihr werdet wahrgenommen, und ihr werdet erkannt, jedoch das, was euch wahrnimmt, ist in dieser Lebensausdrucksform sich seines Selbst nicht bewußt. Das Atom in dem Tisch, das Atom in dem Stuhl, auf dem ihr sitzt, kann euch sehen, kann euch hören und kann euch fühlen. Aber dieses Atom weiß nicht, daß es ist. Es glaubt, ein Stuhl zu sein, weil es die äußere Lebensausdrucksform als das eigene Selbst akzeptiert. Dies ist der Zustand von Unbewußtsein. Die Aufgabe besteht lediglich darin, von einem unbewußten Zustand in einen bewußten zu gelangen.

Ihr also habt euch bis zur Stufe des Menschen entwickelt und seid euch bereits vieler Dinge bewußt. Was euch von der scheinbar toten, festen Materie trennt und unterscheidet, ist lediglich die Tatsache, daß die Atome sich ihres Selbst nicht bewußt sind, ihr aber begonnen habt zu begreifen, daß ihr individuell, daß ihr einzigartig und unwiederholbar seid.

Dennoch ist das Atom im Stuhl ebenso göttlich und vollkommen, wie ihr es als Mensch aus Fleisch und Blut seid. Der Ursprung und der Kern eines jeden Atoms ist göttliche Vollkommenheit aus der Gesetzmäßigkeit von Weisheit und Liebe, was sich in physikalischer Form als Elektrizität und Magnetismus ausdrückt. Wenn ihr dies verstanden habt, werdet ihr in eine bewußte Kommunikation mit allem Sein treten können.

Doch bitte bedenkt hierbei, ich wiederhole es, daß ihr wahrgenommen werdet, daß ihr verstanden werdet. Und es gibt eine Reaktion auf das, was ihr in der telepathischen Kommunikation übersendet. Es sind nicht nur eure Gedankenkräfte, sondern vor allen Dingen auch eure Gefühlsenergien, die vom Bewußtsein der Atome wahrgenommen werden. Und so habt ihr einen konkreten und intensiven Einfluß auf alles, was euch umgibt und was euch entwicklungsmäßig untergeordnet ist, da es des eigenen Selbst noch nicht bewußt ist.

Versteht also bitte, der Unterschied zwischen euch und dem, was sich als scheinbar tote oder starre Existenz um euch befindet, besteht lediglich darin, daß ihr bereits um ein vielfaches bewußter seid. Ihr könnt euer Leben und euer Selbst besser entwickeln, wenn ihr bereit seid, in Demut und Liebe dieses Wissen anzuwenden, daß alles, was existiert, ein und denselben Ursprung, ein und denselben Werdegang und ein und dasselbe Ziel hat. Es ist die Aufgabe und es ist der Wunsch aus dem universellen göttlichen Sein, in das individuelle göttliche Sein zu gelangen. Und auf diesem Wege durchwandert ihr alle nur möglichen Lebensausdrucksformen und Lebensdimensionen.

Ihr sammelt auf diese Weise durch Erfahrung Wissen. Dieses wird in einem jeden Atomkern gespeichert, der eure Lebensausdrucksform erschafft. Ihr habt also ein Gedächtnis, welches in euren Zellen gespeichert ist. Ihr tragt eine große Schatzkammer in euch. Eine jede Erfahrung, die ihr als Atom in der Form des Steins, des Kristalls, der Pflanze oder aber des Tieres gewonnen habt, ist als Wissen in euch gespeichert.

Ihr habt die Möglichkeit, an dieses Wissen zu gelangen, indem ihr euren Geist öffnet und euch gestattet, die Begrenzung eures linearen menschlichen Denkens aufzuheben, indem ihr offen werdet für die Möglichkeit der Unendlichkeit, indem ihr euch eingesteht, daß Unendlichkeit auch für den menschlichen Geist begreifbar ist. Einzig und allein eure Glaubenssätze sind es, die dies ermöglichen oder aber verhindern. Denn durch den Glauben ist jeder einzelne von euch befähigt, dieses in Gang zu setzen oder jenes zu tun.

Auch wenn ihr das Prinzip des Glaubens mit eurem menschlichen Bewußtsein noch nicht verstanden habt, seid ihr ihm dennoch unterworfen. Dieses Prinzip ist wirksam, ob ihr es verstanden habt oder nicht, ob ihr es ablehnt oder nicht. Es ist ein unveränderbares Gesetz. An das, was ihr glaubt, seid ihr gebunden; an das, was ihr glaubt, seid ihr gefesselt. Ihr werdet allezeit eure Lebensräume aus euren Glaubensvorstellungen heraus erschaffen.

Es ist wichtig, daß ihr versteht, daß Glauben nicht mit Nichtwissen gleichzusetzen ist, sondern daß Glauben ein Prinzip ist, eine Gesetzmäßigkeit, welche euch ermächtigt, eine Wunschvorstellung durch Gedankenkraft und Gefühlsintensität in eine sichtbare Realität zu bringen. Das Gesetz des Glaubens ist in immerwährender, ununterbrochener Tätigkeit und wirkt in euch und durch euch, auch wenn ihr es noch nicht verstanden habt und als Gesetz ablehnt.

Ihr glaubt, daß dieses oder jenes geschehen wird. Es ist die Energie, die durch den Glauben in eurem Geist erschaffen wird, welche natürlicherweise aus sich selbst heraus dafür Sorge trägt, daß euer Glaube sich erfüllt. Und so ihr nicht glaubt, so wißt, ist dies innerhalb der polaren Gesetzmäßigkeit lediglich die negative Seite des Glaubens. Ihr verneint, also wird sich umgekehrt das, was ihr nicht glaubt, realisieren. Aber versteht bitte: Es ist schlußendlich immer der Glaube, der realisiert, was ihr wünscht.

So ihr glaubt, daß etwas geschehen wird, wird es geschehen. Ist aber in dieser Vorstellung und in diesem Glauben ein Ansatz von Zweifel vorhanden, so wird bei der Aktivierung des Glaubensgesetzes ein Kampf stattfinden. Die Energie des Zweifels und die des Glaubens werden gegeneinander kämpfen. Und so der Zweifel in diesem Kampf obsiegt, wird der Glaube tätig werden und verwirklichen, was der Zweifel aus sich hervorgebracht hat.

Glauben hat also positive und negative Aspekte – wie alles, was innerhalb der polaren Gesetzmäßigkeit existiert. Wenn ihr glaubt, wird sich realisieren, was ihr glaubt. Wenn ihr nicht glaubt, wird sich realisieren, was ihr nicht glaubt. Aber es ist ein und dasselbe Prinzip.

Es ist wichtig, daß ihr erkennt, daß ihr im Ursprung göttliche Weisheit und göttliche Liebe seid. Ihr habt euch also aus der Einheit abgespalten und seid in die Polarität eingetreten. Dies bedeutet, daß ihr euch entfernt habt. Ich möchte mit den Worten der alten Geschichte eurer Bibel sprechen, wo euch gesagt wird, daß im Anfang das Licht war und daß Gott, der Schöpfer, als Seinen ersten und eingeborenen Sohn Luzifer erschuf, welcher das Licht repräsentierte und als Gesetz des Lichtes aus der Ebene göttlicher Einheit in die Welt der Lichtlosigkeit, in die Welt der Polarität ausgesandt wurde. Es war die Aufgabe dieses Sohnes, die Dunkelheit durch das Licht zu erhellen.

Versteht nun den wissenschaftlichen und physikalischen Hintergrund dieses Vorganges. Gott hat also Licht in einen Raum der Dunkelheit entsandt, um ihn zu erhellen. Aber Er hat dem Licht die Möglichkeit gegeben, nach seiner Abtrennung aus eigenem Willen zu handeln. Der Sohn

Luzifer beschloß, nicht in göttlicher Weisheit und Liebe den ihm gegebenen Plan zu vollziehen. Dies war «der Fall», da die vollkommene Schöpfung einen Aspekt des Ego erschuf. Und dies ist der Kampf, den auch ihr durchlebt. Ihr habt in der Individualität des göttlichen Ausdrucks den freien Willen, so daß sich hier das Ego entwickeln konnte. Der Kampf besteht darin, daß das Ego erkennen soll und schließlich erkennen wird, daß ewige Vollkommenheit und ewige Glückseligkeit nur in der Einheit und im Zustand des universellen Gottesbewußtseins existieren kann.

Indem ihr also aus eurem Egoismus handelt, seid ihr als der gefallene Sohn zu verstehen, der das Licht nicht in Weisheit angenommen hat, um dem Universellen, dem Göttlichen zu dienen, sondern um die eigenen Wünsche und Vorstellungen zu verwirklichen. Dies ist der Kampf und das, was euch krank macht. Ihr seid gefallene Söhne, die einen egoistischen Willen in sich tragen. Dies ist ein gewollter Prozeß, der notwendig ist, damit durch die Individualität jeder einzelne sich des wahren Seins, des Lebens und dessen, was Gott in Wahrheit ist, bewußt werden kann.

Ihr lebt in einer Zeit, da euch in eurem menschlichen Verständnis die Türen und Tore und die Ebenen geöffnet werden, so daß ihr vieles begreifen werdet, was euch ermöglichen wird, in großem Maße die Fesseln der Krankheiten abzustreifen. Ihr werdet auch in anderen eurer Bereiche diese Erfahrung von Freiheit machen können. Aber ihr werdet in dem Maße, wie euch aus unseren Bereichen Hilfen gewährt werden, durch das Gesetz der Polarität naturgemäß immer auch den negativen Aspekten ausgeliefert sein.

So möchte ich dir, geliebte Seele [hier wurde der Entwickler des Radionik-Gerätes angesprochen], heute noch einmal vor aller Ohren, die hörend mir zugewendet sind, bekunden: Wir haben dir ein Wissen auf den Geist gelegt, welches nicht von dir kommt. Du hast eine Inspiration erhalten, die als Werkzeug in deine Hand gelegt ist, um es zum Segen der Menschen in dieser Zeit einzusetzen. Und da du dies bekommen hast, hast du naturgemäß auch die Möglichkeit, mit diesem Wissen und mit dieser Weise der Arbeit zu manipulieren, wenn du es nur wünschst. Und wenn du es nicht tun wirst, werden andere dies an deiner Stelle tun. Es ist wichtig, daß ihr versteht, daß dies ein zugelassener und notwendiger Akt ist.

Das göttliche Lebensgesetz ist so gestaltet, daß niemand Schaden nehmen kann und daß kein anderer von außen eine Veränderung des Lebensplanes und -zieles bewirken kann, wenn dies nicht als Erfahrung benötigt wird, damit dem begrenzenden Denken des augenblicklichen Seins ein größeres Wissen und ein größeres Verständnis folgen können.

Erkennt also: Alles, alles, was euch gegeben wird, existiert innerhalb der polaren Welt, innerhalb der polaren Gesetzmäßigkeit. Und es ist möglich, daß das, was im Guten angewendet werden kann, auch Ausdruck und Anwendung im Unguten findet. Dies ist notwendig und wird nur jenen Seelen zuteil, die noch nicht genügend bewußt und gereift sind. Sie erlangen durch negative Erfahrungen Bewußtwerdung. Das heißt, jene Menschen werden in schmerzlicher Weise Erfahrungen tätigen, die sie unbewußt, aber notwendigerweise aus einer karmischen Gesetzmäßigkeit des eigenen Lebensplanes magnetisch auf sich ziehen.

Niemand von euch ist in der Lage, in das Karma eines anderen Menschen einzugreifen. Unerlöste Aspekte ermöglichen die Verbindung und Konfrontation mit negativen äußeren Einwirkungen. Wenn der Mensch in sich vollkommen rein ist, ist es unmöglich, ihn mit unreinen Energien von außen zu manipulieren. Da diese Energien von völlig anderer Qualität sind und sich in völlig anderen Schwingungsfrequenzen bewegen, werden sie keine Möglichkeit finden, sich mit einer Lebensausdrucksform, die rein ist, zu verbinden, um hier eine Wirkung zu erzielen oder eine Integration zu vollziehen. Dies ist unmöglich.

Der Mensch kann sich mit dem verbinden, was ihm gleich ist. Das heißt, es muß jene Schwingungsfrequenz vorhanden sein, die dem äußeren Einwirken ebenbürtig ist. Nur dann kann eine Verbindung, eine Koppelung stattfinden, und die Energie kann gemäß ihrer Programmierung, ihrer Gesetzmäßigkeit die Arbeit vollziehen.

Dies sei allen, die hier anwesend sind, gesagt: Ihr habt hier ein Wissen und eine Möglichkeit in euer menschliches Denken, in eure Handlungsweisen und in eure Verantwortung gelegt bekommen. Dies ist im Zeichen einer Zeit geschehen, da ihr bereit seid, euren Geist innerhalb des Bewußtseins weiter zu öffnen, um diese neuen Erkenntnisse und Inspirationen in euch aufzunehmen. Indem ihr also bis zu diesem Punkt herangereift seid, indem ihr in eurem menschlichen Geist bereit seid, Wissen aufzunehmen, welches eurem verstandesmäßigen, logischen, intellektuellen, linearen Denken noch als Konfrontation erscheint, seid ihr fähig, mit jenen Weisheiten in Kontakt zu treten, die aus höheren Dimensionen zu euch gelangen wollen.

Ihr also habt den Zeitpunkt durch den Grad eurer geistigen Reife und den Status eurer Bewußtwerdung bestimmt. Und dementsprechend wurde und wird euch auch künftig dieses oder jenes erreichen. Und allezeit wird das, was euch erreicht, auch die andere Seite aufweisen, da ihr in der polaren Welt existiert. Und dies wird für all jene Lebensausdrucksformen benötigt, die noch nicht bewußt, noch nicht willens und noch nicht fähig sind, durch Weisheit, durch Demut und Liebe zu lernen. Denen wird innerhalb dieser neuen Wissenschaften die Erfahrung des Schmerzlichen zuteil werden.

Dies ist unvermeidbar. Dies ist nicht Manipulation, sondern lediglich die notwendige Erfahrung und Konfrontation, bis ein Lebewesen aus sich selber heraus erfährt:

ICH BIN göttlich,
In mir ist göttliche Weisheit,
In mir ist göttliche Liebe.

Von dem Augenblick an, da das Lebewesen sich in diesem Bewußtsein ausdrückt, sich selber anerkennt und akzeptiert, wird jede schmerzliche, manipulative Erfahrung unmöglich. Dies ist grundsätzlich zu diesem Bereich zu sagen.

Ich bitte euch sehr, all diese gesprochenen Worte als einen Akt der Liebe zu verstehen. Wir sind euch durch Zeit und Raum voraufgegangen. Wir haben ebenso wie ihr vor vielen Zeiten in der Begrenzung des physischen Fleisches gelebt. Und wir haben aus der universellen göttlichen Einheit, aus der Quelle von Weisheit und Liebe den Auftrag, euch liebend zu unterstützen und euch in jedweder Phase eurer Entwicklung das zu überreichen, was benötigt wird, damit ihr von Mal zu Mal eures Selbst bewußter werdet.

Ihr seid auf dem Wege in die Freiheit, ihr seid auf dem Wege zur Wahrheit. Dies bedeutet, daß ihr eines Tages akzeptieren und verstehen werdet: Ihr seid vollkommen, ihr seid göttlich, ihr seid Gott in einer individuellen, sichtbaren Lebensausdrucksform. Ihr repräsentiert den Geist Gottes im Fleische, ihr repräsentiert göttliche Liebe und göttliche Weisheit. Wenn ihr dies ablehnt und für euch nicht in Anspruch nehmt, ist der Geist des Ego in euch aktiv. Und alles, was in eurem Leben als Disharmonie oder Schmerz auftritt, ist nichts weiter als der natürliche Kampf, der sich von der Ebene des egoistischen Bewußtseins hin zu dem vollkommenen göttlichen ICH BIN vollzieht.

In jedem Kern des Atoms, welches eure Lebensausdrucksform gestaltet, habt ihr auf ewig die Sicherheit, daß ihr gesegnet und geschützt seid. Denn Gott in Seiner universellen Lebensausdrucksform befindet sich im Innersten eines jeden Atoms und ist dort als das tätige geistige Gesetz und als das Prinzip von Liebe und Weisheit verankert. So ihr dies verstehen und akzeptieren könnt, habt ihr die Möglichkeit, euch selbst in eurem wahren Sein zu begreifen. Es ist an euch, daß ihr euer menschlich begrenztes Bewußtsein in eine jede Zelle, in ein jedes Atom eures Seins hinein entsendet und beginnt, diese göttliche Vollkommenheit in euch anzuerkennen.

So wie ihr durch Gedankenkraft telepathisch mit einer jeden anderen Lebensausdrucksform in eine Kommunikation treten könnt, so könnt ihr ebenso in euch selbst kommunizieren, aus dem Bewußtsein eures Menschseins mit dem innersten Kern eures wahren Seins, der göttlichen Vollkommenheit. Dies ist der Weg des Menschen, daß er sich bewußt und gewahr werde, daß er nichts anderes ist als Gott in individueller Ausdrucksweise und daß er auf dem Wege ist, sich selbst zu verstehen, um danach wieder ins Vaterhaus zurückzukehren, welches die Einheit ist, fort von der polaren Gesetzmäßigkeit in den Zustand der ruhenden Einheit. Dies ist der Weg, dies ist das Ziel.

Ihr seid aus der Einheit gekommen und geht durch die Individualität. Und ihr kehrt zurück in die Einheit. Aber ihr seid dann bewußt. Ihr habt durch individuelle Erfahrungen innerhalb der göttlichen Universalität euch selbst begreifen und verstehen lernen können. Ihr habt auf diese Weise verstanden, was Gott und was Leben ist. Und wißt wohl: Es gibt außerhalb von Gott keine Existenz. Es gibt nur *eine* Kraft, es gibt nur *einen* Geist [Rührung in der Stimme], und es gibt nur *eine* Energie. Und all dies trägt einen Namen, nämlich Gott.

Aber wißt, daß dieser Gott in Seiner universellen Ausdrucksform in Liebe zu Seiner Schöpfung steht, die individuell ist, und die Widerspruch und Ungehorsam zum Ausdruck bringt. Dennoch steht Gott in Liebe zu euch. Und dieser Gott hat ein Gesetz geschaffen, welches euch auf ewig schützt, so daß ihr niemals verlorengehen könnt, daß ihr niemals wirklich leiden könnt als nur durch euch selbst, indem ihr Falsches denkt und daraus schmerzliche Erfahrungen zieht.

So geht also und werdet weiter bewußt und erkennt die große Liebe, die große Weisheit, die in einem jeden von euch verborgen liegen. Und beginnt, aus der Ebene eures menschlichen Bewußtseins in eine Beziehung, in einen Kontakt, in eine Kommunikation mit dem Teil in euch zu treten, der vollkommen, liebend und weise ist. So werdet ihr durch diese inneren Kommunikationen fähig werden, alles, was ihr zu wissen und zu verstehen wünscht, aus euch selbst zu beziehen, da ihr begreifen werdet, daß ihr selbst Gott seid, lediglich in unterschiedlicher Lebensausdrucksform und in einem Kampf, in dem ihr das Ego in euch besiegen sollt. Dies ist die Aufgabe.

Seid gesegnet und wißt: Dies ist ein bedeutungsvoller Tag. Wir haben lange gewartet und gehofft auf diesen Augenblick, wo sich Menschen zu ihrem Mut bekennen, um ihrem bewußten und unbewußten Sehnen zu folgen, welches darin besteht, daß ihr frei sein, daß ihr die Begrenzungen ablegen wollt und daß ihr in euch und durch euch die Vollkommenheit des Lebens, den Reichtum und die Fülle erfahren wollt.

Laßt also, so es noch notwendig ist, die Erfahrungen durch Manipulationen und Schmerzen zu. Seid dankbar, daß ihr es für euch selber bereits geschafft habt, diesen Weg des Verstehens und Bewußtwerdens nicht mehr gehen zu müssen. Gesteht denen, die nach euch kommen, diese Weise des Lernens zu und wißt, auch ihr wart über lange Zeiträume hinweg dem Prinzip unterworfen, durch negative Erfahrungen, durch Leiden und Schmerzen in höhere Erkenntnisse hineinzuwachsen. So erkennt, daß dieses Prinzip nichts anderes ist als die Möglichkeit der Erfahrung, das wahre eigene Selbst zu verstehen. Laßt also denen, die euch in der Bewußtwerdung folgen, die Methoden des Leidens und der schmerzlichen Erfahrungen so lange, bis sie von sich aus bereit und willens sind, diesem Prinzip des Lernens zu entfliehen, um einem besseren zu folgen.

Segen über euch! Wir lieben euch sehr. Es ist einem jeden von euch gegeben, nun in die Stille, in die Ruhe der Besinnung zu gehen. Ich möchte euch vertraut machen mit dem, was Gott in universeller Weise ist. Und ich bitte einen jeglichen von euch, daß er seine Augen schließe.

An dieser Stelle legte Herakles eine Weile des Schweigens ein.

Nun bitte ich euch, macht euch bewußt, daß im Innersten eines jeden Atoms vollkommene Liebe und göttliche Weisheit wohnen. Wißt, daß ein jedes Wort, ein jeder Aspekt und eine jede Energie eine für sich archetypische Frequenz aufweist. Und die Schwingung mit der höchsten

Frequenz, die existiert und allezeit existieren wird, ist Gott. So ihr euch auf das Wort Gott konzentriert, so ihr es in Gedanken sprecht, erhöhen sich augenblicklich die Frequenzen in euren Energiefeldern.

Wenn ihr Sorgen oder Schmerzen habt, weil ihr nach eurem Verständnis von eurer göttlichen Weisheit, von eurer göttlichen Liebe in euch selbst abgetrennt seid, zieht euch an einen Ort zurück, wo Stille und Frieden herrschen, und kehrt auf diese Weise zu euch selber heim, indem ihr die Augen schließt.

Und nun sprecht in Gedanken das Wort Gott. Und wiederholt es. Sprecht mit jedem Atemzug in Gedanken: Gott. In dem Augenblick, da ihr wirklich versteht, daß ihr Gott seid, daß Gott in euch ist und daß ihr in Gott seid, daß ihr eins seid und dennoch viele, seid ihr als der verlorene Sohn in das Vaterhaus heimgekehrt. Es bedarf keiner Vorstellung, es bedarf keines Gefühls, sprecht nur im Innersten: Gott. Und die Frequenz Gott wird in euch aktiv.

Wieder folgte eine Weile der Stille.

In den Augenblicken, da ihr nicht an die Göttlichkeit in euch selber glaubt, verleugnet ihr euren Gott, seid ihr der Judas, der das göttliche Prinzip verrät und aus diesem Grunde Disharmonie und Leid erschafft. In den Augenblicken, da ihr nicht aus Liebe und göttlicher Weisheit handelt, sondern aus dem Egoistischen, seid ihr der verlorene Sohn, da ihr das Haus des Vaters verlassen habt. Ihr seid nicht mehr Licht, ihr seid Unlicht, so wie einst Luzifer, der als Licht und Träger der Weisheit in die Dunkelheit entsandt wurde und in das Unlicht fiel.

Ihr habt allezeit die Möglichkeit, bei einem jeden Atemzug, in einem jeden Augenblick, den ihr bewußt durchlebt, dies zu verändern. Und so ihr in diesem Augenblick traurig oder krank seid, weil ihr aus dem Licht gefallen seid, da ihr nicht glaubt und versteht, wer ihr wirklich seid, so ist es euch möglich, im nächsten Augenblick, in der nächsten Sekunde dies durch euren Willen zu verändern, indem ihr euch zu dem bekennt, wer und was ihr seid: Ihr seid Träger des Lichtes, die in der Ebene des Unlichtes leben.

Ihr tragt Licht in euch und ebenso Unlicht. Dies ist euer Lebenskampf, daß das Licht die Dunkelheit nicht akzeptiert und nicht eher ruhen wird, bis alles Unlicht aufgelöst und verzehrt ist, bis Wissen und Verstehen im Bewußtsein auch des menschlichen Seins vorhanden sind.

So seid gesegnet und habt Dank für die Aufmerksamkeit, die ihr meinen Worten schenktet. Habt Dank auch für den Mut, den ihr bekundetet, indem ihr eure Bereitschaft unter Beweis stelltet, euren menschlichen Geist für eine höhere Dimension zu öffnen. Geht weiter, ihr, die ihr Suchende, die ihr Findende seid, die ihr mit besseren Weisen und Möglichkeiten arbeiten wollt.

Und wißt, ihr werdet liebend beobachtet, und bei euch und mit euch sind viele geistige Wesenheiten, die ihr als Engel, die ihr als Lichtboten und geistige Freunde bezeichnen könnt. Sie sind mit euch, sie sind euch voraufgegangen und wissen um alles, was euch bewegt, denn vor vielen Äonen durchlebten sie dieselbe Erfahrung. Sie wissen um euren Kampf, sie wissen um euren Schmerz. Ihr seid liebend umgeben und verbunden mit Wissenden, die sich immer wieder lächelnd zu euch begeben und euch liebend die geöffneten Hände der Hilfe reichen.

Nehmt diese Hände dankbar an und geht Hand in Hand gemeinsam in einen neuen Morgen, in ein neues Wissen und Verstehen, in Ebenen, in denen ihr nicht mehr leiden, nicht mehr krank sein und nicht mehr gebunden sein sollt. Dies ist es, was eure Seele euch gebietet, und dies ist das Ziel eures Sehnens, daß ihr in die Freiheit, in den Reichtum und in die Fülle wachst – ohne jede Begrenzung.

In dem Maße, wie ihr daran glaubt, wird es sich realisieren. In dem Maße, wie ihr nicht daran glaubt, wird sich euer Nichtglaube realisieren. Glaube ist das Prinzip der Manifestation, da sich die Vorstellung in die Realisierung begibt. Vergeßt dies bitte nie! Glaube ist nur das Gesetz von Ursache und Wirkung. Es ist an euch, die positiven Aspekte des Glaubens zu wählen und nicht die verneinenden. Achtet von nun an auf das, was von eurem Munde ausgeht, denn so ihr in der verneinenden Form sprecht, wird es sich in dieser Weise gestalten.

Ich nehme Abschied nun. Wir senden euch unsere Liebesgrüße. Wir bekunden euch allezeit unsere geistige Verbundenheit und unsere Bereitschaft, euch zu helfen und euch zu begleiten. Ihr seid unsere Brüder und Schwestern im Kleid des Fleisches.

Segen über euch! Wir lieben euch sehr! In Freude und in Dankbarkeit, auf diese Weise euch begegnet zu sein, nehme ich, Herakles, Abschied. Gott zum Gruße!

TEIL V

Zeit ist eine Illusion

Gemeinsam träumen wir einen Traum

16. August 1997

Der Begriff der Zeit wurde im August 1997 in einem TERRAMOR-Seminar behandelt, zu dem eine kleine Gruppe von Menschen eingeladen war, die sich intensiv mit der Übung «Einstimmung in die 5. Dimension» befaßt hatten und weitere Informationen dazu erhalten sollten. Ihnen wurde erklärt, daß sie mit ihrem Bewußtsein die Schwingungsfrequenz der dritten Dimension nicht verlassen können, solange sie noch die Zeit in drei voneinander getrennte Bereiche – Vergangenheit, Gegenwart und Zukunft – einteilen. Diese eingrenzende Vorstellung binde sie an das Raum-Zeit-Gefüge der dritten Dimension. Sie wurden aufgefordert, «in einer immerwährenden Gegenwart zu denken und zu leben».

Die Botschaft geht auch auf die Frage ein, warum gewisse Kalender alter Hochkulturen nicht über das Jahr 2012 n. Chr. hinausgehen. Mit diesem Jahr endet die Zeitrechnung der Mayas, eines Volkes mit höchstem Wissen über Astronomie und kosmische Zusammenhänge. «Das Bewußtsein jener Menschen, die eure irdischen Kalender erstellten, war für diese neue Schwingungsdimension noch nicht geöffnet.»

Gott zum Gruße! Mein Name ist Carola. Ich bin entsendet von einem großen kollektiven Zusammenschluß vieler Bewußtseinsebenen. Angeschlossen an diese Übermittlung sind eure geistigen Führer, Angehörige eurer geistigen Familien und Abgesandte des Intergalaktischen Rates.

Ich selbst bin die geistige Führerin dieses physischen Instrumentes, beauftragt, den Zusammenschluß der kollektiven Bewußtseinsenergien durch meine Wesenheit in die Schwingungsebene der dritten Dimension zu kanalisieren und durch meinen Schützling für euch zu transformieren, eine Gemeinschaftsarbeit all jener geistigen Wesenheiten, die direkt oder indirekt mit euch verbunden sind. Stellt euch eine lange Kette vor, die von diesem Raum durch etliche Dimensionen bis hinauf zu eurem Hohen Selbst führt.

Ihr habt die Möglichkeit, während der Übermittlung euch geistig dieser Verbindung anzuschließen. So dies euer Wunsch ist, schließt eure Augen und konzentriert euch auf jedes der gesprochenen Worte, denn in ihnen sind Energien enthalten, die das Bewußtsein eurer Zellen erreichen werden. Auf diese Weise werdet ihr energetisch aus unseren Ebenen gespeist. Dies bedeutet für jeden einzelnen von euch eine Stabilisierung eurer Energiefelder und eine Beschleunigung eurer Schwingungen. Dies wiederum ermöglicht uns, euch eine Fülle von Informationen und Kraft aus den höheren Dimensionen zu vermitteln.

Wir bedanken uns für die geistige Vorbereitung, die in diesem Raume getroffen wurde, wir bedanken uns, daß ihr in eurem Bewußtsein geöffnet seid, und wir bedanken uns für die Liebe und Freude, die uns entgegengebracht werden. Nun die Botschaft des kollektiven Bewußtseinsverbundes, die lange schon für euch vorbereitet wurde. [Mit dem nächsten Absatz verändert sich die Stimme und nimmt einen feierlichen Ton an.]

Wir träumen einen Traum. Ihr träumt einen Traum. Gemeinsam träumen wir den gleichen Traum, denn dieser Traum ist unser aller Leben. Einstmals standen wir in Liebe vereint gemeinsam vor dem Thron und empfingen den Plan von der Erschaffung der Universen. Es wurde uns der weite, leere Raum und die Geburt der Galaxien gezeigt. Und es wurden uns die Schöpfer vorgestellt, welche die Galaxien erschaffen sollten. Sie, die ihr als Engel, als Seraphim und Cherubim bezeichnet, verwirklichten den Plan des Vaters.

Wir schauten den Plan vor seiner Verwirklichung und auch die Entwicklung dieser kommenden Schöpfung. Die Weisheit des Urschöpfers offenbarte uns zuvor das Licht und auch die Schattenseite, und wir schauten den Fall vieler Engel. Das Buch, das ihr die Heilige Schrift nennt, und andere Bücher auf eurer Erde künden davon.

Die Gottessöhne sahen auf die Erdenwelt hinab und fanden Gefallen an den irdischen Frauen. Sie gingen zur Erde hinab und verbanden sich mit dem Menschengeschlecht. Jene Schöpfergötter, welche aufgestiegene Meister aus den Bewußtseinsebenen der Engel waren, hatten den Auftrag, den kosmischen Samen zur Erde zu tragen. Der Evolutionsplan des irdischen Menschen war in die Hand dieser Wesen gelegt. Dem Auftrag folgten aber nicht nur jene, die berufen waren, sondern es gingen auch Schöpfergötter aus sich heraus zur Erde nieder, um sich mit dem Geschlecht des Erdenmenschen zu verbinden. Aus diesem Ursprung entstanden die beiden Entwicklungen. So versteht, ein Teil der irdischen Entwicklung entspricht dem göttlich gewollten Plan, ein anderer Teil aber dem Plan dieser gefallenen Engel.

Wir standen gemeinsam vor dem Thron und schauten diesen Plan und diese Entwicklung. Es wurde uns das Gesetz der Polarität gezeigt, und wir sahen voraus, wie der Same der gefallenen Engel den Samen der gottgewollten Schöpfung überdeckte. Und wir schauten das große Leid auf dem Planeten Erde. Doch der Erde Grund war noch nicht gelegt.

Wir zogen gemeinsam im Verbund der Liebe, im Verband der Familie aus. Wir trugen den Samen des göttlichen Planes von Planet zu Planet, während der Grundstein der Erde geboren ward. Wir wurden über viele Zeiträume hinweg vorbereitet. Unzählige Inkarnationen durchwanderten wir. Wir haben uns getrennt und wieder vereint und wieder getrennt, denn wir durchwanderten unterschiedliche Ebenen und Entwicklungen.

Nun ist die Zeit gekommen, wo ihr diese Dimension der tiefschwingenden Energien bald verlassen sollt. Wir haben mit großer Freude darauf gewartet. Immer haben wir euch begleitet. Wir waren euch immer nah und haben allezeit eure Gedanken und Emotionen empfangen. Ihr jedoch vergaßt, daß ihr mit uns verbunden seid.

Bald werdet ihr erwachen aus der Illusion, die ihr Vergangenheit nennt. Dann wird vieles leichter für euch sein. Denn oft trauert ihr über das, was ihr hinter euch ließet in eurer Vergangenheit. Bald werdet ihr erkennen, daß ihr nichts verloren habt und daß das, was ihr Zeit nennt, ein Prinzip ist, das nur in diesem Raum-Zeit-Gefüge der dritten Dimension wirksam ist.

Was ihr Zeit nennt, sind nur die Impulse, der Rhythmus, der Takt und die Geschwindigkeit, in dem eure Atome und Moleküle, gezwungen durch den äußeren Rahmen des Raum-Zeit-Gefüges, sich bewegen. Das heißt, in eurer dritten Dimension schwingen alle Lebensformen sehr langsam, sehr tief. Das bedeutet nichts anderes, als daß die geistigen Lebensimpulse aus dem Kosmos durch die Dichte der Materie so weit heruntergebremst sind, daß die Geschwindigkeit, mit der sich eure Atome und Moleküle bewegen, eine für unsere Sichtweise langsame ist. Auf diese Weise bewegt sich euer Zeitempfinden schnell.

Woran aber bemeßt ihr die Zeit, welche eine Illusion ist? Entsprechend dem Zerfall der Materie habt ihr Maßeinheiten geschaffen, an denen ihr die sogenannte Zeit abzulesen vermögt. Wenn die Blätter an euren Bäumen sterben und der Baum sich für eine Phase zur Ruhe begibt, lest ihr daran die Zeit des Jahres ab. Am Sterben und Geborenwerden, am Aufbau und Abbau der Materie meßt ihr das, was ihr Zeit nennt.

Noch einmal wiederholen wir: Die Geschwindigkeit eurer Moleküle und Atome ist eine für unsere Begriffe langsame. Aus diesem Grunde zerfällt eure Materie sehr schnell. In den höheren Dimensionen bewegen sich Atome und Moleküle mit weitaus größerer Geschwindigkeit. Die materielle Lebensform hat auf diese Weise die Möglichkeit, in ihrer Struktur quantitativ sehr viel mehr geistige Energie aufzunehmen und zu speichern. Die geistigen Impulse aus dem kosmischen Bereich erreichen diese Lebensform schneller und öfter. Aus diesem Grunde ist die Materie hier länger haltbar, vergeht hier die Zeit langsamer, nach eurem Verständnis ausgedrückt. Denn der Zerfall dieser Lebensformen bedarf eines längeren Zeitraums, da die Materie zum großen Teil aus Geist besteht. Wird der Materie Geist entzogen, beginnt augenblicklich der Zerfall.

Ihr denkt und fühlt also in den Impulsen und Intervallen der dritten Dimension. Und ihr nennt Vergangenheit, was sichtbar, was materiell nicht mehr vor eurem Auge existiert. Versucht, einen anderen Betrachtungswinkel einzunehmen. Das ist der erste Schritt, sich dem Gesetz der dritten Dimension und des darin wirksamen Zeit-Raum-Gefüges zu entziehen. Eure Vergangenheit ist nicht beendet und nicht abgeschlossen. Alle vergangenen Leben, die ihr durchwandert habt, alle durchlebten Situationen und Begegnungen, die ihr in diesem Leben hinter euch gebracht habt, sind nicht verloren und vorbei. Sie bilden geistige Energiefelder, die ihr zurückgelassen habt, die auch ohne eure körperliche Anwesenheit weiter wirksam sind und die sich, seitdem ihr euch aus ihnen herausbegeben habt, selbständig weiterentwickelt haben. Geistig bleibt ihr mit euren energetischen Vergangenheitsfeldern verbunden.

Wir werden versuchen, euch jetzt ein Bild für eure Logik zu geben. Ihr habt als Kinder die irdische Schule besucht. Ihr habt die Schule abgeschlossen und sie sodann verlassen. Doch diese Schule hat sich nicht aufgelöst, nur weil sie jetzt für euch Vergangenheit ist. Sie lebt in materieller Form weiter. Auch die geistige Struktur dieses einstmaligen Lebensumfeldes existiert weiter. Vergangen ist nur eine Erfahrung, vergangen ist nicht Zeit. Denn eure Vergangenheit lebt und wirkt weiterhin.

Und ihr sollt euch erinnern, daß es euch möglich ist, in diese Vergangenheit zurückzukehren, sie zu besuchen, euch die Entwicklung der eigenen, verlassenen Vergangenheit zu beschauen. Und so, wie ihr eure Vergangenheit besuchen könnt, könnt ihr ebenso in jenes Feld reisen, das ihr die Zukunft nennt.

Denn das, was ihr Zukunft nennt, war existent, noch bevor ihr eure Aufmerksamkeit darauf richtetet. Lange bevor eure sogenannte Zukunft sich nach eurem menschlichen Verständnis für euch sichtbar realisiert, wirkt dieser Bereich. Er ist in geistiger Form manifestiert und wird gestaltet durch das, was ihr in eurer sogenannten Vergangenheit und Gegenwart erzeugt habt.

Was sich übermorgen sichtbar für euch ausdrücken kann, könnt ihr heute bereits geistig erschauen. Was ihr in der Vergangenheit erworben habt, ist ebenso vorhanden, und ihr könnt es euch jederzeit beschauen. Alle drei Ebenen wirken zeitgleich, nicht nacheinander, wie dies die Logik eures menschlichen Verstandes euch oft zeigt.

Auch in den höher schwingenden Dimensionen wirken Vergangenheit, Gegenwart und Zukunft zeitgleich. Durch die höhere Schwingung aller Lebensformen gestaltet sich das Zeit-Raum-Gefüge in den höherschwingenden Dimensionen jedoch in größeren Ausdehnungen. Das Bewußtsein dieser Lebensformen versteht diesen Zusammenhang. Aus diesem Grunde ist das, was ihr Zeit nennt, nicht jene Beschränkung in der Entwicklung. Zeit in unseren Dimensionen besagt für uns lediglich die Geschwindigkeit, in der die geistige Energie agiert, um die Lebensformen aktiv zu erhalten.

Mit diesem Bewußtsein sind viele Grenzen aufgehoben. Denn diese Grenzen waren niemals existent, es gab sie nur in euren Vorstellungen. Betrachtet Vergangenheit, Gegenwart und Zukunft als ein einheitliches Schwingungsfeld, das sich aus der Frequenz der von außen einströmenden kosmischen Energien ergibt. So versteht ihr, daß eure Vergangenheit nicht zu Ende ist und daß ihr euch nicht beeilen müßt, für eure Zukunft zu sorgen, sondern daß die Aufgabe vielmehr darin besteht, euer Bewußtsein so weit zu öffnen, daß ihr fähig seid, von einer Dimension in die andere zu reisen.

Ihr werdet lernen, euch an die Technik, wie ihr es nennt, zu erinnern, die ihr aktivieren müßt, um eine Dimension verlassen und in die nächste eintreten zu können. Ihr werdet euch erinnern, daß ihr fähig seid, euch der Schwingung jeder Dimension anzupassen.

Grenzen bestehen allein in eurem Bewußtsein. Solange ihr noch an eurer Vorstellung von Zeit und Vergangenheit festhaltet, werdet ihr die Dimension nicht verlassen können, denn euer Bewußtsein wird aufgrund dieser eingrenzenden Vorstellung die Schwingungsfrequenz dieser Dimension nicht übersteigen können. Aus diesem Grunde haben wir euch immer wieder vermittelt: Öffnet euer geistiges Bewußtsein!

Die Frequenz eures Bewußtseins schwingt parallel zu eurem Lebensumfeld. Euer Herzschlag, der Takt eurer Atemzüge, die Erneuerung eurer

Zellen, all dies ist eurem Lebensumfeld angepaßt. Die Geschwindigkeit, mit der euer Planet Erde sich um die eigene Achse dreht, die Geschwindigkeit, mit der er sich um eure Sonne bewegt, bestimmt den Lebensrhythmus und die Schwingung aller Lebensformen auf eurem Planeten.

Ein großer Teil der Erdenmenschen ist also der Same der gefallenen Gottessöhne. Für den Ausdruck «gefallen» bitten wir euch, die Vorstellung tieferer Schwingungen zu verwenden. In dieser Grundschwingung, die vom Bewußtsein der Nachkommenschaft der gefallenen Gottessöhne ausgeht, in diesem Schwingungsrhythmus also bewegt sich der Planet Erde um sich selbst und um die Sonne.

Aber wir träumen einen gemeinsamen Traum. In diesem Traum haben wir uns auf den Planeten Erde begeben. Ihr seid also jener Same, der der göttlichen Schöpfung entspringt. Und dieses Bewußtsein ist eines, das höher und schneller schwingt. Eure Anwesenheit hier bedeutet für den Erdball eine ständige Konfrontation mit Energien, die in ihrer Grundstruktur höher und schneller sind. Die bewußte Verbindung in unsere Bereiche – wenn also ihr euch mit uns und wir uns mit der Einheit verbinden – ermöglicht es euch zudem, diese persönliche, naturgemäße höhere Schwingung noch zu potenzieren.

Die unterschiedlichen Schwingungsbereiche der gespaltenen Bewußtseinsebenen auf der Erde bewirken die Konfrontation von Schatten und Licht. Denn aus dem Grundprinzip heraus begegnen sich hier der Same aus dem göttlichen Schöpfungsakt und der Same aus dem Schöpfungsakt der gefallenen Engel. So handelt der eine Teil aus dem «Ich will», und der andere Teil nach dem Plan «Dein Wille geschehe!»

Ihr seid mit höher schwingenden Dimensionen, mit der Kraft und dem Bewußtsein des Christus verbunden. Dies ist euer Auftrag, das Bewußtsein des Christus auf die Erde einzuschwingen. Ihr habt bereits gewirkt – wie ihr es nennt – «in der Vergangenheit», wir aber nennen es «unbewußt». Nun werdet ihr bewußt die Christuskraft, das Bewußtsein des Christus, in die Atmosphäre dieser Erde einschwingen.

Wir bitten euch sehr, denkt von nun an nicht mehr in den Begriffen Vergangenheit, Gegenwart und Zukunft, sondern versucht, in einer immerwährenden Gegenwart zu denken und zu leben. Dann wird das Gesetz der Zeit aus dieser dritten Dimension, diesem Zeit-Raum-Gefüge, keine Auswirkung mehr auf euch haben.

Die Aktivität eurer höher schwingenden Bewußtseinsebenen auf dieser Erde ist nun mit dem Rhythmus der Schwingungsfrequenz des Samens aus dem anderen Schöpfungsplan konfrontiert. Das heißt, der Lebensrhythmus des Planeten Erde ist im Begriff, sich zu verändern. Die Reaktion aus den Bewußtseinsebenen der anderen Schöpfung ist eine vielfältige und beschleunigt diesen Prozeß.

Der Umwandlungsprozeß des Planeten Erde hat Einfluß auf das gesamte Sonnensystem. Das Christusbewußtsein, das sich durch den Raum bewegt, erfaßt nicht nur diesen Planeten, es durchzieht das gesamte Sonnensystem. Auf diese Weise erfährt dieser Teil des Universums eine tiefgreifende und schnelle Evolution.

Hätten wir nicht diesen Traum geträumt, zur gegebenen Zeit zur Erde zu gehen, wäre dieser Planet der Herrschaft der Dunkelheit anheimgefallen. Lange bevor der Erde Grund gelegt ward, zeigte uns Gott diesen Plan. Er zeigte uns die Gnade, Er zeigte uns den Willen, und Er gab uns Macht. Und Er zeigte uns zuvor, daß ein Teil Seiner Kinder die Macht nach eigenem Willen benutzt, und Er zeigte uns, daß ein anderer Teil Seiner Kinder sprach und weiterhin sprechen wird [Rührung in der Stimme]: «Dein Wille geschehe im Himmel wie auf Erden, in allen Universen, von Ewigkeit zu Ewigkeit.» Obwohl die Erde noch nicht bestand, liebte der Vater diese Erde. Und obwohl das Leid noch nicht erschaffen war, weinte der Vater einstmals um diese Erde. Und wir weinten [starke Rührung in der Stimme] mit Ihm. Wir faßten diesen Plan gemeinsam, den Traum zu träumen.

Wir beobachten euch, und wir spüren euer Heimweh und euer Sehnen. Und dennoch seid gerade ihr es, die diese Erde besonders lieben. Wir wünschen uns sehr, daß ihr bald aus der Illusion von Vergangenheit, Gegenwart und Zukunft erwacht, aus der Illusion, daß wir getrennt seien, aus der Illusion, daß unser Traum nur ein Traum sei. Unser Traum ist die eine Form des Lebens, denn Leben ist unendlich, unauflöslich. Und dieser Traum wird niemals enden, niemals Vergangenheit sein.

Wir werden, so wir vollendet haben, manches Mal in unserem Traum gemeinsam an diesen Ort, zu dieser Zeit zurückkehren. So auch die physische Form dieser Erde und dieser Ort vergehen werden, so bleibt die Erinnerung an das, was gewesen ist, allezeit unauflösbar existent. Denn das Bild der Erde bleibt in unserer Erinnerung, wie es ist. Unsere Erinnerung aber ist jenes Feld, das ihr Vergangenheit nennt. Aber wir werden gemeinsam in diese Vergangenheit zurückkehren und uns wiederfinden in den gleichen Strukturen und Gefühlen. Und dies wird ein Lernen sein. Wir werden diese Erinnerung, diese alte Erde verlassen, um an den Ort zurückzukehren, den ihr jetzt noch die Gegenwart nennt. Und auch dies wird in späteren Entwicklungen das Feld der Erinnerung werden. Nichts aber wird verlorengehen, nur eure Illusion und die Leiden, die ihr hieraus erschaffen habt.

Eure alten Kalender sind nur bis zu einem bestimmten Punkt bemessen. Bis zu diesem Punkt hat das jetzige Zeit-Raum-Gefüge seine Wirksamkeit. Seid ihr mit eurer Zeit in eurem menschlichen Kalender an diesem Punkt angelangt, wird euer Sonnensystem sich bereits in die höherschwingenden Dimensionen gehoben haben. Ein anderer Rhythmus wird durch eure Atmosphären schwingen. Euer Raum-Zeit-Gefüge wird sich verschieben.

Das Bewußtsein jener Menschen, die eure irdischen Kalender erstellten, war für diese neue Schwingungsdimension noch nicht geöffnet. Und so war ihnen nur möglich, bis zu diesem Zeitpunkt zu erfassen, was ihr Datum, Jahr, Monat und Tag, was ihr die Zeit nennt. Zeit ist existent und ist nicht existent. Es ist ein Prinzip, das lediglich die Geschwindigkeit bezeichnet, die als Naturgesetz in einem Raum und einer Dimension vorhanden ist, um das Energiefeld des Lebens in einem vorgeschriebenen Zyklus zu erhalten.

Ihr seid den Zyklen eurer Lebensdimensionen so lange ausgesetzt, bis ihr gelernt habt, euer Bewußtsein so weit zu öffnen, daß ihr Zeit und Raum nach eurem Wunsch verlassen könnt, daß ihr von einem Raum in den anderen gehen könnt, indem ihr euch der jeweiligen Schwingungsfrequenz der Atmosphäre, die euch umgibt, anpaßt. Wir haben von Technik gesprochen, denn so erscheint euch dies. Wir nennen dies das geistige Erwachen, den naturgemäßen Weg, das geistige Bewußtsein zu öffnen und in der seelischen Reife zu wachsen. Wenn ihr bestrebt seid, ständig an eurer seelischen Reife, an eurem geistigen Bewußtsein zu arbeiten, ist diese Technik ständig aktiviert.

Wir danken euch sehr, daß ihr den Mut hattet, unseren gemeinsamen Traum zu verwirklichen. Wir lieben euch sehr [tiefbewegte Stimme]. Wir wünschen uns sehr, daß der Weg, der in unserem gemeinsamen Traum vor euch liegt, von euch so erkannt und verstanden wird, daß Angst und Leid nicht mehr notwendig sind. Wohl haben wir in unserem Bereich die besseren Bedingungen, denn wir waren niemals getrennt von euch. Und dennoch, wenn ihr leidet, berührt dies auch unsere Seelen. Wohl sind wir erwacht und bewußt und können alles durchschauen. Wenn ihr aber leidet, berührt dies unsere Seelen.

Vom Rat der Intergalaktischen Konföderation und von den Abgesandten des Schiffes übermittle ich nun Licht- und Liebesgrüße. Wir schließen uns diesen Grüßen an. Frieden in allen Universen! Frieden in euren Herzen! Gott zum Gruße! Es verabschieden sich in inniglichem geistigen Verbundensein, in Dankbarkeit, Freude und großer Liebe all jene, die mit euch träumen, die bei euch sind allezeit. Es sprach Carola.

Der Traum von der Freiheit für alle

16. August 1997

Da die Ausführungen über den Zeitbegriff unserer tiefsitzenden Vorstellung von der Trennung in Vergangenheit, Gegenwart und Zukunft zuwiderläuft und für viele nicht schon beim ersten Hören nachzuvollziehen ist, schließen wir hier die im Seminar gegebenen Erläuterungen von Susanne an.

Das Thema wurde behandelt, weil wir uns vom Faktor Zeit zu stark unter Druck setzen lassen. Einer schönen Vergangenheit trauern wir nach und empfinden sie als verloren. Eine unglückliche Vergangenheit halten wir in der Erinnerung fest und leiden weiter an ihr. Dabei versäumen wir, die Gegenwart zu leben.

Unsere sogenannte Vergangenheit, und nicht nur die unserer jetzigen Inkarnation, ist vielfach ein Hemmschuh für uns. Das Bewußtsein in uns, daß wir aus einer besseren, schöneren Heimat kommen, läßt das Hier und Jetzt schwer erträglich erscheinen. Aus diesen Gefühlsenergien entstehen unbewußte Blockaden, weil wir uns nicht für Lernprozesse öffnen, die in der Gegenwart anstehen und für die wir eigentlich hierhergekommen sind. Oder aber wir sind angestrengt damit beschäftigt, für unsere Zukunft zu sorgen, uns also «Sorgen zu machen». Dabei fallen wir auch hier leicht in eine Überreaktion, nehmen die gegenwärtigen Aufgaben nicht wahr, weil wir auf diese Trennung von Vergangenheit, Gegenwart und Zukunft fixiert sind.

Mir wurde während der Durchsage ein Bild gezeigt. Unser Planet war von einem energetischen Würfel umschlossen, der die Atmosphäre der Erde darstellte. Auch die anderen Planeten hatten energetische Würfel um sich. Und es fügte sich Würfel an Würfel, und das ergab unser Sonnensystem. In dem Würfel um den Planeten Erde war Bewegung, er lebte, die Atmosphäre schwang. Und diese Grundschwingung, dieser Rhythmus in der Atmosphäre war die Lebensfrequenz aller irdischen Lebensformen. Ich sah, daß es eine einheitliche Schwingung war, daß aber die Menschen mit ihrem Bewußtsein, in ihren Bildern und auch in ihren Empfindungen Trennungen vornahmen. Sie trennten diese fließende Bewegung in drei Abteilungen und nannten die eine Vergangenheit, die andere Gegenwart und die dritte Zukunft. Und sie nannten die erste Abteilung Kindheit, die zweite Erwachsensein und die dritte das Alter.

Mit dieser Vorstellung lebt der Mensch auf der Erde. Man hat mir gezeigt, was geschehen würde, wenn wir die Striche zwischen den Abteilungen ausradierten. Dann gibt es nicht mehr das Kind, dessen Kurve nach oben geht, wieder abfällt und zum Ende führt. Wir hätten wieder ein harmonisches, einheitlich schwingendes atmosphärisches Feld, in dem sich die Bewegungen gleichmäßig und gleichbleibend harmonisch wiederholen.

Stellen wir uns jetzt einmal vor, daß wir aus dem Würfel eines anderen Planeten, also aus einer anderen Dimension, in den Würfel, der sich um die Erde befindet, eintauchen. Es entsteht durch dieses Eintauchen eine neue äußere Lebensform, der Erdenmensch, das Kind. Aber das ist kein Anfang. Der Anfang liegt ganz woanders. Nur weil die Atmosphäre hier anders schwingt als dort, wo wir herkommen, nehmen wir eine äußere Lebensform an, die der irdischen Grundschwingung entspricht. Und während wir uns entwickeln, verändert sich unsere äußere Lebensform, aber nicht, weil Zeit vergeht, wie wir meinen. Denn Zeit existiert wirklich nur in unserer Vorstellung. Es verändert sich nur die äußere Lebensform. Das Problem ist, daß unser Bewußtsein so von ihr beeindruckt ist, daß sie darin den Lebenszweck sieht. Das ist unsere Begrenzung und unser Verhängnis, und das ist die Macht, die wir dadurch dem Faktor Zeit eingeräumt haben.

Wir müssen uns bewußt sein, daß die äußere Lebensform eine Voraussetzung dafür ist, daß wir in diesem Würfel existieren können. Der Würfel schwingt immer gleich. Alles Leben ist diesem Schwingungsmuster unterworfen. Sein Rhythmus ergibt sich aus der Drehung des Planeten um seine eigene Achse, seiner Drehung um die Sonne und aus den Schwingungen, die von den Lebensformen auf diesem Planeten ausgehen. Wenn wir sehen, daß die äußere Lebensform gerade in diesem Würfel, der die Erde umschließt, sich so schnell von der Kindheit zum Alter verändert, besagt das nur, daß die geistigen Energien in diesem Lebensraum in einem bestimmten Rhythmus, in einem bestimmten Takt pulsieren.

Zwar kommen die geistigen Energien und Impulse immer mit der gleichen Geschwindigkeit aus dem Kosmos, aber sie können wegen der Dichte auf der Erde hier die Materie nicht so schnell durchdringen wie in anderen Dimensionen, wo die Lebensformen leichter, feinstofflicher sind. Stellt euch Wellen von Licht, von geistigem Bewußtsein vor, die ständig in den Würfel hineinströmen, aber durch die Dichte der Materie in der Geschwindigkeit abgebremst werden. Deshalb wird hier die Materie relativ langsam und wenig mit Licht versorgt, und deshalb altern die Lebensformen für unser Verständnis schnell. Die kosmischen Energien aber, die der Odem Gottes sind, dehnen sich immer gleichmäßig durch das All aus und durchdringen alles. Je durchlässiger die Lebensform, um so mehr nimmt sie vom Odem Gottes auf, und um so länger bleibt sie erhalten.

Wenn wir uns bewußt machen, daß nichts anderes geschieht, als daß die sich verändernden Lebensformen auf den Rhythmus des Lebensraumes reagieren, dann ist kein Platz mehr für die Vorstellung von getrennter Vergangenheit, Gegenwart und Zukunft. Was wir in unserer sogenannten Vergangenheit als Kind auf der Erde erlebt haben, ist nicht vorbei. Die Orte, wo wir als Kind gelebt haben, die Menschen und auch die Situationen haben sich nicht aufgelöst, nur weil wir uns aus diesem Entwicklungsfeld herausbewegt haben. Nicht nur blieb das Feld unserer Vergangenheit existent, es hat sich auch weiterentwickelt, unabhängig von unserem Dasein. Wir haben die Möglichkeit, an diesen Ort unserer Vergangenheit zurückzugehen. Und wir werden feststellen, daß die Vergangenheit nicht stehengeblieben ist.

Auch das, was wir aktuell erlebten, als wir noch körperlich in diesem Entwicklungsfeld anwesend waren, ist nicht vorbei und vergangen. Das ist nur eine Vorstellung. Alles, was wir erlebt, empfunden, gedacht und gefühlt haben, ist als Erfahrung im Bewußtsein unserer Zellen und in unseren Genen gespeichert. Und es ist ebenso in der Atmosphäre, in dem, was wir die Akasha-Chronik nennen, gespeichert, das heißt, es ist auf ewig gegenwärtig, und zwar genau so, wie es damals gewesen ist.

Wir werden uns in unserem Bewußtsein, in unseren Fähigkeiten so entwickeln, daß wir unsere sogenannte Vergangenheit besuchen können. Das heißt, wir werden den Schlüssel für die Akasha-Chronik in Händen halten. Aus ihr können wir auch die kommenden Entwicklungen ersehen. Das hat nichts mit Vision oder Hellsehen zu tun, sondern es sind natürliche Folgeabläufe. Wir haben etwas in Gang gesetzt, was Resultate zeigen wird. Das Muster unserer sogenannten Zukunft ist energetisch bereits gestaltet, kann aber ständig noch von uns verändert werden. Das ist einer der Gründe, warum sich nicht alle Prophetien bewahrheiten. Es wird aus der Akasha-Chronik jeweils nur abgelesen, wie das energetische Schöpfungspotential aussieht, das bereits vorhanden ist.

Doch zurück zum atmosphärischen Kubus. Ein Lebensraum unterscheidet sich also vom anderen durch die Frequenz, das heißt durch die Geschwindigkeit der darin vorhandenen Grundschwingung. Wir haben gesagt, je mehr Licht eine Lebensform in sich aufzunehmen fähig ist, um so länger kann sie sich erhalten. Wenn wir in der geistigen Sphäre sein werden, hat unser geistiger Körper fast nichts mehr an Materie, und der Geist, der Odem Gottes, trifft kaum noch auf Widerstand. Je purer und ungebremster eine Lebensform die geistige Energie Gottes in sich aufnehmen kann, um so näher ist sie natürlich bei Gott.

Nicht nur der Mensch oder die Tiere oder die Pflanzen auf einem Planeten bestimmen, ob die Frequenz erhöht wird. Der Planet selbst ist auch ein lebendes Wesen, er hat ein Bewußtsein und ein Anrecht auf Evolution. Und wenn nun die einzelnen Lebensausdrucksformen sich gegen eine vom Planeten gewollte Evolution sträuben, gibt es Spannungen. Genau das ist unsere Situation auf der Erde. Sie möchte in eine höher schwingende Dimension aufsteigen. Es gibt Menschen, die diesen Wunsch teilen, und es gibt andere, die dies nicht tun. Das ist die Konfrontation, die Spannung. Die Seele der Erde hat lange schon zu Gott um Hilfe, ja um den Tod ihres physischen Seins gebeten, so sehr hat sie unter den Menschen gelitten. Und uns wurde gesagt, daß Gott den Hilferuf gehört und beschlossen hat, die Erde in ein neues Sein zu führen.

Menschen, die aufgrund ihrer Entwicklung, ihres Bewußtseinsgrades kein Verständnis für die Evolution der Erde aufbringen, tragen in sich den geistigen Samen jener Schöpfergötter, die nicht nach dem göttlichen Auftrag handelten, sondern ihren eigenen Willen verwirklichten. Dadurch fielen sie in eine sehr viel niedrigere Schwingungsfrequenz. Deshalb wird oft vom Fall gesprochen. Mit der Verlangsamung der Schwingungen entfernten sie sich von Gott und vergaßen schließlich, daß es einen Schöpfer gibt, der sie erschaffen hat. Die Quintessenz der gesamten Entwicklung ist: Wenn die Schöpfung sich wider den eigenen Schöpfer erhebt, geht sie in das Leid. Das ist eine Erfahrung, die der Urschöpfer zugelassen hat, um Seinem geistigen Geschenk gerecht zu werden, daß der freie Wille niemals angetastet wird.

Und so lernen die Lebensformen, die einen durch Leid, die anderen in Freude, daß es schließlich nur einen Schöpfer gibt und daß ohne diesen einen kein anderes Wesen existieren würde. Und sie lernen auch, daß sie besser fahren, wenn sie ihren freien Willen dem Willen ihres Schöpfers unterstellen. Aber Gott wollte nicht, daß die Schöpfung das blind glaubt, sondern Er wollte, daß die Schöpfung dies durch bewußte Erfahrung erkennt. So ließ der Urschöpfer zu, daß Seine Geschöpfe sich in Leid, Krankheit und Krieg verwickelten. Aber Er hat auch vieles veranlaßt, um diesen «Gefallenen» zu helfen. So sandte Er immer wieder Engel, Propheten und Lichtarbeiter auf die Erde, damit auch dieser Teil der Schöpfung erkennt, daß er nur eine falsche Codierung hat, aber trotzdem göttliche Schöpfung ist.

Wir Menschen sind durch unsere Chakren mit anderen Dimensionen verbunden. Unser jetziges Bewußtsein ist gerade dabei, sich für die Erkenntnis zu öffnen, daß wir nicht nur mit der Erde zu tun haben, auf der wir uns als lebende Wesen empfinden können, sondern daß auch unsere Nachbarplaneten uns geistig vertraut sind. Auf anderen Planeten gibt es Menschen, die sich ihrer geistigen Verbindung nicht nur mit den Planeten des eigenen Sonnensystems, sondern auch mit den Planeten anderer Sonnensysteme bewußt sind. Und wieder andere Planetenvölker sind in ihrem Bewußtsein bereits so weit geöffnet, daß sie sich ihrer Beziehungen zu anderen Galaxien erinnern.

Aber uns soll heute interessieren, warum wir hier sind und in welchem Stadium unserer Entwicklung wir uns befinden. In unserem Lebensumfeld stellen wir deutlich fest, daß sich die Geister scheiden. Langjährige Bekannte werden uns plötzlich fremd. Wir müssen feststellen, daß sie eine völlig andere Ausstrahlung haben, einen völlig anderen Lebensplan. Wir nehmen zwei verschiedene Entwicklungslinien nebeneinander wahr, die in Konfrontation geraten. Und was geschieht, wenn Energien aufeinanderstoßen? Eine Seite muß nachgeben. Hierbei kommt es nicht darauf an, daß eine große Mehrheit der Menschen für die niedrigere Frequenz eintritt. Es ist ein geistiges Gesetz, daß eine Schwingung hoher Frequenz um ein vielfaches stärker ist als eine von tiefer Frequenz.

Als wir noch den Auftrag hatten, in den Astralbereichen Seelen zu befreien, die gegen ihren Willen festgehalten wurden, traten manchmal gewaltige Heere dunkler Wesen an, die nicht bereit waren, ihre Gefangenen freizugeben. Mit unserer kleinen Gruppe hätten wir nach menschlichem Ermessen nie eine Chance gehabt. Damals wurde uns gesagt, daß die, die mit dem Licht und der Liebe arbeiten, um ein vielfaches stärker sind als jene, die mit sehr niedrigen Schwingungen arbeiten, und daß die geistige Kraft eines Lichtarbeiters immer größer wird, wenn er seine Entwicklung kontinuierlich vorantreibt.

Eine kleine Gruppe von Lichtarbeitern auf der Erde wird eigentlich nur benötigt, um als Resonanzfläche und Transformator zu dienen. Wir haben die Aufgabe, inmitten der dunklen Energien uns mit unserem Ursprung zu verbinden, Licht und Kraft aufzunehmen und auszustrahlen. So kann durch uns eine Kraft wirken, die sehr viel größer ist als wir. Wir können daran mitarbeiten – und dies war und ist unser gemeinsamer Traum –, auch dem anderen Teil der Schöpfung schließlich die Freiheit zu verschaffen. Denn diese Menschen entscheiden nicht aus ihrem freien Willen. Aber das wissen sie nicht. Sie entscheiden aus ihrem Verstand heraus, aber nicht in Freiheit, sondern sie reagieren als die Nachkommenschaft des Samens, der aus dem Willen der anderen Schöpfergötter gesät wurde.

Zurück zu unserem Bild! Der Urschöpfer hat also am Anfang, bevor die Schöpfung realisiert wurde, gesehen, daß nicht alle Seinem Willen folgen werden. Und Er hat ebenso die Konsequenzen, die sich zwangsläufig daraus ergeben, vorausgesehen und auch bereits Vorkehrungen getroffen, daß Hilfe da ist, wenn dieser Zustand eintritt. Die Hilfe bestand unter anderem in dem Auftrag an uns. Genaugenommen war es kein Auftrag, den wir empfingen, sondern uns wurde nur der Plan der Schöpfung gezeigt, der Werdegang und die Resultate. Und wir sahen, daß der Schöpfer über das Kommende weinte. Er weinte nicht darüber, daß ein Teil Seiner Geschöpfe sich gegen Ihn erheben wird, sondern darüber, wie sie leiden werden, wenn sie diesen Weg gehen. Und wir weinten mit dem Urschöpfer und beschlossen, Ihm zu dienen, dieses Leid aufzulösen. Das war unser Traum und ist immer noch unser Traum: zur Erde zu gehen und den Irrtum aufzudecken, damit alle Geschöpfe aus wirklich freiem Willen entscheiden können.

Aber dies haben die anderen Schöpfergötter ebenso vorausgesehen, denn zum damaligen Zeitpunkt waren sie vollkommen und göttlich. Und sie trafen Vorkehrungen, um dem Akt der Hilfe entgegenzuwirken. Sie legten um die Erde einen Ring aus Dunkelheit, um ihn hermetisch gegen die Einwirkungen des Lichts abzuriegeln. Die Lebensformen auf diesem Planeten sollten nur von ihnen, den abgefallenen Schöpfergöttern, geistige Impulse beziehen. Da das Licht und die Liebe aus dem Kosmos, um sich auf der Erde zu manifestieren, eine Resonanzfläche brauchen, mit der sie sich verbinden können, hat Gott immer wieder Propheten und Heilige auf die Erde entsandt und vor 2000 Jahren sich selbst in der Gestalt Jesu inkarniert. So gelangte trotz des dunklen Ringes das Licht auf die Erde, und es gab die Möglichkeit einer anderen Wahrheit, einer anderen Philosophie, es gab einen Gegenpart. Und der Kampf von Schatten und Licht begann. Und der tobt bis heute.

Es ist nicht so, daß wir auf der Erde nichts bewirken konnten. Allein durch unsere Gegenwart, durch unsere Art zu denken und zu leben, sahen sich viele veranlaßt, sich mit Möglichkeiten auseinanderzusetzen, die sie sonst nie in Erwägung gezogen hätten. Auch wenn sie diese Möglichkeiten jetzt nicht für sich in Anspruch nehmen wollen, nehmen sie eine Information auf, die sich in ihrem Unterbewußtsein speichert. Und irgendwann wird die Information aktiviert. Manche entschließen sich noch in der verbleibenden Phase, den Evolutionssprung mitzumachen. Bei anderen wiederum kommt die Aktivierung sehr viel später. Sie werden sich in einem Lebensumfeld wiederfinden, das ihrer Schwingungsfrequenz entspricht. Dort werden sie mit Erfahrungen, mit Situationen und Begegnungen konfrontiert werden, die die Information in ihrem Unterbewußtsein reizen und aktivieren. So werden auch sie an den Punkt geführt, wo sie aufwachen und in die Freiheit gehen.

Wir dürfen Menschen nicht überfordern. Wenn sie nicht annehmen wollen oder können, was wir ihnen an Hilfe geben möchten, sollten wir darüber nicht enttäuscht sein. Oft kommen sie wirklich aus einer anderen Ebene. Wir können von einem Fisch nicht erwarten, daß er fliegt. Dennoch ist das manchmal unsere Erwartung. Wohl dürfen wir dem Fisch erzählen, daß er, wenn er will, sich entwickeln kann und nicht im Wasser bleiben muß. Unser Auftrag ist nur, einen Samen zu legen, nicht, dem anderen etwas aufzudrängen, was er nicht nachvollziehen kann. Unser Auftrag ist, ein lebendiges Beispiel zu geben und dann wieder zu gehen. In unserem Amt als Lichtarbeiter haben wir allzuoft aus Nichtwissen, was wirkliche Liebe ist, versucht, Menschen zu helfen, ohne die nötige Rücksicht auf ihren Bewußtseinsstand zu nehmen, und sind in die Gefahr geraten, zu manipulieren.

Bei den Lichtarbeitern müssen wir unterscheiden zwischen denen, die sich klar für die Erdenmission entschieden haben, und denen, die zwar auch dem Licht dienen wollen, aber vor allem hierhergekommen sind, um ihre ungelösten karmischen Aufgaben abzuschließen. Die Erdenmission umschließt einen konkreten, aber auch eingegrenzten Auftrag: die Menschen über den kosmischen Evolutionsplan zu informieren, sie auf die äußeren Geschehnisse in der Zeit der Umpolung und auf den Aufstieg vorzubereiten und andere Lichtarbeiter aufzuwecken.

Wenn man die alten Kalender zugrundelegt, wird die Erde spätestens im Jahre 2012 in einer anderen Dimension sein. Warum enden die alten Zeitrechnungen 2012? Wie wir gesagt haben, ist in dem Feld, das wir Vergangenheit nennen, die Zukunft bereits energetisch und geistig erschaffen, und man kann sie an der Akasha-Chronik ablesen. Die Menschen, die diese Kalender erstellten, konnten das geistige Zukunftsfeld nur bis zu diesem Datum ablesen, weil sie zu der fünften Dimension, in der die Erde sich danach befindet, von ihrer Eigenschwingung her keinen Zutritt hatten. Für diesen Raum der Akasha-Chronik hatten sie noch keinen Schlüssel.

TEIL VI

Die göttliche ICH BIN-Gegenwart in uns

Die inwendige göttliche Geistesflamme

20. Mai 1998

Bei fast allen Treffen im privaten Kreis und auch in den wenigen TERRAMOR-Veranstaltungen, zu denen uns die geistige Welt im Jahre 1998 rief, trat vor allem ein Thema beherrschend in den Vordergrund: die Gegenwart des göttlichen ICH BIN im Menschen. Auf unterschiedliche Weise und immer dringlicher wurden wir aufgefordert, «die letzte große Aufgabe» zu erfüllen, die darin bestünde, daß wir uns des göttlichen Teils in uns bewußt werden, daß wir «Gott in uns» anerkennen und Ihm alle Entscheidungsgewalt übertragen, um immer mehr aus Ihm heraus zu leben.

Es ist also zunächst ein Akt der Bewußtwerdung, der uns aufgegeben ist. Wir sollen uns unser «wahres Sein» vergegenwärtigen. Was aber ist unser wahres Sein, unsere wirkliche Identität? Der erste Schritt zu ihrer Erkenntnis besteht darin, daß wir uns nicht länger mit dem Körper identifizieren: Wir sind nicht der Körper, sondern wir haben einen Körper. Der weitere Schritt ist die Anerkenntnis, daß wir auch nicht unsere feinstofflichen Körper sind, denn auch sie sind noch stofflich, aus geistiger Sicht also materiell. Wir sind vielmehr ein ewiges Bewußtsein, eine immaterielle, das heißt spirituelle Seele, und jede Seele ist direkt mit Gott verbunden, ja ist Teil Gottes. Von Gott, dem göttlichen Geist, kann eigentlich mehr nicht gesagt werden als: Er IST. Von sich selbst sagt Er: ICH BIN der ICH BIN. Jedes Wesen, das zu dem Bewußtsein erwacht ist, immaterielle, ewige Seele zu sein, und das die Überseele, Gott, in sich anerkennt und wirken läßt, lebt aus dem ICH BIN-Bewußtsein und trägt auf seiner Stirn das Siegel ICH BIN der ICH BIN.

«Ich throne inmitten deiner Zellen, und durch das Feuer Meines ewigen Geistes bist du das ICH BIN» – so heißt es in der Botschaft «Weil Ich dich liebe».

Gott in uns, dieses zentrale Thema der Religionen, entzieht sich letztlich unserem rationalen Verständnis. Um diese Gegenwart zu erfahren, bedarf es vor allem der meditativen Übung – und der Demut: Mut, sich zu Gott zu bekennen. Zu Recht hat man im Umfeld der Kirchen davon gesprochen, daß sich dieses Geheimnis nicht einer disputierenden, sondern nur einer «knienden Theologie», also einer Theologie der Verehrung und Anbetung, erschließe. Indes ist auch zu bedenken, was Herakles an einer Stelle anmerkt: Er und die Seinen hätten beobachtet, daß sie ihre Informationen immer wieder so übermitteln müßten, «daß euer irdisch-menschlicher Verstand dies nachzuvollziehen vermag».

So werden wir im folgenden möglichst viele Texte zur Erklärung heranziehen in der Hoffnung, auf diese Weise auch unseren Verstand als freudigen Mitarbeiter bei dieser großen Aufgabe zu gewinnen. Da die Botschaften von unterschiedlichen Situationen oder Fragestellungen der Zuhörer ausgingen, beleuchten sie das Thema jeweils aus einer leicht anderen Perspektive. Diese Tatsache wie auch die damit verbundene Wiederholung wichtiger Aspekte mögen durchaus von Vorteil sein. So können die zunächst ungewohnten Gedankengänge uns mit jeder Lektüre vertrauter werden, und das neue Wissen kann sich jedesmal tiefer in uns verankern.

Wir wählen als erste Einführung einen im kleinsten Kreis gesprochenen Text von Herakles, der Schwierigkeiten der Anwesenden in ihrem äußeren Lebensumfeld zum Anlaß nahm, sie über die unerschöpflichen Möglichkeiten der Hilfe aus dem ICH BIN aufzuklären.

Gott zum Gruße! Herakles ist gesandt, der euch vertraut ist von alters her. Zu Beginn unserer Begegnung habe ich den Auftrag, euch auf das herzlichste willkommen zu heißen und euch aus der großen, unerschöpflichen Liebe des Sohnes zu grüßen. Ebenso sind euch durch diesen sprechenden Mund die Liebesbekundungen jener geistigen Wesenheiten zu übermitteln, die euch zur Seite gestellt sind, um euch auf diesem Weg der Entwicklung, der geistigen Entfaltung und des Erwachens zu beschützen und zu begleiten. Ihr seid augenblicklich nicht nur umgeben von euren geistigen Führern. Ihr seid umgeben von einer Vielzahl geistiger Freunde, Lichtboten und Helfer, die diese Unterweisung mit ihren Liebesenergien unterstützen. Es ist die Aufgabe und der Wunsch dieser Wesen, das, was euch heute übermittelt werden soll, in der Tiefe eures menschlichen Verständnisses zu manifestieren, um die augenblicklichen Begrenzungen liebevoll aufzuheben, damit wirksam werden kann, was vom Boden eurer Seelenebenen verzweifelt sucht, sich in eurem menschlichen, irdischen Leben auszudrücken, und was durch euer Unverständnis noch nicht den Weg und die Manifestation in die physische Realität finden kann.

Ich, Herakles, spreche in großer Freude zu euch, doch meine Botschaft und mein Aufschließen der göttlichen Weisheit und der Lebensgesetze betrifft nicht nur euch und eure augenblickliche Situation, sondern all jene, die mit euch gemeinsam im Kreise der Suchenden, der Findenden diesen Weg beschritten haben. Auch ihnen gilt diese Botschaft, denn gemeinsam seid ihr im Geiste gewachsen, habt euch entwickelt und euer Verständnis ausgedehnt. Ihr seid nun alle an einem Punkt angekommen, da ihr vermeint, auf Stagnation und Widerstand zu stoßen. Es ist ein Gnaden- und Liebesgeschenk eures Bruders Jeschua, der mich gewiesen hat, euch als einer Art Vorhut jene Weisheit zu übermitteln, die dann im weiteren Zeitablauf auch an die gelangen soll, die eure Brüder und Schwestern im Geiste sind.

Wißt also, die äußere Lebenssituation stagniert, weil der Augenblick gekommen ist, wo ihr das abgeschlossen und vollendet habt, was euch an Aufgaben gestellt worden war. Ihr befindet euch augenblicklich vor jener letzten Aufgabe, die es zu erfüllen gilt, damit ihr aufsteigen könnt und in den höheren Schwingungsdimensionen lebensfähig seid.

Dies ist für euch der Augenblick einer Umkehr, denn ihr seid nun aufgerufen, alles, was ihr in eurem äußeren persönlichen Leben, mit eurer äußeren Persönlichkeit sucht und zu manifestieren wünscht, nicht mehr von außen zu wünschen und zu erhoffen. Ihr habt euch verirrt. Ihr habt all eure Kräfte, all eure Aufmerksamkeit mit großer Konzentration und manchmal beinahe mit Ehrgeiz in das Bemühen gelenkt, die äußeren Lebensumstände aus dem Teil eures Menschseins zu vervollständigen, der unvollkommen, der unwissend und unfähig ist. Ihr habt aus der äußeren Persönlichkeit heraus gehandelt.

Nun ist der Augenblick gekommen, da ich euch bitte, alle Aufmerksamkeit und Konzentration auf das Inwendigste eures Seins zu lenken. Es ist die Aufgabe eines jeden von euch, sich mit seinem äußeren Bewußtsein an die inwendige göttliche Flamme zu wenden. Ihr tragt in euch den Geist des Vollkommenen, des Göttlichen. Diese Geistesflamme ist die Manifestation des göttlichen Bewußtseins ICH BIN. Es ist der göttliche Anteil in euch, der aus der Ebene eures äußeren, persönlichen Ichs nun bewußt aufgerufen werden muß, von nun an die Herrschaft über euch zu übernehmen.

Bisher habt ihr aus den unterschiedlichen Aspekten und Bewußtseinsebenen eures menschlichen Ichs gehandelt. Nun werdet ihr herzlich und inniglich gebeten, eure Verehrung, euren Dank und eure Aufmerksamkeit nicht mehr nach außen zu lenken, euch nicht mehr zu bemühen, aus dem Ich voller Mühsal und Zweifel und manchmal in Schmerz und Unsicherheit mit den menschlichen Kräften und den Möglichkeiten des irdischen Verstandes euer Leben zu vervollkommnen. Dies wird euch allezeit unmöglich sein. Eure augenblickliche Lebenssituation will euch zeigen, daß ihr von nun an nicht mehr aus dem menschlichen, persönlichen Bewußtsein heraus wirken sollt, auch wenn es bereits viele geistige Erkenntnisse über die Gesetze des Lebens gelernt und integriert hat. Wir bitten euch, daß ihr eure Aufmerksamkeit auf das göttliche ICH BIN-Bewußtsein lenkt und dieses Bewußtsein in euch als heilig, als vollkommen anerkennt. Es muß von eurer äußeren, menschlich-irdischen Persönlichkeit die Anerkennung der eigenen göttlichen Vollkommenheit, des göttlichen ICH BIN erfolgen.

Wenn diese Anerkennung stattgefunden hat, lernt, von nun an in jeder äußeren Situation, bei jeder Entscheidung, bei jedem Wort und bei jedem Gefühl, das ihr erstellt, nicht mehr aus dem äußeren Ich, aus der weltlich-irdischen Persönlichkeit zu handeln, sondern euch mit eurer Konzentration und Aufmerksamkeit in jeder scheinbar noch so unwichtigen Situation mit eurem Bewußtsein in das Innerste, in das göttliche ICH BIN, zu begeben. Ermächtigt von nun an diese Ebene in euch, alle Zellen, alles Sein zu durchdringen, bis göttliche Weisheit und göttliche Liebe euch vollkommen durchdringen.

Nun gilt es, die unbewußte Spaltung aufzuheben und den äußeren Menschen mit seiner Persönlichkeit nicht mehr von dem inwendigen göttlichen ICH BIN abzutrennen. Wenn ihr in die höherschwingenden Lebensbereiche aufgestiegen seid – was euch als Erbrecht verliehen wurde und was euch alsbald bevorsteht –, so werdet ihr auf eurer Stirn geistig das Zeichen des Sohnes tragen. Das Zeichen, das dort zu lesen sein wird, ist: ICH BIN. Nur jene Seele, welche das ICH BIN in vollkommener Göttlichkeit im eigenen Sein anerkennt, wird fähig sein, den Aufstieg in sich und außerhalb des Ichs zu vollziehen. Die Aufgabe lautet also, die Vollkommenheit, die eurer Seele naturgemäß innewohnt, anzuerkennen und euch nicht durch falsches Denken, durch falsche Demut oder aber durch fehlgeleitete Aufmerksamkeit immer wieder selber zu verführen, Kräfte durch Aktionen im äußeren menschlichen Sein zu vergeuden.

Geht von nun an in der Weise vor, daß ihr euch in eurem Lebensbereich in keiner Weise mehr gestattet, auf der Ebene des menschlichen äußeren Seins Angst und Zweifel in euch aufkommen zu lassen. Beginnt von nun an, ständig selber zu euch zu sagen: «In mir ist Göttlichkeit.» Nicht, daß ich Gott bin, nein. Das wäre Hochmut. Es gibt einen einzigen Schöpfergott, aus dessen Güte, Weisheit und Liebe alles geformt und geschaffen ist. Aber ihr seid ein Teil dieses vollkommenen Gottes, und dieser göttliche Teil in euch ist quantitativ noch zu gering. Das äußere Bewußtsein der Persönlichkeit hat ihn noch nicht anerkannt, diesen inwendigsten, göttlichen, vollkommenen Teil. Diesen gilt es zu beleben, diesem gilt es, die Freiheit zu geben und den Auftrag zu erteilen, von nun an alles in eurem Leben zu lösen. Laßt die innere Göttlichkeit von nun an in eurem äußeren Lebensbereich tätig werden, und ihr werdet mit staunenden Augen erschauen, daß sich jede Stagnation, jede Starrheit und jedes Übel oder Leid in Freude, in Leichtigkeit von selbst auflösen werden.

Dies ist die Situation, in der ihr euch befindet: Die Seele drängt und strebt aus sich heraus danach, die Göttlichkeit, die Vollkommenheit im

Äußeren, im Persönlichen auszudrücken. Der menschliche Wille, die falsche Vorstellung und das falsche Bestreben, alles aus dem Eigenen zu tun, verhindern, daß ihr in den äußeren Bereichen Vollkommenheit erwirkt. Was euch gezeigt werden will, ist, daß ihr von nun an von euren Bemühungen ablaßt, euch aus der Ebene der äußeren Persönlichkeit zu betätigen. Wir haben die Ernsthaftigkeit und den Eifer beobachtet, mit denen ihr gesucht habt, alles, was ihr von der göttlichen Weisheit gelernt und verstanden habt, im Äußeren anzuwenden und zu transformieren. Doch laßt euch von Herakles sagen: Dies kam dennoch, viele Male gefiltert und geformt, aus der Ebene des menschlichen Verstandes, aus der Ebene dessen, was ihr Logik nennt. Und es war eingefärbt durch eure Psyche, durch das, was wir das Vorurteil nennen, durch das, was ihr euch in der Vergangenheit unbewußt als Lehren zugezogen habt, nicht aus dem geistigen, sondern aus dem menschlichen Verständnis.

Eure augenblickliche Situation ist nichts anderes ist als ein Vollenden und Abschließen, um sodann eine andere Ebene zu betreten, wo ihr beginnen werdet, nicht mehr aus eurem äußeren, persönlichen Ich die Dinge zu erkennen und aus ihm heraus zu handeln. Ihr habt euch allzusehr in den Eifer begeben, selbst alles umzuwandeln, was es in eurem Leben umzuwandeln galt. Ihr erkennt nun, daß euch dies unmöglich ist. Der Grund ist, daß ihr aus dem äußeren menschlichen Sein handeltet, und dieses ist und wird immer begrenzt sein. Nun lernt, daß in euch jener Teil erwachen will, der vollkommen und göttlich ist! Aber es kann und wird dieser Teil in euch nur wirksam werden, wenn ihr ihm eure Aufmerksamkeit zuwendet, ihn liebt, ihn ehrt und wißt: Gott ist in mir. Sucht und erhofft und erbittet nicht mehr Hilfe von außen! Stellt euch das Hohe Selbst nicht weit entfernt von euch vor! Das, woraus ihr lebt, ist im Inwendigsten eures eigenen Seins.

Eure physischen Körper sind aus Atomen zusammengefügt, und die Atome wiederum sind zusammengefügt aus dem Kern und den Elektronen, die ihn umgeben. Aus den vielzähligen Atomen und ihrem Zusammenspiel besteht also eure physische Existenz. So will ich euch heute Unterricht erteilen über das Gesetz des Lebens. Im Atomkern ist der Odem Gottes verankert, die Manifestation von Weisheit und Liebe aus Gott. Diese Schwingung göttlicher Liebe und Weisheit zieht aus dem kosmischen Urmeer, aus der Ebene der geistigen Urzentralsonne die Elektronen an sich, welche wie selbstleuchtendes geistiges Licht sind. Angezogen durch die Liebe und die Weisheit aus Gott, folgen die Elektronen dem göttlichen Ruf, begeben sich zum Kern und umschweben ihn. Es ist die göttliche Weisheit, die die Anzahl der Elektronen bestimmt, die benötigt werden, um das atomare Gefüge in die menschliche Form zu bringen. Die Liebe, die aus dem göttlichen Bewußtsein stammt, bestimmt die Geschwindigkeit, mit der die Elektronen den Kern, den Odem Gottes, umkreisen. So versteht, dieses Prinzip findet ihr in aller Existenz.

Es befindet sich nun außerhalb eures physischen Körpers in einer Entfernung von ungefähr 4 bis 16 Metern – entsprechend eurem geistigen Entwicklungsgrad – ein Feld aus reinen, fluoreszierenden Elektronen. Wenn ihr die geistige Schau hättet, würdet ihr oberhalb des Hauptes in dieser Entfernung ein leuchtendes Gold in Form einer Pyramide erblicken. Dieses geistige Feld aus reinen Elektronen von selbstleuchtendem Licht ist die Manifestation göttlicher Weisheit und göttlicher Liebe, die ständig den Kern eurer Atome nährt und am Leben erhält.

So ist es nun eure Aufgabe, das atomare Gefüge eures physischen Körpers mehr und mehr durchdringen zu lassen von den selbstleuchtenden göttlichen Elektronen, welche das göttliche ICH BIN in euch und außerhalb von euch verkörpern. Es gilt, das atomare Gefüge des materiellen Körpers in dieses elektronische umzuwandeln. Dies bedeutet, daß das göttliche ICH BIN der Vollkommenheit, der göttlichen Liebe und Weisheit in euch anerkannt werden muß. Es muß die Bereitschaft eures menschlichen Willens, eurer äußeren Persönlichkeit vorhanden sein, zu glauben und anzuerkennen, daß ihr göttlich seid. Nur wenn ihr die Göttlichkeit in euch anerkennt, hat sie die Macht und die Möglichkeit, in und durch euch zu wirken.

Arbeitet also von nun an daran, diesen Teil in euch geistig zu beleben! Gebt diesem göttlichen Teil in euch die Oberhand und die Möglichkeit, konkret ausgesprochen, den Auftrag, alles in eurem Leben zu übernehmen! Übergebt ihm vollkommene Entscheidungsgewalt, und die göttliche Weisheit und Liebe eures wahren ICH BIN werden euch ausfüllen und naturgemäß dafür Sorge tragen, daß das atomare Gefüge eurer physischen Körper sich nach und nach in vollkommenes Licht umwandeln wird. Ihr werdet fähig sein, euren physischen Körper mit der Kraft eures Willens in der Stunde, da ihr gerufen werdet, zu verändern, ihn für die äußere Welt unsichtbar zu machen und so zu gestalten, daß Degeneration nicht mehr möglich sein wird. In dem Moment, da das göttliche ICH BIN von euch die Erlaubnis und die Möglichkeit erhält, wirksam zu werden, wird die Degeneration augenblicklich gestoppt. Die Zellen werden nicht mehr ihrem naturgemäßen Verfall unterliegen, es wird Krankheit, es wird das Altern, es wird Kraftlosigkeit und es werden Leid, Not und Schmerz im Äußeren nicht mehr möglich sein.

Die Gedanken, die ihr aus Unwissenheit erstellt, durchwandern den atomaren Kern und die Elektronen, durchwandern jede Zelle eures physischen Seins und verlassen sodann euren Schwingungsbereich, um in die Atmosphäre des Ätherraumes einzutreten. Dort suchen sie, mit ihrer Eigenschwingung ihre Energiequalität und ihre Information in den kosmischen Ätherraum zu entsenden, so lange, bis alle Gedankenkraft aufgebraucht und die Energie ausgeschwungen ist. Sodann lädt sich die ausgesendete Gedankenkraft aus der natürlichen Umgebung selbsttätig auf. Sie zieht energetisch alles an, was ihr verwandt ist, alles, was ihrer Qualität, ihrer Botschaft und ihrer Programmierung entspricht, und kehrt dann zurück und dringt, von außen angereichert, wieder in euch ein, zuerst durch alle eure energetischen Körper, danach durch den physischen Körper, durch alle Organe bis in das Inwendigste des Kerns, der im Ursprung göttlich und vollkommen ist.

Die Qualität eurer Gedanken und Gefühle ist an euren Körpern sichtbar. So ihr Krankheit, so ihr das Altern seht, ist dies nicht der ursprüngliche, natürliche und gottgewählte Weg der Entwicklung. Es ist dies der abgetrennte freie Wille des Menschen, aus sich selbst, aus der Ebene des menschlichen Unbewußten die Schöpfung zu vollbringen, nicht aus der Ebene des göttlichen ICH BIN. Denkt also daran, daß die Gedanken, die von euch ausgehen, euch selbst durchwandern und eure äußere Erscheinungsform prägen.

Ihr seid nun berufen, den physischen, irdischen Tod nicht mehr zu schmecken, und ihr seid berufen, Krankheit aus eigener Kraft zu besiegen. Ihr seid berufen, alles, was ihr wünscht – und wünscht denn im Großen und seid hier niemals bescheiden –, euch selber zu erfüllen, zu realisieren. Der Prozeß, in dem ihr euch befindet, war und ist ein guter und hat nun einen Abschluß erreicht. Durch die eigene Erfahrung, die ihr durchwandert habt, seid ihr zu der Erkenntnis gewachsen, daß aus der Ebene eurer äußeren Persönlichkeit – auch wenn ihr hier die geistigen Erkenntnisse zu Hilfe nehmt – es euch niemals möglich sein wird, das zu realisieren, was den wahren Wünschen und Zielen eurer Seele entspringt.

So verlaßt also diese Ebene und lernt, Aufmerksamkeit, Kraft, Konzentration und Vorstellung nicht mehr in die Gestaltung des Äußeren zu geben, sondern geht daran, das Bewußtsein des göttlichen ICH BIN zu lieben und zu ehren. «Du sollst keinen anderen Gott haben neben dem, der dein Schöpfer ist.» Gemeint war: Ehrt nicht diesen oder jenen Gott, diese Kraft oder jenen Meister. Wenn ihr eure Aufmerksamkeit auf Meister lenkt, die außerhalb eures Wesens sind, von deren Fähigkeiten ihr beeindruckt seid, gebt ihr eure Kraft nicht in den inwendigsten Teil der eigenen Göttlichkeit. Ihr seid in diesem Augenblick unbewußt damit beschäftigt, die fehlgeleiteten Kräfte dieser Wesenheit zu unterstützen. Wenn ihr einen wahrhaften Meister unter euch habt, wird er sich nie selbst Meister nennen, er wird niemals von euch Ehre und Anerkennung fordern, sondern euch allezeit Bruder und Schwester nennen.

Der aufgestiegene Meister hat die Fähigkeit, das Elektronenlichtfeld im atomaren Gefüge seines physischen Körpers zu manifestieren. Der aufgestiegene Meister – daran erkennt ihr ihn – zeigt stets Demut, Güte, Liebe und das Bedürfnis, allezeit anderen hilfreich zur Seite zu stehen. Einem aufgestiegenen Meister ist es ein Greuel, Verehrung für sich und seine Taten zu empfangen. Der aufgestiegene Meister weiß um eure Göttlichkeit und kann sie mit seinen Augen in jedem von euch erkennen. Nur dies ist es also, was euch von mir unterscheidet: daß ihr eure Göttlichkeit in euch noch nicht anerkannt habt, daß ihr sie nicht ehrt, daß ihr sie nicht in derselben Weise schätzt, so daß ihr euren Gott und die Einheit und das, was ihr das Hohe Selbst nennt, außen sucht.

Wir haben euer Sehnen gesehen, denn eure Seelen rufen unablässig danach, wieder zu erlangen, was einstmals euer war: die Fähigkeit, aus dem inwendigsten göttlichen ICH BIN zu handeln. Es ist dieses Sehnen und Rufen, was mir die Erlaubnis erteilt und die Möglichkeit gegeben hat, heute auf diese Weise zu euch zu sprechen. So bitte ich euch inniglich, daß ihr euch nicht länger Traurigkeit und Zweifel gestattet, sondern daß ihr vielmehr eure Augen voll Freude und Dankbarkeit erhebt und dafür Sorge tragt, daß all eure Kräfte nicht mehr in äußere Betätigung, in äußere Kraftverschwendung fließen, sondern daß ihr sie nach innen lenkt, damit dieser inwendigste Teil in euch aus sich selbst heraus in göttlicher Vollkommenheit euch und euer Leben gestalten kann. Dies ist die Heimkehr, da jede Trennung in euch aufgehoben wird und ihr ins Vaterhaus zurückkehrt.

Dies bedeutet zuerst, daß ihr in die Anerkennung und das Bewußtsein heimkehrt:

«ICH BIN göttlich, ICH BIN vollkommen. Es ist nun mein Wuns daß meine äußere Lebensausdrucksform dieses Göttliche, diese Weisheit und Liebe, sichtbar widerspiegelt.»

Versteht euch als lebendige Werkzeuge und als lebendige Beispiele, die nicht durch das gesprochene Wort, durch Überzeugungskampf und Diskussion verkünden, nein. Versteht euch als lebendige Beispiele, als Bilder Gottes, die in der Dunkelheit der Erdenwelt erscheinen, die aus sich heraus leuchten und strahlen, denn göttliche Liebe und Weisheit erhellen jedwedes Dunkel ganz ohne Kampf, ganz ohne Widerstreben. Kehrt also eure Aufmerksamkeit in diesen inwendigsten Teil und nutzt von nun an jeden Augenblick, bewußt aus dieser innersten göttlichen ICH BIN-Ebene zu gestalten.

Wenn ihr denkt, fragt euch also: Habe ich diesen Gedanken aus meinem äußeren Selbst geboren? Und wenn ihr dessen gewahr werdet, so wird allein die Aufmerksamkeit auf diesen Umstand bereits bewirken, daß das göttliche ICH BIN in euch tätig wird. Es muß und soll das göttliche ICH BIN in euch nun tätig werden, und dies ist nur möglich, wenn ihr den Auftrag, wenn ihr die Erlaubnis erteilt, daß diese Vollkommenheit in euch nun wirksam wird.

Dies ist der Augenblick, da ihr erkennen sollt, daß ihr nicht außerhalb von euch, sondern innen suchen sollt, daß alles vorhanden ist, und daß es lediglich eures Verständnisses auf der äußeren Persönlichkeitsebene bedarf, damit die göttliche Vollkommenheit in euch wirksam werden kann. Übergebt also im Vertrauen, in Liebe, in Freude und in Mut alles, was euch bedrückt, diesem inneren und nicht dem äußeren Selbst. Gebt es nicht einem weit entfernten Gott in Auftrag, sondern wißt, die Zeit ist gekommen, da eure geistigen Führer einen Schritt zurückgetreten sind, nicht um euch zu verlassen, nicht um ihre Liebe zu schmälern, sondern um euch Raum zu geben, an die eigenen Kräfte, in das Wachstum zu gelangen. Allezeit seid ihr umgeben von einer Vielzahl geistiger Helfer, die in vollkommener Liebe sehnsüchtig jenes Augenblickes harren, da ihr erwacht und erkennt, wer ihr in Wahrheit seid.

Dies ist der Grund, warum sich in diesem Augenblick viele um euch gesellt haben: um diese Freude mit euch zu teilen. Denn es ist der Wunsch aller, die hier anwesend sind, ihre Liebes- und Lichtkräfte in euer Bewußtsein zu projizieren, auf daß ihr genügend Mut fassen könnt, den ihr auf der Ebene eurer äußeren Persönlichkeit benötigt, um dem Rat von Herakles aus der Weisheit des Sohnes Gottes zu befolgen. Es ist ihr Wunsch, an diesen Augenblicken teilzuhaben, wo ihr in Freuden erkennen und verstehen werdet, wo ihr diesen Rat annehmen und danach handeln werdet, wo ihr selbst – auch in der Ebene eures äußeren, persönlichen Menschseins – erleben werdet, daß ihr fähig seid, in jeder Situation, in jedem Land allezeit Glück, Vollkommenheit, Liebe, Weisheit, Schönheit, Fülle und Reichtum für euch zu erschaffen.

Es ist unwesentlich, was euch umgibt, ob ihr euch in einem Land befindet, dessen Gesetze, dessen Qualität euren Qualitäten im Innersten widerstreben. Es ist unwesentlich, ob ihr eure Wohnstatt hier oder dort aufschlagt. Dies gilt es zu erlernen: Das göttliche ICH BIN in einem jeden von euch vermag selbst im Urgrund der Hölle für sich das Himmelreich zu erschaffen. Dies ist es, was ihr erfahren sollt. Und ihr seid mitten in dieser Entwicklung, ihr seid nicht am Beginn, ihr seid in dieser Erfahrung bereits über die Hälfte des Weges gegangen.

Nehmt also die scheinbare äußere Stagnation als Zeichen und Hinweis eures göttlichen ICH BIN an: «Gib mir diesen Auftrag! Laß mich diese Aufgabe lösen, denn lange warte ich schon, die göttliche Vollkommenheit aus mir endlich durch dich fließen zu lassen.» In dem Augenblick, da ihr dem göttlichen ICH BIN gestattet, wirksam zu werden, werden die Gedanken aus dieser Ebene erstellt, und aus dieser Ebene kann und wird niemals etwas Unvollkommenes in euch entstehen. Wenn von nun an Gedanken und Gefühle aus der göttlichen Lebensweisheit in euch entstehen, werden auch diese Gedanken und Gefühle euren innersten Zellkern, das atomare Gefüge, alle Körper- und Bewußtseinsebenen mit ihrer Qualität göttlicher Weisheit und Liebe durchwandern, werden in den Ätherraum entsendet und kehren sodann vermehrt zurück. Dies ist Evolution, dies ist Transformation. Das göttliche ICH BIN-Bewußtsein wird – da es darf – sich potenzieren, und das Resultat wird zwangsläufig göttliche Vollkommenheit sein. Dies ist der Weg, und ihr lernt im Augenblick, daß ihr vollkommen frei und unabhängig seid.

Und wenn ihr denn zu wissen wünscht, was eure künftige Aufgabe ist, so wißt, die Aufgabe lautet, die eigene Göttlichkeit anzuerkennen und aus ihr zu leben. Wenn ihr dies tut, wird euch alles möglich sein, was ihr wünscht. Ihr werdet danach streben, diese göttliche Vollkommenheit mehr und mehr in eure äußere Menschwerdung zu übertragen, was zur naturgemäßen Folge hat, daß eure Körper sich verjüngen werden, daß

Krankheit keinen Zutritt mehr zu euch finden und äußere, materielle Not unmöglich werden wird.

Wenn ihr durch die eigene Erfahrung Vertrauen gewonnen habt, da sich dies sichtbar für euch realisiert, werdet ihr Freude empfinden und Mut fassen, und ihr werdet Pläne schmieden, zu denen ihr augenblicklich noch nicht fähig seid, da ihr vermeint, daß sie zu hoch gegriffen wären. Ihr habt noch nicht genügend Mut, ihr habt noch nicht genügend Vertrauen in das eigene Können, in das eigene Wirken und die eigenen Möglichkeiten. So werdet ihr künftig Aufgaben erledigen, die ich mit menschlichen Worten nicht benennen und beschreiben kann, da sie nicht im Bereich der Dreidimensionalität sein werden. Deshalb will ich euch in diesem Augenblick nicht überfordern, sondern bitte euch herzlich und inniglich: Geht und nehmt eure eigene Göttlichkeit an und lernt, aus diesem Teil zu leben!

Richtet eure Hoffnungen nicht auf den guten Willen anderer, und wartet nicht darauf, daß das Gute im Menschen siegen werde, um eure Situation zu verbessern. Gebt vielmehr der Göttlichkeit in euch, dem ICH BIN, den Auftrag: «Löse du diese Aufgabe!» Und stellt diesem ICH BIN keinerlei menschliche Vorstellung über die Lösung in den Weg, denn dies wäre eine abermalige Begrenzung und Blockierung. Gebt also dem göttlichen ICH BIN die Freiheit und die Möglichkeit, aus seiner göttlichen Vollkommenheit ungefiltert, ungemindert durch die irdisch-menschliche Meinung zu wirken. Richtet eure Hoffnung nicht auf eine von außen kommende Veränderung oder Hilfe, sondern wißt: Aus euch selbst wird alles verändert werden in der Weise, wie ihr es zulaßt und wie ihr es wünscht.

Befaßt euch von nun an also nicht mehr mit den Widrigkeiten, mit den Widerständen eurer äußeren Lebenssituation, sondern geht – je öfter, je besser – mit eurer Aufmerksamkeit in das Inwendigste eures göttlichen ICH BIN und erstellt dort Vorstellungen und Bilder von dem, was ihr wünscht, und nicht von dem, was ihr aufzuheben, was ihr zu verändern wünscht. Malt mit eurer menschlichen Persönlichkeit in der Ebene eures göttlichen ICH BIN jene Bilder, Ziele und Wünsche aus, die schon so lange in eurem Herzen wohnen, ungeachtet dessen, was euch menschlich erreichbar erscheint.

Dies ist der Weg, den ich euch heute in großer Freude und Liebe weise. Dies ist der Schlüssel, der euch alle bisher verschlossenen Türen aufschließen wird. Und es ist die letzte Aufgabe, die es in diesem alten babylonischen System, in euren noch tief schwingenden Energiefrequenzen zu erfüllen gilt. Ihr werdet euch erheben, und ihr werdet euren physischen Körper in das elektronische, fluoreszierende Gefüge göttlicher Weisheit, göttlicher Liebe, göttlicher Vollkommenheit transformieren. Dies wird der Augenblick sein, da ihr verstanden habt: ICH BIN.

Noch habt ihr dieses ICH BIN nicht verstanden, dieses: ICH BIN Geist, ICH BIN unsterblich, ICH BIN göttlich, ICH BIN Liebe und ICH BIN Weisheit. Dies gilt es anzuerkennen. In dem Maße, wie ihr dies anerkennt und an dieses Eigene in euch glaubt, kann und wird es wirken.

Dies also sind meine Worte des Abschieds. Ich ziehe mich nun aus diesem Körper zurück und bitte euch noch einmal herzlich und inniglich: Geht in eure Lebensbereiche zurück, beschaut sie euch ohne jegliche Furcht und erkennt die Weisheit der Liebe, die nicht zugelassen hat, daß ihr eure Aufmerksamkeit und Kraft weiter in dieses Gefüge lenkt. Dies ist das natürliche Resultat eurer Entwicklung, die ihr bereitwillig, ehrfürchtig und eifrig vollzogen habt. Geht weiter und erkennt: Es ist der letzte Akt, der eine Vollendung für einen jeden von euch bringen wird. Danach werdet ihr aus euch selbst fähig sein, allezeit eine jede Situation in euch und eurem Leben aus dieser göttlichen Weisheit zu erkennen und jede Aufgabe aus dem göttlichen ICH BIN-Bewußtsein in Frieden, in Harmonie, in Freude und in Leichtigkeit zu lösen. Glaubt wohl, alles, alles ist gut.

Nehmt die Liebesenergien an, die euch umgeben und nun auf euch einströmen aus den Seelen derer, die euch vertraut sind von alters her und die euch vorbehaltlos, unendlich lieben und die freudig warten, daß ihr in die Befähigung wachst, bald von Angesicht zu Angesicht vor ihnen zu stehen. All jene, die euch in diesem Augenblick ihre Liebe senden, sind diesen Weg zuvor selbst gegangen, wissen wohl um den Kampf und die Schmerzen, die diese Phase des Weges bereitet. So findet ihr Anteilnahme, Mitgefühl und Verständnis. Ihr habt aber auch die Verheißung, daß jene, die euch vorausgegangen sind, euch liebend und mit Sehnen erwarten. Dies ist der Grund, warum sie teilhaben wollen an der Überwindung des Unverständnisses, an der Heimkehr in das Haus Gottes im eigenen Selbst, an der Vereinigung dessen, was im eigenen Sein getrennt ist. Sie wollen diese Freude mit euch teilen, sie wollen ihre eigene Freude hinzugeben, damit alles seine Verwirklichung finden kann, was das Vorrecht, das Erbrecht und die Verheißung des Sohnes Gottes ist. Geht, es ist alles gut.

Es grüßen euch also die geistigen Führer. Auch ich umarme euch mit meinen geistigen Armen, gebe euch den Segen dessen, der mich gesandt hat, um diese Worte zu euch zu sprechen: Segen, Segen, Segen!

Bleibt dem Sohne treu und bleibt euch selber treu! Erkennt in euch das göttliche ICH BIN! Dies wird ein Schritt sein, durch den ihr auch mir, Herakles, um ein Vielfaches nähergerückt sein werdet, ihr, die ihr mir Brüder, die ihr mir Schwestern seid. Segen über euch! In Liebe, in Dankbarkeit nehme ich Abschied. Gott zum Gruße! Herakles.

Wie oft und mit welchem Nachdruck hat doch die geistige Welt den Teilnehmern der TERRAMOR-Seminare von der schöpferischen Kraft der Gedanken und Gefühle gesprochen! Dem hat Herakles hier eine wichtige Information hinzugefügt: Alle unsere Gedanken durchdringen sowohl die Atome und Zellen unseres grobstofflichen Körpers als auch unsere feinstofflichen Ebenen, bevor sie sich, soweit ihre Kraft reicht, in den Kosmos ausdehnen; da sie dann – aufgeladen und verstärkt – zu ihrem menschlichen Schöpfer zurückkehren, und zwar bis in die Zellatome seiner Physis, bewirken sie dort Harmonie oder Disharmonie, Gesundheit oder Krankheit und prägen mit ihrer Qualität sichtbar die äußere Erscheinungsform. Wenn wir aber, so verheißt Herakles, künftig unserem göttlichen ICH BIN gestatten, mit seiner Liebe und Weisheit unsere Gedanken und Gefühle zu steuern, kehren diese gleichfalls potenziert zurück und bewirken unsere Evolution und Transformation.

Schon in diesem Text über das ICH BIN klingt an, daß es darum geht, das Elektronenlichtfeld, das sich jetzt noch außerhalb unserer Aura befindet, mit unserem physischen Sein zu verbinden, denn es sind diese «selbstleuchtenden göttlichen Elektronen, welche das göttliche ICH BIN in euch und außerhalb von euch verkörpern.» Das Elektronenlichtfeld ist der Ort unseres achten und neunten Chakras, in denen die Prinzipien der Christusliebe und der Christuskraft verankert sind. In der 9-Chakren-Meditation dehnen wir immer wieder unsere Aura aus, bis sie schließlich das achte und neunte Chakra dauerhaft umschließt. Das weitere Ziel ist, daß das Elektronenlichtfeld unseren physischen Körper durchdringt und verwandelt, und Herakles nennt als Vorbild den aufgestiegenen Meister mit seiner Fähigkeit, «das Elektronenlichtfeld im atomaren Gefüge seines physischen Körpers zu manifestieren». Den Zusammenhang zwischen dem Elektronenlichtkörper und dem Hohen Selbst erläutert Santus in der folgenden Botschaft.

Die Lichtkörper des Menschen

12. Januar 1998

Santus, der Arzt aus den geistigen Regionen, der viele Sitzungen in TERRAMOR leitete, spricht in der folgenden Botschaft zu einer Heilpraktikerin, die ihre Patienten nach seinen Anweisungen und mit seinem Beistand behandelt. Er erklärt, daß das geistige Heilen in der Zukunft den Elektronenlichtkörper einbeziehen und dazu beitragen soll, die Trennung zwischen diesem Lichtkörper und dem physischen Sein zu beheben, damit der Mensch nicht mehr von den Impulsen bestimmt wird, die von außen auf ihn eindringen und eine Scheinidentität erzeugen. Er soll vielmehr wieder angeschlossen werden an den Strom der Eingebungen aus seinem eigenen Hohen Selbst, so daß er wieder zu seiner wahren, unbeeinflußten Identität zurückfindet.

Santus spricht an dieser Stelle auch erstmals von einer heilerischen Behandlung mit den vier Qualitäten des Lichts: Liebe, Weisheit, Wahrheit und Demut. Von ihnen war in Band 1 bereits im Zusammenhang mit der Lichtnahrung die Rede («Dein Wille geschehe jetzt!», Seite 244).

Sei herzlich willkommen, Gott zum Gruße! Ich bin in großer Freude, zu dir sprechen zu können, denn du bist uns wahrlich eine getreulich helfende materielle Hand gewesen, die Verlängerung unseres geistigen Armes zur Erdenwelt. Ich, Santus selbst, habe viele Male durch deine Hand, durch deinen Geist und durch deinen Mund gewirkt. So möchte ich dir in diesem Augenblick meine Anerkennung, meine Freude und meinen Dank kundtun. Wisse, geliebte Erdenseele, dein unbeflecktes geistiges Kleid, die Reinheit deines Herzens und deines strebsamen Geistes, deine Haltung, stets für andere das Gute zu wollen und dich selbst darüber zu vergessen, waren allezeit jene goldene Brücke, die du zu mir, zu unseren Bereichen der geistigen Heiler und ihren Wissenschaften geschlagen hast. So du auch fernerhin in dieser Haltung verweilst, habe die Gewißheit, daß Santus mit den Seinen aus den geistigen Bereichen dir allezeit über diese goldene Brücke in deinen irdischen Wirkungsbereich folgen wird, um weiter gemeinsam mit dir Geist in Geist, Seele in Seele und Hand in Hand zu arbeiten.

Du hast meinen Ruf, deine Arbeit zu verändern, in dir gespürt. Die Entwicklung auf eurem Erdball beschleunigt sich ständig, und das kollektive Bewußtsein aller geistig arbeitenden Heiler, Ärzte und Helfer öffnet sich um ein vielfaches, und dies bedeutet Zugang zu neuem Wissen aus unseren Bereichen. So verstehe, bis jetzt hast du an den Energiefeldern gearbeitet, die den physischen Körper durchdringen und ummanteln. Nun aber müßt ihr euch konzentrieren auf Energiekörper, die sich außerhalb des physischen Menschen und seiner weitgreifenden Aura befinden. Es gibt ein geistiges Energiefeld aus reinsten Elektronen, das in seiner Schwingungsfrequenz im Astralbereich manifestiert ist und in energetischer Verbindung mit dem physischen Körper steht. Und es gibt einen weiteren geistigen Energiekörper, schwingungsmäßig dem ersten angepaßt, im geistigen Bereich. Dieser wiederum ist auf der einen Seite mit dem Energiekörper im Astralbereich und auf der anderen Seite mit dem Hohen Selbst verbunden.

Verstehe den Ausdruck: «Nach Seinem Bilde wurdet ihr erschaffen». Euer Hohes Selbst, welches in der Zone der Neutralität vor dem Throne der Einheit verankert ist, projiziert aus sich ein Bild, gleichsam einen Abzug seines rein energetischen Kraftfeldes, und manifestiert es im Bereich der geistigen Welt. Dieser erste Energiekörper wird also vom Hohen Selbst erzeugt und gespeist und steht in ständiger Verbindung mit ihm. Aus diesem ersten Energiekörper formt sich gleichsam ein Lichtschatten im astralen Bereich als ein weiteres Abbild aus dem Hohen Selbst. Nun ist der Zeitpunkt für den Menschen gekommen zu lernen, seine Scheinidentitäten aufzulösen. Dies bedeutet, sich wieder mit den getrennten Energiekörpern in der astralen, in der geistigen und der neutralen Welt zu verbinden. Wenn dieser Anschluß erfolgt ist, wird der Mensch wieder fähig, sein Bewußtsein aus der Begrenzung seines materiellen Seins zu lösen.

In seiner irdischen Umgebung empfängt er ständig tausendfältige Impulse aus der Atmosphäre, aus einer jeglichen Situation und einer jeglichen Begegnung mit anderen. Nun hat er im Rahmen der kollektiven Entwicklung sein Bewußtsein mehr und mehr geöffnet, er hat die tausendfältigen Impulse aufgenommen und in sich eingefügt, um ihre Qualität zu erfassen und ihre Essenz zu verstehen. Er hat jedoch bei diesem Prozeß der Öffnung seiner Wahrnehmung und des Lernens versäumt, sich von den empfangenen Impulsen wieder zu trennen, um sich auf das Eigene zu berufen. So habt ihr Erdenmenschen in eurem Bewußtsein, in euren Gedanken und Gefühlen vieles verankert, das nicht das Eigene ist. Das, was nicht aus eurem Denken, Fühlen und Wünschen entstand, sondern von außen kam, wurde integriert und als Eigenes anerkannt. Auf diese Weise entstanden eure Scheinidentitäten. Die äußeren Impulse verbanden sich mit euren unbewußten unerlösten Aspekten, und auf diese Weise bautet ihr lange an euren Scheinidentitäten.

Ihr habt daran gearbeitet, euren Emotionalkörper und alle eure Energiefelder zu reinigen. Das war ein guter Anbeginn, doch ihr habt die Abtrennung nur für eine kurze Zeit bewirkt. Es muß euch die eigene, die unbeeinflußte Identität bewußt werden. Beginne, die Menschen dahingehend zu behandeln, daß du an dem in der Astralebene verankerten Energiekörper wirkst. Wenn du dort dein Tätigkeitsfeld eröffnest, werde ich, Santus, dir jene Bilder auf den Geist legen, die dir die Gesetzmäßigkeiten und die Kreisläufe dieses energetischen Lebenskraftfeldes zeigen. Ich werde dir zeigen, wo eine Trennung zwischen dem Menschen in seiner sichtbaren Ausdrucksform und dem Lebenskraftfeld im Astralbereich gegeben ist. Und sodann wirst du dies mit meiner Hilfe zusammenfügen. Dies wird der Augenblick sein, da der Erdenmensch die Impulse, die er aus der Atmosphäre und durch seine Begegnungen mit anderen Menschen erhält, zu unterscheiden lernt von jenen Impulsen, die – transformiert über die beiden Energiekörper – ihm von seinem Hohen Selbst gesendet werden.

Der Mensch ist deshalb erkrankt, weil er in einer Scheinwelt reagiert und lebt, die er aus Impulsen erschaffen hat, die nicht die seinen sind. Dies ist aus Unwissenheit geschehen. Nun ist die Zeitqualität eröffnet, da die Menschen wieder an die Sende- und Empfangsstationen ihres höheren Ichs angeschlossen werden. Dies allein wird ihnen die Möglichkeit geben, sich ihres wahren Selbst, ihrer wahren Identität bewußt zu werden.

Bisher hast du mit Ätherenergien gearbeitet. Dies tue weiterhin! Bei Menschen aber, die im Prozeß des Erwachens sind, bediene dich nicht nur der Ätherenergien, sondern wende dich an das Licht selbst, denn das Licht des Christusbewußtseins hat den Erdball bereits erreicht und wird nach und nach alle Schichten, alles Leben auf ihm durchdringen. Auch das Licht ist in seiner Essenz in vier Aspekte aufgeteilt. Dies sind vier in ihrer Wirksamkeit unterschiedliche Qualitäten und Prinzipien. So wisse, das Licht trägt in sich die Qualität der Liebe, der Weisheit, der Wahrheit und der Demut. Dies sind die vier Elemente der Lichtenergie. Aktiviere das jeweilige Prinzip, das du in einem Menschen zu erwecken wünschst. So also jemand zu dir kommt, der geöffnet ist, mit Lichtqualitäten behandelt zu werden, kehre tief in dein Innerstes, rufe mich und stelle mir die Frage, welche Lichtqualität ihm zur Heilung dient. Dann wirst du in deinem Geist und deinem Gefühl die Antwort finden, so wie du sie auch in der Vergangenheit gefunden hast.

Dies sei die neue Weise des Heilens. Es ist ein Anbeginn jenes neuen Wissens, das euch aus unserem Bereich zufließen soll. Uns ist es zuvor nicht möglich gewesen, dieses Wissen an euch weiterzugeben, da das kollektive Bewußtsein des Erdenmenschen noch nicht genügend gereift und vorbereitet war. Erkenne auch daran den Fortschritt eurer Zeitqualität!

Für dieses kommende Wirken bedarf es einer größeren geistigen Kraft und einer noch größeren Klarheit. Sei aber vollkommen unbesorgt! Dieses Wissen ist in dir verankert. Bevor du diese Worte vernommen hast, haben wir es in der Ebene deines unbewußten Denkens eingepflanzt ...

Laßt den Geist Gottes in euch wirken!

25. April 1998

Im April 1998 sprach Jeschua in einem kleinen Kreis über das Thema des Göttlichen im Menschen. Ein Teil seiner Worte richtete sich ausschließlich an die Anwesenden. Aus dem übrigen Teil wird im folgenden zitiert. Jeschua beantwortete auch die oft gestellte Frage, ob es noch einen Sinn ergebe, etwas für die Erde zu tun, wo doch die Veränderung aller äußeren Formen angekündigt sei.

So habt ihr also eure Plätze eingenommen. Oder hat jemand einen Platz eingenommen, der nicht der seine ist? So ihr aber in diesen Raum eingetreten seid, seid ihr eingetreten in mein Herz. Und ihr habt alle einen Platz in meinem Herzen. Gott der Vater läßt euch grüßen, und es grüßt euch der Sohn.

Ich habe in der Vergangenheit gesehen, daß ihr euch wahrlich bemüht habt, daß ihr gekämpft habt, die Lehren aus unseren Bereichen umzusetzen. Nun ist der Augenblick gekommen, da ich euch aufrufe, diesen Kampf zu beenden und vielmehr eure Augen in das Inwendigste eures Seins zu lenken, um jenen Teil in euch zu berühren, der euch helfen wird, die letzte Strecke des Weges unbeschadet und als Sieger und Vollender zu beschreiten.

Nun ist der Augenblick gekommen, da ihr lernen sollt, den Christus in euch neu zu beleben. Denn so ihr euch verstrickt in menschliche Not, habt ihr euch aus meinem Herzen herausbegeben, habt ihr euch entfernt von dem Glauben, daß ihr allezeit Gott und den Christus in euch selber habt. So rufe ich euch auf, ich bitte euch inniglich und mahne euch, von nun an jede Aufmerksamkeit eures Geistes und jede Kraft eurer Seele in jenen Teil von euch zu lenken, welcher der göttliche ist. Denn dieser ist befähigt, euch jede Not und Last, jeden Schmerz und jede Krankheit, jeden Zweifel und Kampf und jede Anfechtung fortzunehmen.

So die dunklen Arme der Unterwelt, die Machenschaften außerirdischer Kulturen euch von außen berühren und ihr um Hilfe ruft und glaubt, daß diese Hilfe nicht erscheint, habt ihr noch nicht erkannt und verstanden, daß die Hilfe, daß die Rettung immer bei euch ist. Bei jedem Atemzug, den ihr vollzieht, bei einem jeglichen Schritt, den ihr tut, sei dies im Geistigen, sei dies im Irdischen, habt ihr bei euch Kraft, Gesetz und Liebe aus Gott. Wolltet ihr doch dort hineingreifen und wolltet ihr die Göttlichkeit in eurem Selbst zu höherer Kraft entfachen, wäret ihr augenblicklich fähig, alle Disharmonie und Unausgewogenheit, allen Unfrieden und Kampf in einem Nu zu verändern. So ihr also weint über den Kampf, da ihr von außen belangt werdet, so ihr weint über die Not, da euch die Silberlinge hier und dort nicht reichen, um das, was die Pflicht euch aufbürdet, zu erfüllen, so ist dies der Augenblick, da ihr mich verlaßt, da der Glaube zu gering ist und ihr vergessen habt, wer ihr in Wahrheit seid. Geht also von nun an hin und beginnt, diesen Teil in euch in eine größere Achtsamkeit, in eine behutsamere und sorgfältigere Pflege zu nehmen.

Es ist ungenügend, daß ihr euch in Abständen oder gar regelmäßig zum Gebet, zur inneren Sammlung oder zur Meditation zurückzieht. Nun, da ihr fortgeschritten seid, tut diesen letzten Schritt, der euch zu jener Vollendung führen wird, die benötigt wird, damit ihr bald euren Platz in lichten Höhen des himmlischen Jerusalems einzunehmen vermögt. Ich bitte euch inniglich und herzlich, tut von nun an einen jeden Atemzug in dem Bewußtsein: Gott ist in euch, und ihr seid in Gott! Was also könnte euch jemals geschehen?

In jeder Situation eures alltäglichen Lebens sei dies vor eurem geistigen Auge, sei dies vor eurem physischen Auge! Laßt nicht ab und werdet nicht müde, euch jeden Augenblick gewahr zu sein: Gott ist in euch, und ihr seid in Gott! So denn abermals Not ob der zu wenigen Silberlinge herrscht, so denn allzu große Angst aufkommt, daß hier oder dort aufs neue der Kampf beginne, so werdet euch gewahr: Gott ist in euch, und ihr seid in Gott!

So ihr mit diesem Gebet, das mit jedem Atemzug in euren Zellen manifestiert wird, durch die kommenden Tage eures Daseins schreitet, wird der Geist Gottes in euch nach und nach eine jede Zelle, eine jede Ebene eures Bewußtseins, eine jede Schicht eurer energetischen Körper, ja selbst den äußersten Teil eures physischen Seins durchdringen. So ihr in den Spiegel schaut und dort Falten oder ein gebeugtes Rückgrat erblickt, so ihr dort Krankheit, Schwachheit oder das, was ihr das Altern nennt, erblickt, wißt, all dies ist menschlich, all dies ist nicht von Gott. Ihr habt die Fähigkeit und die Möglichkeit – und von nun an ist es die Bitte des Sohnes an euch –, daß ihr in den Spiegel schaut, um an dem zu arbeiten, was das Alter auch in der äußeren, physischen Form ist, um an der Vollkommenheit eures wahren Selbst zu arbeiten, so daß die Göttlichkeit sich sichtbar für jedermann nach außen kehre. Es ist das Bild des Vaters, das es neu zu beleben gilt, damit ihr wieder in die ursprüngliche Form der Liebe, der Weisheit, der Schönheit, der Kraft, der Freiheit, der Wahrheit und der Stärke gelangt. Dies ist es, worum ich euch bitte, daß ihr von nun an dafür Sorge tragt, daß ihr euch bei jedem Atemzug und jedem Augenaufschlag erinnert, daß ihr das Bild des Vaters seid.

Geht also und wißt von nun an: Ihr seid vollkommen. Und es ist die Aufgabe eines jeglichen von euch, daß er sich selbst achte, daß er sich selbst ehre, daß er sich selbst zur Schönheit, zur Gesundheit und zur Kraft verhelfe aus jenem Teil in sich, der da göttlich und vollkommen ist. Ich bitte euch inniglich, beschämt nicht den Christus in euch! So ihr glaubt, daß die äußeren Systeme dieser dahingehenden Erdenwelt sich immer noch in Macht über euch erheben können, so wißt, ist dies das Maß eures Glaubens, und erkennt, in welcher Weise ihr an diesem Bereiche arbeiten sollt. Laßt nicht ab, von nun an einen jeden Tag darum bemüht zu sein, zu wissen, wer ihr seid, zu wissen, um wessentwillen ihr in diesen Körper, in dieses Leben, in diese Zeit und auf diesen Planeten gekommen seid! Seid bestrebt, von nun an einen jeden Augenblick euer Leben so zu gestalten, daß ihr euch selber im Namen des Göttlichen liebt, achtet und ehrt und daß ihr den Geist Gottes in euch wachsen laßt, um ihn nach außen zu tragen und alles zu erfassen!

Könntet ihr doch einen Augenblick nur eure geistigen Augen erheben, um zu erschauen, was ihr in Wahrheit seid, so wäre von Stund an kein einziger unter euch mehr fähig, Angst um sich selber oder um sein Leben zu haben oder Zweifel und Unsicherheit zu empfinden.

Seid bemüht, einen jeden Augenblick Gutes zu tun! Laßt nicht ab und säumt nicht, in dieser letzten Zeit, die einem jeglichen von euch vergönnt ist, dieser Erde Gutes zu tun! Betrachtet diesen Planeten wie einen kranken Menschen, der bald in ein anderes Reich hinübergeht! Und wie ihr gelernt habt, jenen, die ihr liebt und die in den letzten Zügen liegen, alles zu geben, was ihnen zum Guten gereicht; wie ihr gelernt habt, daß euch für den Dahinscheidenden nichts zu wertvoll und zu teuer ist, so seid nun bemüht, auch für diese Erde und für alles, was darauf, darin und darüber ist, das Beste aus euch zu geben.

Was ihr diesem sterbenden Planeten gebt, wird von dem Geist, von der Seele dieses Wesens aufgenommen. Es wird im Bewußtsein festgehalten, und aus diesem Bewußtsein wird sich in dem neu erstandenen Leben des Planeten künftig alles manifestieren, was in der Erinnerung vorhanden ist. So seid bemüht, hier und dort Hand anzulegen, um dennoch einen

Baum zu pflanzen, um dennoch dieser Erde Gutes zu tun, denn es ist einzig und allein der Same der Liebe, das, was euch bewogen hat, die Handlung zu tun, was unvergänglich, unsterblich ist. Seid also bemüht, dort, wo ihr euch befindet, alles, was um euch ist, in Liebe, in Dankbarkeit zu segnen und unaufhörlich dafür Sorge zu tragen, daß es sich von Mal zu Mal im Äußeren wie im Inneren vervollkommne. Laßt euch nicht abhalten, weil ihr wißt, daß all die äußeren Formen des Gegenwärtigen bald nicht mehr sein werden, nein. Seid vielmehr bemüht und bestrebt, nichts unversucht zu lassen, alles zu bereichern und zu vervollkommnen dort, wo ihr seid und wo es euch möglich ist. Trachtet allezeit danach und wißt, nur die äußeren Formen werden vergehen! Aber was ihr aus Liebe, was ihr aus der göttlichen Weisheit in euch und aus dem Bestreben nach Vervollkommnung ausgeführt habt, dies wird euch als Ernte eurer Saaten im neuen Jerusalem, auf der neuen Erde begegnen.

Herakles wird euch weitere Unterweisungen übermitteln, die euch aufschließen werden, was das Prinzip und die Kraft des Geistes aus Gott in einem jeglichen von euch ist, damit ihr auch mit dem menschlichen Teil in euch versteht, was es zu verändern, was es zu bestärken und was es hinfortzunehmen gilt. So nehme ich Abschied von euch. Doch wißt, viele Male bin ich bei euch, und viele Male bin ich euch in der Vergangenheit unerkannt begegnet. Darum achtet ein jegliches Lebewesen, das an euch vorüberzieht! Und so ihr ihm in die Augen blickt, werdet ihr manches Mal den Sohn der Einheit und euren Bruder erschauen können. Geht mit geöffneten Augen durch alle Tage eures Daseins und wißt, ich wandle mitten unter euch, unerkannt. Und vielfältig sind meine äußeren Gestalten, da ich den Geist aus Gott in mir zu bewirken weiß. Und dies ist es, was ihr erlernen sollt, den Geist aus Gott in euch wirken zu lassen, auf daß keinerlei Not, keinerlei Gefahr, keinerlei Schmerz oder Leid oder Bedrängnis bei euch seien. Ihr sollt lernen, euch mit dem Geist Gottes über alles zu erheben und diesen Geist in die Dunkelheit dieser Zeit auszusenden, auf daß viele durch euch Mut und Trost erfahren.

Geht nun und wißt, dies ist die letzte Phase, die alsbald vollendet sein wird. Seid weise, achtet auf die Zeit und bemüht euch, den Geist aus Gott in euch zu beleben. In großer Liebe umfange ich euch. Der Segen des Vaters sei bei euch allezeit. Frieden sei mit euch! Und es grüßen euch aus weit entfernten Schiffen jene, die euch von alters her vertraut sind. Segen über diesen Tag, Segen über einen jeden von euch! Gott der Vater läßt euch grüßen, und es umfängt euch liebend euer Bruder Jeschua.

Das ICH BIN und die Kraft der Gefühle

26. April 1998

Entsprechend der Ankündigung Jeschuas sprach am nächsten Tage Herakles, der wie im ersten Kapitel dieses Buchteils auch hier seine Ausführungen über das ICH BIN mit neuen Informationen über die Kraft der Gedanken und Gefühle verbindet. Dabei stellt er wichtige Unterschiede heraus – sowohl zwischen Gedanke und Gefühl wie auch zwischen Geist und Seele. Und er weist darauf hin, daß die Aktivierung der ICH BIN-Gegenwart in uns auch den Schleier des Vergessens, der sich über unser unbewußtes Wissen gelegt hat, lüften wird.

Herakles deutet zugleich die weitere Entwicklung auf der neuen Erde an, wo viele Menschen sich mit ihrem Seelendual vereinen werden. Und er sagt voraus, daß die gereinigte Erde während des tausendjährigen Friedensreiches nur von Seelen bevölkert wird, die im Bewußtsein des ICH BIN leben.

Herakles ist zu euch entsandt und begrüßt weit über diesen Kreis hinaus jede Seele, die in den Stunden der vergangenen Zusammenkünfte mit mir verbunden war [tiefe Rührung in der Stimme], da ich als väterlicher Freund und Lehrer mitten unter euch verweilte.

So entsende ich zu all diesen Seelen das «Gott zum Gruße!» und den Liebesgruß aus der Tiefe des Herzens von Herakles. Ihr erspürt in diesem Augenblick die tiefe Rührung, die ich empfinde. Da ich meinen Geist wieder in das physische Fleisch eingeschwungen habe, nehme ich nun Teil an all euren Emotionen. So bin ich über diese Erlaubnis, noch einmal zu euch sprechen zu dürfen, in einer großen Freude, und diese Freude ist eine Energie, die ich in ein jegliches Herz weitergeben will, damit ihr daraus jene Kräfte schöpfen mögt, die euch helfen sollen, die Göttlichkeit in eurem Selbst neu zu beleben und größer zu gestalten.

Ich habe heute den Auftrag, über den göttlichen Geist in jedem Lebewesen zu sprechen. Was ich durch das gesprochene Wort nun hörbar in eure physischen Ohren entsende und somit eurem menschlichen Verstandesbewußtsein zugänglich mache, ist lediglich eine Manifestation und eine Aktivierung der Lehrstoffe, die ihr bereits in Abständen in der Vergangenheit während eures physischen Schlafes erhalten habt. Diese Ausführungen sollen euch helfen, euch die empfangenen Lehren besser bewußt zu machen in den Ebenen eures Tagesdenkens, in den Ebenen eures Verstandesbewußtseins und im Bewußtsein eures emotionalen Körpers. Denn der Emotionalkörper beginnt, nun eine besondere Bedeutung einzunehmen.

Da ihr lernen und verstehen sollt, den Geist Gottes in euch zu aktivieren, müßt ihr euch daran erinnern, daß jeder Gedanke, der von euch ausgeht, aus dem Geiste entsandt ist und sich im unsichtbaren, unmanifestierten Schwingungsraum befindet. Der Gedanke ist die geistige Uressenz eurer künftigen Realität. Um ihn jedoch in die Ebene des Physischen, Sichtbaren hinabzutransformieren, bedarf es der Kräfte der Gefühle. Denn allein die Gefühle vermögen durch die magnetische Anziehung der in den Ätherraum gesandten Gedankenkraft diese auf die Ebene der Stofflichkeit hinabzutransformieren.

So werdet euch nun auf der Ebene eures Verstandes bewußt, daß einzig und allein eure Gefühle dafür verantwortlich sind, ob sich eure Ziele und Wünsche, die im Geistigen erschaffen wurden, sichtbar in der stofflichen Realität manifestieren. Es obliegt allein der Kraft eurer Gefühle, die vom Bewußtsein eurer Seele ausgehen, welches sich über euren emotionalen Körper auszudrücken vermag, hier jene Kräfte zu aktivieren, die fähig sind, Gedankenelixiere und geistige Kräfte aus dem Universum durch den Ätherraum in die Ebene eurer Stofflichkeit zu bewegen.

Euer Geist ist ein freier und fähig, unabhängig von der Einbindung der Seele in den irdischen Körper umherzuschweifen. Euer Geist weiß jede Grenze zu überwinden und sich in jeden beliebigen Raum auszudehnen. Dies ist eurer Seele noch nicht möglich, denn sie ist innerhalb des Astralleibs im stofflichen Körper eingegrenzt. Einzig in den Phasen eures Tiefschlafs, wenn der physische Körper seine Regeneration vollzieht, ist dem Körper eurer Seele die Möglichkeit gegeben, sich aus dem Physischen herauszuheben und in jene Welten einzutreten, in die er von seinem Hohen Selbst gerufen wird, um in Begleitung der geistigen Führer jene heiligen Hallen zu betreten, wo die geistigen Lehren erteilt werden und ihr die Vorbereitungen erhaltet.

Dennoch ist eure Seele an den materiellen Körper gebunden, und es besteht zwischen dem stofflichen Leib und dem Seelenleib, welches der astrale Körper ist, die Verbindung, die ihr als die silberne Schnur kennt. Der Seelenkörper ist also an die Ebene eurer Lebensform gebunden, euer Geist aber ist frei, und er ist fähig, grenzenlos nach eigenem Wunsch und Willen umherzuschweifen. So ihr also aus eurer Geisteskraft, welche auf der Ebene eures höheren Bewußtseins in den geistigen Ebenen entsteht, eure Gedanken erschafft, erschafft ihr eure künftige Schöpfung in geistiger Art. Und es sind einzig und allein die Qualität und die Intensität eurer Gefühle und der Grad eures Bewußtseins, die bestimmen, in welcher Weise die Gefühlskraft das geistige Elixier der Gedankenkraft aus der Ebene des höheren Bewußtseins in die Ebene eures Lebensraumes hinabtransformiert.

Es ist also die Aufgabe eines jeglichen von euch, sich der Größe und Bedeutung seiner Gefühle bewußt zu werden. Denn einzig und allein auf dieser Ebene wird Schöpfung realisiert, wird Schöpfung materialisiert. Und was ihr das Gefühl nennt, ist eine Kraft, die als Bewußtseinsausdehnung von eurer Seele ausgeht.

Ihr habt in euch eine göttliche Kraft, welche euch belebt, welche euch durchdringt und welche euch in Unendlichkeit am Leben, am Wirken erhält. Es ist dies der göttliche Geist, die Lebenskraft selbst. Aus diesem Stoff, aus dem alle Universen gebaut sind und alle sichtbaren, alle unsichtbaren Schöpfungen – von diesem lebendigen göttlichen Geisteselixier seid ihr durchdrungen. Es durchfließt euch, und innerhalb dieses Stromes und dieser Kraft sind eingebunden die Weisheit, die Liebe, die Unendlichkeit und die Kraft Gottes. Ein jeder von euch trägt in sich die Weisheit Gottes, die Liebe Gottes, die Unendlichkeit, die Vollkommenheit. Und so dieser Geist in euch lebt, habt ihr die Möglichkeit, diese Vollkommenheit in alle eure Bewußtseinsebenen zu transformieren. Im innersten Kern eures geistigen Bewußtseins ist diese göttliche Urkraft des Lebens verankert. Von dort aus durchströmt sie euer gänzliches Sein.

Es ist euer Wille, der diese göttliche Kraft entweder nur teilweise oder aber im Ganzen kanalisiert. Es ist in eure freie Entscheidung gegeben, euch zu der Menschwerdung zu bekennen oder aber zu der Göttlichkeit, aus welcher ihr entnommen seid und nach welcher ihr im Ursprung und am Endpunkt eures Zieles geformt seid. Dieses Bewußtsein gilt es, in euer menschliches Verständnis zu manifestieren. Denn so dieses Bewußtsein die Ebene eures Verstandes erreicht, wird dieser naturgemäß aus sich heraus suchen, diese Bewußtseinserfahrung in die Ebene des Unbewußten weiterzugeben. So ihr über das Verstandesbewußtsein erfahrt, daß der göttliche Geist von eurem Hohen Selbst bis in eine jede Zelle eures physischen Körpers und bis in das unbewußte Sein reicht, ist dies der Augenblick, da jener Filter entfernt und jene Grenze aufgehoben wird, die euch augenblicklich den Zugang zu eurer bewußten Erinnerung der eigenen Vergangenheiten noch verwehrt.

So ihr aber noch mit eurem Willen euren menschlichen Teil stärker aktiviert als den göttlichen Teil in euch, werdet ihr aufgerufen, die Kraft eures Glaubens zu benutzen, um die Göttlichkeit in euch neu zu beleben und zu größerer Aktivität anzuregen, damit ihr mit Hilfe eurer Seelenkräfte die Elixiere aus eurem geistigen Bewußtsein anzuziehen vermögt, um sie in die Ebene eures Unbewußten zu transformieren, damit jeder Teil eures Selbst erwache, damit nichts mehr in euch schlafe, damit nichts mehr in euch unbewußt sei, daß kein Quentchen von Schatten, von Lichtlosigkeit mehr in euch vorhanden sei, daß ihr in allen Ebenen und Ausdrucksformen eures Seins das Licht in euch tragt, das Licht in euch manifestiert und es in Vollkommenheit nach außen strahlen laßt.

Dies ist die Aufgabe, die vor euch steht, denn kein Schatten soll mehr Anteil an euch haben. Das Licht soll in euch sein, und die Liebe soll in euch wohnen. Wenn ihr also in diese göttliche Vollkommenheit eures wahren Selbst zurückgefunden habt – und dies wird bald sein, eher als ihr vermeint, auch wenn euch augenblicklich noch der menschliche Verstand hierbei im Wege steht –, wißt, wird auch diese letzte Schranke aufgehoben werden, denn aus der Ebene eures Seelenbewußtseins wird euch das Heimweh der Seele zu Hilfe eilen, um jene Kräfte und Gefühle zu erzeugen, die benötigt werden, um die Geisteskraft aus den Gedankenwelten in die Ebene der physischen Realität zu transformieren.

Es wird eure Seele sein, die beginnen wird, in großer Aktivität jene Gefühle zu erzeugen, deren es bedarf, damit der göttliche Lichtfunke, die Urkraft des Lebens selbst, aus dem innersten Kern des Lebens sich in euch ausdehnt und euch gänzlich erfaßt. Es wird euch das Sehnen und es wird euch die unbewußte Erinnerung an das verlorene Paradies hierbei zu Hilfe eilen. Und eure Seele wird beginnen, jene Qualitäten der Gefühle zu formen, die euch helfen werden, das Ziel zu erreichen.

Ihr habt in der Vergangenheit gelernt, die Qualitäten der Gefühle zu unterscheiden, und ihr habt gelernt zu orten, aus welchen Bereichen sie zu euch gelangen. Ihr habt gelernt, euch von jenen Gefühlen abzugrenzen, die von außen projiziert wurden. Und ihr habt gelernt zu unterscheiden, was eigene Gefühle und was Emotionen von außen sind. So also seid ihr in eurem Verständnis, in eurer Wahrnehmungsfähigkeit geläutert und gereift. Eure Aufmerksamkeit soll nun auf eure Seelenkraft ausgerichtet sein, daß ihr von nun an jedes Gefühl, das in euch entsteht, beobachtet und wahrnehmt.

Seid nunmehr noch kritischer, seid nunmehr noch klarer in der Unterscheidung dessen, was von außen zu euch gelangt und zu dem ihr Distanz halten sollt, um aufmerksam auf das Eigene konzentriert zu sein. Kontrolliert und tragt dafür Sorge, daß die Gefühle gefördert und aktiviert werden, die euch helfen, jene Gedankenkräfte in eurem Leben zu manifestieren, die euch auf diesem letzten Stück des Weges unterstützen. Und jede andere Emotion, die euch bei diesem Unterfangen hinderlich im Wege steht, wandelt mit dem Erlernten in der Weise um, daß es euch und der Schöpfung, die euch umgibt, zum Guten und nicht zum Schaden gereichen möge.

Ich, Herakles, habe den Auftrag, euch an das Bewußtsein der Göttlichkeit im eigenen Selbst zu erinnern und euch zu bitten, dafür Sorge zu tragen, daß die Göttlichkeit in euch als unbegrenzte Lebenskraft erkannt, verstanden und genutzt wird, damit ihr aus euch selber fähig seid, jedes Hindernis leicht zu überwinden. Nun stellt sich einem jeglichen von euch die aktive Aufgabe, die große Bedeutung der eigenen Göttlichkeit und die eigene Vollkommenheit anzuerkennen und zu leben.

Viele von euch stehen in ihrem physischen Leben allein. So sei ihnen als Hoffnung und Trost gesagt, daß ihr von jenen erwartet werdet, die euch voraufgingen und die die Ergänzung, der andere Teil eures Selbst, sind. So also der Erdball gereinigt und in die höhere Dimension eingeschwungen ist und den Platz der neuen Umlaufbahn eingenommen hat, werden jene Seelenanteile zu euch gelangen, die euch zur Ergänzung des eigenen Selbst verhelfen. Und aus dieser Einheit wird ein Zusammenschluß erfolgen, so daß eine größtmögliche Vollkommenheit im Fleische, in der Stofflichkeit, im Materiellen erreicht wird.

Wenn diese Vereinigung stattgefunden hat, wird um die Erde und ihre Atmosphäre ein energetischer Lichtring geschwungen werden. Dies ist eine Aufgabe, die von der Weißen Bruderschaft vollzogen wird. Ein jeglicher Einfluß von außerhalb, der in negativer Weise das tausendjährige Friedensreich beeinflussen könnte, wird abgetrennt. So ist für diesen Zeitraum die Distanz gewährt, damit innerhalb dieser Lichtgrenze ein Wachstum vonstatten gehen kann. In der physischen, halbmateriellen Welt sollen jene Sternensamen empfangen werden, die direkt aus der Einheit in den Lichtkreis der gereinigten Erde gelangen sollen. So werden also die zusammengefügten Duale diesen Samen aus der Einheit empfangen. Dies ist eine Transformation, die nur möglich ist, wenn die künftigen Seelen noch im Vollkommenen und im Bewußtsein des ICH BIN verharren. Diesen Samen zu empfangen ist also jenen Seelen vergönnt, die in der Vergangenheit das Licht in die Dunkelheit trugen und bestrebt waren, die Lichtlosigkeit in den eigenen Bereichen aufzulösen und umzuwandeln.

Es wird also weder von fremden Sonnensystemen noch durch karmische Übergriffe aus der Vergangenheit ein Bewußtsein von außerhalb Zugang zu diesem Lichtring haben. Tausend Jahre wird die Möglichkeit gegeben sein, daß der neu gestaltete Erdball nur jene Seelen empfängt und aufnimmt, die sich in vollkommener Einheit, in Licht- und Liebesenergie befinden. So also wird die neu gereinigte Erde von Seelen bevölkert werden, die das Bewußtsein des ICH BIN in sich tragen. Und diese Samenschaft wird, wenn sie halbmateriell heranwächst, durch ihr Vorhandensein dafür Sorge tragen, daß das Bewußtsein jeder Lebensform, ja des Planeten selbst sich in immer höhere Schwingungen bewegen kann.

Wenn dieses tausendjährige Friedensreich seinen Abschluß gefunden hat, wird sich der Lichtkreis öffnen, und es wird möglich sein, daß aus anderen Sonnensystemen, aus anderen Dimensionen sich Seelen auf diesen Planeten begeben, die durch karmische Verbindungen Zugang zu den dort verankerten Menschen haben. Sie werden durch ihre Inkarnation auf der neu gereinigten Erde in ein Lebensumfeld treten, welches sich in einer Qualität der Liebe, des Lichtes und des erwachten Bewußtseins befindet. Es wird die neue Samenschaft aus der Einheit mit ihrem hochschwingenden Bewußtsein den neuen Erdenbürgern die liebende Hand der Hilfe reichen, um sie an dem höheren Bewußtsein teilhaben zu lassen.

So wird die gereinigte Erde jener Planet sein, der nicht mehr die Schule des Leidens ist, sondern vielmehr die Schule der Auferstehung, da es dann möglich ist, daß das Unbewußte in das Bewußte gelangt. Die hohen Schwingungsfrequenzen, die durch die Atmosphäre manifestiert sind und ständig durch das Bewußtsein der Seelen belebt und erneuert werden, die aus der Einheit zur Erde herniederkommen, werden für einen langen Zeitraum jenes geistige Elixier erschaffen, das fähig sein wird, jeder neu ankommenden Seele in der Weise hilfreich zur Seite zu stehen, so daß die Entwicklung ungehindert und friedvoll vonstatten gehen kann.

Dies also steht vor euch, und ich habe die Aufgabe, es euch in klaren, deutlichen Worten mitzuteilen, damit die nächtlichen Belehrungen, die ihr als Seelen in den astralen Bereichen mit Hilfe eurer geistigen Führer auf den Ebenen eures hohen Bewußtseins erhalten habt, sich nach und nach in euer menschliches Verstandesdenken manifestieren können. Ich habe die Aufgabe, es mit diesen hörbaren Worten zu benennen, um euch zu ermutigen und zu motivieren, den Geist Gottes in euch neu zu beleben, ihn in all eure Bewußtseinsebenen, in all eure energetischen Körper auszusenden, bis eine jede Zelle auch des physischen Körpers vollkommen davon durchdrungen ist. Wir bitten euch sehr, daß ihr die Größe der Zeit erkennt und in Weisheit bereitwillig annehmt, was als Rat, als Aufruf und Bitte vom Sohne der Einheit, eurem Bruder Jeschua, an euch ergangen ist.

Dieser physische Körper [des Mediums] ist nun ermüdet. Und so gehen wir in eine Phase der Entspannung. Danach werde ich, Herakles, noch einmal zu euch sprechen ...

Leider kam es zunächst nicht zu der weiteren Durchsage von Herakles, sei es wegen der körperlichen Erschöpfung von Susanne, sei es wegen der Dichte der Atmosphäre oder aufgrund anderer Behinderung. Ihr wurden aber einige der Informationen, die kommen sollten, «auf den Geist gelegt», so daß sie diese anschließend weitergeben konnte. Da dies im Gespräch geschah, erfolgt hier eine Zusammenfassung.

Wenn ein Gedanke sich nur dann in physische Realität umsetzt, wenn wir in Verbindung mit dem erzeugten Gedanken Gefühle entwickeln, gilt dies auch für unsere Bemühungen um die Aktivierung des ICH BIN in uns. Die Emotionen, die entstehen, wenn wir uns gedanklich an den Geist Gottes in uns wenden, sind verantwortlich dafür, ob sich der göttliche Geist in uns verstärkt oder nicht. Also ist auch hier die Ebene der Gefühle entscheidend, denn sie ist die Realisierungsebene unserer geistigen Schöpfung. Herakles spricht vom Heimweh der Seele, das uns hier zu Hilfe eilen könne.

Es gibt außerirdische Kulturen, die aus der Erkenntnis, daß Emotionen Leiden verursachen, erfolgreich den Versuch unternommen haben, mit Hilfe der Gentechnik alle Gefühle aus ihrer Existenz zu verbannen. Sie mußten dann erkennen, daß sie sich damit von ihrer eigenen Schöpferkraft abgeschnitten hatten. Sie können zwar immer noch mit ihrer hohen Intelligenz vieles kreativ ersinnen, aber ihre Schöpfung nicht mehr realisieren. Das geht nur über Gefühle, nur über die Seele. Der Geist denkt die schöpferischen Ideen, die Seele setzt sie um. Die erwähnten außerirdischen Kulturen sind zwar in der Lage, geklonte Körper zu erschaffen. Diese können sie aber nicht beseelen, so daß sie zum Aussterben verurteilt sind. Deshalb nehmen sie unter Verletzung des freien Willens Genmanipulationen bei Menschen auf der Erde vor in der Hoffnung, ihre Rasse zu erhalten. Dies ist der realistische Hintergrund der

Entführungen und der genetischen Manipulationen, wie sie – nicht von ungefähr – in vielen Büchern und Filmen dargestellt werden.

Was als kreative Schöpfung, als gefühlsbetonter Gedanke von uns ausgeht, hat eine in das Universum reichende Auswirkung. Die Menschen bestimmen die Entwicklung in einem Universum. Sie sind die Lebensformen, die das Universum hervorgebracht hat, und sie sind die Lebensformen, die das Universum gestalten. Innerhalb eines polaren Universums findet immer eine Entwicklung statt, bei der es darum geht, daß die Lebensformen bewußt werden und den Heimweg antreten. Normalerweise sind die Zeiträume, die dafür benötigt werden, unerheblich, da sich Aufbau und Zerstörung ständig wiederholen und immer die Möglichkeit besteht, bei einer nächsten Inkarnation ein höheres Bewußtsein anzustreben. Die Zeit ist lediglich ein Geschwindigkeitsgrad, ein Takt, welcher einem jeweiligen Raum und dem Bewußtsein darin angepaßt ist. Sie hat nur auf die Zyklen des jeweiligen Lebensraumes Einfluß und nicht darüber hinaus.

Wir aber sind in einer Ausnahmesituation, da wir wegen der bevorstehenden Veränderungen nicht mehr lange in der bisherigen Weise in diesem System weitermachen können, also nicht mehr beliebig viel Zeit für weitere Inkarnationen haben. Durch einen Gnadenakt des Schöpfers können wir einen Evolutionssprung machen, können wir die bewußte Gotteskindschaft antreten, wenn wir zu dieser Entwicklung ja sagen und den Geist Gottes in uns anerkennen, also aus dem ICH BIN zu leben lernen.

Zur Gotteskindschaft wurde einmal folgende Erklärung gegeben. Im Hause Gottes gibt es einerseits Söhne und Töchter und andererseits Diener und Dienerinnen. Wenn man das einmal ins Menschliche überträgt, besteht der Unterschied darin, daß die Kinder des Herrn das natürliche Erbrecht besitzen, die Diener nicht. Sie erhalten für ihren Dienst den angemessenen Lohn. Das Gotteskind ist eine Seele, die bewußt war, die sich aber aus der Einheit herausbegab, um die Polarität zu erfahren, und dann in der polaren Welt beschloß zurückzukehren. Durch diesen Entschluß wird das Erbrecht oder die Gotteskindschaft angetreten.

Wenn nun ein Bewußtsein, sagen wir ein Engel, die Einheit verläßt, um Aufgaben in der polaren Welt zu erfüllen, aber nicht in die Materie geht und niemals in die Versuchung gerät zu fallen, sich dem also von vornherein nicht aussetzt, dann ist es kein Kind, sondern ein Diener

Gottes, immer und ewig bewußt. Solch ein Bewußtsein wird stets den Lohn für seine Dienste erhalten. Eine Seele aber, die sich bewußt von Gott entfernt und in die Materie wagt, sich dann aber aus freiem Willen entscheidet, nach Hause zurückzukehren, wird zum Erben des Vaters. Das ist gemeint mit dem Gleichnis vom verlorenen Sohn.

Das Modell dieses Universums wurde geschaffen, damit die Gotteskindschaft erlangt werden kann. Unsere Erde in dieser dritten Dimension ist wirklich die letzte Stufe bewohnbarer Materie, ist der Wohnplanet mit der dichtesten Schwingungsebene. Mehrmals hat uns die geistige Welt gesagt, daß es keinen anderen Planeten gibt, der so schwierige Lern- und Lebensbedingungen aufweist, eben weil hier die Energie sehr tief und sehr langsam schwingt. Und je mehr sich die Materie verdichtet, um so schwerer hat es der Geist, die Dichte zu durchdringen, um so langsamer schreiten die Prozesse des Fortschritts und der Erkenntnis voran.

Es war unser freier Entschluß, hier auf der Erde zu inkarnieren. Dieser Planet stellt die härteste Prüfung dar. Hier sind wir mit unserem Bewußtsein am weitesten von der Quelle entfernt. Hier sind wir oft am Ende unserer Kräfte, sind verzweifelt und wissen nicht mehr weiter, weil sich alles gegen uns richtet – so jedenfalls erleben wir es mit unserem Bewußtsein. Dieser tiefste Punkt muß irgendwann einmal durchwandert sein. Dabei zeigt es sich, ob wir dem Vater die Schuld geben, Ihn verdammen, oder ob unsere Liebe stark genug ist, daß wir uns Ihm wieder zuwenden – eine schwere Bewährungsprobe für die Liebe! Ohne Anfechtung zu lieben ist dagegen einfach.

Die Engel wissen, sie können die Gotteskindschaft nur erlangen, wenn sie den schweren Weg in die Materie antreten. Dieser erfordert Mut. Davor scheuen viele zurück, weil sie an uns Menschen die Konsequenzen sehen.

Im weiteren Verlauf des Gesprächs erörterten die Anwesenden die Tatsache, daß sie, anders als die Engel, freiwillig die Last dieses Erdenlebens auf sich genommen haben. Dabei kamen Zweifel über die Richtigkeit der Entscheidung auf, ja bei einigen für kurz auch ein Bedauern. Herakles verfolgte «ein wenig betrübt» diese Unterredung aus der anderen Dimension, um dann unerwartet noch einmal durch Susanne als Trance-Medium zu sprechen. Sein eindringliches Plädoyer, zu ihrem Ja zu stehen, beschämte die Anwesenden; seine Worte berührten sie tief und weckten sehr alte Erinnerungen in ihnen.

Bekennt euch zu eurem Ja!

26. April 1998

So wende ich mich noch einmal an eure Ohren und hoffe, abermals auch in eure Herzen zu gelangen. Es ist Herakles, der den Worten gelauscht hat, die ihr untereinander austauschtet, und ich bin gar ein wenig betrübt, daß ihr das Ja bereut, das ihr einstmals gesprochen habt. So rechne ich dies denn eurem menschlichen Verstandesbewußtsein an, daß ihr augenblicklich nicht erkennen könnt, was von euch ausgeht.

Einstmals wart ihr vor dem Thron versammelt, und ihr habt euer Ja gegeben, nicht nur teilweise und auch nicht zweifelnd. Ihr habt das Ja aus eurer Vollkommenheit, aus eurer Göttlichkeit gesprochen. Und ihr seid durch die Dunkelheiten etlicher Universen gezogen und habt euren Dienst getan, im Namen der Liebe das Licht zu sein, um die Unwissenheit derer zu erleuchten, die noch tiefer als ihr gefallen waren. Ihr habt also das Ja gesprochen, ihr habt Mut bezeugt und eure Liebe bekundet. Aus dieser Liebe habt ihr euch einstmals auf den Weg gemacht. So ruft die Liebe nicht zurück und schmälert nicht den eigenen Mut! Beschneidet nicht auf diese Weise eure Göttlichkeit, eure Vollkommenheit! Ihr habt das Ja gesprochen, und so bekennt euch in Ehrfurcht zu eurem eigenen Mut! Und laßt diese Ehrfurcht wachsen, pflegt sie in Demut, auf daß dieser Mut euch niemals verlasse!

Denn glaubt gewiß, so ihr diesen Auftrag erfüllt habt, erwartet euch bereits der nächste. Und dieser Auftrag wird einer sein, da ihr abermals gerufen und um den Thron der Einheit versammelt werdet. Und es wird jene Stimme zu euch sprechen, die euch vertraut ist von alters her, und wird euch befragen nach eurer Bereitschaft zum Einsatz um der Liebe und des Lichtes willen, ob ihr den Geist Gottes durch euch selbst in alle Universen tragen wollt, ob ihr denen die Wahrheit und das höhere Verständnis bringen wollt, die unwissend und schlafend sind und in ihrer Not leiden. Und glaubt gewiß, so wie ihr damals aus dem Vollkommenen und Ganzen eurer Liebe und eures Herzens das Ja gesprochen habt, so werdet ihr abermals in feurigem Eifer das Ja geben, um hinausgesendet zu werden und die Fackel des Lichtes und das Elixier der Liebe und die Kraft der Wahrheit in alle Teile des Daseins zu tragen. Wo ist der Unterschied, ob ihr auf diesem Planeten wirkt, der noch den Namen Erde trägt, oder auf einem anderen Stern? Es ist kein Unterschied, glaubt dies wohl. So bitte ich euch, daß ihr euch noch einmal zu diesem Ja bekennt! Bejaht den Auftrag und den Dienst von einstmals, so wird dieses Gegenwärtige und das Kommende wahrlich leichter für euch zu erfassen sein.

Ihr werdet aus unterschiedlichen Motivationen von tausendfältigen Augen bestaunt und beobachtet. Doch wißt, in den lichten Bereichen ebenso wie in den unlichten Dimensionen sind jene beobachtenden Augen voll der Anerkennung ob des Mutes, der euch einstmals bewogen hat, nicht nur ein Diener Gottes, sondern auch Sein Kind zu sein. Dies ist, was euch unterscheidet von jenen, die in lichten geistigen Höhen unangetastet ihres Weges ziehen.

Geht also und steht euch selber bei, indem ihr euch noch einmal zu dem bekennt, was ihr in Wahrheit seid! Dies also soll der erste Schritt sein, daß ihr von nun an den Christus in euch bekennt und nicht mehr beschämt. Bekennt den Christus in euch, belebt die göttliche Kraft in euch! Und noch einmal: Bekennt euch zu diesem einstigen Ja! So ihr voller Bereitschaft dieses Ja in euch selber sprecht, wird dies der Augenblick sein, da sich in eurer unbewußten Ebene eine kleine Tür öffnet und euch aus der eigenen Vergangenheit das zuströmt, was ihr als Kraft und Verständnis in eurer Beobachtung und in euren Gefühlen wahrnehmen könnt. Gebt das Ja und wißt, dies soll der Anbeginn sein, da ihr die Lehren aus dem Christus verstanden und angenommen habt und da ihr dem Rufe von Herakles gefolgt seid, dies, was euch als Rat, als Auftrag und als Bitte nun erreicht hat, umzusetzen. Sprecht das Ja, und laßt dies der Anbeginn sein, die Göttlichkeit in euch neu zu beleben!

Haltet nicht fest an äußeren Formen und an euren Vorstellungen! Seid offen für Veränderungen und wißt: Der Geist Gottes ist universell und kann sich ausdrücken in der Weise, wie es ihm gefällt. Dies sei nun eure Schülerschaft, daß ihr von nun an bestrebt seid, den Gott in euch wirksam werden zu lassen, indem ihr beginnt zu experimentieren, die äußeren Erscheinungsformen in der Vielfältigkeit und nicht im Altvertrauten zu gestalten. Laßt Vielfältigkeit bei euch sein, grenzt euch nicht selber ein durch das, was euch vertraut ist von alters her! Sucht vielmehr das, was bereits vorhanden ist, auszudehnen, zu erweitern und zu verbessern!

Dies sei von nun an euer Bestreben, euch als der bewußte, kreative, göttliche Schöpfer innerhalb der physischen Materie zu betätigen, damit, wenn jene Zeit euch erreicht, da ihr euch auf der gereinigten Erdenwelt wiederfindet, ihr nicht mehr experimentiert, sondern euch vielmehr schon in der Meisterschaft befindet. So seht diese Phase als eine Vorbereitung an, die euch gegeben worden ist, um Erfahrungen zu sammeln, die ausgetauscht und in der höherschwingenden Dimension fruchtbar werden sollen. Seid also freudig mit eurem Ja, und zieht nicht durch das Bereuen jene Kräfte hieraus zurück, die ihr einst aus großer Hingabe an Gott durch dieses Ja in all euren Zellen verankert habt.

Ihr habt dieses Ja gesprochen mit einer vollkommenen Hingabe, mit einer Liebe und Ausschließlichkeit. Dies bewirkte, daß in euch jene Kräfte erstanden, die ihr benötigtet, um die zurückgelegenen Kreisläufe der Anfechtungen und Widerstrebungen zu überwinden. Ihr seid also die Überwinder, und ich bitte euch inniglich und aus der Tiefe meines ganzen Seins: Nehmt eure Liebe nicht zurück, nehmt eure Hingabe nicht zurück, sondern gebt noch einmal uneingeschränkt euer Ja in der Vollkommenheit! So wird aus diesem neuerlichen Ja euch jene ursprüngliche Kraft wieder zuwachsen, die einstmals bei euch war und die euch viele Male abhanden gekommen ist in Phasen des Zweifels, da ihr straucheltet aus dem Vergessen darüber, wer ihr in Wahrheit seid.

Die Perlentore des himmlischen Jerusalems sind nur für die Überwinder geöffnet. Ich bitte euch sehr, daß ihr euch zu diesem Überwindertum bekennt, denn ihr tragt die lebendigen Lichtfackeln, welche die Unwissenheit dieser Erdenwelt, diese Dunkelheit, erhellen sollen. So werdet nicht müde, diese Lichtfackeln zu erheben und sie über euren Häuptern leuchten zu lassen! Laßt sie nicht sinken, sprecht das Ja und geht weiter mutig vorwärts! Und wißt, ihr seid die Überwinder, und als solche werdet ihr in einer Weise empfangen werden, wie es eurem menschlichen Bewußtsein augenblicklich noch nicht möglich ist zu erfassen. Denn jene Herrlichkeit, die vorbereitet ist, und jene Vollkommenheit und jene Schönheit sind euch wohlvertraut von alters her, aber ihr habt auch dies vergessen. Dennoch, ihr werdet heimkehren als die Überwinder und als solche empfangen werden. Und ihr werdet in diesem Augenblick wissen, wer ihr seid, wer ihr allezeit wart, und ihr werdet wissen, wer ihr künftig sein werdet.

Dies wird euer Lohn sein, daß all dies, was ihr im Schmerz, im Unvollkommenen und im Leiden zurückgelassen habt, euch nachfolgen wird. Es wird zur gegebenen Zeit zu euch gelangen, um sich mit euch zu vereinen. Dies wird der Lohn dafür sein, daß ihr die Lichtfackeln wart, die den scheinbar Verlorenen im Hier und Jetzt gedient haben, jenen Geist zu öffnen, der benötigt wird, um den Weg der Nachfolge anzutreten. So wie ihr einst dem Licht gefolgt seid, welches sich durch Jesus, durch den Christus im Irdisch-Menschlichen, ausgedrückt hat, so werden euch jene nachfolgen, die jetzt noch mit euch verbunden sind, aber aus der Kraft ihres Willens und aus ihren unterschiedlichen Plänen und Wünschen heraus einen anderen Weg gewählt haben.

Seid gewiß, auch jene werden zur rechten Zeit wieder mit euch vereint werden. Dies wird euer Lohn sein ob eures Überwindertums, daß sie durch euer Dasein, durch euer lebendiges Beispiel die Öffnung in sich selber werden finden können. Seid also getröstet, seid voller Freude und wißt, es gibt nichts, was da jemals verlorengehen könnte. Nicht eine Seele, nicht eine Schwingung, nicht ein Ton und nicht eine Energie kann den Raum verlassen, denn überall, wohin ihr schaut, überall, wohin ihr fühlt, ist die Kraft des ewigen, unaufhörlichen, unauslöschlichen Lebens: Überall ist Gott. Es gibt keine Möglichkeit, außerhalb von Gott zu sein, dies ist nur eine menschliche Vorstellung, ein menschlicher Gedanke.

Deshalb trennt euch von den Begrenzungen eurer alten Vorstellungen! Werdet frei, werdet vollkommen neutral und wißt, ihr seid die Überwinder. Haltet euch nicht für zu gering, euch selber diese Überwinderkraft zuzuerkennen. Denn die Vorstellung der Begrenztheit ist geboren aus dem Bewußtsein des Menschlichen und nicht des Göttlichen. Ihr selber habt nach eurem Willen beschlossen, diesen Weg zu gehen. So nehmt also den Sieg an und wißt, das Überwindertum ist eine Ebene, die nicht zu überbieten ist im Hause Gottes. Geht also und seid dankbar, achtet und ehrt euren Mut, und trachtet von nun an danach, diesen Mut zu erweitern und nicht durch die Reue zu schmälern.

So also nehme ich Abschied. Seid getröstet und seid gesegnet! Harret aus und haltet dem die Treue, der euch voraufgegangen ist! Aus den Schiffen [Rührung in der Stimme] grüßen euch in tiefer, großer Liebe, in Anerkennung eures Überwindermutes, in Anerkennung all dessen, was ihr in der Vergangenheit hinter euch gebracht habt, jene, die euch Brüder und Schwestern sind, jene, die euch Mutter und Vater sind, und jene, die euch als der andere Teil eures Seins lieben. Segen über euch! In großer Liebe, in Freude und in Dankbarkeit nehme ich, Herakles, Abschied in der Hoffnung, daß wir uns bald von Angesicht zu Angesicht gegenüberstehen, um den Mut des Überwinders zu feiern. Gott zum Gruße!

Dein Wille geschehe jetzt!

30. Mai 1998

Ende Mai 1998 wurde das Buch «Dein Wille geschehe jetzt!» den bisherigen Teilnehmern der Seminare bei einem größeren Treffen vorgestellt. Bei dieser Gelegenheit sprach Susanne über das ICH BIN und die Gedankenkraft. Wir geben einige Auszüge daraus wieder sowie die dort gemeinsam durchgeführte Übung: Begegnung mit dem ICH BIN.

Im Jahre 1998 sind wir in eine neue Lernstufe eingetreten. Wir sollen nicht länger aus unserem unzulänglichen menschlichen Ich handeln, sondern lernen, den Teil in uns wirken zu lassen, der vollkommen ist. In dieser «letzten Phase», wie die geistigen Lehrer sie nennen, werden wir aufgefordert, bewußt anders zu leben, aus anderen Bereichen zu denken und zu fühlen. Das ist der Wunsch, der aus der geistigen Welt an die Lichtarbeiter geht, nicht nur an uns, sondern an alle, die für sich beschlossen haben, in höhere Bewußtseinsebenen aufzusteigen, neu geboren zu werden im Geiste. Dies bedeutet für sie alle, sich jetzt klar für diesen Schritt zu entscheiden und die Konsequenzen in Freude, in Liebe und mit Mut zu tragen.

Ich persönlich habe es jetzt vielleicht deshalb ein bißchen leichter, weil ich mich bei meiner Arbeit immer schon auf das verlassen mußte, was die geistige Welt mir sagte. Zu Anfang war es für mich auch nicht immer leicht, wenn es hieß: «Halte ein Seminar!», und ich nicht wußte, worüber und für wen. Ich habe immer voll Vertrauen gesagt: «Gut, ich stelle mich zur Verfügung, ich bin euer Diener, wirkt durch mich!» Ich habe mich dann vor die Seminarteilnehmer gesetzt, die nötigen Reinigungs- und Schutzübungen gemacht, aber dann nicht danach gefragt, wie sie wirken und worüber sie sprechen werden. Und ich bin immer gut dabei gefahren. Hätte ich aus meinem Verstandesbewußtsein die Dinge organisiert, wäre das Buch «Dein Wille geschehe jetzt!» ganz sicher so niemals zustande gekommen.

Jetzt sind wir alle an dem Punkt, wo es darum geht, sich abzugeben und den Teil in uns wirken zu lassen, der mehr vermag als jeder noch so kluge Kopf. In der Vergangenheit habe ich euch immer ermuntert, bei allem zu fragen und zu forschen, damit der Verstand alles logisch nachvollziehen und sich dadurch ausdehnen kann. Denn das, was aufgrund der göttlichen Lebensgesetze geschieht, ist weder unerklärbar noch stellt es ein Wunder dar. Diese Lebensgesetze sind unveränderbar und wirken mit absoluter Sicherheit gemäß den ihnen innewohnenden Prinzipien. Wenn wir sie richtig anwenden, machen wir unausweichlich ganz bestimmte Erfahrungen, und diese zeigen uns, daß es nicht um Glauben geht, sondern darum, etwas zu erkennen, was natürlich und logisch ist.

Diese Phase ist beendet. Es geht nicht mehr darum, mit dem Verstand zu spielen, um hinterher Aha-Erlebnisse zu haben. Jetzt geht es darum, anzuerkennen, daß Gott in mir existiert, daß in mir eine göttliche Instanz von vollkommener Weisheit und Liebe ist. Mit meinem jetzigen Verstandesbewußtsein vermag ich diese Weisheit und Liebe nicht zu erfassen. Trotzdem soll ich sie in mir integrieren. Das geht nicht über den Verstand, das geht nur über die liebevolle Hingabe an Gott. Hier gilt es zu lernen, was Glauben wirklich bedeutet. Jeder einzelne wird geprüft: Glaubst du wirklich, daß Gott in dir ist, und ist die Liebe zu Ihm erstrangig, oder ist dir die materielle Welt wichtiger? Gibst du den äußeren Dingen immer noch die Macht, in dir Angst zu entwickeln, daß du krank wirst und von Sorgen getrieben bist? All dies sind Reaktionen eines zweifelnden, ungläubigen Menschen.

Wenn ich wirklich glaube, daß Gott auch in mir lebt, und wenn ich Ihn anrufe und bitte, mein Leben zu gestalten, kann daraus niemals eine Lebenssituation mit Angst, Krankheit, materieller Not oder sonst irgendwelchen Disharmonien entstehen. Zunächst muß ich bereitwillig die Verantwortung für meine jetzige Lebenssituation übernehmen, indem ich sage: «Wenn das, was mir daran mißfällt, nichts anderes ist als das natürliche Resultat jener Gedanken und Gefühle, die die göttlichen Lebensgesetze verletzen, dann werde ich meine Gedanken und Gefühle künftig sehr genau beobachten und immer sofort umwandeln, wenn sie Negatives in sich tragen.» Mein geistiger Lehrer hat mir deutlich gesagt: «Weder die Politik noch die Kirche, noch die Wirtschaft, noch dein Partner hat die Möglichkeit, dich krank zu machen oder ins Unglück zu stürzen. Es ist bei allem, was auf dich zukommt, einzig und allein deine Reaktion darauf, die dich krank oder unglücklich machen kann.»

Ich habe in einer Meditation mit Bildern gezeigt bekommen, was geschieht, wenn ich in mir einen Gedanken des Zweifels oder der Angst aufbaue. Diese Qualität wird von meinem Gehirn als Impuls zuerst über die Nervenbahnen durch den ganzen Körper gesendet und schwächt im selben Augenblick mein Nervensystem und die natürliche Kraft meiner Zellen. Und so durchdringt die Energie jedes Gedankens, jedes Gefühls, jedes Wortes zuerst die Zellen meiner Physis und strömt dann wellenförmig durch alle meine Energiekörper und Bewußtseinsebenen sowie durch meine Aura. Dann tritt sie in den Ätherraum aus. Dort schwingt sie so lange, bis ihre Kraft aufgebraucht ist, verharrt einen Moment, konzentriert sich nach außen und zieht nach dem Gesetz «Gleiches zu Gleichem» die Energien magnetisch an sich, die ihrer Qualität entsprechen.

Auf diese Weise aufgeladen und verstärkt, tritt die Energie des Gedankens ihren Rückweg durch den Ätherraum an, kehrt zu mir zurück, durchdringt wieder meine Aura, meine feinstofflichen Körper, bis sie sich schließlich, angereichert und verdichtet, in den Bewußtseinszellen meines physischen Körpers ablagert. Auf diese Weise programmieren und gestalten wir unseren Körper, unsere Gesundheit, unser Leben. An den Resultaten haben wir erkannt, daß wir unvollkommen sind. Wir sind unvollkommen, weil wir aus der Ebene des Verstandesmenschen gelebt haben. Ihr könnt, sagt jetzt die geistige Welt, mit eurem Bewußtsein auf eine andere Ebene überwechseln, um künftig von dort aus zu leben.

Wenn in der letzten Zeit häufig äußere Hindernisse unsere Pläne vereiteln, will unser Hohes Selbst uns zeigen, daß das, was wir anstreben, viel schneller und leichter erreicht werden kann, wenn wir dem göttlichen ICH BIN-Bewußtsein in uns die Möglichkeit geben, unser Leben zu gestalten. Dabei werden wir alle in unserem Glauben geprüft. Denn wenn wir jetzt tatsächlich der göttlichen ICH BIN-Gegenwart in uns die Vollmacht übertragen und sagen: «Ich trete zurück mit meinen Vorstellungen und Plänen. Jetzt entscheide und handle du! Gestalte du mein Leben, du Göttlichkeit in mir!», dann werden wir in Situationen geführt, die wir uns natürlich vorher nicht ausrechnen konnten. Und diese machen uns unsicher, wir wollen reflexartig auf alte Verhaltensmuster zurückgreifen, aber das funktioniert nicht mehr. Dann werden wir merken, daß da wirklich ein von unserem Verstandesbewußtsein getrennter Teil in uns zu tun beginnt, was wir ihm aufgetragen haben, nämlich aus einer höheren Ebene zu denken, zu fühlen und zu handeln.

Manchmal wird der äußere Mensch Widerstand leisten, und die beiden Teile in uns werden miteinander ringen. Hier entscheidet immer unser Wille, welche Ebene siegen wird. Wenn wir mutig genug sind für die große Entscheidung, dem vollkommenen Teil in uns uneingeschränkte Freiheit einzuräumen, und wenn wir auch akzeptieren, daß dieser Teil in uns plötzlich Dinge in unser Leben hineinruft, mit denen umzugehen wir nicht gelernt haben, dann werden sogenannte Wunder geschehen. Ich sage das nicht nur, weil es auch mir gesagt wurde, sondern dies ist meine eigene Erfahrung, denn ich habe diese Lernaufgabe für mich angenommen.

Ich kann euch sagen, es gehört Mut dazu, aber ich kann euch auch sagen: Wenn diese wichtige Entscheidung getroffen ist, kann keine Situation uns mehr ängstigen, und sei sie scheinbar noch so kritisch, gefährlich oder schwerwiegend. Gerade in solchen Lagen überkommt uns eine heitere Gelassenheit, und wir können in Ruhe zuschauen, wie sich die Probleme lösen. Wir müssen uns dann nicht mehr die Mühe machen zu grübeln, was richtig und was falsch ist, sondern wir werden geführt. Wir sagen vertrauensvoll: «Wirke, Du Gott in mir!» Und wir lassen geschehen. Wir können sicher sein, daß jede scheinbar noch so mächtige weltliche Ebene sich vor dieser göttlichen Vollkommenheit beugen muß. Den unveränderbaren Lebensgesetzen zufolge wird die göttliche Vollkommenheit immer, immer siegen. Wir müssen ihr nur alle Entscheidungsgewalt übertragen.

Das ist der Grund, warum das Buch den Titel «Dein Wille geschehe jetzt!» trägt. In dem Augenblick des «Jetzt», wo wir den Willen Gottes geschehen lassen in uns, wird sich unser Leben verändern. Erst mit der Anerkennung, wer wir tatsächlich sind, und mit der Entscheidung, sich dem Göttlichen in uns zuzuwenden und sich nicht mehr nur als äußere Hülle der Unvollkommenheit und Schwachheit zu verstehen, sondern als ein Kind Gottes, werden wir in unsere wirklichen Fähigkeiten hineinwachsen und unsere Vollkommenheit leben lernen.

Ich möchte noch einen Punkt aufgreifen, der Herakles sehr auf dem Herzen liegt. Mancher von uns, und ich schließe mich da mit ein, hat nicht nur einmal gedacht oder gesagt: «Das war ja wohl ein Mißverständnis, daß ich auf diese Erde gekommen bin. Von hier gehe ich lieber heute als morgen fort. Auf jedem anderen Planeten, in jeder anderen Dimension muß das Leben leichter und schöner sein.» Als dies auch in unserem internen Kreis hochkam, zeigte sich Herakles betrübt und meldete sich unerwartet zu Wort. Ich will an seine Ermahnung, nicht unseren Mut, unseren Auftrag und unsere Kraft zu schmälern, anknüpfen und noch einmal daran erinnern, daß wir nicht nach hier zwangsversetzt worden sind. Immer wieder wurde uns gesagt, daß wir uns im Ursprung vor dem Thron des Vaters aus einer bedingungslosen Liebe und Hingabe bereit erklärt haben, Sein Licht und Seine Liebe in die Dunkelheit der Erde zu bringen. Sicherlich waren spätere Inkarnationen auf der Erde häufig karmisch bedingt und deshalb zwangsläufige Folgen. Wenn ich eine Aufgabe nicht beendet hatte, kam ich wieder, um sie zu lösen. Heute stehen wir in der entscheidenden Phase kurz vor der Erfüllung des Auftrages, auf den wir uns in den vielen Inkarnationen vorbereitet haben. Wenn wir uns dies vor Augen halten, wird uns eine Geisteshaltung, die sich verweigert, in ihrer ganzen Tragweite bewußt.

Ich habe noch nie gehört, daß ein Schutzgeist gesagt hätte: «Das war ein großes Mißverständnis, ein Irrtum, daß ich diesen Erdling zu betreuen habe.» Und die vielen geistigen Wesen, die durch mich zu ihren Schützlingen gesprochen haben, waren wirklich alle sehr individuell, hatten vollkommen unterschiedliche Wesenszüge und Qualitäten, aber sie hatten durchgängig ein und dasselbe Quantum an Liebe, ein und dieselbe Einstellung: Sie tun ihren Dienst in Freude und in vollkommener Hingabe, gänzlich unabhängig davon, wie unvollkommen ihr Schützling ist und wie wenig er ihre Liebe erwidert. Ich habe nie auch nur eine Andeutung mitbekommen, daß eines der geistigen Wesen bedauert hätte, sich mit uns Erdenmenschen eingelassen zu haben, obwohl man es ihnen nicht verdenken könnte. Wir sollten uns an unseren Brüdern und Schwestern im geistigen Kleid ein Beispiel nehmen.

Ich hatte den Auftrag, hier über das göttliche ICH BIN-Bewußtsein in jedem Menschen zu sprechen. Denn die geistige Welt sagt: Viele stecken zur Zeit in schwierigen Lebenssituationen und erleben tiefgreifende Veränderungsprozesse. Und bald kommt der Zeitpunkt, wo die Menschen sich entscheiden müssen, klar und eindeutig. Aufgrund der Entwicklung werden plötzlich in allen Lebensbereichen Entscheidungen von uns gefordert werden, die schließlich das Ziel bestimmen, das wir erreichen werden. Wir werden immer unseren uneingeschränkten freien Willen haben. Die geistige Welt wird ihn niemals schmälern. Aber sie macht uns darauf aufmerksam, wo wir stehen. Da gibt es einen Teil in uns, der ist gut, einen anderen, der ist noch nicht gut, und einen, der ist weder noch. Wir haben jetzt die Möglichkeit, entweder aus unserem äußeren, menschlichen Sein wie bisher weiterzumachen oder wirklich Vollkommenheit anzustreben und die Entscheidungsgewalt auf unser inneres, göttliches ICH BIN-Bewußtsein zu übertragen.

Ich kann euch nur ermuntern, all das, was wir in den Seminaren und Arbeitskreisen gelernt haben, umzusetzen, aber nicht mehr kämpferisch und mühsam aus der Ebene unseres menschlichen Bewußtseins. Jetzt sollten wir die Entscheidungen nach innen abgeben und von innen heraus handeln. Dann werdet ihr die Erfahrung machen, daß die sogenannten Kämpfe im äußeren Leben sich bald auflösen. Wenn ihr sicher seid, nur das Gute für euch selbst, für das Leben und für alle, die um euch sind, zu wollen, und wenn ihr sodann als der unvollkommene Mensch zurücktretet und das Ja zu eurer Göttlichkeit sprecht, kann euer Inneres nur das Gute bewirken. Ihr steht dann in Resonanz dazu und zieht das in euer Leben, was euch selbst in allen Qualitäten und Wesenszügen entspricht. Und ihr werdet wirklich immer Sieger sein.

Es ist sehr schön zu spüren, was diese Worte in euch bewirken. Und ich kann euch nur sagen, so wie die geistige Welt uns immer weitergeholfen hat, auch wenn wir jetzt eine Seminarpause von siebeneinhalb Monaten hatten, und so wie sie uns immer wieder zusammengeführt hat, so wird es auch in Zukunft sein. Das, was wir heute über die ICH BIN-Gegenwart in uns gehört haben, ist uns in anderen Bewußtseinsebenen und in anderen Bewußtseinszuständen schon oft gelehrt worden. Immer wieder hat uns die geistige Welt gesagt: «Nachts führt euer Schutzgeist euren Seelenkörper aus dem physischen Körper heraus und begleitet ihn in die geistigen Tempel. Dort werdet ihr unterrichtet. Doch nach dem Erwachen liegt der Schleier des Vergessens darüber.» Jetzt bekommen wir das Wissen mehr und mehr auch hörbar übermittelt, damit auch unser Verstand sich dafür öffnen kann. Dies soll dazu dienen, unsere unbewußte Ebene mit der bewußten zu verbinden.

Viele Male wurde uns angekündigt, daß der Augenblick kommen wird, wo der Schleier des Vergessens, der über unserem Unterbewußtsein liegt, weggezogen wird, und daß wir uns erinnern werden. Wir werden dann nicht mehr auf Rückführungen oder Schutzgeistsitzungen angewiesen sein, um zu wissen: Wer war ich früher, was habe ich gemacht, was ist meine Aufgabe? All das werden wir nicht mehr fragen müssen, wir werden uns daran erinnern. Jetzt ist der Beginn der Phase, in der die Rückerinnerung daran, wer wir in Wahrheit sind, nach und nach ins Tagesbewußtsein aufsteigen soll und darf. Denn es gab eine Zeit, in der wir weder krank waren noch alt wurden, noch unter irgendwelchen Bedrängnissen, Nöten oder Sorgen litten. Wir hatten einen physischen Körper und wußten, daß wir unsterblich sind, reich, vollkommen und schön. In den letzten Inkarnationen hat die geistige Welt liebend versucht, uns langsam wieder in dieses Bewußtsein zurückzuführen.

Jetzt sagt uns die geistige Welt: «Vieles habt ihr bewältigt, es fehlt nur noch eins, nämlich, daß ihr euer ICH BIN wirken laßt.» Machen wir uns einmal klar, was das bedeutet, nur noch diesen einen Aspekt zu erfüllen, um dann wirklich unabhängig und frei zu sein und all das ausdrücken zu können, was unser wirkliches Potential ist! Wir können es leben, sollen es nicht mehr als eine ferne Zukunft, als fernes Ziel anstreben, sondern es ist möglich, von diesem Augenblick an zu sagen: «Göttliche ICH BIN-Kraft in mir, Dein Wille geschehe jetzt!»

Im Moment ist es noch so, daß unser physischer Körper nur über Energiebahnen mit dem Elektronenlichtkörper verbunden ist, der oberhalb unseres Scheitels unser achtes und neuntes Chakra in sich birgt und aus dem wir gespeist werden. Und mein neuer geistiger Lehrer hat mir erklärt: «Könntest du aus deinem göttlichen ICH BIN-Bewußtsein dein Auge nach innen lenken, würdest du sehen, daß ein dünner, weißer Lichtstrahl wie Elektrizität durch deine Nervenbahnen fließt. Das ist das geistige Feuer, die Lebenskraft, aus der du lebst, die Essenz Gottes, das göttliche Bewußtsein von Weisheit, Liebe und Vollkommenheit.»

Wenn wir diesen letzten Schritt tun, um den wir jetzt gebeten werden, und wenn dadurch der außenstehende Elektronenkörper sich immer mehr mit dem physischen Körper verbindet, werden wir zwar weiterhin eine äußere Körperform haben, die der jetzigen gleicht, aber wir werden beginnen, uns zu regenerieren. Wenn unser Geist und unsere Seele die Gelegenheit erhalten, unseren physischen Körper zu regieren, werden naturgemäß Gesundheit und Jugendlichkeit zu uns zurückkehren, ja wir werden erkennen, daß auch der physische Körper unsterblich sein kann.

Wir wissen aus vielen Botschaften, daß in der äußeren Welt tiefgreifende Veränderungen bevorstehen. Aber all das kann uns nicht belasten, wenn wir diesen Schritt tun. Wir werden sehen, daß alles umwandelbar ist, daß wir uns von all dem abtrennen können, wenn unser Glaube, daß Gott als lebendige Kraft in uns lebt, fest und unerschütterlich ist. Dann wird dieser Glaube Wirkungen zeigen, die all unsere Vorstellungen übersteigen.

Begegnung mit dem ICH BIN

30. Mai 1998

Wenn wir uns in der Vergangenheit an Gott wandten, haben wir uns den Thron des Vaters hoch oben vorgestellt. Das waren Bilder, die uns durch die räumliche Vorstellung geholfen haben, gewisse Prinzipien zu verstehen. Aber jetzt haben wir das, was uns diese Bilder sagen sollten, integriert, und wir stehen am Beginn der letzten Phase, vor dem letzten Schritt. Es ist wichtig, daß wir das, was wir als vollkommen, als göttlich suchen, nicht außerhalb von unserem Selbst suchen, sondern in uns. Jeder Mensch, jedes Lebewesen ist in seinem Ursprung vollkommen. Wir haben nur das Bewußtsein darüber verloren.

Um dieses Bewußtsein wieder zu erwecken und aus ihm zu leben, machen wir die folgende Übung, die nur ein Beispiel sein soll, wie man das göttliche ICH BIN-Bewußtsein in sich finden und ihm begegnen kann. Ich bitte euch herzlich, daß ihr wirklich einmal hinspürt, was oder wen ihr in euch findet. Ihr seid das nicht selbst in dem Sinne, wie ihr euch jetzt als den äußeren, irdischen, verstandesbewußten Menschen versteht. Wenn ihr ganz offen und neutral nach innen geht und euer göttliches ICH BIN um Kontakt und um ein Zeichen bittet, werdet ihr ganz sicher diese Berührung und dieses Zeichen bekommen. Ihr werdet auch deutlich spüren können, daß dieser Teil wirklich als eine eigenständige Ebene existent ist, daß er lebt, daß er mächtig ist, daß er liebend und vollkommen ist.

Wir werden von der geistigen Welt gebeten, diese Übung (oder eine ähnliche oder eine andere mit dem gleichen Ziel) so oft wie möglich durchzuführen. Richten wir also unsere Aufmerksamkeit auf diesen Teil in uns! In dem Moment, wo ich Aufmerksamkeit und Konzentration auf irgendeinen Gegenstand lenke, nehme ich einen geistigen Kontakt auf, stelle ich eine Verbindung her. Je öfter ich meine Aufmerksamkeit nicht auf einen weit entfernten Gott oder irgendeinen aufgestiegenen Meister, sondern auf meine eigene göttliche ICH BIN-Bewußtseinsebene lenke, gewinnt sie an Kraft, dehnt sich aus und wird nach und nach mein ganzes Wesen ausfüllen.

Nach dem Willen Gottes gibt es keine Armut, keine Krankheit, kein Sterben, keine Sorgen, kein Leid und keine Trennung. All das ist nicht von Gott. All das ist vom Menschen. Um zu dem hinzugelangen, was

Vorstellung und Wunsch Gottes ist, um uns wieder der großen, der kosmischen Göttlichkeit und Reinheit anzuschließen, müssen wir über die Brücke unserer eigenen Göttlichkeit gehen. Beginnen müssen wir, wie immer, bei uns.

Übung

Wir sitzen aufrecht auf einem Stuhl, unsere Arme ruhen auf den Oberschenkeln, und die Handflächen zeigen geöffnet nach oben. Mit unseren Füßen halten wir den Kontakt zur Erde, indem wir die Beine bewußt auf den Boden stellen. Unser Atem ist gleichmäßig, ruhig und fließend. [Hier fügt sich die Reinigungs- und Schutzübung ein, wenn sie noch nicht erfolgt ist. Es empfiehlt sich, die ICH BIN-Übung mit Musik zu begleiten.]

In dem Bewußtsein, daß wir vollkommen gereinigt und geschützt sind, lassen wir all unsere Gefühle und Gedanken los. Wir werden frei. Unser Körper entspannt sich mehr und mehr. Wir lassen los. Wir richten unsere Aufmerksamkeit tief in unser Inneres. Alles, was außerhalb geschieht, ist unwesentlich, unwichtig. Wir lassen los.

Wir sprechen im Geiste unser göttliches ICH BIN an und erinnern uns: Aus göttlichem Licht sind wir geboren, mit göttlicher Liebe wurden wir ins Universum entsandt. Wir sind der sichtbare, lebendige Lebensausdruck Gottes in materieller, physischer Form. In uns ist göttliche Weisheit, in uns ist göttliche Liebe. Aus diesem göttlichen ICH BIN sind wir fähig, auch unsere äußere körperliche Ausdrucksform in die Vollkommenheit zu entwickeln. In Gedanken sprechen wir unser göttliches ICH BIN an und bitten es, seine Kräfte in uns zu aktivieren.

> «Das Leben ist vollkommen und fließt mühelos und harmonisch im göttlichen Gesetz, in Frieden, in Liebe und in Weisheit. Ich beschließe jetzt, diesem Gesetz zu folgen, und befreie mich somit aus jeder Verbindung mit Disharmonie, Unfrieden und Unliebe, auf daß sich auch mein Leben von nun an mühelos, freudig, aus göttlicher Weisheit und göttlicher Liebe gestalte.
>
> Ich bitte die göttliche ICH BIN-Gegenwart, den Geist vollkommener Liebe und Weisheit, in mir und durch mich zu wirken. Alles, was durch mich geschieht, soll von nun an aus dem höheren Bewußtsein meines göttlichen ICH BIN geschehen. Die Gewißheit unerschütterlichen Friedens durchzieht mein Gemüt. Ich bin allezeit geborgen, gesegnet und geschützt.»

Mit diesem Bewußtsein kehren wir langsam in unser Tagesbewußtsein zurück. Wir atmen tief ein und aus, halten das Bewußtsein von Frieden, Sicherheit und Geborgenheit in unserem Gemüt fest, nehmen es mit auf unsere Verstandesebene und durchdringen damit auch unseren äußeren, irdischen Menschen.

Noch einmal atmen wir tief ein und aus. Wir nehmen den Frieden mit, halten ihn in unserem Herzen fest, tragen ihn in unser Gemüt, tragen ihn in unser Leben, wir tragen ihn in diese Welt. Wir sind Liebe, wir sind Licht, wir sind Reichtum, wir sind Frieden. Wir sind der sichtbare Ausdruck göttlicher Vollkommenheit.

Noch einmal atmen wir tief ein und aus. Wir halten den Frieden in unserem Herzen fest. Wir tragen diesen Frieden in unser Leben, wir tragen diesen Frieden in die Welt. Mit diesem Bewußtsein kommen wir jetzt ganz in unser Tagesdenken, in das Hier und Jetzt zurück. Wir öffnen unsere Augen, atmen noch einmal tief ein und aus, sind ganz im Hier und Jetzt.

Gebet zur Aktivierung des ICH BIN

1. Dezember 1998

Der Aufforderung, ohne Unterlaß unsere Aufmerksamkeit auf das ICH BIN in uns zu richten, kann jeder nur auf seine eigene individuelle Weise nachzukommen versuchen. Die Texte aus der geistigen Welt bieten vielerlei Anregungen für Gebete und Affirmationen, mit denen wir arbeiten können. Die folgende Formulierung, die auf Worte aus den Botschaften zurückgreift, soll dem Leser nur als ein Beispiel dienen.

Vater-Mutter-Gott, hilf meinem Verstand, Dein Wort von der mir innewohnenden göttlichen Vollkommenheit immer besser zu verstehen, so daß mein menschliches Ich sich mit dem Geist Gottes in mir verbinden kann.

Ich bitte Dich um den Mut und das Vertrauen, die ich brauche, um das göttliche ICH BIN im Innersten meines Wesens zu bejahen und ihm mit Achtung und Liebe zu begegnen.

Ich bitte Dich um den Glauben und die Kraft,
meine wahre Identität anzuerkennen.

Hilf mir, die menschliche Vorstellung, unwürdig und unvollkommen zu sein, durch das Bewußtsein zu ersetzen:

> ICH BIN ein Teil des Göttlichen;
> ICH BIN göttliche Liebe und Weisheit in der materiellen Welt;
> Gott ist in mir, und ich bin in Ihm.

Ich will von jetzt an nur noch in dieser Weise von mir denken, und auch mein Fühlen lenke ich ganz auf Deine Gegenwart in mir.

Ich enthebe mich aller menschlichen, verstandesmäßigen Sorgen, indem ich alle Planungen, alle Wünsche und Entscheidungen voll Vertrauen dem göttlichen ICH BIN in mir überlasse. Aus dieser Ebene meines Seins soll sich von nun an mein Leben gestalten.

Vater-Mutter-Gott, der Du mich aus Liebe nach Deinem Bild geformt hast, laß mich jetzt heimkehren zu mir selbst, zu meinem wahren Sein, zu Dir, dem Licht der Weisheit in mir, zu Dir, der unendlichen Liebe in mir.

Dein Wille geschehe jetzt! Amen. Es werde!

Deine Heimkehr zu dir selbst

1. Juli 1998

In der folgenden Botschaft, die unser ICH BIN-Thema variiert, wird einem jungen Mann in einer Schutzgeistsitzung ein Gebet ans Herz gelegt, das gewiß nicht nur für ihn gilt. Noch einmal wird der Zusammenhang zwischen der Verwirklichung des ICH BIN-Bewußtseins und dem Näherrücken des Elektronenlichtkörpers verdeutlicht, von dem gesagt wird: «Dies ist die körperliche Manifestation des Geistes Gottes in dir.» Dieses «in dir» wird verständlich, wenn wir uns erinnern: Wir sind nicht der Körper und deshalb auch nicht identisch mit seiner Ausdehnung.

... Du wirst ebenso heimkehren zu dir selbst, wie dies viele an deiner Seite jetzt tun, jene, die dir Brüder und Schwestern im Geiste sind, die aus demselben Ursprung kommen und denselben Weg beschreiten wie du.

Dein physischer Körper ist in einer atomaren Struktur zusammengefügt, und du wünschst, diese Atome zu berühren. Wir haben über diesen Wunsch gelächelt, und dieses Lächeln bedeutet Anerkennung und Freude. Deine atomare Struktur wird augenblicklich von außen von der großen Kraft des Christusbewußtseins durchdrungen. Du bist einer ständigen Lichtkonfrontation ausgesetzt, die dich in hohen Quanten erreicht, und dieses Licht des Christus ist aus sich heraus bestrebt, sich im Bewußtsein deiner Zellen zu manifestieren. Dies ist ein Prozeß, den du selber herbeigerufen hast, denn du ziehst diese Kraft magnetisch auf dich. Es ist die Antwort aus den himmlischen Bereichen auf das Rufen deiner Seele.

Du hast dich in deinem Leben, bei deinen Arbeiten bemüht, dich auf dem Weg des Lichtes und der Liebe zu bewegen. Die Antwort hierauf ist, daß dich das Licht und die Liebe des Christus berühren. Dies ist der eine Teil, jener Prozeß, der von außen dazu beiträgt, daß dein physischer Körper die augenblicklich vorhandene atomare Struktur langsam, aber beständig verändert.

Ein weiterer Prozeß ist, daß du erforschst, verstehst und wirst, was du bist. Dies wird naturgemäß nach sich ziehen, daß dein geistiges Bewußtsein sich weiterhin in immer schnelleren Abfolgen öffnet und erhöht. Und der Augenblick ist nicht mehr allzu fern, da du dich von der Ebene deines äußeren menschlichen Denkens her mit dem Teil verbinden wirst, der tief in dir verankert ist und die Manifestation von göttlicher Weisheit und göttlicher Liebe, von Frieden und Harmonie ist. Der Geist Gottes, der in dir als lebendiger Odem und Lebensflamme dient, dieser Teil, der dein göttliches ICH BIN-Bewußtsein in deinem Wesen manifestiert, auch in seiner stofflichen, weltlichen Lebensausdrucksform, soll mit dem äußeren, verstandesbewußten irdischen Menschen verbunden werden.

Betrachte dies als ein Heimkehren zu dir selber und als eine Neugeburt. Wenn sie vollzogen ist, wirst du fähig sein, an deine Erinnerungen zu gelangen, denn tief im Unbewußten deines Seins hast du geistige Schätze angesammelt. Alle Erfahrungen, alle Gefühle, Gedanken und Worte, die jemals von dir ausgegangen sind, sind dort verankert. Der Schleier des Vergessens wird in dem Maße in Schritten aufgehoben werden können, wie der äußere, weltliche Erdenmensch sich weiterhin bemüht, den Weg nach Hause anzutreten, der darin besteht, daß du dir selber in deiner wahren Identität begegnest, daß du erkennst und verstehst, wer du in Wahrheit bist und allezeit warst. Denn du bist geschöpft aus der geistigen Essenz deines Gottes, welche das kosmische Licht ist. Und du bist geformt aus Liebe nach Seinem Bild. Du bist auf diese Erde gekommen, um durch dein Hiersein in dieser stofflichen Lebensausdrucksform die Göttlichkeit in den Bereich der Erde zu tragen. Du bist ein Repräsentant von göttlicher Liebe, von göttlicher Weisheit. Du bist gekommen, um im Namen Christi für den Frieden auf der Erde und für alles, was in und auf und über ihr ist, zu wirken ... Du bist einer, der den Menschen helfen wird, sich für den großen Aufstieg vorzubereiten, und du wirst zuvor diesen Prozeß an dir selber vollziehen.

Außerhalb deines physischen Körpers befindet sich ein Lebenskraft-Energiefeld aus reinsten geistigen Elektronen, welches in sich selber schwingt. Dies ist die körperliche Manifestation des Geistes Gottes in dir. Aus diesem wirst du ernährt, aus diesem wirst du geführt. Du bist an dieses Lebenskraftfeld energetisch angeschlossen und erhältst von dort beständig Impulse. Du erhältst von dort deine geistige Kraft. Nun ist der Zeitpunkt gekommen, da du beginnen wirst, durch dein Sehnen und durch das Verständnis deines wahren Seins den Elektronenlichtkörper magnetisch an deinen physischen Körper heranzuziehen.

Mit jedem Augenblick, da du dein geistiges Verständnis vergrößerst, wird als Reaktion hierauf das Magnetfeld des Elektronenlichtkörpers dir näherrücken, bis beide Körper sich berühren und der Elektronenlichtkörper deinen physischen Leib durchdringt, sich vollkommen dort verankert und integriert. Dies ist der Augenblick, da die atomare Struktur deines physischen Körpers verändert wird, der dann in den Zustand der halbmateriellen Dichte gelangt. Diese Lebensausdrucksform wird benötigt, damit du in den höherschwingenden Dimensionen, die euer Lebensplanet zu erreichen sucht, lebensfähig bist.

So siehe also, mein über alles geliebter Sohn, dein Bitten ist nicht unerhört, dein Sehnen nicht unbeantwortet geblieben. Es bedurfte einer notwendigen Vorbereitung, und diese Vorbereitung ist nun geschehen, da du wahrhaft und ernsthaft bemüht gewesen bist, deine Lebenskraft und dein ganzes Sein in das höhere Dienen einzubinden. Es ist nur eine Vorstellung, daß du getrennt bist von uns, die dir im Geiste und in der Entwicklung voraufgegangen sind. Du bist uns ein Bruder im gleichen Stande, der nicht weit entfernt und nicht niedriger ist als wir. Wir betrachten und anerkennen dich ebenso, wie wir zu uns selber aufschauen als vollkommene göttliche Schöpfung, die den Auftrag hat, den Geist Gottes in anderen Formen zu repräsentieren.

So sind wir in unserer geistigen Ausdrucksform, im Kleid der Feinstofflichkeit, die Repräsentanten von göttlicher Liebe, von göttlicher Weisheit. Auch du repräsentierst auf deiner Welt in stofflicher Form göttliche Liebe und göttliche Weisheit. Allein das Wissen hierüber und das Verständnis dafür sind dir verlorengegangen. Aus diesem Vergessen ist dir die Vorstellung des Getrenntseins, des Unwürdig- und Unvollkommenseins erwachsen. Wir bitten dich also sehr, daß du von nun an dir selber in Achtung begegnest. Jede Vorstellung von Unvollkommenheit ist nur das Resultat deines unbewußten und falschen menschlichen Denkens.

Wenn du deine Aufmerksamkeit wieder auf deinen inwendigsten Teil, auf deine Göttlichkeit und Vollkommenheit, ausrichtest, wird diese Aufmerksamkeit bewirken, daß sich die göttliche Vollkommenheit in dir aus dem Zustand der Inaktivität erhebt. Das göttliche ICH BIN-Bewußtsein wird sich in dir ausdehnen und wachsen, dich durchgreifen und nach und nach alles erfassen, bis die letzte Faser auf der äußersten Schicht deines physischen Körpers durchdrungen ist. Lerne, den göttlichen Teil in dir anzuerkennen, zu ehren und zu lieben, indem du begreifst, daß wir und daß Gott und daß Vollkommenheit nicht weit entfernt im hochschwingenden Himmel sind, sondern daß alles im eigenen Inneren angelegt und verankert ist. Ehre und achte deinen Gott tief im Innersten deines eigenen Wesens und danke Ihm. So wird sich die göttliche Kraft aus dem Zustand der Inaktivität erheben, und Gott wird in dir wirksam werden.

Beginne, dich zu schulen, bei den Aufgaben, die vor dir stehen, jede Sorge und jede menschliche Vorstellung beiseite zu lassen, denn wisse, diese sind unvollkommen und verhindern die Erfüllung deiner Wünsche und deines Sehnens. Mache dir dein Leben leichter, indem du aus dem Bewußtsein deines menschlichen Verstandes zu jenem Geist, der vollkommen und göttlich in dir ist, sprichst:

Wirke, wirke, Gott in mir.
Sei Du von nun an jener Geist,
der da jedwede Entscheidung trifft
und der alles lenkt und leitet in der Weise,
wie es der Weisheit und der Liebe entspricht.

So du die Entscheidungsgewalt bewußt und gewollt aus der Ebene deines menschlichen Verstandesdenkens dem Bewußtsein deines göttlichen ICH BIN innerhalb deines Wesens überträgst, erschaffst du das Anrecht und die Möglichkeit, daß von nun an göttliche Vollkommenheit in dir und durch dich in dieser Erdenwelt wirksam wird. Du brauchst nicht mehr nach der Weise des intellektuellen Denkens haschen und planen und dich sorgen, in welcher Weise du dieses oder jenes gestaltest. Diese Phase ist abgeschlossen. In dieser vergangenen Lernphase warst du aufgerufen, deinen Willen bewußt anzunehmen, anzuwenden, und die Kraft und Mächtigkeit des Prinzips deiner Willens- und Gedankenkraft zu erkennen. Nun aber beginnt eine Phase des Lernens, in der du dich von der menschlichen Vorstellung und dem linearen intellektuellen Denken lösen sollst, in der du lernen sollst, Vertrauen in das Leben, in Gott, in deine eigene Vollkommenheit zu entfalten und aus dieser Ebene deines Seins dein Leben, dein Wachsen, deine Entwicklung zu gestalten.

Wenn du bereit bist, diesen Schritt zu tun, werden sich alle Aufgaben, alle Fragen, alle Ungereimtheiten nach und nach in einer Weise auflösen, daß du staunend beobachten wirst, in welcher Leichtigkeit, in welcher Schnelligkeit und in welcher Freude all dies vonstatten geht. Du wirst also lernen, deinen Weg in einer anderen Weise zu beschreiten, indem du das Bemühen aufgibst, aus dir selber dieses oder jenes zu tun. Gib dem göttlichen ICH BIN-Bewußtsein, deiner eigenen Vollkommenheit von nun an die Ermächtigung und den Auftrag, in dir wirksam zu sein! Dann tritt einen Schritt zurück und sei ein distanzierter, vollkommen neutraler Beobachter. So wirst du lächelnd sehen, daß jene Menschen und jene Situationen in dein Leben treten werden, die dir behilflich sind, dein Ziel zu erreichen …

Integriert den Elektronenkörper in euer physisches Sein!

21. Juni 1998

Im folgenden spricht Herakles zu einigen in Heilberufen tätigen Menschen. Er erklärt auf neue Weise, wie der Prozeß der inneren Umstellung verlaufen soll. Wie an keiner anderen Stelle wird in dieser Botschaft die zu erwartende Auseinandersetzung zwischen dem menschlichen Ich und dem inneren ICH BIN angesprochen. In aller Deutlichkeit kommt zum Ausdruck, daß der Elektronenlichtkörper, den es in den physischen Körper zu integrieren gilt, unser künftiges Reisegefährt sein wird, mit dem wir körperlich von Dimension zu Dimension werden gelangen können. Dieser Elektronenlichtkörper ist das, was in anderen Veröffentlichungen auch als Merkabah bezeichnet wird.

Ich, Herakles, bin in großer Freude, zu euch sprechen zu dürfen und euch Liebes- und Lichtkraft aus den höherschwingenden Dimensionen zu übermitteln. Gott zum Gruße! So werde ich euch also Aufschluß geben, und währenddessen werdet ihr mit Lichtquanten von hoher Frequenz bedient, die durch eure geistigen Führer über euer Halschakra in den physischen Körper geleitet werden. Diese geistige Arbeit, die wir parallel in dieser Gemeinschaft vollführen, soll euch hilfreich unterstützen bei der Aufnahme dessen, was ich gewiesen bin, zu euch zu sprechen.

Ihr habt in euren Herzen und Köpfen eine Vielzahl von Fragen vorbereitet. Ich, Herakles, werde aber nicht in der Weise antworten, wie es eurer menschlichen Vorstellung augenblicklich entspricht. Denn ihr werdet durch die Übermittlungen meiner Weisheit aus den geistigen Lichtsphären begreifen, daß viele eurer Fragen, eurer scheinbaren Probleme sich auflösen werden und ihr über sie werdet lächeln können ...

Ihr habt den Wunsch, im Anbeginn zu erfahren, wie ihr die Behinderungen im materiellen Bereich aufheben könnt. Wir beobachten euch mit einem Lächeln, wie ihr tagaus, tagein in großem Bemühen bestrebt seid, den Tagesablauf so zu gestalten, daß die von außen kommenden Aufgaben, Pflichten und vielfältigen Erwartungen in der Weise erfüllt werden können, wie es eurem Bewußtsein, eurem Denken entspricht. Und dieses Bemühen ergießt sich in unzählige Handlungsweisen, die unnötig sind.

Und so möchte ich euch bitten, daß ihr innehaltet, ein jeglicher in seinem Amte, ein jeglicher in seinem alltäglichen Tun, und daß ihr von nun an eure Aufmerksamkeit und Kraft nicht mehr nach außen auf die Bedürfnisse und Nöte der Menschen richtet, denen zu helfen ihr berufen seid. Ich bitte euch vielmehr, daß ihr nun beginnt, euch selbst in jedweder Weise eures Sprechens, Denkens und vor allen Dingen eures Fühlens mit bewußter Aufmerksamkeit wahrzunehmen. Denn dies ist die Schöpfungsebene, über welche ihr die Qualität eures Lebens erschafft. Ihr seid abgelenkt und leergeschöpft von den vielfältigen Bemühungen, euch außerhalb des eigenen Selbst im Leben der materiellen Welt zu behaupten. Nun ist der Augenblick gekommen, da ihr innehalten und jede Begegnung und Situation aus der Perspektive des inaktiven, beobachtenden und bewußt erwachten Menschen wahrnehmen sollt.

Ihr werdet gebeten, eure Gedanken und Gefühle auf das genaueste zu registrieren. So ihr also den Patienten, den Hilfesuchenden vor euch habt, hört euch zu, beobachtet euch und gebietet euch selbst Einhalt, wenn ihr in spontaner Weise antworten oder reagieren wollt. Dies ist der erste Schritt einer neuen Verhaltensweise, die dahin führen soll, daß ihr euch der Kräfte bewußter werdet, die in euch ruhen, die ihr bis jetzt durch äußere, materielle Handlungsweisen ausgeschöpft habt und die nun bewußt in andere Kanäle umgelenkt werden sollen. Beginnt zu erkennen, daß der Teil eures irdisch-menschlichen Verstandesbewußtseins die Epoche seiner Macht nun abgeschlossen hat.

Der Augenblick ist gekommen, da ihr gebeten werdet, euch innerhalb eures eigenen Wesens umzukehren, um euch auf den Teil eures Seins zu besinnen, welcher vollkommen und göttlich ist, welcher im Tiefsten eures Wesens verankert ist. Dieser göttliche Teil, der sich zusammenfügt aus göttlicher Liebe und göttlicher Weisheit, welcher der innerste Pol und Kern eures Wesens, eures Geistes und eurer Seele, ist, dieser Teil in euch ist mit einem Feld außerhalb eures physischen Körpers verbunden. Dieses Energiefeld besteht aus reinsten Elektronen. Diese Elektronenkraft ist die Manifestation von geistigen Lichtquanten, die – von der Urzentralsonne ausgesendet – sich zu euch gesellt haben und als Transformator zwischen eurem niederen Bewußtsein und eurem höheren Bewußtsein dienen.

Dieses geistig lebendige Lebensfeld, dieses Lichtenergiefeld, welches in reinsten Elektronen schwingt, ist die körperliche Ausdrucksform des Geistes Gottes, die Manifestation von göttlicher Vollkommenheit, von göttlicher Weisheit und Liebe, die in euch als Programmierung und als geistiges Ur-Erbrecht angelegt sind. Aus diesem Elektronenfeld werdet ihr gesteuert, so daß ihr atmen, daß ihr denken könnt, daß ihr die Kraft eures Körpers in körperliche Betätigung umsetzen könnt. All dies ist nur möglich, weil das geistige Bewußtsein von göttlicher Liebe und göttlicher Weisheit dies über einen Energiefaden in euren physischen Körper, an das Bewußtsein eurer Zellen übermittelt.

Nun ist der Augenblick gekommen, da eure Transformation sich weiter beschleunigen wird. Dies bedeutet: Die Evolution im körperlichen als auch im geistigen Bewußtsein wird noch schneller vonstatten gehen. Dies wird sich in der Weise ausdrücken, daß das geistige Bewußtsein sich noch mehr öffnen wird. Das äußere, begrenzende menschliche Verstandesbewußtsein wird sich mehr und mehr öffnen und in das geistige Denken integrieren. Dies wird naturgemäß zur Folge haben, daß der außenstehende Elektronenkörper des göttlichen ICH BIN-Bewußtseins mit seinem Schwingungsfeld magnetisch näher und näher an euren physischen Körper herangezogen wird.

Es ist eure Aufgabe, diesen noch außenstehenden Elektronenkörper in den physischen Körper zu integrieren, um auf diese Weise das atomare Gefüge eurer physischen Körperstruktur zu durchlichten, die Anzahl der Elektronen zu erhöhen und in eurer sichtbaren materiellen Lebenserscheinungsform feinstofflicher zu werden. Der Elektronenlichtkörper ist nun nicht mehr nur die Manifestation des göttlichen Bewußtseins, das einer jeden Seele angefügt ist, damit sie überhaupt lebensfähig ist. Die Integration des göttlichen ICH BIN-Bewußtseins in den physischen Körper bedeutet gleichsam das Zusammenschmelzen eines Kraftfeldes, das benötigt wird, damit ihr in der kommenden Zeit fähig werdet, Reisen in andere Dimensionen zu unternehmen. Dieser außenstehende Lichtkörper ist ein Reisegefährt, mit dem ihr körperlich von Dimension zu Dimension gelangen könnt, ohne hierfür ein äußeres, technisches Hilfsmittel zu benötigen.

Die Aufgabe, die an erster Stelle an einen jeglichen von euch ergeht, besteht also darin, nun die Aufmerksamkeit, die Kraft und die Zeit darauf zu lenken, daß die eigene Entwicklung in eine bewußtere und stärker unterstützte Form des Wachsens gelangt. Durch diesen Evolutions- und Wachstumsprozeß werden sich parallel die äußeren Konfrontationen und Blockaden naturgemäß von selbst auflösen. Denn dieser Evolutionsprozeß bedeutet, daß ihr beginnen werdet, euch und euer Leben nicht mehr aus der Perspektive des niederen Bewußtseins, des äußeren Verstandesdenkens zu gestalten, sondern die gesamte Aufmerksamkeit auf den Kern im Innersten ebenso wie auf den äußeren Elektronenlichtkörper zu lenken, um den Willen aus eurem niederen Bewußtsein dem göttlichen Bewußtsein unterzuordnen und diesem konkret die Entscheidungsgewalt über euer Leben zu erteilen.

Dies also muß geschehen, daß ein jeglicher von euch sich zurückzieht in sich selbst, um in aller Ruhe und in aller Gründlichkeit über diese meine Worte nachzudenken, um danach in aller Klarheit und bewußt die wichtige und bedeutungsvolle Entscheidung zu treffen, den äußeren Menschen, den Willen aus dem Menschlichen, jenem Willen unterzuordnen, der das eigene, vollkommene göttliche ICH BIN jedes einzelnen von euch ist. Es ist der Augenblick gekommen, da ihr euch bewußt werden sollt, wer ihr in Wahrheit seid, daß ihr den göttlichen Ursprung und die Vollkommenheit, die in euch ist, anerkennt, auch aus der Ebene eures psychischen, menschlichen und verstandesbewußten Denkens. Dies ist ein wichtiger, ein klarer und ein großer Prozeß.

Und so ihr die Größe dieses Prozesses erkannt und eure Entscheidung getroffen habt, den Willen eures menschlichen Bewußtseins unter den göttlichen Willen eures eigenen Selbst zu stellen, wird von diesem Augenblick an diese göttliche Instanz in euch wirksam werden, wird euch lenken und wird euch in euren Gedanken- und Gefühlsprozessen korrigieren. Ihr werdet eine innere geistige Schulung durchlaufen, die nicht von einem äußeren Meister bewerkstelligt wird, sondern die eigene göttliche Vollkommenheit, die einstmals im Ursprung in einem jeden von euch vorhanden war, wird durch die klare Entscheidung eures äußeren Willens wieder Raum und Möglichkeit bekommen, sich in euch auszudehnen, sich auszudrücken, bis eine jede Körperzelle, bis eine jede Faser auch eures physischen Körpers durchdrungen ist und dieses göttliche, vollkommene ICH BIN-Bewußtsein in und durch euch wirken kann und wird.

Dies ist ein Entscheidungsprozeß. Und so ihr die Entscheidung gefällt habt, werdet ihr jeden Tag aufs neue in jeder Situation erfahren, daß das göttliche ICH BIN-Bewußtsein, da ihr den Auftrag erteilt habt, in euch wirksam wird. Ihr werdet euch etliche Male als schizophren empfinden. Es sind zwei Willen, es sind zwei Welten der Gedankenformen und zwei Ebenen der Gefühle vorhanden, die sich ab und zu widereinander erheben, da die Meinung und das Einverständnis, da die Zielsetzung und der Wunsch nicht immer identisch sein werden.

Durch diese Prozesse also werdet ihr die Realität, werdet ihr die Gegenwart eines anderen Bewußtseins in euch in ganz konkreter und klarer Weise erfahren können. Und so ihr euch also an den Auseinandersetzungen eures eigenen Selbst reibt, da der äußere, verstandesbewußte Mensch mit seinem unvollkommenen Willen, mit seinen Abhängigkeiten und Süchten, mit allem, was noch unerlöst oder unbewußt vorhanden ist, versuchen wird, seine menschlichen Vorstellungen zu verwirklichen, so wird sich der andere Teil in euch wider dieses Unterfangen erheben. Und ihr werdet hier die Auseinandersetzung in euch selbst in klarer und deutlicher Weise erleben.

Wenn dieser Zeitpunkt gekommen ist, seid in großer Freude und jubelt, denn es ist euch das Zeichen, daß ihr bereits die ersten Schritte dieser wichtigen Evolution vollzogen habt. Es soll in eurem Bewußtsein Freude darüber herrschen, daß ihr dieser Situation mit eurer Aufmerksamkeit, mit eurem Wahrnehmungsvermögen gerecht werdet und all dies aufgenommen habt. Beobachtet es, seid dankbar hierfür und laßt diese Prozesse geschehen. Erkennt, daß dies der Kampf von Schatten und Licht in euch selber ist, der stattfindet, um euch zu läutern und von all jenen Aspekten zu befreien, die euch in eurem Leben behindern, als vollkommen freie, unabhängige, kreative Schöpfer tätig zu sein. Denn dies ist, warum ihr euch hier eingefunden habt. Ihr wollt in eurer Arbeit, eurer Kraft und eurem Plan nicht mehr durch die äußeren, im menschlichen Bereich bei euch vorhandenen Belange eingeschränkt sein.

So gebe ich euch also dahingehend Aufschluß, daß die Erreichung der Freiheit, der Unabhängigkeit für jeden einzelnen von euch darin liegt, daß ihr von nun an bestrebt seid, eure Kraft und Aufmerksamkeit nicht mehr in übergroßem Maße in äußere Betätigung zu investieren, sondern vielmehr in die eigene Entwicklung, die dahin gehen soll, daß das göttliche ICH BIN-Bewußtsein in euch Entscheidungsgewalt erhält, damit ihr nicht mehr aus dem eingegrenzten Verstandesbewußtsein nach Wegen und Lösungen sucht, die naturgemäß unzulänglich und unbefriedigend sind, sondern endlich den Teil in euch wirksam werden laßt, der alle Weisheit und alle Vollkommenheit von Anbeginn eures Seins an in sich gespeichert hat. Ihr habt einzig und allein vergessen, daß ihr euch von dem Bewußtsein über eure Herkunft und auch von jenem Teil eures eigenen Selbst getrennt habt, welcher vollkommen war und ist und allezeit sein wird. Die Aufgabe besteht lediglich darin, die Trennung wieder aufzuheben, um in die ursprüngliche Einheit des eigenen Selbst zu gelangen und das Leben im Äußeren so zu gestalten, daß die Göttlichkeit in euch wirksam werden kann und darf.

Dies kann nur geschehen, wenn ein jeder von euch beginnt, die Göttlichkeit in sich anzuerkennen, indem ihr begreift, daß Gott, daß die Vollkommenheit und die Einheit nicht unerreichbar und weit entfernt von euch sind, sondern daß all dies in euch vorhanden ist, daß es im Ursprung in einer untrennbaren Ganzheit miteinander verbunden ist und sich gegenseitig durchdringt. Einzig und allein euer Denken hat die Spaltung vollzogen. Und so handelt ihr aus diesem Getrenntsein in euch selbst wegen eines falschen Gedankenprozesses, der durch die Glaubensvorstellung in euch eine äußere Realität erschaffen hat, die Beschwerlichkeit und Behinderung in eurem Leben bedeutet.

Geht also zurück und beginnt, Gott, den Schöpfer, zu ehren und zu lieben. Doch tut dies in der Weise, daß ihr nicht zum Himmel blickt. Blickt vielmehr in euch selbst, tief in das Innerste eures eigenen Seins. Dort sucht Gott in euch, heißt Ihn willkommen und segnet Seine Anwesenheit in euch. Und seid dankbar und ehrfürchtig und voller Hochachtung und Liebe. Diese Geisteshaltung wird bewirken, daß die göttlich vollkommene Anwesenheit in euch sich aktivieren wird. Die göttliche Kraft, die göttliche Liebe und die göttliche Weisheit werden in euch wirksam werden. Die Gefühle aber, die ihr aus eurem Getrenntsein, aus eurer Unvollkommenheit empfindet und erstellt, bilden die Manifestationsebene, über welche ihr eure geistigen Gedankenkräfte realisiert. Und so habt ihr, da ihr in euch getrennt und unvollkommen seid, auch im äußeren, sichtbaren Lebensbereich die Unvollkommenheit und die Behinderung.

Und diese sind nicht aufzuheben durch einen großen Gewinn glänzenden Goldes oder durch die Großzügigkeit anderer Menschen. Es muß hier in eurer Bewußtwerdung ein Prozeß des Verstehens stattfinden, es muß die Anerkennung der eigenen Göttlichkeit erfolgen, und es muß eine bewußte und klare Entscheidung getroffen werden. Sodann werdet ihr naturgemäß die Vollkommenheit eurer Göttlichkeit aus dem inwendigsten Bewußtsein nach und nach in das äußere menschliche Verstandesbewußtsein transformieren. Und dies bedeutet schlußendlich Vollkommenheit, Freiheit, Unabhängigkeit in jeder Lebenssituation.

Ihr werdet lernen, euch als wahre Schöpfer mit eigener Kreativität zu begreifen und zu erfahren. Was sich augenblicklich noch als Behinderung aus dem materiellen Bereich darstellt, wird sich durch die Erkenntnisse aus dem höheren Bewußtsein – so ihr ihm die Möglichkeit gebt, in euch wirksam zu werden – nach und nach auflösen. Dies also ist der Weg. Und das bedeutet, daß ihr eure Liebe zu Gott, daß ihr die Wahrheit, nach der ihr sucht, nicht außerhalb eures Lebens und eures Selbst findet. Alles, was ihr wünscht, ist lange schon vorhanden, ist nicht weit entfernt von euch, sondern in allernächster, greifbarer Nähe. Es ist der Glaube, an dem ihr geprüft werdet, ein jeglicher von euch …

Gott zum Gruße, ihr geliebten Brüder und Schwestern auf der Erde, die ihr einen Platz in meiner Liebe und in meinem Herzen habt! Ich nehme Abschied nun. Segen über euch noch einmal! Es sprach Herakles.

Großes steht euch bevor

2. Juli 1998

Im Jahre 1998 geschah es immer wieder, daß Menschen, die sich über Susanne mit Fragen an ihren Schutzgeist wenden wollten, statt der erwarteten Antworten eine Unterweisung über die in ihnen anwesende göttliche ICH BIN-Kraft erhielten, durch deren Aktivierung sie nicht nur alle ihre Fragen selbst beantworten, sondern ihr ganzes Leben verändern könnten. Aus einer solchen Unterweisung bringen wir hier einen Auszug. Er vertieft unser Thema, und die Aussage, wir seien nach dem Bilde Gottes erschaffen, wird durch die Feststellung ergänzt, daß unser Elektronenlichtkörper eben dieses Bildnis Gottes ist.

So will ich also deinem Rufen antworten, herzlich geliebte Tochter. Gott zum Gruße! Ich umfange dich in zärtlicher Umarmung. Sei nun in dieser Form aufs herzlichste willkommen geheißen und wisse, alles ist gut. Du wirst lernen, deine Fragen in anderer Weise an die Weisheit des Universums weiterzugeben, und es werden dir in jenen Augenblicken die Antworten und das dafür notwendige Verständnis zuteil, da du hierfür geöffnet und reif geworden bist. So verstehe folgendes:

Der Mensch ist geschaffen nach dem Bilde Gottes, und dieses Bild, dieses Abbild ist ein Feld aus Energien des reinsten Lichtes. In eure physikalische Sprache übersetzt würde dies bedeuten: ein Lebensausdruckskraftfeld aus Elektronen. Dieses Elektronenlichtfeld ist der Ausdruck und das Bild des Göttlichen, nach dessen Form und Erscheinung ihr geschaffen worden seid. Es ist jenes Kraftfeld außerhalb eures physischen Körpers, das euch nährt und am Leben erhält. Ihr seid mit ihm verbunden durch euer Bewußtsein, ihr seid verbunden durch feine Energiekanäle, welche vom Emotionalkörper zu diesem außenstehenden Elektronenfeld reichen. Dies wird der Augenblick eurer Aufhebung sein, wenn ihr gelernt haben werdet, den außenstehenden Elektronenkörper in euren physischen Körper zu integrieren, um hierdurch dessen atomare Struktur zu verändern.

Jetzt wird die Dichte eures materiellen Leibes noch durch seine atomare Struktur erwirkt, und künftig soll die Übermittlung der Elektronenkraft, welche das Urbild des Menschen, das Gleichnis Gottes ist, nicht mehr von außen stattfinden. Dieses Bild soll von Mal zu Mal dem physischen Leibe näherrücken. Indem ihr eure Aufmerksamkeit nicht mehr auf das äußere menschliche Sein lenkt und zu eurer wahren Identität wachgerufen werdet, erkennt und versteht ihr, von nun an euer Leben aus dem inwendigsten, wahren Sein eures göttlichen Ursprungs zu führen. Dies wird naturgemäß eine magnetische Anziehung des noch entfernten Elektronenkraftfeldes an den physischen Körper bewirken. In der Weise, wie ihr eure geistige Entwicklung, euer Erwachen und euer Bewußtwerden gestaltet, in der Weise und in der Geschwindigkeit wird der außenstehende Elektronenkörper eurem physischen Leibe näherrücken, um ihn sodann erst zu berühren, danach zu durchdringen, um als Abschluß sich schließlich gänzlich in ihn zu integrieren.

In dem Augenblick, da das Bildnis Gottes, der Elektronenlichtkörper, euren physischen Körper vollkommen durchdringt, wird also die atomare Struktur der Physis verändert. Was augenblicklich noch dicht ist, wird hierdurch in den Zustand einer halbmateriellen Lebensausdrucksform gebracht. Dies ist notwendig, damit ihr mit eurem physischen Körper in andere Dimensionen reisen könnt. Ihr werdet euren physischen Körper als Reisegefährt schulen, und ihr werdet lernen, mit eurem geistigen Bewußtsein die Anzahl eurer Elektronen innerhalb des physischen Körpers zu verändern und dem jeweiligen Lebensraum anzupassen, in den ihr zu reisen wünscht. Dies ist die Aufgabe, die vor euch allen steht, auf daß ihr fähig werdet, unbeschadet den Übergang und Aufstieg zuerst in euch selber und danach in andere Dimensionen und Lebensräume zu vollziehen.

Dies ist, was ihr alle lernen werdet, daß ihr zuerst zu euch selber heimkehrt, bevor ihr ins Vaterhaus, in eure geistige Heimat, eintretet. Denn die Vollendung muß zuvor in einem jeglichen von euch selbst stattfinden. So wird das, was in eurer Vorstellung und in eurem Bewußtsein augenscheinlich innerhalb eures Wesens noch getrennt ist, einen Zusammenschluß finden. Das, was ihr als Tagesbewußtsein, als Unterbewußtsein und als höheres Bewußtsein unterteilt, und was ihr als geistigen, als stofflichen, als feinstofflichen Körper oder als Seelenkörper voneinander trennt, all diese unterschiedlichen Bewußtseinsebenen und Körperausdrucksformen werden vereint und in eine einzige Bewußtseinsebene zentriert, in eine einzige Wahrnehmungsebene, in eine einzige Lebensausdrucksform.

Dieser Zusammenschluß in eurem Bewußtsein, diese eigene Vollendung und Einheit, wird euch befähigen, eine bessere und höhere Sicht zu erlangen über euch selbst, über das Leben, über das vergangene wie über das gegenwärtige und das künftige. Aus dieser Sicht werdet ihr fähig sein, in dieses einzige, unveränderbare und vollkommene Lebensgesetz hineinzugreifen, welches das Prinzip von göttlicher Weisheit, göttlicher Liebe, von Frieden und Wahrheit ist. Ihr werdet lernen, daß alle anderen Qualitäten, Prinzipien und Aspekte diesem Gesetz untergeordnet sind. Ebenso werdet ihr lernen, mit einer einzigen Energie zu arbeiten, zu leben und auch zu heilen, eben aus diesem einen göttlichen Gesetz, in das alle anderen Gesetze gleichsam integriert sind. Alles wird in eine Form des Klaren, des Übersichtlichen und des Einfacheren hineinwachsen.

Habe also Geduld und wisse, Großes steht euch bevor. In Kürze werden euch diese Weisheiten erreichen, und das Verständnis dieser Weisheiten wird euch ermächtigen, mit anderen Energiefrequenzen tätig zu sein. Du wirst in kurzer Zeit lernen, daß jede Krankheit, gleich welchen Ursprungs, nur eine Lösung benötigt. Du wirst lernen, jeder Krankheit mit einem universellen Schlüssel zu begegnen, der dir ermöglichen wird, die Verständnislosigkeit des Betroffenen aufzuschließen. Du wirst lernen, mit diesem Schlüssel und dem Antrieb eines einzigen Gesetzes alles in den ursprünglichen Zustand der Ausgewogenheit, der Harmonie, der Gesundheit und der Kraft umzuwandeln, umzukehren …

Es wird nicht mehr vonnöten sein, deinem eingeschränkten irdischen Verstandesbewußtsein Genüge zu tun. Dieser Teil deines Wesens ist es, der dich immer wieder ruft, aus der Perspektive des Fragenden zu handeln. Dieser Teil, aus dem du fragst und zu verstehen wünschst, ist jener kleine, eingegrenzte Teil deines Wesens, der in das große Bewußtsein integriert wird, in das Verständnis über das eigene Ungeteiltsein. Du wirst, ohne die Fragen auszusenden, ständig Antworten in einer Weise empfangen, die dir jetzt noch unvertraut ist.

Bitte im täglichen Gebet um den Glauben und die Kraft, dich selber in deiner wahren Identität anzuerkennen. Denn du wirst dir in deinem Ursprung gegenüberstehen und überwältigt sein. Und dein Verstand wird dich zu verführen suchen, deiner Göttlichkeit nicht zu vertrauen. Bitte also um Mut, um Vertrauen, daß du dir mit Anerkennung, mit Achtung und Liebe begegnest und dich nicht selber fortweist, damit die Göttlichkeit in dir wirksam werde. Göttliche Vollkommenheit, das Licht der Weisheit und der göttlichen Liebe können nur wirksam werden in dir, wenn du sie willkommen heißt und in Freude begrüßt und ihnen die Möglichkeit einräumst, in dir zu wirken. So bitte darum, daß du in jenem Augenblick stark und mutig, gläubig und vertrauensvoll sein wirst, wenn du vor dir selber stehst, wenn du dir von Angesicht zu Angesicht in deinem wahren Sein begegnest, ganz ohne Maske, ohne falsche Vorstellung. Bitte für diesen Augenblick um Mut, und bitte, daß dieser Augenblick bald kommen möge.

Dies ist, was du tun kannst, meine über alles geliebte Tochter. Bete dafür, denn wenn dies geschieht, werden sich alle untergeordneten Bitten erfüllen. Alles wird sich in Leichtigkeit, in ein Lachen und Fröhlichsein auflösen. Und endlich wird für dich greifbar sein, was du so lange schon ersehnst: die Freiheit. Die Freiheit, die Liebe, die Wahrheit, die Weisheit, das Wissen und Verstehen aus dir selber, all dies ist nicht weit entfernt in hohen Himmeln bei einem vollkommenen, unerreichbaren Gott. All dies ist mitten in deinem eigenen Herzen. Dieses ist, was du lernen sollst. Gehe also, geliebte Tochter, alles ist gut. Lasse los, sorge dich nicht. Begrüße einen jeden Sonnenaufgang mit einem herzlichen Willkommensgruß und mit Freude. So werden sich die Dinge aus sich selber gestalten, und du wirst staunend daneben stehen und dankbar empfangen, ohne, wie es in der Vergangenheit war, dich im Äußeren mühen zu müssen. Was fortgenommen sein wird, ist die Mühsal, ist die Beschwerlichkeit. Gehe, es ist alles gut.

So nehme ich Abschied, und noch einmal umfange ich dich in großer, tiefer Liebe. Segen über dich! Es sprach zu dir in großer Freude dein Vater von einst. Gott zum Gruße!

Die Unsterblichkeit des physischen Körpers

2. August 1998

Anfang August 1998 fand aufgrund einer Anregung aus der geistigen Welt ein Seminar statt, das dem ungewöhnlichen Thema «Die Unsterblichkeit des physischen Körpers» gewidmet war. Die Ereignisse vor und bei diesem Treffen standen spürbar unter einem besonderen Stern. Susanne wurde zu einem Kraftort in Oberfranken geführt, wo bald darauf das eintägige Seminar mit Teilnehmern aus verschiedenen Teilen Deutschlands, aus Österreich, der Schweiz, Portugal und zwei afrikanischen Ländern stattfand. Es waren zum größten Teil Menschen, die zum ersten Mal, häufig auf merkwürdige Weise, von TERRAMOR gehört und sich, einem inneren Antrieb folgend, angemeldet hatten. Als sie die Christus-Worte hörten: «Ihr, die ich gerufen habe aus meiner niemals endenden Liebe», wußten sie, warum sie so spontan entschlossen gewesen waren, teilzunehmen.

Es war der ausdrückliche Wunsch der geistigen Welt, daß die Teilnehmer bereits am Tage vor dem Seminar anreisten. Sie sollten die Hektik des Alltags hinter sich gelassen haben, und ihre Schutzgeister hatten den Auftrag erhalten, während des nächtlichen Tiefschlafs die Schwingungsfrequenzen ihrer Energiezentren höher einzustellen, damit die Lichtquanten, die während des Seminars übertragen werden sollten, dem Nervensystem nicht schadeten.

Die große Christusbotschaft, die hier folgt, war auf die neuen Teilnehmer abgestimmt und faßt die verschiedenen Aspekte des ICH BIN-Themas, mit denen der Leser zu einem Teil bereits vertraut werden konnte, zu einer Gesamtschau zusammen.

Ein Dach aus Licht, ein Schirm aus Gnade und Flügel der Liebe sind über euren Häuptern ausgebreitet. Dieses hat euer himmlischer Vater für euch vorbereitet. So bin ich, so ist der Vater heute mitten unter euch, mitten in euch, so wie dies allezeit von Anbeginn der Fall gewesen ist. Da ihr euch aber entfernt habt vom Vaterhaus, da ihr aber vergessen habt, wer ihr seid, bin ich heute zu euch gesandt, nicht als der Sohn Jesus, euer Bruder, der euch vertraut ist, sondern ich bin heute bei euch als der Christus. Als dieser bin ich heute gewiesen, in euch zu wirken.

Vor vielen Zeiten habe ich euch bereits verkündet: «Niemand kommt zum Vater denn durch mich!» Viele Male habe ich in Bildern, in Symbolen zu euch gesprochen. Nun aber ist die Zeit erfüllt, und es sollen alle Schleier des Vergessens aufgehoben werden. Alles Verborgene soll geoffenbart werden, auf daß ihr sehend, auf daß ihr hörend, auf daß ihr verstehend werdet.

Dies ist der Augenblick, da eure geistigen Führer, die sich liebend an eurer Seite befinden, in und an euch wirken. Segensreich greifen ihre liebenden Arme tief in eure feinstofflichen Körper hinein, um zu reinigen, um auszugleichen und um all das aufzuheben, was Last ist, was euch bis jetzt behindert hat, zu euch selbst zurückzukehren. Denn dieses ist es, was geschehen muß, daß ein jeglicher zu sich selber heimkehre, auf daß er von mir empfangen werden kann und ich ihn zum Vater sende.

Ihr, die ihr euch hierher berufen habt, die ihr mir vertraut seid von alters her und die ich gerufen habe aus meiner niemals endenden Liebe, wißt, allezeit sind meine Arme ausgebreitet, euch zu empfangen. Ihr geht wahrlich einer großen Veränderung entgegen, und es bedarf einer Veränderung auch in einem jeglichen von euch, auf daß ihr das, was kommen wird, unbeschadet übersteht. Dies ist der Grund, warum ich euch gerufen habe: um in euch Verständnis für das Kommende zu wecken, damit ihr fähig seid, ein jeglicher für sich, jene Veränderung vorzunehmen, die notwendig ist, um den kommenden Aufstieg dieses Planeten im Glückseligen, im Freudvollen und unbeschadet zu erleben.

Ihr befindet euch in eurem Denken und Fühlen und Verständnis immer noch in der Vorstellung des Getrenntseins. Ihr vermeint, euer Christus, euer Bruder Jesus sei weit entfernt in hohen, vollkommenen Himmeln. Ihr vermeint, auch euer himmlischer Vater throne weit entfernt und unerreichbar für euch in geistigen Reichen. Ich aber sage euch: Der Vater, die Mutter und auch der Sohn sind inmitten eines jeglichen von euch verankert. Denn wäre Gott nicht in euch, wäret ihr nicht in Existenz. Daß ihr lebt, daß ihr atmet, daß euer Herz schlägt, daß ihr zu denken und zu fühlen vermögt, dieses ist, weil Gott in euch als Geistesflamme und lebendiger Odem vorhanden ist.

Ich möchte über den physischen Körper sprechen und über das, was ihr das Sterben und den Tod des Körpers nennt. Denn wißt wohl, alles Sterben und aller Tod, die Auflösung der physischen Materie sind nicht Ausdruck des Willens Gottes, sondern vielmehr eine Schöpfung des menschlichen Willens. Die Illusion, die Unwissenheit, die Angst und das Sichentfernen in der Vorstellung des menschlichen Geistes haben euren physischen Tod erschaffen.

Ich habe euch verheißen: «Wahrlich, wahrlich, ich komme bald, um euch zu mir zu nehmen, auf daß ihr seid, wo ich bin.» Und ich habe euch verheißen, daß Gott jede Träne abwischen wird. Da wird kein Leid, kein Hunger, keine Krankheit, keine Not und auch kein Sterben mehr sein. Siehe, ich mache alles neu! Ihr werdet dieser alten Erde nicht mehr gedenken. Ihr werdet des Sterbens und des Todes nicht mehr gedenken. Alles wird sich erneuern.

Und so ist es eure Aufgabe, diese Erneuerung in euch selber zu beginnen. Indem eure Vorstellung, indem euer Verständnis sich darauf richtet, was ewig, was unvergänglich, was vollkommen und göttlich ist, habt ihr bereits den ersten Schritt getan, dem physischen Tod zu entsagen. Indem ihr an Auflösung, an Zersetzung glaubt, indem ihr an ein Ende glaubt, wißt, ist es die Kraft eures Glaubens, die Vorstellung eures Geistes, die nach dem Gesetz des Lebens vollzieht, was euer Wille ist. Dies ist, was euch noch trennt von Gott: der menschliche Wille.

So ihr aber bereit seid, den menschlichen Willen dem Willen Gottes zu übergeben, wird von diesem Augenblick an göttliche Vollkommenheit und euer göttliches ICH BIN-Bewußtsein in eurem physischen Körper und in all euren Bewußtseinsebenen wirken. Dies ist das Geheimnis, daß ihr denn nur diesen einen Schritt vollziehen müßt, daß ihr sprecht: «Vater, dein Wille geschehe!»

Ihr habt einen Körper aus Fleisch und aus Blut. Und er ist unter der Haut aus Organen, aus Gefäßen, aus Flüssigkeiten zusammengesetzt. Und in all dem wiederum befinden sich die Zellen. So ihr aber die Zellen betrachtet, erkennt ihr darin einen Mittelpunkt, einen Kern. Und weiter könnt ihr um diesen Mittelpunkt und Kern erschauen, was Inhalt der Zelle ist und was als äußere Wand die Zelle umschließt. Die Zelle selbst aber besteht aus Atomen. Und das Atom ist in ebensolcher Weise aus einem Mittelpunkt, dem Kern, erschaffen und aus dem, was ihn umgibt, den sich bewegenden Elektronen. Ihr habt bereits gelernt und verstanden, was Mikrokosmos, was Makrokosmos ist. So versteht, alles ist in euch enthalten. Einzig und allein euer freier Wille gibt dem, was in euch ist, Ausdruck und Gestalt.

Ihr seid in der Grundstruktur eures physischen Körpers aus dem atomaren Gefüge geformt. Dies ist der Urstoff, aus welchem sich die materielle Form zusammenfügt. Nun ist der Augenblick gekommen, da ich euer Wissen und Verstehen auf einen anderen Körper lenken möchte, der sich nicht in dieser Dichte, in dieser materiellen Ausdrucksform dem Leben gibt. Versteht, euer Körper im Hier und Jetzt schwingt und drückt sich aus in dichtem, materiellem Stoff, dessen Urgrund die atomare Struktur des Lebens ist. Ihr aber werdet vorbereitet, diese atomare Struktur zu verlassen, um in eine andere Lebensausdrucksform überzugehen, welche halbmateriell, welche feinstofflich ist.

So wißt, daß sich dieser Körper lange schon über euren Häuptern befindet. Er ist ein Lebenskraftfeld, das euch nährt, das euch den Odem des Geistes aus Gott, das euch das Bewußtsein aus Christus in das Bewußtsein einer jeglichen Zelle eures physischen Körpers übermittelt. Ihr werdet also über eure geöffneten Energiezentren nicht nur aus dem kosmischen Urstoff des Geistes Gottes genährt, ihr werdet genährt durch das Bewußtsein des Christus. Dieses stellt euch als reinen Elektronenkörper vor, welcher sich außerhalb eurer Aura über euren Häuptern befindet.

In diesem Kraftschwingungsfeld des reinsten Elektronenlichtes sind als geistiges Gesetz die Liebe des Christus und die Kraft des Christus manifestiert. Wenn ihr willens seid, von nun an aus der Liebe des Christus zu leben, und nicht mehr aus der Liebe des Menschen – denn diese ist unvollkommen –, so wißt, die Liebe aus Christus vermag alle Gegensätze zu vereinen, so daß ihr durch diese Einheit jene Kraft erlangt, die euch ermöglicht, alles zu überwinden, was den Aufstieg im eigenen Selbst, ins höhere Bewußtsein bisher verhindert hat.

Versteht, innerhalb eurer physischen Körper sind die euch vertrauten sieben Energiezentren angeordnet. Diese sind eurem physischen Körper zugehörig. Oberhalb eurer Häupter sind zwei weitere geistige Energiezentren angesiedelt – als Manifestation des Gesetzes aus dem Christus, der Liebe und der Kraft. So ihr also aus der Liebe und der Kraft des Christus wirkt, wird euer Geist sich öffnen und das Bewußtsein des Christus in sich integrieren. Es ist eure Aufgabe und mein Wunsch, daß ihr lernt, eure Schwingungsfelder, die ihr die Aura nennt, auszudehnen, um die beiden übergeordneten Energiezentren aus dem astralen Bereich mit einzuschließen. So ihr euch an das anschließt, was von Anbeginn euer ureigenes, wahres Selbst ist, da ihr euch auf dem Weg zurück ins Vaterhaus befindet, müßt ihr zuerst den Christus in euch manifestieren.

Ihr habt über diesen beiden Prinzipien der Liebe und der Kraft aus dem Christus in schwingungsmäßig weit höherer Dimension drei weitere Energiezentren, die euch zugehörig sind. Hier ist verankert als erstes das Gott-Vater-Prinzip, welches sich durch die göttliche Liebe ausdrückt. Das nächste Energiezentrum ist die Manifestation des Sohnes, die Kraft der Überwindung. Und das, was über diesem Energiezentrum liegt, ist das

Gott-Mutter-Prinzip, in welchem die göttliche Weisheit als geistiges Gesetz verankert ist.

Erst wenn all diese Schwingungsfelder in euer Bewußtsein integriert und in ihm manifestiert sind, werdet ihr fähig sein, den physischen Tod nicht mehr zu schmecken. Ihr werdet fähig sein, von Dimension zu Dimension zu reisen, ohne euren Körper durch den Tod oder das Sterben zu verlieren. Ihr werdet lernen, wenn all jene geistigen Prinzipien in euch selbst verankert und tätig sind, nach eurem Willen, in der Kraft des bewußten «ICH BIN göttliche Flamme» euch durch die Vorstellung, durch die Konzentration und die Gedankenkraft den Weg zu weisen, aus euch selber die Brücken zu schlagen und aus dieser stofflichen Welt in die feinstoffliche oder geistige Welt zu gelangen. Ihr werdet lernen, die atomare Struktur kraft eures Willens aus der Weisheit, aus der Liebe, durch die Kraft und das Bewußtsein des Christus in der Weise zu gestalten, daß ihr euch in einem Nu, in einem Augenblick von hier nach dorthin begeben könnt, ohne die technischen, materiellen Mittel der Bewegung zu benötigen.

Dies ist, was ihr heute erfahren sollt, daß der Elektronenkörper, welcher sich als geistiges Kraftfeld, als physikalischer Ausdruck des Bewußtseins des Christus über euren Häuptern befindet, daß dieser Teil nicht länger außerhalb bleiben, sondern in euer Bewußtsein und euren Körper integriert werden soll. Indem ihr also den Elektronenlichtkörper in euren physischen Körper integriert, wird augenblicklich bewirkt, daß all eure Zellen durchlichtet werden, daß all eure Zellen durch das Bewußtsein des Christus erhöht werden. Eure Zellen werden also beginnen zu erstrahlen, eure Zellen werden beginnen, in ihrer Frequenz höher zu schwingen. Dies aber wird bewirken, daß eure Organe und alles, was euren stofflichen Körper gestaltet, vom Bewußtsein des Christus durchdrungen und dadurch erhöht werden.

So wird die Botschaft des Christus sich im Bewußtsein eures Körpers, in all euren Zellen offenbaren und manifestieren. Es ist an euch, diesen Schritt zu tun. Denn so ihr wünscht, daß das Bewußtsein aus dem Christus in euch lebt und sich durch euch in dieser dichten, materiellen Erdenwelt sichtbar ausdrückt, bedarf es eines festen Willens. Es bedarf einer klaren Entscheidung, und es bedarf eines willentlich tätigen Geistes, der bereit ist, dem Willen des Vaters zu folgen. Versteht also, es muß euer physischer Körper physikalisch durchdrungen und durchlichtet werden von dem Elektronenkörper, von dem physikalischen Kraftfeld, welches sich augenblicklich noch außerhalb eures Körpers, eures Schwingungsfeldes befindet.

Indem ihr also im ersten diese Entscheidung trefft, von nun an aus dem Willen Gottes zu leben und nicht aus dem Willen des Menschen, werdet ihr durch diese gedankliche Umstellung in euch bereits das Schwingungsfeld eurer Gedankenmuster erhöhen, so daß ihr auf diese Weise dem höher schwingenden Elektronenkraftfeld näherkommt. Ihr müßt euch also hochschwingen, ihr müßt euch erhöhen, indem ihr durch den tätigen Willen dem gleich zu werden sucht, der sich in euch sichtbar offenbaren soll.

In einem jeglichen von euch lebt die geistige Flamme aus Gott. Und wäret ihr mit eurem Willen, mit eurem Herzen, mit eurem Bewußtsein, mit eurer Aufmerksamkeit dieser Geistesflamme in euch zugewendet, so würde die Kraft dieser Geistesflamme euch auch im Äußeren eures Seins berühren. Es ist euer menschlicher Wille, der euch von der Vollkommenheit trennt, weil ihr das Gesetz des Lebens vergessen habt.

Und so bin ich heute gekommen, um euch noch einmal an das Gesetz des Lebens zu erinnern: Es ist göttliche Liebe, göttliche Weisheit, Frieden und Harmonie. Dies ist in einem jeden Menschen als geistiges Gesetz aus Gott angelegt. Wäret ihr nicht in diesem Gesetz eingebunden, wäre Leben, wäre Ausdrucksform nicht möglich. Würden euer menschlicher Geist, euer menschliches Bewußtsein, euer menschlicher Wille diesem göttlichen Gesetz unabdingbar folgen, glaubt mir, ein jeglicher von euch wäre in göttlicher Vollkommenheit.

So ihr Krankheit, so ihr Schwäche, so ihr Nöte bei euch habt, sei dies im seelischen, sei dies im materiellen Bereiche, erkennt daran, daß ihr vergessen habt, wer ihr seid, daß ihr das Gesetz des Lebens vergessen habt. Um dessenthalben bin ich heute bei euch, um euch heimzuführen, zuerst zu euch selber und danach zum Vater. Niemand kommt zum Vater denn durch mich. So bin ich Mittler, so bin ich Friedensfürst. Wißt wohl, ich bin gekommen, um die Schlafenden zu erwecken, die geschlossenen Augen und die verstopften Ohren zu öffnen, auf daß ihr sehend, auf daß ihr hörend, auf daß ihr verstehend werdet.

So bitte ich euch inniglich, beginne ein jeglicher, sich von nun an zum Inwendigsten seines wahren Selbst zu bekehren. Beginnt, euch zu suchen, euch zu finden und euch zu vereinen. Ihr habt von vielen Trennungen gehört, die da sind die Trennung von Gott zu euch, die Trennung von eurem höheren Bewußtsein zum niederen Selbst, die Trennung von eurem erwachten Geist zum unbewußten Sein. All diese Trennungen sind vonstatten gegangen einzig und allein in eurer Vorstellung. Da euch aber vom Vater die Schöpferkraft und der freie Wille gegeben ward, so haben sich eure Vorstellungen über das Getrenntsein in eurem Bewußtsein realisiert. Es gilt, dies zu durchschauen und diesen Irrtum aufzuheben, um zu erkennen: Ihr seid eins, ihr seid ein Teil des großen Ganzen, das allezeit untrennbar ist, das eingebunden ist in das unveränderbare, niemals endende Gesetz des Lebens. Ihr seid göttliche Liebe, ihr seid göttliche Weisheit, ihr seid Frieden, ihr seid Harmonie!

Dies ist euer wahres Sein. Und so ihr beginnt, an diese Einheit, an diese Vollkommenheit und Göttlichkeit in euch selbst zu glauben, wird die göttliche Geistesflamme in euch wachsen und lodern, und das göttliche ICH BIN-Bewußtsein wird nach und nach seinen rechtmäßigen Platz in euch einnehmen und dafür Sorge tragen, daß ihr lernt und versteht und wißt, wer ihr in Wahrheit seid. Ihr seid gewoben aus dem Lichte. Dies ist die Uressenz eures Seins. Und ihr seid geformt aus Liebe nach dem Bilde Gottes, eures Vaters, welcher allezeit vollkommen ist. Einzig und allein eure falsche Vorstellung hat bewirkt, daß ihr euch im äußeren Ausdruck in der Weise gestaltet habt, wie ihr euch erschauen und erfühlen könnt.

So ihr denn krank seid, keine Kraft habt oder Mangel leidet, seid ihr aus Unwissenheit abgewichen, das Gesetz Gottes zu leben. Indem ihr euch also in euch selbst bekehrt und lernt, göttliche Liebe, göttliche Weisheit und Frieden und Harmonie in euch zu erwirken, werdet ihr all dies von außerhalb in euer Leben, in eure Körper hineinrufen. Es wird sich manifestieren, es wird wachsen, indem ihr versteht, daß ihr Schöpfer seid, daß ein jeder Gedanke der geistige Bauplan der künftigen, sichtbaren Realität ist, indem ihr die Ernsthaftigkeit, die Größe und die Macht begreift, die euer himmlischer Vater euch aus Liebe verliehen hat, auf daß ihr allezeit frei seid, euch nach eigenem Willen zu entscheiden und zu entwickeln.

Denkt daran, nun zu beginnen, einen jeden Gedanken aus dem Bewußtsein des göttlichen ICH BIN bewußt zu erschaffen, in dem Verständnis, daß das, was als Gedanke und als Gefühl von euch ausgeht, zu euch vermehrt und angereichert heimkehren wird, um sich in euch und um euch zu manifestieren. Was die Realität eures Lebens darstellt, sind die sichtbar gewordenen Gedanken und Gefühle, die Wünsche und die Pläne aus dem Geistigen. Da ihr aber nicht an eure Schöpferkraft glaubt, da ihr nicht an eure Vollkommenheit glaubt, erschafft ihr aus dem Bewußtsein des Unvollkommenen, aus dem Verständnis, daß ihr fehlerhaft, daß ihr schwach und menschlich seid, all das, was euch Last bedeutet. So versteht, viele haben von euch ihre Rufe an meine Ohren gerichtet und mich um Hilfe, um Befreiung von diesem oder jenem Übel gebeten.

Ich aber sage euch: Ich bin nicht gekommen, um euch des Übels zu entheben, nein. Ich bin gekommen, um euch zu erwecken, auf daß ihr wißt und versteht, wer ihr seid, und daß ihr nicht der Kraft und Hilfe von außen bedürft, sondern daß ihr nun gerufen werdet, aus euch selber zu schöpfen. Laßt denn Gott in euch nicht länger untätig sein, und laßt den Christus in euch leben! Lernt, euch als die lebendigen Schöpfer zu betätigen! Ihr seid als Kinder des Vaters in die Dunkelheit dieser Erdenwelt gesandt mit dem Wunsch und dem Auftrag, das Licht dieser Erde zu sein und als die Liebe aus Gott durch den Christus in euch zu wirken. Dies ist der Auftrag, und dies ist der Plan, den ein jeglicher von euch von Anbeginn seines ersten Erwachens selber beschlossen hat.

Versteht also, die Hilfe von außen ist nicht vonnöten. Alles, was benötigt wird – die Kraft, das Wissen und das Verständnis –, ist lange schon, ist allezeit in euch vorhanden. Beginnt, nicht mehr von euch selbst als getrennt zu denken. Betrachtet den Teil eures Bewußtseins, welchen ihr unbewußt nennt, von nun an als bewußt. Betrachtet den Teil als göttlich, der in euch ist, der nicht weit entfernt und unerreichbar ist. Bekehrt und bekennt euch zu eurem himmlischen Vater, bekehrt und bekennt euch zu Christus, zu mir. Doch sucht nicht außen, sondern wißt, in euch selbst ist göttliche Vollkommenheit, Unsterblichkeit, Weisheit, Liebe, Frieden und Harmonie. In dem Augenblick, wo ihr bereit seid, dies mit eurem menschlichen Bewußtsein und Willen in euch anzuerkennen, wo ihr bereit seid, aus diesem neuen Verständnis zu leben, wird das göttliche ICH BIN-Bewußtsein in euch nach und nach seinen Platz einnehmen und in euch regieren.

Der Vater ist nicht außerhalb von euch. Ihr wurdet Könige und Priester genannt, die das Reich des Vaters ererben sollen. So versteht, jener ist ein König, der da weiß, das Gesetz in seinem Reiche nicht nur zu lehren, sondern selbst zu leben. Das Gesetz ist Liebe, Weisheit, Frieden und Harmonie. Und so ihr bereit seid, aus diesem Gesetz zu leben, werden in eurem Reiche, welches eure Bewußtseinsebenen, welches eure Körper sind, die Unsterblichkeit, die Unvergänglichkeit und der Geist Gottes sein. Ihr seid Könige im eigenen Reich, und ihr seid Priester im eigenen Reich.

Es ist der Augenblick gekommen, da ihr einen großen, einen bedeutungsvollen Weg antretet. Es ist das, was ihr Meisterschaft nennt. Und so erkennt, diesen Weg zu gehen bedeutet, daß ein jeder Atemzug, ein jeder Augenaufschlag, ein jeder Schritt, eine jegliche Tat, alles, was von euch ausgeht, unter diesem Gesetz von Liebe, Weisheit, Frieden und Harmonie steht. So ihr also in eurem Königreich als König lernt, alles zu überwinden, was euch davon abhält, dieses geistige Gesetz zu leben, werdet ihr Meister, Könige und Priester sein.

Ihr seid an diesen Ort gekommen, weil ihr dies tief in euch beschlossen und gewünscht habt. So habe ich denn jene gerufen, die bereit und offen sind, den Weg des Meisters zu gehen. Wie ich euch einstmals hier auf dieser Erdenwelt im physischen Fleische als Jesus voraufgegangen bin, um euch ein lebendiges Beispiel des Gesetzes Gottes zu geben, und wie ihr mir gefolgt seid und erfüllt habt, was damals der Auftrag und die Weisung aus meinem Willen war, als ich euch zu allen Völkern und Nationen sandte, um mein Wort und meinen Plan zu verkünden, so habe ich euch abermals gerufen, um euch abermals auszusenden, nun nicht mehr, um Völker und Nationen zu sammeln, sondern um mir auf dem Wege nachzufolgen, der die Meisterschaft für einen jeden von euch bedeutet.

Wenn ihr bereit seid, all dem zu entsagen, was menschliche Sucht ist, und wenn ihr mit Freuden beginnt, alles zu bekämpfen, was euch bis jetzt knechtet, unfrei macht und an die Erdenwelt bindet, was euren Trieb, was euer niederes Selbst in der Kraft und in dem Bewußtsein erhält, werdet ihr lernen, Christus in euch und Gott in euch wirksam werden zu lassen.

Die hohe Frequenz des Lichts, das von der geistigen Welt während der Durchsage auf die Anwesenden übertragen wurde und deutlich spürbar war, führte bei einigen zu bewußtseinsmäßigen und körperlichen Reaktionen und zu Besorgnis. Die folgenden Worte beziehen sich auf dieses Geschehen.

Seid vollkommen unbesorgt, da ihr nun vieles in euch erspürt, was mit eurem menschlichen Verstand nicht nachzuvollziehen ist. All dieses sind Reaktionen, die euer physischer Körper augenblicklich noch nicht einzuordnen weiß. Dennoch wißt, ihr seid in keiner Weise in Gefahr. Es werden im Augenblick all eure Körper und Zellen von den höheren Schwingungen des Lichtes durchflutet. Und ihr werdet vieles in euch erspüren, was euch bis jetzt unvertraut war. Habt keine Sorge und wißt, ihr seid geborgen, und liebend werdet ihr umfangen von denen, die euch in geistiger Weise Helfer und Führer sind.

Habt Vertrauen und laßt geschehen! Denn ich habe euch an diesen Ort gerufen, um euch den Geist des Christus zu übermitteln. Und dieser ist es, der augenblicklich in einem jeglichen von euch wirkt, so er geöffnet ist in seiner Bereitschaft, in seinem Geist, in seinem Herzen. Nehmt dieses Licht an, denn es ist das, was der Vater heute als Geschenk einem jeglichen von euch vermittelt, daß ihr trinkt aus Seiner Liebe, daß ihr trinkt aus Seiner Weisheit, um auf diese Weise dem Lichtkörper über eurem Haupte näher zu sein. Denn er soll von nun an nicht mehr getrennt sein von euch, sondern mit euch verbunden sein. Dies ist, was augenblicklich geschieht: daß ihr euch öffnet in eurem Geist und daß die geistigen Führer an eurer Seite den Elektronenkörper, dieses Bewußtsein aus Christus, dem menschlichen Bewußtsein näherbringen, bis dieses nach und nach durchdrungen wird und ihr ganz im Christus lebt. Dies ist der Weg, und nur diesen Weg gilt es zu gehen, so ihr denn zum Vater heimkehren wollt.

Niemand kommt zum Vater denn durch mich. Versteht diese Worte wohl. Erst muß das Bewußtsein aus dem Christus im menschlichen Bewußtsein verankert sein. Danach erst seid ihr fähig, die Kraft des Vaters in euch in der Weise aufzunehmen, daß Er ungehindert in euch und durch euch wirken kann. Glaubt also daran, daß ihr Schöpfer an euch selber und in euch selber seid, daß Gott allezeit in euch wirkt und daß einzig und allein euer Wille und eure Vorstellung den Ausdruck des göttlichen Willens in euch bestimmen, in dem Maße, wie ihr es zulaßt.

Und darum bitte ich euch sehr, laßt all das Denken und Fühlen über eure eigene Unzulänglichkeit los. Beginnt vielmehr damit, daß ihr die Aufmerksamkeit auf das Selbst richtet, auf den Teil, der allezeit in euch vollkommen und unangetastet gewesen ist: das göttliche ICH BIN-Bewußtsein. In euch neu geboren werden und zu euch selber nach Hause kommen bedeutet, das menschliche Bewußtsein auf das göttliche ICH BIN-Bewußtsein in euch zu lenken und diesem Teil in euch von nun an zu gestatten, daß er in euch wirkt und entscheidet.

Ihr wißt um den physischen Tod. Ich habe euch verheißen: «Gott wird jede Träne abwischen, und der Tod wird nicht mehr sein.» Es ist an euch, diese Verheißung anzunehmen. Sie kann nur wirksam werden, wenn ihr wahrhaft versteht, wer ihr seid. Indem ihr nicht mehr an den physischen Tod glaubt, gebt ihr ihm keine geistige Kraft aus eurem Bewußtsein. Und er wird sich von selbst auflösen. Es ist der Gedanke, es ist das Gefühl, und es ist die Qualität dieses Bündnisses von Gedanke und Gefühl, welches euch Unsterblichkeit oder aber den Tod beschert. Es ist allezeit euer Wille, der entscheidet und der gestaltet. So ihr also unsterblich sein wollt, lebt nicht aus eurem Willen, sondern lebt aus dem Willen Gottes.

Das, was Leben in seinem Grundprinzip ist, wurde von Anbeginn der Schöpfung an als unsterblich manifestiert. So betrachte denn ein jeglicher die menschliche Zelle. Wenn eine Zelle krankhaft oder schadhaft ist, wird sie augenblicklich erneuert. Unzählige Male werden eure Zellen geteilt und vermehrt, so daß im ursprünglichen und gottgewollten Plan ein Sterben nicht möglich ist. Da ihr aber den freien Willen habt und da ihr euch aus dem Gesetz des Lebens entfernt habt, folgt ihr nicht dem Gesetz der Unsterblichkeit, sondern ihr habt durch Angst, durch Illusion, durch falsche Vorstellungen und durch Unwissenheit den physischen Tod erschaffen.

Leben, so wie euer Vater es euch gegeben, wie er es euch vererbt hat, ist ein niemals endendes Werk. Es ist ein Fluß ohne Ende. Und so ihr dennoch an ein Ende glaubt, versteht, ist es nur die äußere Form, die ihr gestaltet habt durch Vorstellungen, durch Gedanken und Gefühle. Und so eure Gefühle und Gedanken vom göttlichen Gesetz des Lebens abweichen, ist dies der Augenblick, da ihr euch von dieser Unsterblichkeit entfernt. So begreift, daß es niemals der Wille aus Gott gewesen ist, daß der Mensch den Tod schmecken soll. Der Mensch soll erkennen und lernen, wer er in Wahrheit ist: Das Kind des himmlischen Vaters, welches das Recht in sich trägt, das Reich des Vaters zu ererben. Um dieses Erbe antreten zu können, bedarf es des Bewußtseins der eigenen Unsterblichkeit, der Göttlichkeit im eigenen Selbst. Und es soll von nun an ein jeglicher aus diesem göttlichen ICH BIN-Bewußtsein leben.

Die Erde ist im Augenblick dabei, nach und nach den Raum dieser Dimension zu verlassen. Innerhalb des Erdballs, in seinem Innersten, haben sich die Strukturen des magnetischen Anziehungsfeldes verändert und beinahe aufgelöst. Eure Erde schwankt, eure Erde wankt. Unzählige unsichtbare, helfende Hände sind gewiesen, mit großer Liebe und großer Kraft euren Erdball in der Umlaufbahn festzuhalten. Wißt aber, Michael, der mit seinem Schwert des Lichtes wider den Drachen streitet, wider die Macht der Dunkelheit, wird bald gewiesen, dieses Schwert zur Seite zu legen, um ein anderes zu ergreifen. Bereitgelegt unter kristallener Kuppel ist ein Schwert aus flammendem Licht, auf welchem geschrieben steht: «Gott hat geantwortet!»

So wie ihr an diesen Ort gekommen seid, um heute die Liebe und die Kraft, also das Bewußtsein aus dem Christus, direkt zu empfangen, so seid ihr auf diesen Erdball gekommen, um als lebendiges Licht die Funken in der Dunkelheit dieser Zeit zu sein. Und ihr seid nach und nach erwacht, ein jeder an seinem Orte, ein jeder an seinem Platze. Und ihr habt begonnen, nach und nach euren Plan zu erfüllen, der in jenen großen Plan eingebunden ist, demzufolge ihr zu jener Zeit vor eurem Schöpfer spracht, daß ihr bereit seid, zur Erde herniederzugehen, um den Willen des Vaters zu tun und die Erde zu befreien. So seid ihr also nach und nach erwacht und habt begonnen zu leuchten, habt begonnen, mir nachzufolgen. Eure Lichtfunken, eure Liebesenergien steigen in der Atmosphäre dieser Erdenwelt auf und nähren jenes Netz aus Licht, welches in geistiger Weise um diesen Erdball gewoben ist. Dieses Lichtnetz wird aus eurem Geist, aus eurer Liebe, aus eurem Willen genährt.

Es sind etliche, die ebenso berufen sind, ins Reich des Vaters zu gehen, und dennoch im Irdisch-Menschlichen noch schlafen. So versteht wohl, euer Rufen: «Vater, dein Wille geschehe jetzt!» blieb nicht unerhört. Es ist nur, daß hier und dort manche eurer Brüder und Schwestern sich noch im geistigen Schlaf befinden. So bitte ich euch, daß ihr betet und daß ihr mit euren Seelen, mit euren Herzen diese Geschwister ruft, auf daß sie erwachen und sich aus eigenem Willen mit euch in Gemeinschaft verbinden und ebenso diesen Ruf tun: «Vater, dein Wille geschehe jetzt!» Denn es ist nicht der Vater, der nicht eingreifen will. Vielmehr soll kein einziger der Berufenen, der Auserwählten, verlorengehen.

So wird denn nicht das, was ihr die Uhr, was ihr die Zeit nach eurem menschlichen Verständnis nennt, über Tag und Stunde entscheiden, sondern der Vater wird das «Jetzt» erschallen lassen, so der letzte, der berufen ist, in den Ruf einstimmt: «Vater, dein Wille geschehe jetzt!» In diesem Augenblick wird Michael jenes Lichtschwert ergreifen, auf welchem geschrieben steht: «Gott hat geantwortet!» Und Michael wird dieses Schwert erheben und das, was ihr die Umlaufbahn der Erde nennt, durchtrennen. Und so wird diese Erde aus dieser Dimension gehoben werden. Ihr habt das Netz aus Licht gewoben und über viele Erdenleben für diesen einen Augenblick genährt, auf daß die Erde unbeschadet dieses Sonnensystem verlassen kann, um in ein höherschwingendes heimzukehren.

Versteht wohl: Nicht Zeit und Stunde nach menschlicher Vorstellung werden den Augenblick bestimmen, sondern wenn der letzte erwacht ist und aus sich den Ruf erhebt: «Vater, dein Wille geschehe jetzt!», wird Michael durchtrennen, und die Erde wird diese Dimension verlassen. Zu diesem Zeitpunkt sollt ihr bereits das Christusbewußtsein, sollt ihr diesen Elektronenlichtkörper in euer Bewußtsein, in euren physischen Körper integriert haben.

Ihr werdet parallel zur Erdenwelt unbeschadet in die Arme der Sicherheit enthoben werden, in Geborgenheit, in Liebe und in Schutz. Ihr werdet mit sehnenden Herzen, mit ausgebreiteten Armen erwartet, und ihr werdet vorbereitet, auf daß die ausgebreiteten Arme euch bald empfangen können. So sind diese Stunden, so ist dieser Augenblick dazu angetan, eine Vielzahl von Lichtkräften in eure Zellen zu entsenden, auf daß ihr Mut fassen und Kraft schöpfen könnt, die ihr braucht, um all das zu tun, was in euch noch notwendig ist.

Ich werde nun den Segen des Vaters übermitteln. Gehe ein jeglicher tief in sein innerstes Sein. So schließt eure Augen und sucht in euch jene Flamme, die göttlich ist. Und nun seid bereit, alles loszulassen, was euch an menschliches Leid bindet, jede Vorstellung, jede Begrenzung. Werdet neutral in eurem Denken, in eurem Fühlen. Und nun erkennt:

Euer wahres Sein ist Liebe.
Euer wahres Sein ist Weisheit.
Ihr seid Frieden, ihr seid Harmonie.

Ruft euer göttliches ICH BIN an, sucht es in euch zu finden! Und nun tretet mit eurem menschlichen Bewußtsein zurück und sprecht in Gedanken:

Göttliches ICH BIN, wirke in mir!

Und noch einmal fragt euch in aller Ernsthaftigkeit, in aller Ehrlichkeit: Seid ihr bereit, mit eurem menschlichen Willen in euch selber zurückzutreten, um von nun an alle Macht und Entscheidung dem göttlichen ICH BIN in euch zu übergeben und ihm zu dienen? So treffe ein jeglicher für sich selbst die Entscheidung in diesem Augenblick. Prüft, ob ihr bereit seid, euer wirkliches Sein anzunehmen und es zu leben. Und wenn ihr bereit seid, möge sich euer menschliches Bewußtsein in Ehrfurcht und Dankbarkeit vor dem göttlichen ICH BIN in euch verneigen. Und so laßt jetzt das göttliche ICH BIN in euch wirken.

Längere Pause mit Musik.

Eure physischen Körper sind noch nicht daran gewöhnt, diese vielzähligen Lichtfunken und höheren Schwingungen über einen längeren Zeitraum zu ertragen. So seid denn nicht erstaunt oder irritiert, wenn euer physischer Körper ermüdet. Es sind eure Nervenbahnen, die auf die ungewohnte Zufuhr der Energie reagieren. Obwohl ihr während des Tiefschlafs eures physischen Körpers vorbereitet wurdet, seid ihr dennoch nicht an diese Kraft und diese Energie gewöhnt. Viele unter euch empfinden große Müdigkeit. Und so werde ich meine weitere Botschaft auf einer anderen Frequenz zu euch senden.

Habt Dank, meine Vielgeliebten, daß ihr eure Herzen geöffnet habt! Habt Dank für die Hoffnung und den Glauben, mit dem ihr euren Fuß hier an diesen Ort gesetzt habt! Ihr werdet unendlich geliebt, und ihr werdet von unzähligen Händen getragen. Allein euer Auge vermag dies noch nicht zu erschauen. Bald aber wird auch dies nicht mehr sein. Es werden die Augen geöffnet, und ihr werdet sehen, was augenblicklich für euch noch unsichtbar ist. Wißt also, ihr seid umgeben von einer Vielzahl geistiger Freunde und Helfer, die euch über viele Zeiträume der Vergangenheit getragen haben, von einem Leben zum anderen, von einer Lebensausdrucksform in die andere. Und ihr steht vor den Toren eines großen Aufstiegs in euch selbst, da ihr beschlossen habt, mir abermals zu folgen auf dem Wege zum Meister.

Habt also Dank! Dieser Tag, da Segen über euren Häuptern ausgebreitet ist, wird ein Vielfältiges in einem jeglichen von euch bewirken. Wißt, ihr seid geliebt. Und es ist nicht, daß ihr nicht erhört würdet, daß euch keine Hilfe zuteil würde, nein. Ihr sollt lernen, euch selbst die Hilfe zu sein. Ihr sollt besser verstehen und lernen, in die Schatzkammer der eigenen Kraft und Weisheit zu greifen und zu öffnen, was allezeit in euch vorhanden war, was niemals als nur in eurer Vorstellung verlorenging.

So nehme ich Abschied für diesen Augenblick. Segen über euch, Segen! Der Friede sei mit euch, der Friede bleibe bei euch allezeit! Es umfängt euch, es liebt euch der Christus, den ihr als den Bruder Jesus kennt.

Auf bald, ihr meine Vielgeliebten, die ihr wahrlich, wahrlich teuer von der Erde erkauft seid. Gott zum Gruße!

In das Tagesbewußtsein zurückgekehrt, erklärte Susanne, sie sei von der geistigen Welt gebeten worden, nach einer Pause weiter über das Gesetz des Lebens zu sprechen. Dabei werde sie von der geistigen Welt geführt werden, aber nicht in Trance sein, weil sonst die hohe Energie im Raum die Teilnehmer zu sehr strapaziere und ermüde.

Über das Gesetz des Lebens

2. August 1998

Ich werde soeben von euren Schutzengeln gebeten, euch zunächst zu übermitteln, daß sie sich bei euch herzlich für eure Vorbereitung auf das Seminar bedanken und dafür, daß ihr das, was euch im Einladungsschreiben erreichte, ernst genommen und umgesetzt habt. Mir war zuvor gesagt worden, daß während der Durchsage möglicherweise einige Teilnehmer für kurze Momente das Bewußtsein verlieren. Dies ist auch geschehen, und es ist durchaus ein positives Phänomen. Der Grund ist, daß unser physischer Körper die hohe Schwingung in diesem konzentrierten Maße nicht gewöhnt ist. Aber alles geschah unter der Aufsicht des jeweiligen Schutzgeistes, so daß kein Anlaß zur Sorge bestand. Manche haben auf die hohen Lichtquanten mit Widerstand oder Übermüdung reagiert. Das ist vollkommen natürlich. Ich möchte euch bitten, das richtig einzuordnen.

Ich kenne das aus der Zeit, als ich vorbereitet wurde, um als Medium, als Instrument wirken zu können. Man sagte mir damals, daß die Frequenz meiner Schwingung um ein vielfaches niedriger ist als die der Geistwesen, die durch mich wirken wollten. Um eine Angleichung der Schwingungsfelder zu erreichen, wurde mein physischer Körper stufenweise an eine höhere Schwingung gewöhnt. Jedesmal, wenn sich das Bewußtsein eines hohen Geistes in meinen Körper einschwingt, erhöht sich sofort der Schwingungsrhythmus, insbesondere jener der Nervenbahnen. Sie pulsieren schneller als normalerweise, wenn mein eigenes Bewußtsein sich in meinem physischen Körper befindet. Für den Körper ist das immer zunächst eine Strapaze. Auch für das Geistwesen ist es nicht unbedingt einfach oder angenehm, sich in eine tiefere Schwingung zu begeben. Die Dichte der Materie bremst ihre Schwingung herunter. Das Grundproblem jeder geistigen Verbindung liegt darin, daß die Schwingungsfrequenzen des Bewußtseins der beiden Wesen unterschiedlich sind und erst eine gewisse Parallelität geschaffen werden muß.

Ich werde gebeten, etwas über den Elektronenkörper und über Atome zu sagen. In TERRAMOR haben wir vor einiger Zeit durch Herakles den Auftrag erhalten, uns auch körperlich für den Aufstieg von der dritten in die fünfte Schwingungsdimension vorzubereiten. Es wurde uns gesagt, daß es nun darum gehe, von der sehr dichten Lebensform auf der Erde in eine leichtere überzugehen, ohne dabei den physischen Tod zu erleiden. Es geht darum, den Körper in eine feinstofflichere Form zu transformieren. Er wird nach wie vor physisch sein, aber die Dichte seiner atomaren Struktur wird sich verändern.

Es wird mir gesagt, daß jeder Atomkern der physikalische Ausdruck eines geistigen Bewußtseins ist, das sich aus göttlicher Liebe und göttlicher Weisheit zusammensetzt, also aus dem Gott-Vater- und dem Gott-Mutter-Prinzip. Um ein Atom zu manifestieren, berechnet die göttliche Weisheit die für eine künftige Lebensform benötigte Anzahl der Elektronen. Und das Gott-Vater-Prinzip, das sich durch die Liebe ausdrückt, zieht die berechnete Elektronenanzahl an sich, denn die Liebe ist immer das Prinzip der Anziehung. In einer jeden Körperzelle von uns sind also, da sie aus Atomen besteht, göttliche Liebe und Weisheit verankert. Das ist der Grund, warum wir überhaupt in der Lage sind, in dieser Welt zu existieren, zu leben.

Obwohl unser Körper nur aus göttlichen Atomen besteht, werden wir krank, altern und sterben wir. Warum? Weil von der göttlichen Weisheit und Liebe dem Menschen der freie Wille verliehen wurde. So kann er entweder aus seinem menschlichen oder aber aus dem göttlichen Willen leben. Lebt er aus dem göttlichen Willen, dann werden die Atome in ihm nach der göttlichen Weisheit schwingen, und die göttliche Liebe wird zwangsläufig immer die Vollkommenheit des Körpers erhalten.

Wenn aber der menschliche Wille sich gegen das göttliche Prinzip erhebt, ob aus Unwissenheit oder bewußt, das spielt keine Rolle, und wenn der Mensch Gedanken und Gefühle erzeugt, die nicht im Einklang mit dem göttlichen Lebensgesetz stehen, welches Liebe, Weisheit, Frieden und Harmonie ist, dann entfernt er sich von der Vollkommenheit, die naturgemäß in ihm angelegt ist, und die atomare Struktur des Körpers degeneriert.

Wenn das göttliche Bewußtsein im Atomkern der Zelle beobachtet, daß der äußere Mensch sich immer mehr vom Gesetz des Lebens entfernt, dann sehen die göttliche Liebe und die göttliche Weisheit keinen Sinn mehr darin, diese äußere Lebensform aufrechtzuerhalten, weil sie der Schöpfung und dem Leben nicht mehr dient. Und die göttliche Vollkommenheit zieht sich langsam von dieser Lebensform zurück. Als erstes macht die Seele in mancherlei Form das menschliche Bewußtsein darauf aufmerksam, daß etwas nicht stimmt. Wenn alle Zeichen und alle Hilferufe der Seele und selbst körperliche Krankheiten ignoriert oder verdrängt werden, beschließen Seele und Geist, ihre Tätigkeit einzustellen. Das kann ein Prozeß sein, der über mehrere Jahre geht, weil der äußere Mensch die Fähigkeit hat, durch die Kraft seines Willens lange von den Lebensenergien, die in ihm sind, zu zehren. Wenn also ein Mensch frühzeitig stirbt, obwohl er es nicht möchte, kann es diesen Grund haben.

Wenn ein Mensch sein göttliches ICH BIN anerkennt und ihm die Möglichkeit gibt, in seiner Lebensausdrucksform zu wirken, kann kein Zerfall stattfinden. Weder Krankheit noch irgendein Leid kann in diesem Körper manifestiert werden.

Wir sind heute hierher gekommen, weil es in jedem einzelnen von uns bewußt oder unbewußt einen klaren Wunsch gegeben hat: die Unsterblichkeit zu erlangen und die Meisterschaft anzutreten. In der Vergangenheit haben wir vielfältige Hilfen über unsere Schutzengel oder andere geistige Helfer erhalten. Jetzt sind wir in eine Entwicklungsphase eingetreten, wo wir das Gefühl haben, wir machen alles richtig und bemühen uns sehr, und trotzdem sind wir körperlich oder seelisch krank oder leiden unter materiellen Mängeln. Und was wir bisher gelernt und angewendet haben, und was auch gut funktioniert hat, das funktioniert plötzlich nicht mehr. Warum? Warum greifen all diese Dinge, die wir gelernt haben, nicht mehr, warum geht es scheinbar im Moment nicht weiter? Und die geistige Welt sagt: «Ihr seid jetzt an einem Punkt angekommen, wo wir eure Hände loslassen und ihr alleine weitergehen sollt. Wir werden euch begleiten, wir werden neben euch gehen, aber wir werden euch nicht mehr an der Hand führen wie bisher, weil die Zeit es erfordert und weil ihr reif geworden seid, zu erkennen, daß ihr all das, worum ihr gebeten habt, was immer es auch ist, aus eigener Kraft erwirken könnt.»

Es soll also in uns die Erfahrung, das Bewußtsein und das Verständnis wachsen: Wir sind unabhängig und frei! Unser Glück, unser Wohlergehen hängen nicht von irgendeiner Situation, irgendeinem Menschen oder irgendeiner Institution ab, sondern allein von uns. Wir haben die Möglichkeit, das, was wir brauchen, selber zu erschaffen, wenn wir wirklich anerkennen, daß wir göttliche Schöpfung sind. Wir sind Geist, und Geist kennt keine Grenzen. Unser physischer Körper ist unsere gegenwärtige Erscheinungsform. Und diese ist gemäß der Qualität unserer Gedanken und Gefühle gestaltet.

Als ich einmal feststellte, daß viele Menschen, die zu mir kamen, alle erdenkliche Hilfe aus der geistigen Welt erhielten, ich selbst aber allein mit meinen Problemen fertig werden mußte, wurde mir gesagt: «Je höher das Amt, um so geringer die Gnade!» Ich habe lange darüber nachgedacht, bis mir aufging, daß ich lediglich in eine größere Eigenverantwortung entlassen war. An diesem Punkt stehen alle, die heute in diesem Saal sitzen. Niemand ist zufällig hier. Jeder einzelne wurde gerufen. Das heißt nicht, daß die anderen Menschen nicht dabei sein werden, wenn die Erde ihren Aufstieg macht. Es heißt nur, daß eine ganz bestimmte Gruppe von Menschen hierher gekommen ist, Brüder und Schwestern im Geiste, die gemeinsam den gleichen Weg gehen und gemeinsam die gleiche Aufgabe haben, für die sich jeder einzelne aus freiem Willen entschieden hat.

Ich habe den Auftrag, etwas über das tausendjährige Friedensreich zu sagen. Nachdem unser Planet gereinigt ist und die Menschen von den Sternenbrüdern auf die Erde zurückgebracht worden sind, um sie neu aufzubauen, um sie neu zu bevölkern, wird um die Erde ein Lichtring gelegt, der für jedes Bewußtsein von außerhalb undurchdringlich ist. Für tausend Jahre wird die neue Erde für die anderen Dimensionen und Wesen nicht wahrnehmbar sein. Dies kennen wir aus der Bibel* als das tausendjährige Friedensreich. Ein geistiges, energetisches Lichtfeld wird die Erde schützen, um dem wiedergeborenen Planeten und den Seelen, die auf ihm leben, die Möglichkeit zu geben, tausend Jahre lang einen Entwicklungsweg zu gehen, der von außen durch keine Manipulation, durch keinen Machtanspruch in irgendeiner Weise gestört oder behindert wird.

Die Menschen auf der neuen Erde werden aus den Erretteten bestehen, die in ihrem Bewußtsein schon sehr weit geöffnet sind und den Weg der Meisterschaft weitergehen werden. Darunter werden Menschen sein, die sich als Duale gefunden haben. Sie werden sich verbinden und Seelen aus der Einheit, sogenannte Sternensamen, empfangen. Diese Nachkommen werden absolut rein und in ihrem Bewußtsein ungetrübt sein. Sie haben nicht vergessen, wer sie sind und woher sie kommen. Sie werden mit dem Bewußtsein geboren: ICH BIN göttlich, ICH BIN vollkommen, ICH BIN unsterblich, ICH BIN Weisheit, ICH BIN Liebe, ICH BIN Frieden, ICH BIN Harmonie.

Es wird nicht möglich sein, daß durch eine Inkarnation eines tiefer schwingenden, unerlösten Bewußtseins dieser Prozeß des tausendjähri-

* Offenbarung 20

gen Friedensreiches gestört wird. Nachdem die Erdbewohner sich während dieser Periode in ihrem Bewußtsein stabilisiert haben, geht die geistige Welt davon aus, daß es ohne Schaden für diese Seelen möglich ist, Seelen mit tieferschwingendem Bewußtsein wieder Zutritt zu gewähren. Und an vier Stellen dieses Lichtringes – im Norden, im Osten, im Süden und im Westen – werden Energietore geöffnet für Seelen, die auf dem natürlichen Geburtsweg inkarnieren, beispielsweise solche Seelen, die jetzt auf der Erde leben und die sich in dieser Phase der Evolution noch nicht entscheiden können, an dem großen Dimensionswechsel teilzunehmen.

Das heißt, Menschen, mit denen wir jetzt noch karmisch verbunden sind, von denen wir aber getrennt werden, weil sie eine andere Entscheidung getroffen haben als wir, werden uns dann wieder begegnen können. Aber diese Seelen werden so gefiltert und zahlenmäßig so berechnet sein, daß sie keine Möglichkeit haben, die Harmonie und den Frieden zu gefährden. Das Bewußtsein der Menschen wird dann so hoch entwickelt sein, daß alles, was tiefer schwingt, nach oben gezogen wird.

Die Erde, die jetzt und schon seit langem die schwerste Schule des Lernens ist, wird ein goldener Planet sein. Wenn Jesus sagt: «Und ihr werdet der alten Erde nicht mehr gedenken», kommt darin zum Ausdruck, daß wir uns überhaupt nicht mehr vorstellen können, daß es so etwas jemals gegeben hat, wie wir es im Moment durchleben, diese Dichte, diese Lichtlosigkeit, diese Lieblosigkeit. Es wird so in unser Vergessen sinken, daß wir es in unserer Vorstellung gar nicht mehr nachvollziehen können. Das ist die Vorherschau, die ich, während Christus sprach, nochmal bekommen habe.

Ich habe dann auch gesehen, daß viele Menschen versuchen, den großen Tag des Polsprungs zu errechnen, und daß es inzwischen etliche Theorien darüber gibt. Mir wurde schon immer und jetzt erneut gesagt: «Es gibt kein Datum! Zeit und Stunde weiß nur der Vater und sonst niemand.»* Heute hieß es ergänzend, daß der Zeitpunkt dieses Dimensionswechsels und dieses Aufstiegs sich nicht nach unseren Kalendervorstellungen, sondern danach richtet, wann der letzte der Berufenen erwacht ist. Wenn also von denen, die sich auf der Seelenbewußtseinsebene entschieden haben, am Dimensionswechsel teilzunehmen, auch

* Matthäus 24,36

der letzte bewußt geworden ist und aus freiem Willen bittet: «Vater, dein Wille geschehe jetzt!», dann wird es geschehen.

Dabei wurde mir gezeigt, daß die Erde von einem Gitternetz umspannt ist, dessen Frequenz durch die Gedanken der Lichtarbeiter bestimmt wird. Ich sah, wie Lichtimpulse zu diesem Gitternetz gesendet wurden. Die Lichtimpulse kamen aus unserem Herzen und aus unserem dritten Auge. Und ich sah, daß an manchen Stellen dieses großen Netzes noch Lücken waren, weil die Menschen, deren Bewußtseinsfrequenzen darauf eingestellt sind, diese Lücken zu schließen, ihre Lichtimpulse nicht senden können, weil sie geistig noch nicht erwacht sind.

In dem Augenblick also, wo der letzte, der sich berufen hat, bei diesem Dimensionswechsel dabei zu sein, betet: «Vater, dein Wille geschehe jetzt!», wird die Erde aus der jetzigen Umlaufbahn gehoben werden. Die Umlaufbahn wurde mir als ein Magnetband gezeigt, das Michael mit einem Schwert durchtrennen wird. Die Erde wird dann an dem Gitternetz entlang in ein anderes Sonnensystem geführt. Das ist das, was ich gesehen habe. Und es wurde mir gesagt: «Und wenn es nur noch ein einziger ist, auf den gewartet werden muß, es darf und wird keine einzige Seele verlorengehen. Wenn die letzte Seele erwacht ist, wird das ‹Jetzt!› kommen, und dann wird es sehr, sehr schnell gehen.»

Einige werden noch lernen, ihr Bewußtsein so zu schulen, daß sie beim Dimensionswechsel fähig sind, ihren physischen Körper aus eigener Kraft zu levitieren und sich durch Teleportation von hier in die Sicherheit der Schiffe zu begeben. Die anderen, die noch nicht so weit sind, werden von den Sternengeschwistern mit dem Levitationsstrahl, der von den Schiffen auf die Erde gerichtet wird und als Lichtstrahl wahrgenommen wird, hinaufgehoben werden. Auf diese Weise wird die Anziehungskraft der Erde überwunden werden. Schließlich werden alle, die sich für den Dimensionswechsel entschieden haben, in den Schiffen sein.* Es ist also wichtig zu wissen, daß die Schiffe der im göttlichen Auftrag tätigen Sternengeschwister nicht auf der Erde landen, sondern im Unterschied zu den gottabgewandten Kulturen an dem von oben kommenden Levitationslichtstrahl zu erkennen sind.

Auf der neuen Erde, so höre ich es jetzt, werden wir wieder Zugang zu unseren Ur-Genen haben, das heißt, unser Bewußtsein wird sich an die

* Matthäus 24,31 und 24,40–42

Schwingungsfelder unserer Nachbarplaneten im neuen Sonnensystem anschließen. Wenn diese Schwingungsfelder als Information in unseren Genen manifestiert sind, haben wir das Wissen, das auf diesen Nachbarplaneten vorhanden ist, als Bewußtsein in unseren Zellen verfügbar. Das war auch unsere urprüngliche Lebensform auf der alten Erde. Wir hatten in unseren Genen nicht nur die Programmierung von Sonne, Erde und Mond, wie das jetzt bei uns der Fall ist, sondern von allen Nachbarplaneten. Auf diese Weise waren wir schwingungsmäßig mit ihnen verbunden und erhielten auch ihre Informationen, was sich erbgenetisch in den Folgegenerationen auswirkte.

Mir wurde gesagt, daß manche Kinder, die jetzt geboren werden, bereits zwei Chakren mehr haben, weil sie mit dem integrierten Christusbewußtsein auf die Erde kommen. Sie müssen es nicht wie wir erst integrieren, sondern sie sind ungetrennt vom Christusbewußtsein. Und aus diesem Grunde haben sie innerhalb ihrer Aura zwei zusätzliche Chakren.

Als wir zur Vorbereitung auf den Aufstieg in die fünfte Dimension eine Übung erhielten, die wir die 5D-Übung nannten, wurde uns gezeigt, daß wir im Schwingungsbereich der astralen Welt eine weitere Aura haben mit zwei Chakren, ein silbernes als die Christusliebe und ein goldenes als die Christuskraft. Wenn wir die Christuskraft durch das Leben der Christusliebe errungen haben, schwingen wir im Christusbewußtsein. Dann hat sich unsere Aura ausgedehnt und umschließt auch diese beiden Chakren. Mit den Worten «Niemand kommt zum Vater denn durch mich» hat Jesus zum Ausdruck gebracht, daß wir ohne Integration des achten und neunten Chakras, ohne das Christusbewußtsein, uns nicht in die noch höher schwingenden drei Chakren einschwingen können, in denen das Prinzip von Gott-Vater, Gott-Sohn und Gott-Mutter verankert ist.

Das Christusbewußtsein können wir nur erlangen, wenn wir bereit sind, aus dem Gesetz Gottes zu leben. Wir werden in nächster Zeit viele Möglichkeiten bekommen, dieses Lebensgesetz bewußt wahrzunehmen, zu verstehen und anzuwenden. Wir werden lernen müssen, vor allen Dingen mit uns selbst im Frieden zu sein. Was um uns herum an Disharmonie, Aggression, Depression oder Leid zu sehen ist, darf uns nicht mehr berühren. Das heißt nicht, daß wir kein Verständnis und kein Mitgefühl haben sollen, sondern nur, daß wir beschlossen haben, den Weg der Meisterschaft zu betreten. Und das heißt, neutral zu bleiben, aus diesem Schwingungsgefüge herauszutreten, um nur noch im Gesetz des Lebens zu schwingen, in Liebe, Weisheit, Frieden und Harmonie.

Wir werden es nur schaffen, unseren physischen Körper zu behalten, wenn wir gelernt haben, trotz äußerer Anfechtungen den inneren Frieden zu bewahren. In dem Augenblick, wo wir in Angst oder Zorn ausbrechen, durchtrennen wir durch die Schwingungsfrequenz, die in unserem Körper entsteht, wichtige geistige Leitungen, die uns mit unserem Christusbewußtsein und unserem Hohen Selbst verbinden. Daher sollten wir ständig prüfen, was in uns noch nicht meisterhaft ist, was uns noch von der Meisterschaft abhält. Wenn wir beginnen, wirklich in Frieden zu leben, werden wir anfänglich erleben, daß Menschen und Situationen uns plötzlich von außen bedrängen, die es anscheinend nur darauf abgesehen haben, uns aus der Harmonie zu werfen, uns in Wut zu bringen. Genau das sind die Schulungsmomente, die unser Schutzgeist im Auftrage unseres Hohen Selbst in unser Leben ruft, damit wir die Möglichkeit haben, das Prinzip Frieden zu begreifen und bewußt zu integrieren.

Wir werden gebeten, uns nicht mehr verführen zu lassen, mit Zorn, Unbeherrschtheit oder Aggression zu reagieren, auch wenn man uns mit diesen Energien entgegentritt. Die Zeitläufe werden sich kriegerisch-aggressiv und zornig gestalten, nicht nur von seiten der Menschen. Auch die Elemente werden sich in Aggression und in Wut erheben. Warum? Die Elemente Feuer, Luft, Wasser und Erde sind Wesen mit Bewußtsein. Es sind bewußte Geistwesen, die in der Ausdrucksform eines der vier Elemente nach dem Gesetz des Lebens wirken. Wenn der Mensch mit egoistisch-menschlicher Motivation in die Elemente eingreift und zum Beispiel das Wasser verschmutzt und mißbraucht, wendet er sich gegen das unveränderbare geistige Lebensgesetz. Das ist ein Zustand, den der Geist des Elementes nicht ertragen kann, denn er wünscht, in seiner Vollkommenheit von Liebe, Weisheit, Frieden und Harmonie zu bleiben. Und alles, was an Unvollkommenheit von außen auf das Element geworfen wird, wirft der Geist des Elementes wieder von sich. Darum haben wir auf der Erde vermehrt Erdbeben, Überschwemmungen, Vulkanausbrüche und Stürme. Es ist die Antwort der Elemente, die sich befreien wollen von der Unvollkommenheit menschlichen Handelns. Die Elemente wollen in ihren ursprünglichen Frieden zurückkehren und lassen sich immer schwerer beruhigen.

In den vergangenen Zeiten haben unzählige Engelscharen ständig in unsere Atmosphäre eingegriffen und die von dem unbewußten Erdenmenschen erzeugten Energien neutralisiert, damit die Elemente gemäß dem ursprünglichen Lebensgesetz ungehindert weiter wirken können. Inzwischen aber sind die Qualität und die Quantität der erzeugten Aggressionen, des erzeugten Hasses und des Neides auf der Erde so groß geworden, daß der Geist der Elemente dies nicht mehr ertragen kann, und so hat unser Schöpfer beschlossen, die Erde zu reinigen. Unser Planet Erde und die Elemente möchten zurück in die Vollkommenheit des geistigen Lebensgesetzes, zu Liebe, Weisheit, Frieden und Harmonie. Und alles, was dieses Gesetz behindert, wird von der Erde in unterschiedlicher Art und Weise entfernt werden.

Wenn wir hier mit Stürmen und dort mit Überschwemmungen, Vulkanausbrüchen oder Erdbeben konfrontiert werden, ist es entscheidend, wie wir reagieren. Dann wird sich für uns selbst offenbaren, wo wir stehen. In einer Krisensituation hängt es von unserem Verhalten ab, wie sie für uns ausgehen wird und was uns dabei geschieht. Wenn wir Angst erzeugen oder in Panik geraten, verbinden wir uns mit der Energie des Chaos, die uns umgibt, und wir werden mitgerissen, denn alles, was im Gleichklang ist, verbindet sich.

Wenn wir uns aber daran erinnern, daß wir göttlich und vollkommen und unsterblich sind, unsere Augen schließen und sagen: «Vater, ich gebe mich in Deine Hand», können weder das Feuer noch der Sturm, noch das Wasser, noch die Erde uns etwas anhaben. Warum? Weil der Geist des Elementes in uns einen Bruder oder eine Schwester erkennt, einen Menschen, der im Gesetz des Lebens wirken will. Und in diesem Moment sind wir Gleichgesinnte, Verbündete. Wir können darauf vertrauen, daß die Kräfte der Elemente niemals zerstörerisch wirken, wenn wir nicht in Resonanz mit zerstörerischen Kräften stehen.

An sich sind die Elemente niemals zerstörerisch. Nur wenn sie immer wieder gereizt werden, ist die dann hervorgerufene Aktivität ein verzweifelter Akt, sich zu befreien, sich zu reinigen und von all dem abzuwenden, was nicht ihrem wahren Wesen entspricht. Das Bewußtsein der Elemente ist nicht bereit, aus dem göttlichen Prinzip herauszufallen. Deshalb wirft es alles, was es an unguten Energien bekommen hat, zurück. So erntet der Mensch, was er gesät hat.

Unsere Aufgabe in dieser so bedeutungsvollen Zeit besteht darin, uns als Könige und Priester im Reich Gottes anzuerkennen und in diesem Bewußtsein jeden Tag zu leben und jeden Augenblick darauf zu achten, ob wir wirklich in unserem Königreich nach dem Gesetz Gottes leben.

Und wenn wir das tun, ziehen wir automatisch den Elektronenlichtkörper, dieses Christusbewußtsein, zu uns. Und diese Kraft wird uns zu jeder Stunde die Anweisungen geben, die wir brauchen, um alle Situationen unbeschadet zu überstehen.

Wir werden in unserem Vertrauen und in unserem Glauben geprüft werden. Vertrauen ist die Vorstufe des Glaubens. Glauben heißt nicht, etwas für wahr zu halten, obwohl ich es nicht verstehe, sondern Glauben heißt, das Vertrauen, das ich zu meinem Schöpfer habe, in eine noch höhere Form zu bringen. Glauben ist ein Liebesbekenntnis zu Gott, ist die Entscheidung, mich an eine höhere Gewalt abzugeben, mich in den Willen Gottes einzuschwingen. Wenn es nicht nur beim Vertrauen bleibt, wenn ein fester Glaube daraus entsteht, dann kann und wird Gott in uns wirken, dann wird Er fähig sein, zu jeder Stunde und in jeder Situation die Gedanken und Gefühle in uns zu erzeugen, die für die Lösung der jeweiligen Aufgabe benötigt werden.

Jeden Tag sind wir neu gefordert, darauf zu achten, was von uns ausgeht an Gedanken, Gefühlen, Worten und Taten, sind wir gefordert, die Liebe zu leben und den inneren Frieden zu bewahren, gleichgültig was um uns herum geschieht. Wenn wir unsere Aufmerksamkeit auf das Äußere lenken und nicht wirklich an unsere Gotteskindschaft glauben, laufen wir Gefahr, wieder dem menschlich-irdischen Bewußtsein zu folgen, uns irritieren zu lassen, uns mitziehen zu lassen und mit Aggression oder Depression zu reagieren, nur weil dies von außen an uns herangetragen wird.

Solange wir irgendeinen Mangel haben, müssen wir uns bewußt sein, daß wir noch Resonanzschwingungen in uns dulden, die es möglich gemacht haben, daß der Mangel überhaupt von außen zu uns kommen und sich mit uns verbinden konnte. Geheimnis und Erfolg eines aufgestiegenen Meisters bestehen darin, daß er in seinem Bewußtsein so rein ist, daß alles, was von außen kommt und seiner Reinheit nicht entspricht, sofort zurückgeworfen wird. So wie die Elemente nur dem göttlichen Gesetz des Lebens folgen, so folgt auch der aufgestiegene Meister seinem Bewußtsein: ICH BIN Liebe, ICH BIN Weisheit, ICH BIN Frieden, und ICH BIN Harmonie. Und alles, was diesem Bewußtsein begegnet und ihm in Qualität und Frequenz nicht entspricht, wird sofort durchlichtet und umgewandelt oder, falls ein anderer Wille entgegensteht, zurückgeworfen.

Solange uns noch irgendeine Form von Leid bedrängt, will uns die geistige Welt zeigen: Hier ist dein Feld des Lernens, wo du als Schöpfer aufgerufen bist, mit dem göttlichen ICH BIN-Bewußtsein in dir zu wirken; du kannst die in dir noch vorhandenen Resonanzflächen für Leid auflösen und alles Negative überwinden, wenn du bereit bist, göttliche Liebe, göttliche Weisheit, Frieden und Harmonie zu leben; denn dann muß alles aus deinem Leben, aus deinem Körper weichen, was den Prinzipien dieses Gesetzes nicht entspricht.

Wenn wir uns verführen lassen, in Traurigkeit und Depression zu fallen, sollten wir wissen, daß dies nichts Geringeres ist als Wut oder Aggression. Wir leben in der Polarität, und die Depression, hat mich die geistige Welt gelehrt, ist von der Qualität und von der Schwingungsfrequenz das gleiche wie die Aggression, nur ist das eine die aktive, das andere die passive Seite. Wir werden immer mal wieder feststellen, daß wir uns verführen lassen, aus unserem menschlichen, niederen Selbst zu denken und zu fühlen, denn in diesem Teil waren wir sehr lange zu Hause, haben wir den Großteil auch unseres jetzigen Erdenlebens verbracht. In unserem niederen Selbst haben wir alle inzwischen so etwas wie ein Heimatgefühl entwickelt, es ist uns vertraut, wir kennen uns hier sehr gut aus. Es zu verlassen ist nicht so einfach, denn wir haben alle einen Hang zum Festhalten.

Hinüberzutreten in das göttliche ICH BIN-Bewußtsein fällt uns auch deshalb manchmal so schwer, weil wir uns nicht vorstellen können, daß wir wirklich vollkommen sind, daß wir wirklich alles zu erschaffen vermögen, was wir uns wünschen und was unserem und dem höheren Wohle allen Lebens dient. Es geht also nicht ohne diesen Schritt, daß wir bewußt anerkennen, daß das göttliche ICH BIN-Bewußtsein vollkommen ist und daß es in uns lebt. Und es gilt weiterhin, die klare Entscheidung zu treffen, den Willen des niederen menschlichen Selbst diesem göttlichen ICH BIN-Bewußtsein zu unterstellen.

Ich möchte euch herzlich bitten und ermuntern, diese beiden Schritte zu tun. Wenn ihr konkret in Situationen geführt werdet, wo ihr entscheiden müßt und nicht wißt, was richtig und was falsch ist, dann sagt still in eurem Inneren: «Ich spreche dich, mein göttliches ICH BIN-Bewußtsein, an und bitte dich, daß jetzt du entscheidest, daß du die Weichen stellst, daß du aktiv wirst!» Es geht also darum, daß ihr euch mutig an den Teil in euch wendet, der vollkommen ist, und sagt: «Jetzt entscheide du! Ich trete zurück. Du hast alle Möglichkeit und alle Macht, jetzt in und durch mich zu wirken. Ich werde dich weder mit meinem Verstand noch mit meinem Egoismus behindern. Wirke!» Und dann schaut zu! Schaut zu, und ihr werdet staunen, daß plötzlich Gedanken und Lösungen auftauchen, die aus eurem menschlichen Bewußtsein niemals hätten kommen können. Wenn ihr die ersten positiven Erfahrungen gemacht habt, wird euch das beflügeln und zu weiteren Schritten ermutigen. Und die Stimme eures Verstandes wird sich mehr und mehr beruhigen.

Wir werden heute nachmittag in einer gemeinsamen Übung mit unserem menschlichen Bewußtsein in die Ebene unseres göttlichen ICH BIN-Bewußtseins reisen. Es geht darum, diesen Teil in uns kennenzulernen, damit er uns vertraut wird und wir Mut fassen, mit ihm zu wirken. Wir können uns das vorstellen wie ein Rendezvous in uns selbst. Und es ist sehr wohl möglich, daß wir tief ergriffen sein werden, wenn wir vor diesem Teil von uns stehen und erkennen, wie wunderschön er ist.

Wie strahlend schön der Mensch im Kern seines Wesens ist, möchte ich euch zum Abschluß unseres Vormittags mit einem Erlebnis vor Augen führen, das am Beginn meiner geistigen Arbeit stand, als ich angefangen hatte, Schutzgeistsitzungen zu geben, aber noch ziemlich unerfahren war. Die Menschen kamen zu mir, ich stellte einen Kontakt mit ihrem geistigen Führer, ihrem Schutzengel, her, und sie konnten Fragen an dieses Geistwesen stellen. Eines Tages war eine Dame aus Spanien bei mir, als es mir wider Erwarten nicht gelang, den Kontakt mit ihrem Geistführer aufzunehmen. Ich bemühte mich zwanzig Minuten lang vergeblich. Das war eine völlig neue Erfahrung für mich, und ich war sehr irritiert.

Da sagte mein Schutzgeist zu mir: «Frage die Dame, ob sie einverstanden ist, wenn du mit ihr eine Lichtmeditation machst.» Also brach ich meine Bemühung ab und sagte ihr: «Es tut mir leid, aber ich bekomme keinen Kontakt zu Ihrem Schutzengel. Ich weiß selber nicht, warum. Aber ich biete Ihnen eine Lichtmeditation an.* Sind Sie einverstanden?» Sie war sofort einverstanden. Als ich begann, ihr das geistige weiße Licht der Reinigung zu senden, war sie innerhalb weniger Minuten in einem Zustand, den ich als bewußtlos bezeichnen würde. Sie nahm mich nicht

---

* Vgl. die Reinigungsübung in «Dein Wille geschehe jetzt!» auf Seite 269.

mehr wahr. Ihr Körper war vollkommen steif. Mit geschlossenen Augen saß oder besser lag sie schräg auf ihrem Stuhl. Ich war verwirrt und hilflos. Ich wußte nicht, was das zu bedeuten hatte. Als ich mich fassungslos an meinen Schutzgeist wandte, sagte er nur: «Mache weiter!»

Ich schickte ihr also von den Füßen aufwärts das weiße Licht zu. Aber je höher es kam, um so stärker begann ihr Körper zu rebellieren. Noch immer verstand ich nicht, was da vorging. Als das Licht die Höhe des Sonnengeflechts erreichte, steigerte sich die Unruhe. Als ich zum Herz- und dann zum Halschakra kam, wurde es ganz schlimm. Und endlich, endlich begriff ich: In diesem Körper befindet sich eine Seele, die nicht zu dieser Frau gehört. Aber diese Erkenntnis machte mich noch ratloser, weil ich nicht wußte, was ich machen sollte. Mein Schutzgeist sagte ganz ruhig: «Bitte, mache weiter!» Also schickte ich weiter weißes Licht, bis mir der Gedanke kam, dieses andere Wesen einfach anzusprechen.

Ich versuchte, es aufzuklären, und sagte: «Du bist in einem Körper, der dir nicht gehört. Das ist nicht erlaubt.» Dann entspann sich ein Dialog zwischen diesem Wesen, das durch die Klientin sprach, und mir. Ich erfuhr von dieser erdgebundenen Seele sehr viel über ihren Zustand und über den Astralbereich. Nun hatte ich aber die Aufgabe und natürlich auch den Wunsch, die Klientin von der Manipulation durch die erdgebundene Seele zu befreien, aber ich wußte nicht wie. Ich erinnerte mich, darüber gelesen zu haben, und sagte: «Du mußt diesen Körper verlassen, du mußt da hinausgehen!» Die Antwort war: «Ja wohin denn?» Und ich sagte natürlich: «Ins Licht.» Worauf dieses Wesen meinte: «Da ist aber kein Licht.» Da war ich mit meiner Weisheit schnell wieder am Ende. In dem Augenblick übernahm mein Schutzgeist die Führung und sprach durch mich: «Ja, weil du umgekehrt bist, du hast dich vom Licht abgewendet!» Daraufhin lachte die Seele und sagte: «Ja, schon zwei Mal!» Und mein Schutzgeist klärte sie darüber auf, daß die Lichtwesen immer hinter ihr stünden und stets bereit seien, sie ins Licht zu geleiten.

Ich hatte den Gedanken, daß die Seele vielleicht ein Kind wäre, das zu ihrer Mutter zurückwolle, und fragte sie: «Warum bist du bei dieser Frau, warum machst du das?» Und sie sagte: «Weil sie mich nicht gewollt hat.» Ich sah mich bestätigt und fragte: «Bist du ein Kind?» – «Nein, ich bin ein Mann. Ich habe sie sehr geliebt. Aber sie wollte mich nicht, und dann habe ich sie schließlich umgebracht.» – Es handelte sich also um eine alte karmische Geschichte, die Seele hatte die ehemalige Geliebte danach nicht mehr losgelassen und bis in diese Inkarnation verfolgt. Sie hatte

Angst, den fremden Körper zu verlassen, weil sie fürchtete, als Mörder verhaftet zu werden. Also ganz menschliche Vorstellungen, die an die damalige Situation anknüpften.

Ich erklärte ihr dann, daß es Ebenen gibt, wo Seelen wie sie sich aufhalten und Neues lernen können. Da fragte sie: «Was kann ich dort lernen?» – «Liebe.» – Die Reaktion darauf war sehr, sehr schön. Die Seele streckte mir die Hand, die ihr nicht gehörte, über den Tisch entgegen und sagte: «Ja, Liebe möchte ich gerne lernen.» Im weiteren Verlauf der Sitzung verließ sie schließlich aus freien Stücken den Körper. Dies allerdings war ein sehr schmerzlicher Vorgang. Die Seele mußte sich selbst aus dem Körper herausreißen. Es war ein erschütternder Kampf, bis sie endlich ins Licht geführt werden konnte.

Jetzt komme ich zu dem Teil, um dessentwillen ich die Geschichte hier erzähle. Als die Seele endlich gegangen war, sagte mein Schutzgeist: «Nun gib genau acht, was du siehst, schaue bitte ganz genau hin!» Meine Klientin kam langsam in ihr Tagesbewußtsein zurück. Aber ich habe diese Frau nicht mehr wiedererkannt. Sie war von einer solch atemberaubenden Schönheit, daß meine Verwunderung keine Grenzen kannte. Ich war zutiefst beeindruckt, ich war sprachlos.

Da sagte mein Schutzgeist: «Was du jetzt siehst, ist der wirkliche Mensch, wie er in seinem Ursprung ist. Du siehst die Seele. Und die Seele ist immer wunderschön. Und jetzt gib acht, was geschieht, schau genau hin!» Und wir beide, diese fremde Deutsche aus Spanien, diese sehr schöne, attraktive junge Frau, und ich, wir saßen uns zehn bis fünfzehn Minuten schweigend gegenüber. Sie schaute mich mit leuchtenden Augen an. Sie war wirklich überirdisch schön, wie von einer anderen Welt. Ich war ergriffen von dieser Schönheit, von dem Licht, das von ihr ausging, von dem Frieden und der Liebe, die sie ausstrahlte. Ich hatte nie in meinem Leben Vergleichbares gesehen, und auch seitdem habe ich ein solches Bild nicht wieder gesehen.

Dann plötzlich kam von oben ein Kleid, ein astrales Kleid, das sich über diese Frau zog. Dann noch eins und noch eins. Und langsam wich das überirdische Lächeln, langsam trat ein Schleier vor die Augen. Der Glanz verschwand. Und schließlich hatte ich wieder diese attraktive, sehr höfliche, aber zugleich distanzierte, fremde, fast ein wenig kalte und unnahbare Dame vor mir, die sich so gab wie zu Beginn der Sitzung. Ich verstand nicht, was sich da in den wenigen Minuten vollzogen hatte. Es war ein und derselbe Mensch, und doch lagen Welten dazwischen.

Und mein Schutzgeist sagte: «Was du jetzt siehst, ist der gegenwärtige Mensch. Er legt sich viele Verkleidungen, viele Masken zu und versteckt sich hinter dicken Mauern, so daß er sich selber nicht mehr finden kann. Aber das wahre Selbst, die wirkliche Seele, die ist so, wie du sie gesehen hast. Und wann immer dir ein Mensch begegnet, gleichgültig, wie er äußerlich aussieht, schau durch die Kleider und die Mauern hindurch und suche die Seele. Suche den wirklichen Menschen, und du wirst immer eine wunderschöne Seele finden. Und begegne jedem Menschen so, als sähest du sein wirkliches Selbst, als würde er es leben.»

Dies war meine erste Ablösung einer erdgebundenen Seele und zugleich meine schönste Erfahrung in dieser Art. Ich war erschüttert von dem Geschehen, in das ich vollkommen unvorbereitet hineingeraten war. Und noch heute erinnere ich mich sehr genau an den Ausdruck, an die Schwingung, die diese Frau in dem Moment hatte, als ihre Masken und Mauern noch nicht wiedergekehrt waren, als sie wirklich sie selbst war. Das war etwas, was ich mit Worten nicht beschreiben kann. Es hat mich am Tage selbst so tief berührt, daß ich noch lange, nachdem sie weggegangen war, aus Dankbarkeit, aus Ergriffenheit immer und immer wieder dasselbe Stück von Beethoven hörte, bis nachts um drei Uhr die CD es nicht mehr tat. Von diesem Tag an habe ich eine Ehrfurcht bekommen vor allen Menschen. Ich begann, sie anders zu empfinden und wahrzunehmen. Ich machte mir in der Folge eine Freude daraus, wo immer ich war, den Menschen hinterherzuschauen und zu sagen: «He, zeig mal, wie siehst du innen aus?» Und es wurde mir gezeigt!

Ich saß an Bahnhöfen und wartete auf den Zug, ich saß am Flugplatz und wartete auf die Maschine, oder ich saß in der Einkaufshalle – und überall eilten Menschen vorüber, die äußerlich unscheinbar oder elegant oder krank oder arm aussahen. Und ich hatte gelernt, etwas so Wunderbares in ihnen zu sehen, daß ich es mit menschlichen Worten nicht beschreiben kann. Und ich lernte, sie unterschiedslos zu lieben. Ich wünschte mir, daß ihr alle einmal die Gelegenheit erhaltet, den wahren Menschen zu sehen, zuerst in euch selbst und dann in dem, der neben euch ist. Wenn ihr das einmal erschauen durftet, werdet ihr sehr dankbar und sehr berührt sein. Davon bin ich überzeugt. Mit dieser Erfahrung möchte ich jetzt gerne gemeinsam mit euch in die Mittagspause gehen.

Über Transformation und Ernährung

2. August 1998

Am Nachmittag des Tagesseminars über die Unsterblichkeit des physischen Körpers griff Susanne das Thema «Transformation und Ernährung» auf. Davon wird hier nur das wiedergegeben, was nicht bereits in Band 1 zu lesen ist («Dein Wille geschehe jetzt!», Teil II).

Alle Schutzgeister wünschen sich sehnlich, mit ihrem Schützling in einen bewußteren, direkteren Kontakt zu gelangen. Oft kann der Schutzgeist uns nicht erreichen, weil seine feinen Schwingungen nicht bis in unsere Gehirnzellen und zu unseren Nervenbahnen dringen können, weil diese, wie die geistige Welt sagt, von materiellen Giften ummantelt sind, die eine geistige Programmierung in sich tragen. Sie sprechen damit solche Lebensmittel an, die Gifte transportieren, also vor allen Dingen die Genußmittel, die zur Abhängigkeit führen.

Mein geistiger Lehrer nannte mir vor kurzer Zeit eine Rangfolge der Schädlichkeit in Bezug auf die Stoffe, die unser Bewußtsein trüben und unsere geistige Wahrnehmungsfähigkeit beeinträchtigen. An erster Stelle sollten wir alle Betäubungsmittel meiden, sei es in Form von Drogen oder in Form von Arzneimitteln. An zweiter Stelle steht der Alkohol, den man aber auch noch zu den Betäubungsmitteln rechnen kann. An dritter Stelle Nikotin, sodann jeder Verzehr von Fleisch und Fisch. Weiter folgt «Zukker in größeren Mengen», dann Kaffee und schließlich Salz. Wir sollten diese Stoffe möglichst ganz meiden und die toxischen Ablagerungen aus unserem Körper ausschwemmen. Damit fördern wir nicht nur unsere geistig-seelische Sensibilität, sondern entgiften auch unseren Körper und erleichtern die Arbeit der Leber, der Nieren und des Lymphsystems.

Was unseren Transformationsprozeß betrifft, möchte ich noch einmal ausdrücklich darauf hinweisen, daß es für eine richtige Ernährung kein Einheitsrezept gibt. Der Reifegrad, das Bewußtsein, die Bereitschaft, die Klarheit, aber auch die körperliche Konstitution sind in jedem einzelnen von uns unterschiedlich entwickelt. Deshalb werden wir eindringlich gebeten, nicht blind irgendwelchen Empfehlungen zu folgen, sondern sie als Anstoß zu nehmen, in uns selbst zu erspüren, wo wir stehen, welcher Schritt jetzt angezeigt ist und was in unserer augenblicklichen Situation unserem Körper guttut oder schadet. Jede Form von Ehrgeiz oder gar Fanatismus, über ein asketisches Leben einen geistigen Reifegrad zu erarbeiten, bewirkt einen Stau der Energien im Emotionalkörper, der genau das Gegenteil von dem bewirkt, was erstrebenswert ist.

Wenn wir verlernt haben, die Bedürfnisse unseres Körpers eindeutig wahrzunehmen, können wir, wie immer, über die Erfahrung lernen. Wir essen und trinken, wie wir es gewohnt sind, werden aber da und dort anders reagieren als bisher. Wenn wir bewußt den Versuch wiederholen und dann zum Beispiel einen Druck im Magen, ein Völlegefühl, eine auffällige Müdigkeit oder aber eine Behinderung bei der Meditation feststellen, wissen wir, daß hier etwas ist, das uns nicht fördert, sondern belastet und blockiert. Die eigene Wahrnehmung und unsere individuellen Bedürfnisse sollen unser Maßstab sein.

Nicht zuletzt durch die gesellschaftlichen Anforderungen haben wir verlernt, auf die Sprache unseres Körpers zu hören. Unsere Bedürfnisse, jetzt zu schlafen oder einfach zu entspannen, dann aktiv zu sein, zu essen oder sich in der Natur aufzuhalten, können wir nicht frei leben. Wir sind alle mehr oder weniger in ein von außen vorgegebenes Zeitkorsett eingespannt, das vor allen Dingen dem Wirtschaftssystem, nicht aber unserem natürlichen biologischen Rhythmus gerecht wird. Nun lassen sich aber die tatsächlichen Bedürfnisse, die unser Körper und auch unser Geist jetzt immer deutlicher anmelden, von Mal zu Mal weniger vergewaltigen. Einmal sind wir ohne ersichtlichen Grund todmüde, ein anderes Mal strotzen wir vor Elan oder können trotz großer Müdigkeit nicht einschlafen. Das sind Transformationssymptome, die ihr alle in der einen oder der anderen Form kennt.

Sie zeigen, daß sich unser Bewußtsein bereits für die Veränderung und für den bevorstehenden Aufstieg geöffnet hat und daß sich unser Körper in einer Umbauphase befindet. Wann immer es euch irgendwie möglich ist, daß ihr diesen wahrgenommenen Bedürfnissen entsprecht, dann tut dies. Legt euch zum Beispiel guten Gewissens auch am Tage einmal hin und wißt, daß dabei sehr viel in euren Zellen und Energiekörpern geschieht. Denn wenn ihr mit allzu großer Anstrengung wie bisher den äußeren, weltlichen Pflichten Priorität einräumt und dabei eure wirklichen Bedürfnisse übergeht, werdet ihr bald an einem Punkt ankommen, wo ihr erschöpft seid und nicht mehr wißt, wie ihr euren Alltag meistern sollt.

Das heißt jetzt nicht, die weltlichen Aufgaben zu vernachlässigen, sondern einen Weg zu finden, sie anders zu bewältigen, mit einem anderen Bewußtsein und mit anderen Kräften. Aus diesem Grund wurde uns heute morgen so eindringlich ans Herz gelegt: «Bitte lebt von nun an aus eurem höheren Bewußtsein!» Denn die äußeren Veränderungen und die persönliche Transformation werden sich in immer größerer Geschwindigkeit und Intensität vollziehen, so daß wir auf der Strecke bleiben, wenn wir mit unserem menschlichen Ich dem äußeren System unter Vernachlässigung der inneren Entwicklung dienen. Dann würden unsere Seele und unser Geist bald zu rebellieren beginnen, und wir würden körperlichen Schaden davontragen, denn unser Seelenbewußtsein hat sich für einen anderen Weg entschieden. Wenn wir aber jetzt beginnen, aus dem anderen, dem göttlichen Teil in uns zu leben und uns immer stärker auf die ICH BIN-Präsenz zu konzentrieren, werden wir die weltlichen Aufgaben erfüllen können, ohne die Transformation zu blockieren und ohne uns physisch zu erschöpfen.

Wir stehen also am Scheideweg. Dienen wir dieser Welt oder dem Schöpfer? Und ich möchte hier noch einmal betonen, daß dem Schöpfer zu dienen nicht bedeutet, die weltlichen Aufgaben zu vernachlässigen, sondern alle Aufgaben, die geistigen wie die weltlichen, aus einem anderen Bewußtsein anzupacken. Wenn sich in unserem Alltag die Situationen häufen, daß uns die Zeit davonläuft, daß wir keine Kraft mehr haben und daß die Aufgaben immer schwerer zu bewältigen sind, dürfen wir uns nicht verleiten lassen, unsere alten Programme abzuspulen und zu versuchen, mit besonderem Kraftaufwand dennoch alles zu schaffen. Bei einem solchen Wettlauf werden wir bald keine Chance mehr haben.

Statt dessen sollten wir uns bewußt auf diese Situationen einlassen und den Rat der geistigen Welt annehmen und sagen: «Diesen Wettlauf will ich erst gar nicht beginnen, vielmehr lenke ich meine Aufmerksamkeit auf mein göttliches ICH BIN-Bewußtsein und bitte dieses aus tiefem Herzen, jetzt die Führung bei der Lösung meiner Aufgaben zu übernehmen.» Und wir werden erleben, daß die weltlichen und die geistigen Ziele sehr viel schneller und leichter erreicht werden, als wir es aus der Vergangenheit kennen. Wichtig ist, daß wir den Transformationsprozeß stets bewußt und freudig unterstützen. Wenn wir merken, daß vieles anders läuft als früher, sollten wir nicht in Unsicherheit oder gar Furcht geraten, sondern dies dankbar und freudig als geistiges Wachstum oder körperlichen Umbauprozeß anerkennen und ja dazu sagen.

Der Zeitpunkt der Umstellung von der physischen auf die geistige Nahrung muß von jedem einzelnen selbst herausgefunden werden. Erst wenn in unserem Bewußtsein und in unserem Glauben fest verankert ist, daß das geistige Licht die natürliche und beste Ernährung unserer Zellen ist, daß es unsere Urnahrung schlechthin ist, erst dann wird unser Körper auch bereit sein, diese Nahrung aufzunehmen. Und erst dann werden wir keine Mangelerscheinungen haben, wenn wir die stoffliche Nahrung mehr und mehr weglassen.

In der jetzt folgenden Übung geht es darum, der eigenen Einheit gewahr zu werden, nämlich daß das niedere Selbst, das Hohe Selbst, das Tagesbewußtsein und das Unterbewußtsein im Grunde eins sind. Wir sollen nicht mehr in Trennungen denken, uns selbst nicht mehr als unterteilt empfinden. Zu den nächsten Lernschritten im Transformationsprozeß gehört, in der Meditation den tief entspannten Zustand zu erreichen, in welchem wir uns eins fühlen mit uns selbst und mit dem Kosmos. Wenn wir es schaffen, dieses Gefühl mit hinüberzunehmen in unser Tagesbewußtsein und uns immer wieder selbst liebevoll zu korrigieren, wenn wir, und sei es zehn oder zwanzig Mal am Tag, aus diesem Bewußtsein herausfallen, dann werden wir schließlich erwirken, daß unsere zwölf Energiezentren sich schwingungsmäßig harmonisch miteinander verbinden. Und das wiederum wird bewirken, daß unser Körper in den feinstofflichen Zustand der Halbmaterie transformiert wird.

Das Gefühl, das der einzelne in der folgenden Meditation spürt, sollte er in seiner Erinnerung festhalten, um es im Alltag immer wieder zurückrufen zu können. Und immer dann, wenn ihr es nicht schafft, wendet euch an eure ICH BIN-Kraft und sagt ganz einfach: «Ich schaffe es jetzt nicht, bitte wirke du!» Diese Kommunikation geschieht anfänglich noch im Dialog, aber was jetzt noch ein Ich und ein Du ist, diese Trennung muß aufgehoben, muß eine Einheit werden. Wir müssen zuerst in uns eins werden, um in die Einheit gelangen zu können. Die Aufgabe in dieser Meditation lautet also: Ruhe und Frieden im Gemüt, im Emotionalkörper, im Bewußtsein zu erzeugen und in diesem Zustand vollkommener Harmonie mit dem äußeren, menschlichen Bewußtsein dem höheren, göttlichen Bewußtsein gegenüberzutreten.

Es ist wie ein Rendezvous. Wenn ihr anfangt, mit eurem göttlichen ICH BIN-Bewußtsein zu arbeiten, werdet ihr feststellen, daß es da tatsächlich eine zweite Instanz gibt, die gar nicht immer eurer Meinung ist, die andere Pläne und Vorschläge hat. Und ihr werdet merken, da gibt es zwei Willen und zwei Wege, und immer wieder den Augenblick der Entscheidung.

Rendezvous mit dem göttlichen ICH BIN

2. August 1998

Ich bitte euch, daß ihr jetzt die Augen schließt. Wir sitzen aufrecht auf unserem Stuhl. Die Arme ruhen auf den Oberschenkeln, und die Handflächen zeigen geöffnet nach oben. Mit unseren Füßen halten wir den Kontakt zur Erde, indem wir die Beine auf den Boden aufstellen. Unser Atem ist gleichmäßig und fließend, und wir entspannen uns.

Wir atmen gleichmäßig und fließend, und wir lassen los. Gedanken kommen, Gedanken gehen. Wir bekämpfen sie nicht, aber wir schenken ihnen auch keine Aufmerksamkeit. Wir lassen sie einfach vorüberziehen. Wir lassen los. Unser Körper wird müde und schwer. All unsere Körperfunktionen werden jetzt auf das Mindestmaß reduziert, und unser physischer Körper beginnt zu schlafen.

Unser Geist jedoch ist wach und wahrnehmungsfähig. Unser Körper ist vollkommen entspannt. Er regeneriert, während unser Geist klar und wach bleibt.

Wir konzentrieren uns jetzt auf die geistige Urzentralsonne und erbitten von dort das weiße Licht der Reinigung. In Gedanken sprechen wir diese geistige Lichtkraft an und bitten sie, alles in uns zu reinigen und in Harmonie zu bringen. Wir bitten den Geist des weißen Lichtes um die tiefgreifende Reinigung all unserer Körper, all unserer Bewußtseinsebenen.

Durch unsere geöffneten Fußchakren strömt das geistige Licht jetzt in unseren Körper ein. All unsere Organe, Gefäße, Knochen, unser ganzer physischer Körper, all unsere feinstofflichen Körper und Bewußtseinsebenen werden durchdrungen von diesem weißen Licht. Alles wird aktiviert, harmonisiert und regeneriert, und dort, wo es notwendig ist, wird alles ausgeheilt im feinstofflichen und grobstofflichen Bereich. Wir geben uns jetzt ganz dieser inneren geistigen Lichtreinigung hin.

Nachdem all unsere Körper und Bewußtseinsebenen gereinigt sind, atmen wir dieses geistige weiße Licht durch unseren geöffneten Mund in die Atmosphäre dieses Raumes. In Gedanken sprechen wir dieses ausgeatmete Licht an und bitten es, auch diesen Raum zu reinigen. Wir bitten das geistige weiße Licht um die tiefgreifende Reinigung und Harmonisierung der Atmosphäre dieses Raumes.

Nachdem auch dieser Raum gereinigt ist, konzentrieren wir uns noch einmal auf die geistige Urzentralsonne, erbitten jetzt von dort die violette Farblichtenergie. Mit Hilfe unserer Vorstellungskraft rufen wir diese violette Lichtkraft zu uns, beobachten oder stellen uns vor, wie sich tiefviolette Lichtsubstanzen unserem Körper nähern, diesen umhüllen. Mit unserer Gedankenkraft weben wir aus diesem violetten Lichtmantel eine geistige Schutzkugel.

An der Außenseite unserer violetten Lichtschutzkugel befestigen wir ein Energiegitternetz. Diesen geistigen Filter programmieren wir mit folgendem Impuls: Alle von außen einströmenden Schwingungen und Energien, die unserem höheren Wohl nicht dienlich sind, werden an der Außenseite dieses Gitternetzes angesammelt. Nur jene Schwingungen und Energien, die unserem höheren Wohle dienen, werden das Innere unserer Schutzkugel erreichen.

In Gedanken sprechen wir unseren geistigen Helfer an und bitten ihn, alle Substanzen, die sich an der Außenseite unseres Filters ansammeln, in seine liebevolle Verantwortung zu übernehmen.

In dem Bewußtsein, daß wir jetzt vollkommen gereinigt und geschützt sind, konzentrieren wir uns auf unser innerstes Selbst. Alles, was außerhalb ist, ist unwichtig. Wir nehmen nur uns selbst wahr.

Wir konzentrieren uns auf unser Sonnengeflecht. Wir atmen jetzt durch unser Sonnengeflecht ein und aus. Dann ziehen wir unseren Atem aus dem Sonnengeflecht heraus und lenken ihn in unser Herzchakra. Wir atmen gleichmäßig und ruhig durch unser geöffnetes Herzchakra ein und aus. Dann ziehen wir wiederum unseren Atem aus unserem Herzchakra heraus und lenken ihn in unser drittes Auge. Gleichmäßig und ruhig lassen wir unseren Atem durch unser drittes Auge ein- und ausströmen.

Währenddessen öffnen wir unser Scheitelchakra und spüren, wie unser Kopf sich auszudehnen beginnt. Unser Kopf wird leicht und weit, dehnt sich nach außen hin. Wir spüren Leichtigkeit und Freiheit. Noch einmal dehnt sich unser Kopf nach außen, alles wird leicht und frei.

Während wir die Grenzenlosigkeit unseres Geistes erahnen, ziehen wir unseren Atem aus dem dritten Auge und lassen ihn wieder harmonisch durch unseren ganzen Körper zirkulieren. Wir sind frei. Wir sind leicht.

Jetzt sind wir bereit, der göttlichen Flamme des Geistes Gottes in uns zu begegnen. Wir beginnen, mit unserem menschlichen Bewußtsein in das Inwendigste unseres Wesens vorzudringen. Langsam gehen wir Schritt für Schritt vorwärts auf der Suche nach dem inneren Licht. Alles in uns ist Frieden und Harmonie. Wir sind jetzt bereit, dem göttlichen ICH BIN-Bewußtsein in uns gegenüberzutreten.

Mit jedem Schritt, den wir vorwärts tun, werden wir stärker magnetisch nach innen gezogen. Näher und näher gelangen wir unserem inneren Licht. Voller Liebe werden wir bereits erwartet. Wir werden gerufen. Wir werden willkommen geheißen. Und wir sinken in die liebevollen, ausgebreiteten Arme unseres göttlichen ICH BIN. [Musik]

Wir sind zu Hause, angekommen in uns selbst. Wir geben unserem göttlichen ICH BIN-Bewußtsein die Erlaubnis, unser Halschakra zu öffnen, damit dieses Bewußtsein von nun an durch uns spreche. Jedes Wort, das wir auf diese Erde entsenden, soll dem göttlichen ICH BIN unseres Wesens entstammen. Wir geben unserem göttlichen ICH BIN-Bewußtsein die Ermächtigung, seine Energien aus unserem Herzen durch unsere Gefühle auf die Erdenwelt zu entsenden.

Wir beobachten, wie unsere Zellen sich mit Licht auffüllen und zu pulsieren beginnen. Ein göttlicher Liebesstrom durchflutet unsere Zellen. Und während wir uns ganz diesem geistigen Lichttanz unserer Zellen hingeben, beobachten wir, wie unsere Aura sich öffnet und sich mit jenem Elektronenlichtfeld verbindet, welches sich über unserem Haupte befindet. Das Bewußtsein des Christus dringt jetzt in unser Kraftfeld ein.

An dieser Stelle legte Susanne, wie bei den vorangehenden Worten geführt von der geistigen Welt, noch ein Musikstück auf. Nach Beendigung dieses Stückes befand sie sich in Trance, und Christus sprach ein weiteres Mal durch sie.

Leben ist euer Erbrecht und nicht der Tod

2. August 1998

Noch ehe der Weltgrund gelegt war, habe ich euch geliebt. Niemals habe ich euch auch nur einen Augenblick verlassen, obwohl ihr euch viele Male von mir abwandtet, obwohl ihr viele Male das Licht des Vaters verließet. Ich aber war bei euch allezeit, und ich werde auch fernerhin allezeit bei euch sein. So bin ich abermals bei euch und in euch eingekehrt, da ihr mich gerufen habt aus der Tiefe eures wirklichen Seins. Ich bin in diesem Augenblick inmitten eures Herzens, da ihr es gereinigt habt, da ihr es geöffnet habt und da ihr es geheiligt habt, mich, den Christus, zu empfangen.

Wahrlich, wahrlich, ich sage euch: Der Tod wird nicht mehr sein! Und Gott wird abwischen jede Träne. Und ihr werdet dieser alten Erde nicht mehr gedenken. Jerusalem, Jerusalem, empfange du bald dein Volk, welches ich gesammelt habe aus allen Völkern und Nationen, um es dir zu geben, auf daß deine Herrlichkeit aufs neue erblühe. Wie habe ich dich geliebt, Jerusalem! Wieviel mehr werde ich dich lieben, da du auferstehen wirst im Glanze, um denen Heimstatt zu sein, die mir Brüder und Schwestern sind und die ich teuer von dieser Erde erkauft habe.

Bleibt, meine geliebten Lichtperlen, im Frieden, bleibt in der Liebe und Weisheit aus Gott und wißt allezeit: Nicht einen Augenblick habe ich euch jemals verlassen. Ich bin in euch, ich bin mit euch. Und so euer Schritt wankt, sind tausend Hände ausgebreitet, euch aufzufangen. Und so ihr in eurer Kraft ermüdet, sind tausendfältige Quellen bereitgestellt, die euch mit der Kraft des Lichtes laben. Trinkt, ihr meine über alles geliebten Lichtperlen! Nehme ein jeglicher dieses heilige Wasser des ewigen Lebens in sich auf. Dies ist, was euer himmlischer Vater euch bereitet hat, da ihr euch in jenem Verbund der geistigen Brüder und Schwestern eingefunden habt, die einstmals in Liebe und Einigkeit aus dem Hause des Vaters den Weg zur Erde angetreten haben.

Dies ist, was euch an diesen Ort gerufen hat: mein Ruf der Liebe, die Erinnerung eures Geistes an jenen lange zurückliegenden Augenblick, da ihr euch bekannt habt, im Namen der Liebe dem Lichte zu dienen. Bleibt mir treu, ihr meine herzlich geliebten Brüder und Schwestern, wenn denn bald jene Zeiten kommen, da die Spreu vom Weizen und der Schatten vom Licht getrennt werden. Seid mutig, seid freudig und wißt wohl: Nichts werdet ihr verlieren, ein Vielfältiges aber gewinnen. Denn Leben ist euer Erbrecht und nicht der Tod.

Glaubt an das Leben, und so werdet ihr das Leben haben. Kehrt dem irdischen Tod von nun an den Rücken, schenkt ihm weder Aufmerksamkeit noch Gehör. Euer Blick soll einzig und allein nach vorne auf jenen gerichtet sein, der euch lange schon liebend erwartet.

Haltet diesen Augenblick in eurem Gedächtnis fest! Trinkt aus dieser Erinnerung jene Kraft, die ihr benötigt, um zu überstehen, was ein jeglicher noch vor sich finden wird auf seinem Wege. Denkt daran: Ihr seid niemals auch nur einen Augenblick allein. Es ist einzig und allein an euch, die geistigen Augen zu erheben, daß ihr sehend, daß ihr hörend, daß ihr wissend und verstehend werdet.

Ich bin bei euch allezeit. Und so Frieden in eurem Herzen wohnt, so wohne auch ich inmitten dieses Herzens. So aber in euch der Friede entweicht, so ist es auch an mir, meinen Geist aus eurem Herzen zu entfernen. Niemals aber entferne ich meine Liebe von euch. Ich bin bei euch, ich bin mit euch allezeit. Haltet diesen Augenblick fest, haltet dieses Empfinden fest und laßt es fortan nicht mehr los, auf daß es euch in den Mut, in die Hoffnung, in die Freude und in jene lang ersehnte Freiheit trage, die ein jeglicher von euch erbeten hat.

Segen über euch, Segen noch einmal! Der Friede sei bei euch, der Friede bleibe bei euch!

Wir konzentrieren uns jetzt wieder auf unseren Atem. Wir beruhigen unser Gemüt und atmen gleichmäßig und ruhig. Wir schließen unsere Chakren, halten die Schwingung jedoch in unserem Bewußtsein fest. Wir bleiben in dieser Schwingungsfrequenz.

Langsam beginnt unser physischer Körper wieder zu erwachen. Wir dehnen unser geistiges Bewußtsein in all unsere Körperzellen aus und unterstützen diesen Prozeß mit bewußtem, tiefem Ein- und Ausatmen. Während wir gleichmäßig ein- und ausatmen, werden wir uns noch einmal gewahr, daß sich im Schwingungsfeld unserer Aura jetzt neun Energiezentren befinden. Es ist das Christusbewußtsein in uns manifestiert, in uns integriert.

Noch einmal atmen wir tief ein und aus, bewegen unsere Finger, unsere Hände, öffnen die Augen und kommen zurück ins Tagesbewußtsein.

Unser Wille entscheidet

2. August 1998

Anfänglich, so wurde mir gesagt, wird es uns in Phasen der inneren Harmonie gelingen, in dieser jetzt erreichten Frequenz zu bleiben, aber wenn wir in unser alltägliches Leben zurückgehen, werden wir durch die Anforderungen, Konfrontationen und Verführungen wieder in die alte Schwingung zurückfallen. Das heißt, die Aura wird sich wieder teilen, das achte und neunte Chakra und das elektronische Lichtkraftfeld werden sich wieder von uns trennen, so daß wir nur durch energetische Fäden mit dem Christusbewußtsein verbunden sind. Die Aufgabe, die die geistige Welt uns für den kommenden Dimensionswechsel gestellt hat, besteht darin, das Elektronenlichtfeld in uns so zu verankern, daß es in unserem Körper integriert bleibt.

Indem wir uns bewußt sind, was wir tun, wenn wir diese Übung durchführen, und wieviel wir damit bewirken können, beschleunigen wir den Integrationsprozeß. Unser Elektronenlichtkörper trennt sich immer dann von unserem physischen Körper, wenn wir durch Gedanken und Gefühle Zustände in uns hervorrufen, die wider das geistige Lebensgesetz wirken. Also wenn wir denken oder handeln und nicht in göttlicher Liebe und Weisheit, in Frieden und Harmonie sind, wird sofort unsere Schwingungsfrequenz niedriger, und unser Elektronenlichtkörper muß sich zwangsläufig von uns trennen. Unsere Schwingung muß mit der des Elektronenlichtkörpers identisch sein. Dann wird unser physischer Körper dessen Informationen annehmen und nicht mehr die unseres menschlichen Bewußtseins, und unsere Zellen werden nach und nach in die höhere Schwingung angehoben.

Unsere Aufgabe besteht nach wie vor darin und wird immer darin bestehen, uns selbst zu beobachten in dem, was wir denken, was wir fühlen, was wir sagen und was wir tun. Das bestimmt die Schwingungsfrequenz in unseren Körpern. Und sie wiederum bestimmt den Reifegrad und die Lebensausdrucksform. Es ist unser Wille, der entscheidet, ob wir aus Angst und mangelndem Vertrauen dem Evolutionsprozeß entgegenwirken und in einer grobstofflich-tiefschwingenden, dichten Materie weiterleben oder ob wir unseren Umformungsprozeß, der augenblicklich intensiv im Gange ist, bewußt und freudig unterstützen.

Je nachdem, wie ihr euch entscheidet, werdet ihr an eurem Befinden und an eurer Erscheinungsform ablesen können, aus welchem Aspekt eures Seins ihr lebt und arbeitet. Ihr seid euch selbst Maßstab, ihr seid euch selbst Aufgabe, ihr seid euch selbst Resultat. An euren Früchten werdet ihr erkennen, wo ihr steht. Beobachtet nicht die Welt! Beobachtet nicht die anderen Menschen! Was in der Welt geschieht, und sei es noch so chaotisch, sei es noch so beeindruckend, soll euch nicht berühren. Denn ihr habt auf eurer Seelenbewußtseinsebene beschlossen, nicht den Weg mit dieser alten Welt zu gehen. «Ihr werdet der alten Erde nicht mehr gedenken!» Aus diesem Grunde sollt ihr euch abwenden. Und wenn die äußeren Umbrüche euch erreichen und berühren, bleibt in der Liebe, bleibt vor allen Dingen im Frieden, bleibt in der Harmonie! Dann kann dieses Äußere sich nicht mit euch verbinden, weil ihr nicht in Resonanz steht, und es geht an euch vorüber.

Ich habe heute den Auftrag, euch mitzuteilen, was uns vor einem Monat bei einer geistigen Arbeit im kleinen Kreise gesagt wurde. Da hieß es, das Magnetfeld der Erde sei inzwischen so geschwächt, daß der Planet sein Gleichgewicht nicht mehr halten könne. Deshalb hat die Intergalaktische Konföderation der Sternengeschwister den Auftrag erhalten, mit einem künstlichen Magnetfeld, einer Magnetbrücke vom Südpol zum Nordpol, die Erde vor dem Zerbersten zu bewahren. Unser Freund Jorge aus Chile hat aus den Schiffen dieselbe Nachricht empfangen. Ich zitiere daraus: «Wir haben eine unvorstellbare Kraft an den beiden Polen dieser Erde aufgebracht und gehalten, um die Belastungen auszugleichen, aber allmählich wird es schwer, dem Druck standzuhalten. Sehr bald werden sich die Erd- und Wasserbewegungen erhöhen, und die Vulkane werden aktiv, bereit, Katastrophen zu erzeugen. Ihr aber verzweifelt nicht, bleibt im Glauben und vertraut uns! Seid vorbereitet und aufmerksam!»

Mir wurde die Magnetbrücke als eine Energiezange gezeigt, die von einem Pol zum anderen reicht und den Erdball durch magnetischen Druck zusammenhält. Dadurch sind wir Menschen auf der Erde zur Zeit nicht nur der Anziehungskraft der Erde ausgesetzt, sondern – eben durch dieses künstlich hergestellte Magnetfeld – auch einem Druck aus der Atmosphäre. Dies ist der Grund, warum wir mit großen körperlichen Schwierigkeiten zu kämpfen haben. Daß wir uns zwischen beiden Magnetfeldern befinden, bedeutet eine besondere energetische und auch geistige Belastung. Die Sternenbrüder sind sehr traurig darüber, daß als Folge ihrer Hilfe für die Erde sowohl unser physischer als auch unsere feinstofflichen Körper strapaziert werden, und sie bitten uns, inmitten dieser magnetischen Zange auszuharren. Sie haben den Auftrag, diesen Zustand aufrechtzuerhalten, bis der letzte der Berufenen aus seinem geistigen Schlaf erwacht.

Der geistige Plan für uns lautet, daß wir durch Erhöhung unserer Schwingungsfrequenz mehr und mehr aus der Anziehungskraft der beiden Magnetfelder herauswachsen, so daß wir dem Druck nicht mehr in gleicher Weise ausgesetzt sind. Deshalb auch wurden wir heute zusammengerufen und durften dank der großen Unterstützung aus den geistigen Bereichen die Anhebung unserer Schwingungsfelder erfahren.

Wenn der letzte derer, die sich auf der Seelenebene für den Aufstieg in die höheren Dimensionen entschieden haben, bewußt wird und spricht: «Vater, dein Wille geschehe jetzt!», wird, wie gesagt, augenblicklich die energetische Zange aufgehoben, wird das Magnetfeld der Erdumlaufbahn vom Erzengel Michael durchtrennt und die Erde entlang einem Lichtgitternetz in ein anderes Sonnensystem und in höhere Dimensionen geleitet.

Um die Entwicklung zu beschleunigen, sollten wir mit unseren noch schlafenden geistigen Geschwistern auf der Erde, auch wenn wir sie gar nicht kennen, seelisch Kontakt aufnehmen. Wir sollten sie gedanklich rufen und sie bitten aufzuwachen, wir sollten sie aufklären über das kommende Geschehen und ihnen sagen, wie wichtig ihre Mithilfe dabei ist. Wir Menschen haben immer die Möglichkeit, in einen seelischen Kontakt zu treten, sei es untereinander, sei es mit der geistigen Welt, sei es mit den Geschwistern in den Schiffen, die uns beim Übergang helfen und ohne deren Hilfe wir diesen Übergang physisch nicht überleben könnten. Dadurch, daß wir unsere Aufmerksamkeit, unser Bewußtsein auf einen Punkt hinlenken, knüpfen wir im gleichen Moment eine geistige Verbindung. Und wir werden wahrgenommen.

Ich möchte euch ein Erlebnis erzählen, das einige Monate zurückliegt. Wir hatten seit 1995 in TERRAMOR einen intensiven Austausch mit den Sternengeschwistern in den Raumschiffen. Wir erhielten viele Informationen, Schulungen und Übungen. Ende 1997 wurde uns gesagt, daß sie sich eine Weile zurückhalten werden mit Kontakten, weil wir Zeit bräuchten, das Gelernte umzusetzen. Als ich neulich ein nicht mehr zu bändigendes Heimweh nach diesen Kontakten empfand, legte ich mich in einer stillen Stunde hin und konzentrierte mich intensiv auf die Schiffe, ohne so recht zu wissen, was ich wollte, denn ich kannte meine

Arbeit, meine Aufgabe. Eigentlich war alles klar. Nur machte mir diese schmerzliche Sehnsucht zu schaffen.

Plötzlich befand ich mich mit meinem geistigen Bewußtsein inmitten eines unserer Schiffe und stand vor einem Computerbildschirm mit leuchtenden, sich bewegenden blauen Linien, die einer Herzrhythmuskurve ähnelten. Dann nahm ich wahr, daß alle Anwesenden sich fluchtartig von mir entfernten, als ob ich Aussatz hätte. Ich war sehr bestürzt und verstand diese Reaktion nicht. Mir wurde erklärt, daß die blauen Linien auf dem Bildschirm mein Heimweh, ja alle meine Emotionen anzeigten. Für jeden, der auf den Bildschirm blickte, war offenbar, was ich in diesem Augenblick durchlebte. Deshalb die Flucht.

Die Geschwister in den Schiffen haben die Aufgabe, sich in ihrem emotionalen Haushalt nicht irritieren zu lassen. Da ich mit meiner Stimmung keineswegs in Frieden und Harmonie war, wollten sie sich vor meinen Emotionen schützen. Mir wurde gezeigt, daß sie oft große Anstrengungen unternehmen müssen, um in ihren Gefühlen neutral zu bleiben, um sich nicht durch das Leid auf der Erde und durch das große Sehnen nach Veränderung mitreißen zu lassen, weil sie dann nicht mehr voll einsatzfähig wären. Das ist für sie eine sehr schwere Aufgabe, die ihnen großen persönlichen Schmerz bereitet, denn ihre Gedanken und Gefühle sind enger mit uns verbunden, als wir es uns augenblicklich vorstellen können.

Sie sind über den Werdegang und den Zustand eines jeden einzelnen von uns genauestens unterrichtet. So wie dort ein Computer mit meinen Daten steht, über den abgelesen wird, wie es mir geht, ist jeder einzelne von uns registriert und wird wahrgenommen. Alles, was wir brauchen, ist dort oben bekannt. Sobald uns eine wirkliche Gefahr droht, hat der entsprechende Sternenbruder in Zusammenarbeit mit unserem geistigen Führer die Aufgabe, sofort einzugreifen und uns zu helfen. Wenn wir in bestimmten Situationen scheinbar keine Hilfe bekommen, heißt das, wir befinden uns in einer Entwicklungsphase, in der wir etwas lernen sollen. Aber auch dieser Prozeß entgeht nicht ihrer Aufmerksamkeit und wird so lange zugelassen, bis wir die Aufgabe erkannt haben. Wenn sie sich auch mit Kontakten zurückhalten, um ihre Neutralität und Harmonie bewahren zu können, haben sie doch keinesfalls ihre Hilfe zurückgezogen, sondern bleiben in ungeschmälerter Liebe mit uns verbunden.

Sie können uns orten, wo immer wir sind. Wenn sogenannte Katastrophen über uns hereinbrechen, ist es entscheidend, wie wir uns in diesen Augenblicken verhalten. Die Energie des Friedens und der Harmonie ist das, was uns tragen, was uns retten wird. Wenn wir ruhig und gelassen bleiben, gleichgültig, was um uns herum geschieht, haben unsere Helfer jede Möglichkeit, augenblicklich einzugreifen und uns zu holen. Verfallen wir aber der Angst und geraten in Panik, dann gleichen wir unsere Schwingungen dem Umfeld an und bringen zum Ausdruck, daß wir nicht auf die göttliche Hilfe und auf unser ICH BIN-Bewußtsein vertrauen, sondern daß unsere Aufmerksamkeit auf das menschliche, unvollkommene Ich gerichtet ist. Dann können auch sie uns nicht helfen. Deshalb ist es unsere vordringlichste Aufgabe, daß wir lernen, in jeder Situation den Frieden in uns herzustellen und zu bewahren. Nur dann sind wir gewappnet für die Zeit, wo im äußeren Leben der Friede schwindet und die Elemente mehr und mehr auch unseren Lebensbereich verändern.

Auch zu diesem Thema hat unser Freund aus Chile uns eine Botschaft geschickt, die er von seinem geistigen Führer erhielt. Darin wird an den Satz des Neuen Testamentes erinnert: «Wer sein Leben retten will, wird es verlieren.» Und weiter heißt es: «Wer seinen physischen Körper voller Angst und Panik retten will, wird untergehen. Aber jene werden gerettet werden, die voller Liebe, Weisheit und Klugheit – gleichgültig, an welchem Ort sie sich aufhalten, zu Hause, im Hochhaus, im Gebirge, im Wald oder auf dem Wasser – die Augen schließen und beten: ‹Vater, Du bist meine Zuflucht. Du bist in mir. Ich übergebe mich Dir. Dein Wille geschehe und nicht der meine. Ich ruhe in Dir, ich lebe in Dir, denn Du bist mein Beschützer.›»

TEIL VII

Übungen

Die dreitägige Finsternis

10. Februar 1996

Kaum ein Ereignis haben Propheten, Seher und Sensitive im Laufe der Jahrhunderte so häufig angekündigt wie «die dreitägige Finsternis». Während eines Zeitraums von 72 Stunden, so besagen diese Botschaften und Visionen, wird sich eine völlige Dunkelheit über die Erde legen, und die Atmosphäre wird so von Giftstoffen durchtränkt sein, daß ein Aufenthalt in freier Natur zum sofortigen Tode führt. In dieser Zeit dürfen die Menschen die Häuser nicht verlassen und müssen besondere Vorsichtsmaßnahmen treffen, wenn sie überleben wollen.

In der geistigen Schule TERRAMOR wurde dieses Ereignis von Jeschua selbst als bevorstehend angekündigt, und Herakles übermittelte eine Übung, die während dieser kritischen Tage die Ernährung und Atmung auf geistigem Wege ermöglicht, aber auch jetzt schon die Umstellung von physischer Nahrung auf Lichtnahrung unterstützen kann. Die dreitägige Finsternis ist eine Reaktion darauf, daß die Erde aus ihrer Achse kippt und ihre übliche Umlaufbahn verläßt. Band 1 geht näher auf diese Zusammenhänge ein («Dein Wille geschehe jetzt!», Seite 257).

Als erstes wird hier aus einer Schutzgeistsitzung vom Februar 1996 zitiert. Wie aus fast allen Prophezeiungen zur dreitägigen Dunkelheit läßt sich auch aus diesen knappen Erklärungen schließen, daß es sich empfiehlt, zu dieser Zeit alle Öffnungen im Hause, durch die die Außenluft eintreten kann, abzudichten und rechtzeitig entsprechende Vorkehrungen zu treffen, damit dies möglich ist.

Es werden drei Tage der Dunkelheit kommen. Die Menschen dürfen die Häuser nicht verlassen und die Fenster nicht öffnen. Sie müssen sich in eine Phase der Ruhe begeben und gelernt haben, ihre Bewußtseinsebenen an den Bereich der Einheit anzuschließen, um von dort die Ernährung und den Sauerstoff für den Atem zu empfangen. All diese Gegebenheiten müssen über die publizistischen Medien vermittelt werden, damit die Menschen die Informationen erhalten, was es in dieser Zeit der Veränderung zu tun gilt.

Während der drei dunklen Tage werden atomare Substanzen aus der Atmosphäre auf den Erdboden niedergehen. Die Menschen dürfen in dieser Phase ihre Heimstätten nicht verlassen und keine Nahrung zu sich nehmen, denn alles wird gänzlich von Gift durchtränkt sein. Ihr müßt konkrete und detaillierte Programme erstellen und darüber informieren, wie die Menschen sich in den drei Tagen verhalten sollen.

Die Unterrichtung der Öffentlichkeit wäre eine der wichtigen Aufgaben der nationalen Komitees für Katastrophenvorbeugung, die auf Grund der Beschlüsse der Vereinten Nationen zu Beginn der neunziger Jahre eingerichtet wurden. Selbst wenn Mitglieder dieser Gremien sich ein solches globales Ereignis persönlich nicht vorstellen können, sollte die erdrückende Fülle der prophetischen Warnungen Anlaß sein, wenigstens die Tatsache dieser Voraussagen und die darin genannten Vorsichtsmaßnahmen zur Katastrophenvorbeugung zu verbreiten.

Als sich der Große Arbeitskreis von TERRAMOR am 10. Februar 1996 traf, sprach zuerst Jeschua die drei Tage der Dunkelheit an. Wir zitieren aus seiner Botschaft und geben auch jene Passage wieder, in der von einem «Aufschub» die Rede ist, auf den Herakles in seiner Botschaft zurückkommt.

Jeschua: ... Der Erdball befindet sich in seiner letzten Kraft. So hat sich die Achse der Erde bereits gesenkt. Ihr werdet in den klimatischen Bereichen eurer Atmosphäre die Veränderungen noch deutlicher wahrnehmen. Ihr werdet nun auf die drei Tage der Dunkelheit vorbereitet, die gewißlich bald kommen. Habt keine Angst! Herakles wird zu euch sprechen und Aufklärung und Anweisung geben, was es zu tun gilt. Ich bitte euch inniglich: Haltet euch unabdingbar an jedes gesprochene Wort, das Herakles euch senden wird. Denn wenn ihr euch nicht daran haltet, werdet ihr gewiß den physischen Tod erleiden. Es besteht kein Grund zur Angst. Für einen jeden von euch ist gesorgt. Aber es bedarf eurer Mitarbeit und Aktivität, und es bedarf des Wissens um die Situation ...

Die Engelscharen sind nun aufgestellt, und Michael ist bereit, das Schwert zu erheben, um in den Kampf wider die Schlange zu gehen. Noch aber ist es der Wunsch des Sohnes, daß die Ernte auf der Erde gerettet werden soll. Der Weinstock und die Reben sind noch nicht reif. So habe ich vor den Thron des Vaters noch einmal um die Gnade eines Aufschubs gebeten.

So wende ich mich nun an euch, daß ihr mich in der Bitte um den Aufschub unterstützt, denn gar viele Menschenseelen sind noch unbewußt. So also wirkt, wirkt, ihr meine geliebten Lichtperlen! Habt keine Furcht! Bei euch und in euch ist das Licht, und für einen jeden von euch ist der Bereich der Sicherheit und der Geborgenheit vorbereitet. Geht und streitet mit der Macht der Liebe und gebt diesem Erdball euer ganzes Sein, denn er befindet sich nun in den letzten Atemzügen. Segen über euch! Ich umarme euch in großer, tiefer Liebe. Es sprach zu euch Jeschua. Gott zum Gruße!

Herakles: Zu euch spricht der, der euch als Lehrer gesandt ist mit dem Namen Herakles. Gott zum Gruße!

Ich habe den Auftrag, euch eine Übung zu vermitteln, die euch befähigen soll, mit wenig Sauerstoff zu atmen. Dies ist notwendig, denn ihr werdet gebeten, während der drei Tage und drei Nächte, da sich eine gänzliche Dunkelheit über den Erdball legen wird, euch an diese Übung zu erinnern und sie durchzuführen. So werdet ihr diese Phase unbeschadet überstehen. Diese Dunkelheit wird als Reaktion eintreten, nachdem die Erdachse sich weiter gesenkt hat und die Erde ihre übliche Umlaufbahn verläßt.

Bleibt also in dem Bewußtsein, daß die drei Tage der absoluten Dunkelheit auf dem Erdball kommen werden. Es ist jedoch noch nicht offenbar, ob die Menschen zu diesem Zeitpunkt sich bereits in den Raumschiffen befinden und nur der Teil der Zurückgebliebenen hier noch verweilen wird, oder ob ihr alle noch physisch auf der Erde anwesend sein werdet.

Die Situation ist folgende. Die Sternenbrüder wie die gesamte Engelwelt und die geistigen Boten und Helfer haben sich in ihren Positionen und Ämtern bereitgestellt. Der Vorgang auf dem Erdball wird nun beobachtet, und es wird erst dann direkt eingegriffen werden, wenn der Auftrag aus der Einheit, vom Vater selbst, kommt. Es ist alles vorbereitet, doch es ist der Wunsch des Sohnes, diesen Eingriff noch einmal zu verzögern, denn die Erdenwelt ist von einer Vielzahl von Seelen besiedelt, die gänzlich unvorbereitet und unwissend sind. So ist der Sohn in großer Besorgnis und Liebe. Er möchte diese Seelen dem kommenden Geschehen noch entreißen. Auf der anderen Seite sind die Angstschwingungen der Erdenseele eine weitere Gefahr und eine weitere Verdichtung der Energien, die die Arbeit der Rettung in großer Weise erschweren.

Der Erdball wird aus seiner Achse kippen. Aus diesem Grunde wird es die Dunkelheit geben. In den Atmosphären wird es giftige Substanzen in gasförmiger und fester Materie regnen. Würdet ihr sie über die Atemwege in euren physischen Körper aufnehmen, würde er in Kürze sterben und sich auflösen. Wenn ihr also in diesen Phasen der Dunkelheit noch auf der Erde seid, haltet euch in geschlossenen Räumen auf und versucht, die Atmosphäre von außen nicht hereinzulassen und euch körperlich so wenig wie möglich zu betätigen. Ihr sollt keine Kräfte verschleißen, denn dann atmet ihr stärker und braucht mehr Sauerstoff. Versucht, euch ruhig zu verhalten und wiederholt in diesen Tagen die Übung, die ich euch nun geben werde.

Dies ist eine Vorbereitung als Vorsichtsmaßnahme. Wir hoffen sehr, daß zum Zeitpunkt der Erdachsenbewegung die Evakuierung bereits abgeschlossen ist. Dies können wir nicht vorhersehen, denn der Zeitpunkt des Einsatzes ist völlig ungewiß. Nehmt diese Übung also nur als Vorbereitung für den Eventualfall.

Ihr habt bereits in der Vergangenheit eine wichtige Vorbereitung getroffen, indem ihr lerntet, Energien zu euch zu rufen und sie mit Hilfe eurer Gedankenkraft auszusenden. Dies ist das Prinzip, das euch auch hier die Gewißheit geben wird, daß alles unbeschadet an euch vorüberziehen wird. Ihr habt die Möglichkeit, durch eure Geisteskraft die Impulse für das körperliche Geschehen so zu geben, daß der Körper sich in eine Art Schlaf, eine Art Regeneration begibt. Dadurch werden alle seine Funktionen auf das Mindestmaß herabgesetzt, und die Sauerstoffzufuhr ist nur in geringem Maße notwendig.

Ihr werdet nun lernen, mit eurem Bewußtsein zu atmen und euch während der Phase der Gefahr mit eurem astralen Körper und mit eurem Bewußtsein in den geistigen Ebenen aufzuhalten, geborgen und verbunden mit eurem Hohen Selbst. So wißt, die Übung in der Vergangenheit, sich mit dem eigenen Höheren Bewußtsein zu verbinden, war bereits die Vorbereitung für diese Zeit. Habt also keine Furcht! Ihr sollt euch erinnern, und ihr sollt euch als die schöpferisch Tätigen verstehen, die befähigt und berufen sind, sich aus dem Geiste selbst zu helfen. Die Übung ist folgende.

Bitte folgt mir in euren Gedanken, in euren Gefühlen. Alles, was ich durch diesen Mund spreche, malt es, wenn ihr es nicht intuitiv sehen könnt, mit Hilfe eurer Vorstellungskraft in eurem Geist, denn die dort erschaffenen Bilder tragen in sich die Kraft und Gesetzmäßigkeit, sich zu realisieren und sich als Realität in das Bewußtsein eurer Körperzellen fortzupflanzen. Seid beruhigt, es ist nicht notwendig, daß jeder von euch befähigt ist, medial zu empfangen. Es ist nur wichtig, daß ihr die Schritte vollzieht, die darin bestehen, zuerst in die absolute Konzentration und in die Neutralität zum eigenen Ich zu gehen. Entspannt euch nun gänzlich.

Kehrt mit eurem Blick in das Innerste eures Selbst. Dann gebt euch aus dem Bewußtsein den Befehl, alle Muskeln zu entspannen, alle körperlichen Anspannungen aufzulösen. Sendet aus eurem geistigen Bewußtsein dem physischen Körper die Impulse: Entspannung, Harmonisierung, Regeneration. Und nun beobachtet: Eine jede Körperzelle in euch hat diesen bewußt erteilten Impuls wahrgenommen. Die Reaktion erfolgt in dem Maße, wie ihr befähigt seid, konzentriert und kanalisiert diesen Impuls aus eurem geistigen Bewußtsein zu eurem körperlichen Bewußtsein zu senden.

Jetzt, da ihr euch gelockert und gelöst habt, sprecht aus der Ebene eures geistigen Bewußtseins in folgender Weise das Bewußtsein in den Körperzellen an:

> «Ich gebe dir jetzt den Auftrag, alle Aufgaben, die du zu erfüllen hast, um diesen physischen Körper zu erhalten, in der Weise zu vollziehen, daß meine Energien so wenig wie möglich benötigt werden. Setze alle Körpertätigkeiten und Funktionen auf das Mindestmaß herab. Begib dich in den Zustand der Regeneration, der Erholung und des Schlafes, während ich, das geistige Bewußtsein, mich in die Atmosphäre des Lichtes und der Reinheit begebe, um dir von dort neue Lebenskraft und reinen geistigen Atem zu senden.»

Sprecht auch die Ebene eures Verstandes an, und gebt diesem Bewußtsein des Körpers die Gewißheit, daß ihr nun gänzlich zum Wohle des physischen Körpers wirken werdet. Beruhigt euren Verstand und bittet ihn um Vertrauen. So wird dieser Aspekt in eurem Selbst euch nicht durch die Aktivierung der Angst behindern. Gebt aus eurem geistigen Bewußtsein an euer Verstandesdenken die Impulse: Vertrauen und Öffnung. Gebt ihm deutlich zu verstehen, daß ihr euch mit dem geistigen Bewußtsein aus dem physischen Körper entfernt, um aus einer reinen geistigen Ebene dem Körper das zuzusenden, was lebensnotwendig, reinigend, aufbauend und bekräftigend ist.

Wenn ihr das Einverständnis aus der Ebene des Verstandesbewußtseins wahrnehmt, bereitet euch vor, die Bewußtseinsreise zu eurem Hohen Selbst anzutreten. Es ist wichtig, daß dieser Aspekt des Verstandes euch nicht den Weg in die Einheit, den Weg zu eurem Hohen Selbst durch die Energie des Nichtvertrauens oder der Angst oder des Unglaubens verwehrt. Wenn ihr also das Einverständnis, die Öffnung und die Bereitwilligkeit aus der Ebene eures Verstandesdenkens wahrnehmen könnt, hüllt euren Körper in die violette Lichtenergie ein, so wie ihr dies in der Vergangenheit gelernt und viele Male vollzogen habt. Gebt den in der Regeneration befindlichen Körper, diesen physischen Teil eures Seins, in den Schutz der violetten Lichtenergiekugel.

Nehmt also zuerst die Kommunikation mit den Körperzellen in euch auf, indem ihr ihnen aus dem Geist den Impuls sendet, alle Funktionen und Tätigkeiten des Körpers zu vermindern. Danach geht in die Ebene des Verstandesdenkens und teilt dieser Ebene eures Selbst euer Vorhaben mit. Beruhigt sie, damit sie vertraut. So werdet ihr nicht durch euer eigenes Verstandesdenken blockiert und behindert, euch selbst aus einer anderen Ebene des Seins zu helfen.

Wenn ihr die violette Energiekugel um den Körper vollendet habt, öffnet euer Scheitelchakra und zieht das geistige Bewußtsein aus dem physischen Körper heraus, Stück für Stück von den Füßen hoch in euren Kopf hinein. In dem Augenblick, da ihr euch mit eurem Bewußtsein ganz in eurem Kopf versammelt habt, fällt der physische Körper in den Schlaf, in eine Art Ohnmacht. Es ist ein Zustand, der den Körper wahrnehmungsunfähig macht für äußere Impulse und Reize. Wenn das geistige Bewußtsein aus dem physischen Körper austritt, wird die Programmierung wirksam, die wir an die Körperzellen gesendet haben.

Vollzieht jetzt diesen Schritt, bitte. Geht mit eurem Bewußtsein, mit der Konzentration in eure Füße, in den Körper, in die Materie. Beginnt, langsam euer Bewußtsein von unten nach oben aus dem Körper zu bewegen. Zieht euch zurück. Zuerst aus den Zehen hinauf in das Fußgelenk. Laßt euch Zeit. Wandert weiter mit eurem Bewußtsein die Unterschenkel empor, durch die Kniegelenke hindurch, durch die Oberschenkel. Und nun verharrt einen Augenblick. Euer Bewußtsein aus dem Geist ist jetzt im oberen Teil eures Körpers, in den Armen und im Kopf konzentriert. Die Beine sind wie abgeschnitten. Spürt den Zustand, diesen Teil eures Körpers nicht wahrzunehmen. Seid ganz ruhig und gleichmütig. Dieser Zustand ist erwünscht, er ist positiv.

Dies ist der Augenblick, wo dieser Teil eures physischen Körpers regeneriert, denn hier sind alle Körperfunktionen reduziert. Dadurch werden die Organe nicht in der Weise beansprucht, wie dies normalerweise der Fall ist. Das Herunterdrosseln aller Tätigkeiten bedeutet Entspannung und Erholung für diesen Teil des Körpers. Laßt also das Gefühl der Bewußtlosigkeit, des Nichtwahrnehmens zu. Es ist Erholungsschlaf. Die Körperzellen sind von ihrem Bewußtsein programmiert durch den Impuls eures Geistes. Das Bewußtsein der Körperzellen wird dafür Sorge tragen, daß im Zustand der Regeneration nichts geschieht, was dem Körper nicht zum Guten dient. Außerdem ist das Instrument eures Verstandes berufen und beauftragt, dies zu überwachen. Seid ganz getrost, alles, was geschieht, vollzieht sich unter der Kontrolle eures Verstandesbewußtseins und des Bewußtseins in den Körperzellen.

Auf diese Weise ist also der untere Teil eures Körpers, sind die Füße und die Beine im Erholungsschlaf. Überprüft es noch einmal, durchwandert mit eurem inneren Auge diesen Teil eures Körpers. Wenn ihr euer geistiges Auge nicht öffnen könnt, nehmt eure Vorstellungskraft zu Hilfe. Stellt euch die-sen Teil eures Körpers vor, seht in eurer Vorstellung die Füße, die Unter- und Oberschenkel. Und seht die Ruhe, den Frieden, den Gleichklang, die Harmonie. Da ihr euch überzeugt habt, daß alles seine Richtigkeit hat, nehmt euer geistiges Bewußtsein, das sich in eurem Becken- und Bauchbereich befindet, und zieht es hinauf in die Brust und in die Arme.

Dann zieht das Bewußtsein auch aus den Händen, den Armen, aus der Brust und dem Rücken und lenkt es in den Kopf. Konzentriert euer geistiges Bewußtsein ganz in euren Kopf hinein. Öffnet euer Scheitelchakra. Wenn ihr mit dem geistigen Bewußtsein aus eurem Kopf heraustretet, dürft ihr die violette Kugel nicht durchdringen. Dehnt sie mit eurem Bewußtsein zu einem Kanal aus und verbleibt darin. Durchbrecht die Schutzkugel nicht, verlaßt sie nicht. Nun tretet mit eurem Bewußtsein aus eurem Kopf heraus, aber verweilt innerhalb der violetten Lichtkugel über eurem Kopf.

Gebt euch nun selbst die Programmierung. Euer Wille und eure Gedankenkraft sind das Bewegungsinstrument, das euch an jenen Ort führt, für den ihr euch entschließt. Euer Wille ist das Gefährt, das euch den Weg durch Raum und Zeit und alle Dimensionen bahnt. Doch vollführt dies innerhalb der violetten Kugel. Nehmt euren Willen und sprecht mit eurem geistigen Bewußtsein:

> «Mein Wille ist es, mich zu meinem Hohen Selbst zu begeben, um mich dort mit ihm zu vereinigen.»

Dieser Impuls muß klar und deutlich und bestimmt sein. Es darf kein Zweifeln, kein Zögern und Zaudern geben, denn all dies sind Programmierungen, die die Erfüllung eures Willens verhindern. Euer Wille muß klar, eindeutig und ohne Zögern sein.

Wenn ihr auf diese Weise mit eurem Willen beschlossen habt, euch direkt mit eurem Hohen Selbst zu verbinden, geht und fliegt hinaus und dehnt euch aus mit dem violetten Lichtkanal. Zieht mit eurem Bewußtsein die violette Kugel hinauf bis zu eurem Hohen Selbst, und dort verbindet euch, verschmelzt euch.

Nachdem ihr euch verschmolzen habt und mit eurem physischen Körper bis zu eurem Hohen Selbst über alle Dimensionen hinweg immer noch vom violetten Schutz umhüllt seid, wendet euer Bewußtsein und eure Gedankenkraft in die Einheit. Dort bittet in folgender Weise:

> «Ich bitte um alle geistigen Substanzen, Energien und Schwingungen, die ich benötige, damit mein physischer Körper in Gesundheit und Kraft unbeschadet auf der Erde erhalten bleibt. Ich bitte um alle Lichtenergien. Ich bitte um alle geistigen Substanzen, die fähig sind, sich in meinem stofflichen Körper als diejenigen Nahrungsmittel zu verdichten, die er braucht, um nicht Kraft und Gesundheit zu verlieren.»

Nun nehmt auf, nehmt geistige Nahrung auf. Viele Male wurde zu euch von der geistigen Speise gesprochen. Wißt, die geistige Speise ist die Essenz aller Nahrungsmittel und aller Stoffe auch im Materiellen, die ihr braucht, um zu leben. Jedoch ist die geistige Speise nur die Information, ohne die Ummantelung durch die Materie. Wenn ihr euch in die Ebene des Geistigen begebt, könnt ihr euch geistig ernähren. Ihr könnt geistig atmen, und ihr seid durch euer geistiges Bewußtsein mit eurem physischen Körper verbunden. Dieser empfängt aus der Ebene der Einheit all die Nahrung, den Sauerstoff, das Licht und die Kraft, die ihr braucht, um zu überleben, um euch selbst zu vervollkommnen. Dies ist die geistige Speise. Das Liebespotential ist die Speise aus Gold, die Demut ist die Speise aus Silber. So versteht die geistige Ernährung.

Alle weiteren Substanzen, die ihr an Vitaminen, an Mineralien braucht, all dies ist hier ebenso vorhanden, jedoch nur als geistige Information. Nehmt zu euch alle Vitamine, alle Vitalstoffe, die euch zum Guten dienen. Nehmt von dem reichlich gedeckten Tisch der geistigen Welt. Hier sind alle Energien, alle Informationen und Programmierungen aus der geistigen Essenz aufgetragen. Nehmt davon in der geistigen Verbindung mit eurem Hohen Selbst. Geht an das festliche Speisen, atmet hier den reinen Geist, atmet die Luft der Liebe und trinkt von dem reich gedeckten Tisch des Vaters, der die Materie und die Nichtmaterie erschaffen hat. Nehmt soviel wie möglich zu euch und spürt die Leichtigkeit. Spürt die Kraft, die euch zuwächst.

Nachdem ihr all eure Bedürfnisse befriedigt habt, nachdem ihr Kraft in euch spürt, dankt für den reich gedeckten Tisch, für dieses geistige Mahl. Dankt auch dem Hohen Selbst, das euch aufgenommen hat. Nun tretet langsam den Rückweg an im Schutz der violetten Lichtummantelung, die als Kanal von der violetten Kugel hinauf zum Hohen Selbst aus eurem geistigen Bewußtsein gewoben wurde. Kehrt nun zurück. Löst euer Bewußtsein aus der Verbindung mit dem Hohen Selbst. Wandert langsam zurück durch den violetten Lichtkanal hinein in die violette Kugel, die euren physischen Körper umschließt. Fließt wieder zurück durch das geöffnete Scheitelchakra, zunächst in den Kopf. Danach schließt das Scheitelchakra und dehnt das geistige Bewußtsein in eurem Körper aus. Sendet es mit Hilfe eurer Gedanken- und Vorstellungskraft durch den Hals in den Oberkörper, in den Unterkörper, in die Beine, in die Füße.

Nun fühlt, wie euer physischer Körper aus dem Zustand der Bewußtlosigkeit, des Schlafens erwacht. Es ist euer geistiges Bewußtsein, das allen Körperorganen den Impuls gibt, wieder die normalen Funktionen zu übernehmen. Bewegt eure Hände und Füße und atmet tief ein und aus. Geht in die Entspannung.

Dies war eine Übung, die euch das Ernähren und das Atmen aus dem Geist lehren soll. Wißt also, wenn ihr euren physischen Körper mit dem violetten Schutz umhüllt und ihm die Möglichkeit gebt, zu schlafen und sich zu erholen, und ihr euch mit eurem geistigen Sein hinaufschwingt in die geistigen Ebenen an den Tisch des Vaters, so werdet ihr allezeit die Fülle, den reichlich gedeckten Tisch finden, und ihr seid die geladenen Gäste im Vaterhaus. Ihr seid willkommen. Ihr seid gerufen, so oft ihr wollt, euch an diesen Tisch zu begeben und von den geistigen Früchten und Speisen zu genießen. Wenn ihr Schwermut und Kraftlosigkeit in euch spürt, vollzieht diese Übung, und ihr werdet euch mit neuer Kraft auffüllen.

Die Informationen der geistigen Speise, die sich in euch eingeschwungen haben, werden sich aus der eigenen Gesetzmäßigkeit heraus durch die Verbindung mit der körperlichen Materie manifestieren. Macht eure eigenen Versuche, beginnt zu forschen und zu üben. Wenn ihr euch also an den geistig gedeckten Tisch begebt und euch mit jenen Informationen auffüllt, die der Körper als materielle Substanz braucht, werdet ihr nach einer gewissen Weile feststellen können, daß die benötigten Lebensmittel und Aufbaustoffe sich in euch materialisieren und euren Körper ernähren. Ihr könnt euch durch die geistigen Informationen ernähren, wenn ihr euch in dieser Weise an den geistigen Ort begebt. Und wenn ihr zurückkehrt und diese Informationen sich im Körper manifestieren, werden sie sich nach einer gewissen Weile mit Materie ummanteln, jedoch nur im Fein-, nicht im Grobstofflichen. Danach werden eure Verdauungsorgane sich betätigen. Daran könnt ihr den Vorgang ersehen. Ihr habt euch geistig ernährt, und euer Körper wird lernen, diese Speise in die feinstoffliche Substanz umzuwandeln, um euch auf diese Weise materiell zu erhalten.

Segen über euch! Eure Arbeit war sehr gut. Ich bin in großer Freude über die Ernsthaftigkeit, mit der ihr meinen Worten folgt. Ich bin gern in euren Reihen, euch das Wissen und Verstehen über euch zu geben und über das, was «die Schöpferkraft in euch» genannt wird. Denn nichts anderes ist es, das in euch wirkt und wirken soll. Ihr werdet nun mehr und mehr an eure Quellen zurückgeführt, um aus dem eigenen Selbst zu schöpfen. Die Erinnerung wird immer stärker in euch erwachen. Diese Weise, sich aus dem reinen Geist zu ernähren, vermeidet die äußeren Verunreinigungen, die ihr durch die materielle Nahrung in euch aufnehmt. So wird euer Körper gänzlich rein werden.

Ihr werdet lernen, die giftigen Energien, die ihr durch die Nahrung und über die Atemwege in euren physischen Körper aufnehmt, durch eure Geisteskraft umzuwandeln, wenn ihr die in euch vorhandenen Resonanzflächen gereinigt habt. Danach werdet ihr lernen, zu der materiellen Ernährung die geistige hinzuzufügen. So werdet ihr euch selbst reinigen und stärken und euch in den Zustand der Vollkommenheit bringen. All dies wird möglich sein in einer Atmosphäre, die gänzlich vergiftet, die bedrohlich ist, doch nur für den unwissenden Geist. Der wissende Geist, das erwachte Bewußtsein ist nicht einen Augenblick in Gefahr. Der Geist weiß um seine Unsterblichkeit, um seine Schöpferkraft. Aus der Weisheit, die in ihm ist, wird er in einem jeden Augenblick das Richtige tun. Seid also beruhigt! Ihr seid unsterblich, ihr seid unantastbar. Und wenn ihr den physischen Körper erhalten wollt, wißt, gibt es viele Möglichkeiten, das Kommende zu überstehen.

Habt Mut und Freude in euch! Daß die Situation sich verändert, ist euch nicht unbekannt. Die nächsten Phasen der Veränderung haben sich nun eingestellt. Geht also und gebt dem Sohn und dieser Erdenwelt Hilfe und Unterstützung, damit dieser so bedeutungsvolle Augenblick noch einmal verzögert wird. Ihr habt die Gewißheit der Rettung, der Geborgenheit, und ihr habt an eurer Seite die großen Hilfen in allen Bereichen. Aber blickt auf jene, die unwissend und der Manipulation als Opfer ausgeliefert sind, schlafend und bedroht, und die sich von der Angst ernähren. Gebt um dieser Seelen willen noch einmal euren Beistand, gebt all eure Liebeskraft und fürchtet nicht um euch selbst, denn ihr seid allezeit gesegnet und geschützt. Segen über euch, ihr geliebten arbeitenden Helfer auf der Erde, die ihr mir lieb geworden, die ihr mir vertraut seid. Ich liebe euch sehr. Mein Gefühl für euch ist wie das eines Vaters. So bin ich nicht nur ein Lehrer, der über die Prinzipien zu euch spricht, damit ihr versteht und an Kraft und Fähigkeiten wachsen könnt. Meine Liebe zu euch ist wie die eines Vaters zu den Seinen, und so nenne ich euch meine Kinder. Segen über euch!

Fahrt fort, in Demut, Treue und Ernsthaftigkeit die Schritte zu tun, die ihr das Suchen nach der Wahrheit nennt. Vieles ist zu euch gelangt, und vieles habt ihr erworben. Dies aber ist nur ein kleiner Beginn. Wißt wohl, könnte ich euch die geöffneten Tore jenes Festsaales zeigen, der euch in seiner Pracht erwartet, würdet ihr tiefbeschämt eure Augen zur Erde niederschlagen, und es wäre nicht möglich, daß jemals wieder ein Funke der Angst in euch geboren wird. Habt Mut und fürchtet nicht um das eigene Sein. Legt die Sorge um das Materielle, um das Äußere ab. Es ist vorgesorgt, und ihr habt nun den kleinen Eintritt erfahren, aus eurem eigenen Selbst, mit der Hilfe des Vaters, aus der Liebe und aus der Einheit all jenes zu erschaffen, was ihr benötigt und was euer Wunsch und Wille ist, denn das Haus des Vaters ist das Haus der Fülle und des Reichtums.

Es ist nicht der Wunsch des Vaters und es ist nicht nötig, daß Seine Kinder in Not, Angst und Pein leben. Der Tisch ist reichlich gedeckt, und es ist an euch, daß ihr lernt, euch an diesen Tisch zu begeben und den Reichtum und die Fülle in das Stoffliche zu transformieren. Ihr werdet die neuen Weltenerbauer sein, die gelernt haben, mit den geistigen Prinzipien und den rein geistigen Informationen diesen Erdball neu zu gestalten. Und es wird keine Möglichkeit mehr geben, daß eine Macht von außerhalb zu euch gelangt und euch das Joch der Arbeit und der Knechtschaft auferlegt, so daß ihr noch einmal den Glanz eurer Seelen verliert.

Ihr seid frei, ihr seid aus dem Licht geboren, und ihr seid aus der Liebe in die Freiheit gesandt. Es ist nur das Nichtwissen und das Nichtverstehen dieser Freiheit, die die Knechtschaft, die Gefangenschaft und das Joch ermöglicht haben. Seid also getröstet. Auch wenn ihr auf dem Erdball die Dunkelheit und das Leid seht, wißt, es ist bald vollendet. In euch soll keine Traurigkeit herrschen. Erschafft in diesem Augenblick mit der Kraft eurer Hoffnung in euch selbst bereits das neue Sein, und erschafft in euren Lebensbereichen bereits die neue Welt.

Tragt diesen Wunsch, diese Energien hinaus in die Erdenwelt, und haltet sie der Hoffnungslosigkeit und der Angst entgegen. Laßt euch nicht anstecken von den Angstenergien und bleibt standfest wie Pfeiler des Lichtes. Gebt von eurem Licht und nehmt nicht von deren Dunkelheit. Laßt euch nicht von denen infizieren, die in Angst zu euch kommen. Bleibt standhaft und nehmt sie liebend auf. Laßt sie sich laben an eurer Kraft, an eurer Hoffnung. Es ist an euch, immer wieder zurückzukehren an den reich gedeckten Tisch. Helft denen, die diesen Weg nicht kennen und um diese Tür nicht wissen.

Segen über euch, ihr meine herzlich und über alles geliebten Schüler! Segen über euch! Ich bin in großer Freude und Erwartung, euch direkt zu empfangen und in die Arme zu schließen. Ich werde einen jeden von euch bei seinem Namen nennen, und in diesem Augenblick wird die Erinnerung in euch erwachen an die Zeit, als ich euch in weit zurückliegender Vergangenheit schon einmal in meine Arme geschlossen habe, damals in Griechenland, als auch ich physisch auf dem Erdball war. Dies ist die Freude, die vor mir steht. [Mit bewegter Stimme:] Ich liebe euch sehr. Ich danke euch. In Freude nehme ich Abschied. Es sprach zu euch Herakles. Gott zum Gruße!

Die Engelwelt und die Sternengeschwister, so lesen wir, stehen bereit, uns zu helfen, wenn der Auftrag aus der Einheit erteilt wird, in das Geschehen auf der Erde einzugreifen. Der Bitte des Sohnes an den Vater, im Interesse der noch nicht Erwachten einen Aufschub zu gewähren, wurde entsprochen. Hierzu sagte Herakles wenig später, am 9. März 1996:

Haltet in eurem Bewußtsein, daß die Zeit bemessen, daß sie bald vollendet ist! Laßt euch nicht mehr irritieren! Der Sohn hat um einen Aufschub gebeten, und er wurde gewährt. Ein weiterer Aufschub wird nicht mehr gewährt werden. Dies ist die konkrete Information, die ich geben darf. Bleibt also bitte in der Bereitschaft und sucht, eure Körper zu vervollkommnen!

Weitergehend hieß es in der Botschaft Christi vom 2. August 1998, daß Tag und Stunde des göttlichen Eingriffs dann eintreten, wenn der letzte der Berufenen spricht: «Dein Wille geschehe jetzt!» Niemand von uns vermag zu sagen, wie bald all diejenigen erwachen werden, die – jetzt noch unbewußt oder gar ablehnend – dennoch auf der Seelenebene den Aufstieg in die fünfte Dimension beschlossen haben. Wohl werden wir annehmen dürfen, daß die immer deutlicher werdende Sprache der Naturelemente noch viele Schlafende wachrütteln und die Bewußtseinsveränderung auf unvorhersehbare Weise beschleunigen wird.

Die Durchlichtung des Körpers

22. Juni 1996

Diese Meditation wurde vom geistigen Lehrer Sartorius beim Großen Arbeitskreis von TERRAMOR am 22. Juni 1996 übermittelt. Zu Beginn des Vormittags hatten die Teilnehmer wie üblich die Reinigungs- und Schutzübung ausgeführt, die der Leser aus Band 1 kennt («Dein Wille geschehe jetzt!», Seite 269). Am Nachmittag wurden die Anwesenden durch die hier folgende Meditation angehalten zu überprüfen, ob die Reinigungs- und Schutzübung noch unbeeinträchtigt wirksam sei.

Wir sitzen aufrecht auf einem Stuhl, unsere Arme ruhen auf den Oberschenkeln, die Handflächen zeigen geöffnet nach oben. Mit unseren Füßen halten wir den Kontakt zur Erde, indem wir die Beine nebeneinander auf den Boden stellen.

Mit unserem geistigen Bewußtsein geben wir unserem physischen Körper den Impuls «Entspannung und Harmonie». Mit unserem geistigen Auge durchwandern wir das Innere unserer Körper und unserer Bewußtseinsebenen. Wir kontrollieren, ob die Energien der Reinigungsarbeit noch in uns sind oder ob sich durch unsere Unachtsamkeit Energien des Unlichtes gebildet haben – aus falschem Denken oder falschem Fühlen. Wir überprüfen mit unserem geistigen Auge das Licht in unseren Körpern, in unseren Bewußtseinsebenen. Wo wir Schatten feststellen, lösen wir sie gleichmütig, aber konzentriert auf.

Durchwandert euren Körper mit eurem geistigen Auge, mit eurer emotionalen Wahrnehmungsfähigkeit oder aber mit eurer Vorstellungskraft. Begebt euch in die Füße, arbeitet von unten nach oben. Nehmt das Pulsieren in euren Adern wahr, das gleichmäßige Pumpen in euren Gefäßen. Beobachtet all dies in Ruhe und Gelassenheit, doch bleibt konzentriert in euren inneren Bildern. Wandert aufwärts durch die Waden über die Kniegelenke in die Oberschenkel, in euren Unterkörper. Dies ist eine innere geistige Inspektion der Beschaffenheit eurer Körper. Wandert weiter über den Bauchraum in den Brustkorb, beobachtet das Innere eurer Arme und Hände. Nun gelangt durch euren Hals in euren Kopf.

Habt ihr festgestellt, daß die weiße geistige Lichtenergie immer noch manifestiert ist, verlaßt mit eurem beschauenden Bewußtsein den Kopf, und durchwandert in gleicher Weise von unten nach oben euren Astralkörper, der den physischen Körper durchdringt. Dies geschieht leichter und schneller, da hier die grobstoffliche Dichte der Materie nicht vorhanden ist.

Und nun werft einen Blick in eure Bewußtseinsebenen, in die psychische Ebene, in die emotionale Ebene. Haben sich dort Schatten eingefunden, so löst sie liebevoll auf, indem ihr einfach eure Gedankenkraft bewußt und gezielt dort hinsendet und aus eurem geistigen Bewußtsein den Impuls der Umwandlung gebt. Wandelt alles in euch um in die Qualität der Liebe, des Lichtes, der Harmonie und des Friedens.

Habt ihr die geistige Inspektion eurer Körper- und Bewußtseinsebenen vollendet, lenkt eure Aufmerksamkeit auf die euch umgebende Schutzenergie, auf die euch vertraute violette Energielichtkugel, die euch einhüllt. Wandert mit eurem geistigen Auge, mit eurer Wahrnehmung oder aber mit eurer Vorstellungskraft in das Innere der euch umgebenden Energiekugel. Beseht euch die Beschaffenheit, untersucht, ob die Kugel vollkommen geschlossen ist, testet den Dichtegrad der Kugel, die euch umhüllt, prüft die Farbintensität der Schutzhülle. Wenn ihr Stellen findet, wo die Energie nicht in der notwendigen Dichte ist, nehmt die geistigen Reparaturen vor, indem ihr wiederum einfach eure Gedankenkraft gezielt dorthin sendet. Gebt aus dem geistigen Bewußtsein den Impuls, daß die violette Energieschutzhülle absolut geschlossen ist.

Und nun begebt euch mit eurem geistigen Auge, mit eurer Aufmerksamkeit und Vorstellungskraft an den äußeren Rand der euch umhüllenden Energieschutzkugel. Analysiert das Energiegitternetz, das euch als Filter dient. Prüft nach, ob auch hier alles in der richtigen Ordnung ist.

Nun, da ihr euch überzeugt habt, da ihr kontrolliert habt, daß ihr immer noch gereinigt und gänzlich geschützt seid, kehrt mit eurer Aufmerksamkeit in euren physischen Körper zurück. Breitet eure Aufmerksamkeit jetzt in ihm aus. Versucht, euch in eurem physischen Körper ganzheitlich zu erspüren – die Füße, die Waden, die Knie, die Oberschenkel, Unterkörper, Oberkörper, Arme, Hände, Hals und Kopf. Gleichmäßig durchdringt euer geistiges Bewußtsein den physischen Körper. Und nun laßt euer geistiges Bewußtsein durch den physischen Körper dringen, so daß ihr den Astralkörper ebenso wahrnehmt. Erspürt auch die Aura des Astralkörpers, die Energiehülle, die euch umgibt. Verlaßt dennoch nicht mit eurem Bewußtsein die Wahrnehmung eures physischen Körpers. Versucht, beide Körper, den physischen und den astralen, emotional wahrzunehmen. Versucht beide gleichzeitig mit eurem geistigen Auge zu erschauen, mit euren Emotionen zu erspüren, stellt euch dies mit eurer

Vorstellungskraft vor. Nehmt wahr, schaut, fühlt, hört, werdet bewußt, erspürt euch in diesen beiden Dimensionen.

Konzentriert euch jetzt auf jenen Punkt in eurem Astralkörper, der sich oberhalb eures Bauchnabels befindet. Hier ist jenes Chakra manifestiert, das direkten Zugang zu eurem Sonnengeflecht hat. Stellt euch eine geöffnete feinstoffliche Blüte vor, deren Stiel oberhalb des Bauchnabels in den physischen Körper führt und im Rückenmark der Wirbelsäule verankert ist. Beobachtet diese geöffnete Blüte, euer Sonnengeflecht-Chakra. Hier nehmt ihr kosmische Energie in euch auf, die lebensnotwendig ist, die euer Sonnengeflecht nährt, aktiviert.

Beobachtet dieses Energiezentrum: eine lebendige, pulsierende Blüte in ständiger Bewegung. Es sind pulsierende, kreisende Bewegungen, die sich ständig wiederholen. Stellt euch einen Springbrunnen vor, der in dieser Blüte manifestiert ist. Alle hier einströmenden Energien transformieren sich augenblicklich in eurem Sonnengeflecht. Die Reaktionen werden spontan über eure Nervenbahnen empfunden. Das Sonnengeflecht ist eure Gefühlszentrale, beobachtet und schützt sie im besonderen. Wenn ihr mit Energien konfrontiert werdet, die euch nicht zum Guten dienen, spürt ihr, wie euer Sonnengeflecht sich zusammenzieht. Diese Erfahrung kennt ihr, ihr kennt den Ausspruch: «Dies schlägt mir auf den Magen.»

Wenn ihr also dort, wo euer Sonnengeflecht manifestiert ist, Spannungen, ein Zusammenziehen oder ein Unwohlsein spürt, seid gewarnt, seid sofort wachsam, denn dann haben sich Energien in euer Innerstes begeben, die euch nicht zum Guten dienen. Es sind vorwiegend negative geistige Energien, die ihr emotional durch das Sonnengeflecht über eure Nervenbahnen empfinden könnt. Dies soll euch gleichsam als Barometer dienen. Nutzt dieses Energiezentrum als ein Erkennungsinstrument, das euch befähigt, Energien zu unterscheiden. Energien, die euch zum Guten dienen, werden euch in diesem Bereich eures Körpers Wohlbehagen, Entspannung und ein Gelöstsein übermitteln, Energien der negativen Qualität werden sich in gegenteiliger Weise sofort emotional in euch bemerkbar machen.

Benutzt also künftig dieses Energiezentrum als Barometer, als Analysator der Qualität jener Energie, die von außen in euch eindringt. Verspürt ihr in euch eine Energie von negativer Qualität, was ihr als Zusammenziehen oder Verkrampfen wahrnehmt, schließt augenblicklich dieses Energiezentrum, das Sonnengeflecht, indem ihr euch einfach vorstellt, daß die geöffnete geistige Energieblüte sich schließt. Eure Vorstellung, eure inneren Bilder bewirken ein sofortiges Programmieren und Auslösen jener Impulse, die als Muster in den Bildern vorhanden sind. Wenn ihr also negative Energieströmungen in der Form des Schmerzes körperlich in eurem Sonnengeflecht wahrnehmt, stellt euch augenblicklich vor, wie sich euer Sonnengeflecht-Chakra schließt. In diesem Moment, da die Vorstellung klar, konkret, konzentriert erfolgt, ist dies der geistige Impuls an dieses Energiezentrum, sich zu schließen, und es wird augenblicklich vollzogen.

Über dieses Energiezentrum seid ihr geistig verbunden mit jener Kraftquelle, die wir euch bereits genannt haben, die geistige Urzentralsonne, welche die erste Manifestation des «ICH BIN Licht» ist. Der Mittelpunkt der göttlichen Kraft ist hier verankert. Stellt euch einen unsichtbaren Faden, einen Energiekanal vor, der aus der Urzentralsonne zu euch in das Chakra über dem Sonnengeflecht führt. Ihr seid energetisch mit eurem geistigen Ursprung verbunden, der Einheit Gottes in ihrem zentralen Ursprungsort. Hier ist die göttliche Kraft in der größten Intensität vorhanden.

Nun, da ihr um die energetische Verbindung wißt, öffnet mit eurer Vorstellungskraft dieses Energiezentrum über dem Sonnengeflecht, gebt den Impuls des Öffnens. Ruft mit eurer Gedankenkraft aus der geistigen Urzentralsonne die geistige Kraft des Lebens zu euch. Stellt euch vor, wie aus dem Universum Lichtkraft in der Farbe Gold sich durch den Energiekanal auf euer geöffnetes Sonnengeflecht-Chakra zubewegt. Stellt es euch vor, beobachtet es, nehmt es wahr. Nun atmet tief ein und aus, jedoch nicht angestrengt. Seid in der Leichtigkeit, seid konzentriert. Diese Übung darf nicht Anstrengung sein. Erwartet voll der Freude die Kraftströme, die euch erreichen.

Und nun, da ihr geistige Lebenskraft direkt aus der Urzentralsonne in euch empfangt und aufnehmt, öffnet die weiteren elf Chakren und stellt euch das Bild der lebendigen geöffneten Blumen mit den integrierten Springbrunnen vor. Öffnet alle eure Energiezentren, indem ihr den geistigen Impuls gebt, und stellt euch das Bild des Öffnens lebendig und klar mit eurem geistigen Auge vor. Ruft mit eurer Gedankenkraft aus dem Universum die Kraft der Liebe, der Weisheit und des Friedens zu euch und stellt euch vor, wie die Energien des Lichtes in den Farben Rosa, Gold, Weiß und Blau sich zu euch bewegen, durch die geöffneten Energiezentren in euren Astralkörper fließen, um sich sodann in den physischen Körper zu bewegen und sich in euren Körperzellen zu manifestieren. Gebt während dieser Energieaufnahme aus eurem geistigen Bewußtsein den Impuls an die Chakren, sich mehr und mehr zu öffnen. Beobachtet, wie mit jedem Pulsschlag sich das Innerste der Energieblüten weiter öffnet, um noch mehr von der kosmischen Energie, der geistigen Licht- und Lebenskraft aufzunehmen, um diese in euren Körperzellen zu verankern.

Beobachtet, wie eure geistigen Blüten sich beständig pulsierend öffnen, größer werden. Beobachtet die kreisende, pulsierende Bewegung. Alles in euch und an euch ist Leben. Dies sind eure Eingangstore, durch die kosmische Energie in eure Körper- und Bewußtseinsebenen eintritt, um sich schließlich in eurem physischen Körper zu manifestieren.

Nun gebt aus eurem geistigen Bewußtsein den Impuls an eure zwölf geöffneten Chakren, sich zu schließen. Beobachtet auch diesen Vorgang mit eurem inneren Auge, mit eurer Wahrnehmungsfähigkeit oder aber mit eurer Vorstellungskraft. Ihr werdet feststellen, daß die Öffnungen im Inneren eurer Energiezentren sich zusammenziehen, verkleinern, jedoch nicht gänzlich schließen. Wären die Chakren gänzlich geschlossen, wäret ihr abgeschnitten von der lebensnotwendigen kosmischen Energie. Diese Übung soll euch dazu dienen, nach eurem Willen bewußt die kosmische Energieaufnahme so zu gestalten, daß sie sich ständig vermehrt. Das heißt, ihr sollt lernen, euch zu befähigen, nach eurem Wunsch und Willen das Maß der kosmischen Energie, die ihr aufnehmt, zu bestimmen.

Je mehr kosmische Energie in eure Körper- und Bewußtseinsebenen eintritt, um so schneller werden sich die Frequenzen in euren Zellen erhöhen. Wenn diese Energie gezielt aus den geistigen, göttlichen Bereichen bezogen und von euch kanalisiert und bewußt gelenkt wird, werdet ihr mit jeder Wiederholung der Übung die Dichte eures materiellen Körpers verfeinern. Dies ist der Sinn dieser Übung, daß ihr eure grobstofflichen Körper in ihrem Dichtegrad durchlichtet. Ihr sollt feinstofflicher werden, und dies erreicht ihr, indem die Schwingungsfrequenz eurer Zellen, eurer Körper- und Bewußtseinsebenen sich beständig erhöht. Ein weiterer wichtiger Punkt ist, daß diese Übung es euch erlaubt, durch euer Bewußtsein gezielt und konzentriert eine ausgeglichene einheitliche Schwingungsfrequenz in all euren Daseinsebenen herbeizuführen.

Ich bedanke mich für die ernsthafte Mitarbeit, für die Begleitung eures Geistes beim Vollziehen dieser Übung. Es sprach zu euch Sartorius. Herzlichen Dank! Gott zum Gruße!

Vorübungen zur Levitation, 1. Teil

14. Januar 1996

Als Vorbereitung auf den Übergang in die fünfte Dimension haben wir in den Arbeitskreisen von TERRAMOR *eine wichtige, in zwölf Stufen gegliederte Abfolge von Übungen aus der geistigen Welt erhalten. Diese «5D-Einstimmung», die noch veröffentlicht werden soll, umfaßt auch die Levitation, also die bewußt herbeigeführte Aufhebung der Schwerkraft. Was bei der Evakuierung durch den Levitationsstrahl geschieht, der von den Raumgeschwistern auf die Erde gerichtet wird und uns «hochbeamt», sollen wir bereits vorher aus eigenem Vermögen üben, um die beim Levitieren wirkenden geistigen Gesetzmäßigkeiten kennenzulernen und den Körper mit der Levitation vertraut zu machen.*

In vielen Lebensgeschichten von Heiligen wird über ihre Fähigkeit berichtet, sich von der Anbindung an den Erdboden freizumachen und schwerelos im Raum zu schweben. Es ist also dem Menschen grundsätzlich möglich, die Schwerkraft zu meistern; es bedarf lediglich der Beherrschung gewisser Voraussetzungen.

Die hier folgenden Übungsanleitungen erhielten wir im Januar 1996 aus den Raumschiffen der Intergalaktischen Konföderation, die im Auftrage Jeschuas bereitstehen, die Menschen aufzunehmen, wenn die Erde auf dem Höhepunkt der Reinigungsphase unbewohnbar wird. Ein Teil dieser Anleitungen stammt von Xenoc, der bereits in Band 1 («Dein Wille geschehe jetzt!», Seite 236) zitiert ist. Xenoc ist ein großer Meister – nach irdischem Zeitmaß etwa 700 Jahre alt –, der in den höherdimensionalen Ebenen von Ganymed, einem Mond des Jupiter, lebt.*

Die (inkarnierten) Sternengeschwister haben eine deutlich andere Schwingung als die (nicht inkarnierten) Wesenheiten aus der geistigen Welt wie etwa Herakles oder Sartorius. Die Sprache der Sternengeschwister erscheint mitunter nüchterner und zeichnet sich oft durch besondere Prägnanz, Klarheit und Direktheit aus. Und doch wird in allem, was sie sagen und tun, schnell spürbar, daß die Motivation ihres Handelns reine Liebe ist. Während die geistige Welt stets das «Gott zum Gruße!» an den Anfang stellt, lautet der Gruß der Sternengeschwister «Wir lieben euch», «Frieden über alle Grenzen» oder «Frieden in allen Universen». Oft allerdings setzten sie uns zuliebe das «Gott zum Gruße!» hinzu, an das wir aus den Begegnungen mit den Wesen aus der geistigen Welt gewohnt waren. Im folgenden geben wir nur die Erläuterungs- und Übungstexte wieder.

Die Levitation ist die Aufhebung oder Überwindung der **Schwerkraft**. Ihr seid durch das Gesetz der Schwerkraft physisch an diese Ebene angebunden. Wollt ihr diese Ebene mit der Methode der Levitation verlas-

* Matthäus 24,31

sen, werdet ihr nicht eure Körper auflösen, sondern die Anziehungskraft der Schwerkraft überwinden. Das heißt, eure Körper werden nicht leichter. Ihr werdet nur ein Energiefeld, nämlich das des Magnetfeldes, überwinden.

Das ist möglich, wenn ihr fähig seid, Geschwindigkeiten zu überschreiten, die euch im Feld der Schwerkraft festhalten. Das heißt, die Ausdehnung eures Magnetfeldes, das euch physisch auf der Erde festhält, hat Energiegeschwindigkeiten, die überwunden werden müssen. Auf diese Weise schleudert ihr euch selbst aus dem Kraftfeld der Anziehung, indem ihr eine Geschwindigkeit benutzt, die schneller ist als die Energiewellen der Schwerkraft. Dies ist möglich mit **Gedankenkraft**. Lernt also die Gesetzmäßigkeiten und Möglichkeiten der Gedankenkraft zu verstehen und anzuwenden.

Ihr habt euch selbst Grenzen gesetzt, indem ihr annehmt, daß die Lichtgeschwindigkeit die schnellste Möglichkeit der Bewegung ist. Das ist ein Irrtum. Eure Gedanken, eure Emotionen sind weitaus schneller. Ein wichtiger Faktor in diesem Prozeß ist die Energie, die ihr **Glauben** nennt. Die falsche Definition der Energie «Glauben» hat in der Vergangenheit bewirkt, daß ihr eure Gedankenkräfte nicht optimal einsetzen konntet. So versteht den Glauben als den Impuls, der der Gedankenenergie das Tor in den Raum öffnet, damit die Energie der Gedankenkraft auf den Weg geschickt werden kann. Ihr habt viele gute Gedanken, doch sie werden nicht in den Raum gesendet, weil das dafür notwendige Tor nicht geöffnet wurde. Weil ihr an eure Möglichkeiten nicht geglaubt habt, konnte der Gedanke, der in euch geboren wurde, euer Energiefeld nicht verlassen.

Versteht den Glauben als eine Schlüsselenergie, die befähigt ist, verschlossene Türen zu öffnen. Das erste Tor, das es zu öffnen gilt, ist euer Unterbewußtsein. Lernt also euren Unglauben, euren Zweifel, der als eine Kraft energetisch in eurem Unterbewußtsein manifestiert ist, mit der Kraft der Glaubensenergie auszutauschen. Wenn ihr dies vollzogen habt, gilt es, die richtigen Gedankengänge zu erzeugen. Dies muß geschehen aus einem fundierten Wissen und Verstehen über das Gesetz von Ursache und Wirkung. Sind euch die notwendigen Prinzipien vertraut, braucht ihr nur die jeweiligen Gedanken zu erzeugen, die euren Wunsch – das Ziel, wohin ihr gelangen wollt – beinhalten.

Ist in eurem **Unterbewußtsein** die Glaubensenergie intakt, wird die Intensität eures Wunsches, der ein Aspekt eures Gedankens ist, die

Glaubensenergie in eurem Unterbewußtsein aktivieren. Auf diese Weise werden die Verstandesbarrieren aufgehoben. Es wird aus der Ebene eures Verstandesbewußtseins keine Gegenenergie erzeugt. Der Gedanke verläßt euch wellenförmig durch den Ätherraum und bewegt sich in einer Geschwindigkeit, die weitaus schneller ist als das Licht.

Erkennt, daß alles Bewegung ist! Die Energiesubstanz eures Glaubens ist in ständiger Bewegung. Auf diese Weise erhält sie sich selbst am Leben. Eure Gedankenkraft ist ebenso in ständiger Bewegung. Die Bewegungen aller Energiefelder laufen bei einem gesunden Menschen in rechtsdrehenden Spiralen ab. Die Geschwindigkeit dieser rechtsdrehenden spiralförmigen Bewegungen aller Energiefelder in euch sind an die Prinzipien eures Lebensraumes angepaßt, also auch an die Schwerkraft. Wollt ihr diese Schwerkraft überwinden, müssen die Geschwindigkeiten in euren Energiefeldern gesteigert werden, um aus dieser Gesetzmäßigkeit in der Weise herauszutreten, wie ich es eben benannt habe: mit Hilfe der Gedankenkraft und in Zusammenarbeit mit der Glaubensenergie.

Versteht ihr die Bedeutung des Vertrauens? Auch **Vertrauen** ist eine Energie mit einer ihr eigenen Gesetzmäßigkeit. Der wichtigste Faktor ist die Energie der **Liebe**. Von allen Energien ist sie die schnellste, die durchdringendste, die intensivste. Verbindet eure Gedanken bitte immer mit der Liebesenergie. So habt ihr automatisch eine Programmierung zum Guten. Ihr benützt auf diese Weise das kraftvollste Prinzip, die höchste aller Energien. Ihr habt gelernt, mit der Energie des Lichtes zu arbeiten. Nun erkennt, daß die Arbeit mit dem **Licht** begrenzt ist. Die Lichtenergie dient vor allem dazu, euer Bewußtsein mit Verstehen zu durchlichten. Aus diesem Verstehen folgen nach und nach Veränderungen in all euren Körpersubstanzen. Das Licht dient hauptsächlich dazu, euch in einen anderen Zustand wie auch in einen höheren Bewußtseinsgrad zu versetzen.

Die **Gedankenkraft** soll euch dazu dienen, energetische Begrenzungen zu überwinden sowie schöpferisch-kreativ tätig zu sein. Noch habt ihr Blockaden in euch, die dafür verantwortlich sind, daß die Kraft eurer Gedanken sich nicht so auszudrücken vermag, wie es möglich wäre und wie es das Ziel ist, weil ihr noch den falschen Schlüssel in eurem Unterbewußtsein habt. Der Unglaube ist aktiv in euch. Lernt also, den Glauben richtig zu verstehen! Der **Glaube** ist eine Energie, die uns befähigt, Grenzen zu überschreiten, die unser körperliches Bewußtsein, der Verstand, erschaffen hat. Lernt also, euer **Verstandesbewußtsein** umzuprogrammieren. Ihr habt eine Spaltung zwischen der Ebene eures **geistigen**

Urbewußtseins und eurem körperlichen Bewußtsein, dem Verstandesdenken. Viele Male wart ihr bemüht, in euren Meditationen, in euren Imaginationen die Schwerkraft zu überwinden. Euer Unglaube im Unterbewußtsein hat die Kraft eures Verstandesdenkens aktiviert und so den Prozeß verhindert, Energieräume aus der Kraft der Gedanken zu überwinden.

Unser erster Schritt wird also die Kommunikation unseres geistigen Urbewußtseins mit unserem körperlichen Verstandesbewußtsein sein. In eurem geistigen Urbewußtsein habt ihr das Wissen um alle Prinzipien gespeichert. Euer körperliches Bewußtsein weiß davon nichts. Es konzentriert sich auf das Geschehen im Körper. Es koordiniert alle Körperfunktionen, alle Abläufe und vollzieht dies innerhalb der Gesetzmäßigkeit, die vertraut und bekannt ist, und in dem Lebensraum, in dem ihr euch befindet.

Wollt ihr euch aus dem vertrauten Lebensraum herausbewegen, wird euer Verstandesbewußtsein aktiv aus der Programmierung, die hier vorhanden ist: **Verantwortung**. Der Verstand wird versuchen, den Körper zu schützen, wird versuchen, zu verhindern, daß ihr den vertrauten Lebensraum verlaßt. Euer Körperbewußtsein ist auf den Erhalt und das Wohlergehen des Körpers programmiert. Gebt also eurem Körperbewußtsein aus eurem geistigen Urwissen Bewußtsein und Verstehen, daß ihr diese Funktion anerkennt, daß ihr um die Notwendigkeit wißt, sie akzeptiert und daß ihr dafür dankt! Versucht, eurem Verstandesbewußtsein liebevoll euer Vorhaben nahezubringen, daß ihr bestrebt seid, den Körper nicht zu bedrohen oder ihn aus seiner Materie zu lösen, daß ihr vielmehr die körperliche Beweglichkeit vervollkommnen wollt. Euer Verstandesbewußtsein muß langsam Vertrauen aufbauen in euer geistiges Urbewußtsein. Das ist die Lernaufgabe. Ihr müßt Brücken bauen über die tiefen Gräben, die über viele Generationen und Jahrhunderte hinweg gegraben worden sind.

Habt ihr das Stadium erreicht, daß euer Verstandesbewußtsein sich vertrauensvoll und willig unterordnet unter die Impulse, die aus dem geistigen Urbewußtsein gesendet werden, ist euch vieles möglich. Aber bedenkt, die tiefen Gräben, die das Verstandesbewußtsein von dem geistigen Urbewußtsein trennen, sind uralt. Gebt euch also Zeit! Habt Geduld! Arbeitet mit Neutralität, ohne Ehrgeiz! Ihr müßt Überzeugungsarbeit leisten! Ihr müßt euren Körper lieben. Ihr müßt auch euren Verstand lieben, dann wird er sich öffnen. Auf diese Weise wird der Unglaube im Unterbewußtsein automatisch in die Glaubensenergie, die notwendig ist, umgewandelt. Das ist der erste, der wichtigste Schritt, den wir lernen.

Der zweite Schritt wird sein, die Programmierung in euren DNS-Spiralen zu löschen und sie neu zu informieren. Auch dies wird erst dann möglich sein, wenn euer Verstandesbewußtsein absolutes Vertrauen zu eurem geistigen Urbewußtsein hat.

Wenn dieser zweite Schritt vollzogen ist, werdet ihr als nächsten Lernschritt den Vorgang der **Dematerialisation** lernen. Dieser Vorgang erfordert absolutes Gottesbewußtsein und völlige Hingabe eures ganzen Selbst an den Vater. Die **Levitation** ist das Prinzip in ähnlicher Weise in einer für euch leichteren Form. So wie ihr in der Levitation erlernen müßt, das Unterbewußtsein vom Unglauben zu befreien, so werdet ihr beim Prozeß der Dematerialisation lernen müssen, mit eurem geistigen Urbewußtsein alle Widerstände aufzulösen und euch ganz dem Vater hinzugeben. So versteht die Levitation als die erste Stufe, als das Erlernen der völligen Hingabe an Gott.

Erkennt: Liebe, Glaube, Vertrauen und Verstehen sind Energien, sind Programmierungen, sind Ziele, die euch Möglichkeiten erschaffen werden, grenzenlos zu sein. Ihr werdet ferner lernen, mit diesen Methoden, Techniken und Prinzipien **Krankheiten** gänzlich aufzulösen. Bei allem, was ihr für eure Kranken tut, bei allem, was ihr ihnen gebt, tragt dafür Sorge, daß sie euch verstehen, daß sie es nachvollziehen können, daß sie es aus den Ebenen ihres ganzen Seins, aus allen ihren Ebenen, annehmen. Ihr müßt eure Kranken also schulen, damit sie ihre eigenen Fehler nicht wiederholen. Gebt euren Patienten nicht nur die Heilung, gebt ihnen das Wissen über die Heilung!

Wir beginnen nun mit dem praktischen Unterricht. Ich gebe euch nun ein Bild, um den Unterricht zu erleichtern. Konzentriert euch auf euer **geistiges Urbewußtsein**! In diesem Teil eures Seins seid ihr vollkommen, seid ihr der Ausdruck des Vaters. Ihr seid edel, ihr seid rein, ihr seid schön, ihr seid unendlich. Ihr ruht in euch selbst. Und nun betrachtet euer **Verstandesbewußtsein** und erkennt das Kind! Sprecht das Kind in euren Gedanken an! Dankt ihm für die unermüdliche Arbeit! Lächelt ihm zu! Laßt dieses Kind spüren, daß es nicht kämpfen muß gegen dieses geistige Urbewußtsein, das unendlich, vollkommen und schön ist! Sagt diesem Kind, daß es genauso schön und vollkommen ist, nur in einer anderen Ausdrucksweise. Nun spürt, wie das Kind sich beruhigt. Die Atemzüge des Kindes werden gleichmäßiger. Die Anspannung ist aufgelöst. Streichelt das Kind, liebt es! Es gibt keinen Grund zur Angst, keine Notwendigkeit zu kämpfen. Wir gehören zusammen. Wir lieben uns. Wir werden jetzt zusammenarbeiten.

Wir fragen unser Kind, welches unser Verstandesbewußtsein ist, ob es bereit ist, zu lernen und größer zu werden. Und nun wartet seine Antwort ab! Und während ihr auf die Antwort wartet, liebt es! Es ist möglich, daß das Kind zu weinen beginnt, weil es erkennt, daß es grundlos gekämpft hat.

Wir geben unserem Kind den ersten Unterricht. Wir legen unsere linke Hand auf seinen Kopf. Wir sagen ihm:

> «Der **Glaube** ist die absolute Hingabe an den Vater, der uns beide geschaffen hat. Er hat uns zusammengefügt, damit wir aneinander lernen, uns gegenseitig helfen im Wachsen. Glauben hat nichts mit Unwissenheit zu tun.» Wir fragen das Kind, ob es bereit ist, diese Philosophie anzunehmen.

Wir fahren in unserem Unterricht fort, sprechen weiter zu dem Kind:

> «Glaube ist die Stufe, die wir brauchen, um zu verstehen, um zu wissen. Um in den Bereich der Weisheit zu gelangen, müssen wir manchmal Gräben überspringen, Gräben des Nichtverstehens. Hier setzen wir die Stufe des Glaubens ein. Wenn wir auf der anderen Seite des Grabens sind, wird die Glaubensenergie sich auflösen. Sie hat ihren Dienst getan. Sie ist nicht mehr notwendig, denn von der anderen Seite des Grabens aus können wir rückwärts schauen, und wir verstehen, wir wissen. Doch wir sind in diese Weisheit über die Brücke des Glaubens gekommen, welche die Energie war, die uns getragen hat. Der Glaube ist ein Aspekt aus dem Bereich der Liebe.»

Unser Kind hat verstanden. Wir zeigen ihm eine Schere und fragen, ob es einverstanden ist, daß wir die Energieschnur abschneiden, die von unserem Unterbewußtsein in den Bereich des Verstandes und der Programmierung Unvertrauen, Unglauben führt. Wir beruhigen unser Kind, denn langsam kommt wieder Angst hoch. Liebt dieses Kind! Wenn es nickt und euch das Ja gibt, schneidet den Faden durch! Umarmt das Kind und dankt ihm!

Nun gebt diesem Kind Bilder als Dank für die Zusammenarbeit! Nun stellt euch euch selbst vor in eurem inneren Bild! Seht euch, wie ihr auf dem Stuhl sitzt, mit geschlossenen Augen, in dieser Konzentration versunken. Und nun schaut euch zu, wie der Stuhl, auf dem ihr sitzt, sich langsam nach oben bewegt. Nichts Außergewöhnliches, nichts Sensationelles! Zeigt dem Kind diesen Vorgang! Zeigt ihm, daß der Körper ganz unversehrt ist! Bewegt euch nur wenig über den Boden in eurem geistigen Bild! Sagt eurem Kind, daß wir dies bald üben werden. Und wir bitten das Kind, dann neutral zu sein.

Nur mit seiner Unterstützung werden wir dies erreichen. Wir sagen unserem Kind, daß wir mit unserer Weisheit und Liebe auch unseren Körper unterstützen werden Und wir erbitten jetzt Unterstützung von ihm. Unser Kind hat verstanden. Es lächelt bei diesem Bild des schwebenden Stuhles. Es hat verstanden. Es hat akzeptiert. In unserem inneren Bild schweben wir langsam mit unserem Stuhl zum Boden zurück.

Nun nehmen wir Abschied von unserem Kind, überlassen es seinen Aufgaben und wenden uns dem geistigen Bereich zu. Wir trennen uns nicht von unserem Verstandesbewußtsein, wir gehen in den Zustand der Neutralität zurück. Und so arbeiten beide Bewußtseinsebenen in der gegenseitigen Liebe und Akzeptanz.

Vorübungen zur Levitation, 2. Teil

15. Januar 1996

Um die Schwerkraft überwinden zu können, gebe ich euch heute Bilder, die es euch ermöglichen sollen, den Wirkungsbereich der Schwerkraft zu erfassen. Ihr habt gelernt, daß Energien Kräfte sind, die sich bewegen. Alle Bewegungen erfolgen wellenförmig. Vom Ausgangspunkt, der Quelle der Erzeugung, dehnen sich die Wellen durch den Raum aus, bis sie das Maximum erreicht haben, um dann in ihrer Kraft zu versiegen. Die Reichweite einer Energiewelle gestaltet und umfaßt einen Lebensraum.

Stellt euch jetzt euren Lebensraum als einen Würfel vor! Innerhalb dieses Würfels bewegen sich die Magnetwellen der Schwerkraft vom Ausgangspunkt bis zum letzten Endpunkt der Ausdehnung. Dies ist die räumliche, für euch unsichtbare Grenze des Raumes der Schwerkraft. Der Magnetismus wird erzeugt durch die Verdichtung der Materie. Je dichter eine Materie ist, um so fester ist sie an diesen Raum gebunden. Den Raum der Schwerkraft nennen wir den materiellen Raum. Anschließend an diesen materiellen Raum beginnt der immaterielle Raum.

Stellt euch neben diesem Würfel, wo die Prinzipien der Schwerkraft herrschen, einen zweiten Würfel vor. Dort, wo die Schwerkraft aufgehoben ist, beginnt der immaterielle Raum. Andere Gesetzmäßigkeiten, andere Lebensprinzipien herrschen hier. Dies ist der Raum für körperloses Leben. Hier ist die Schwerkraft aufgehoben. Die Wellen der Schwerkraft erreichen diesen Raum nicht. Soviel für euer Verständnis, damit ihr lernt, räumlich zu denken. Laßt dieses Bild jetzt auf euch wirken!

Es gibt Planeten, die in ihrer materiellen Substanz so dicht sind, daß ein Kubikzentimeter, würdet ihr ihn aus dieser Materie herausnehmen, das Gewicht von hundert Kilogramm übersteigen würde. Begreift das Gesetz der Verdichtung! Auf einem solchen Planeten gibt es keine Kultur und auch kein Leben. Aus diesem Grunde ist die Materie sehr dicht. Je dichter eine Materie, um so größer ihr Gewicht.

Übertragt dieses Bild auf euren Körper! Die Dichte eures Körpers ist das Resultat eurer geistigen Errungenschaften. Der Grad eurer Demut, eurer Weisheit, eurer Liebe, eures Glaubens, eures Vertrauens, all der geistigen Errungenschaften, bestimmt den Durchlichtungsgrad eurer physischen Körper. Aus diesem Grunde werdet ihr gebeten, unablässig an euch zu arbeiten. Versucht, diese Aspekte auszubilden! Mit jedem Grad, den ihr in diesen Wesenszügen höher steigt, wird sich euer physischer Körper durchlichten, verfeinern. Dies ist der natürliche Levitationsprozeß, der aus dem Prinzip des Lebens selbst geschieht. Aber ihr müßt bewußt sein, um dieses Lebensprinzip zu erfüllen.

Man hat versucht, euer Bewußtsein im Wachsen und Höhersteigen zu behindern, um euch an dieses Feld der Schwerkraft festzubinden. Euer Lebensraum ist so gestaltet, daß alle vorhandene Materie sich weiter verdichtet, einschließlich eurer Körper. Eine automatische Abtrennung von eurem geistigen Urbewußtsein, dies ist es, was ihr Vergessen nennt. Die Aufgabe lautet, absolute Freiheit zu erlangen über den eigenen Geist, über das eigene Selbst, mit dem Prinzip der Liebe, im Dienst der Schöpfung, zur Ehre Gottes, damit alle Menschen frei werden.

Die Möglichkeiten, eure Materie zu übersteigen, liegen in eurer Gedankenkraft, in der Kraft eurer Gefühle, in der Fähigkeit eurer Liebe. Achtet auf diese besonders! Dies soll unangetastet sein. Hier wurdet ihr mit intelligenten Methoden angegriffen. Wir bitten euch, nehmt euren Willen und beginnt, eure Abhängigkeit und Manipulierbarkeit zu bekämpfen, aufzulösen. Ihr habt unsere Unterstützung und Hilfe. Wir haben Vertrauen und Hoffnung in euch gesetzt.

Bitte, arbeitet an euch! Das ist der Weg, das ist der Schlüssel. Werdet unabhängig und frei durch Wissen und Verstehen, durch Liebe und Glaube. Dann errichtet euch ein eigenes kleines System! Aus diesem Zentrum beginnt zu wachsen. Wir werden Sorge tragen, daß ihr von außerhalb geschützt seid. Fürchtet nichts, es ist der Plan des Vaters. Wir sind die ausführenden Organe, die gesendet sind, euch zu schützen und euch die Hilfe zu geben. Geht einen Schritt nach dem anderen! Beginnt immer bei euch selbst!

Erlernt, eure Gedankenkraft als geistiges Schwert einzusetzen, mit dem ihr eure geistige Freiheit erwirken könnt. Habt ihr die Freiheit im Geiste erworben, wird die Freiheit in der Materie folgen. Auch das ist ein Prinzip. Beginnt immer, von innen nach außen zu arbeiten! Begegnet allen Manipulationen mit absoluter Abkehr. Eure Gehirnzellen und Nervenbahnen sind überlagert mit feinstofflichen Energien, die sich hier manifestiert haben und die eure Fähigkeit der tiefen Konzentration in großem Maße behindern. Das Werkzeug Gedankenkraft wurde verstümmelt. Dieser Prozeß ist ein anhaltender und erfolgt über die Medien und über eure technischen Gerätschaften, die Energien erzeugen, die eurem biologischen Energiekreislauf schädlich sind. Ich spreche hier von Elektrosmog.

Ihr seid diesen Energiewellen unablässig ausgesetzt, und die Beschallung mit diesen Energien, da sie eine ständige ist, hat sich auf euren Gehirnzellen und in den Nervenbahnen bereits manifestiert. Ihr könnt dies vergleichen mit euren Blutbahnen. Wenn sie verkalkt sind, habt ihr ebenfalls eine Einschränkung in der Körperfunktion, eine Einschränkung in der Aufnahmefähigkeit der lebensnotwendigen Substanzen.

Ein weiterer wichtiger Faktor kommt aus dem physischen Bereich. Hier werdet ihr durch Genußmittel in materieller Form vergiftet. Diese Gifte stehen in Resonanz zu den geistigen Giften, diesen Energiewellen, die bereits auf euren Gehirnzellen und in den Nervenbahnen manifestiert sind. Bitte, beginnt euer Bewußtsein danach auszurichten, diesem allen ein Ende zu machen! Versucht euren Lebensraum so zu gestalten, daß diese Einflußmöglichkeiten möglichst ausgeschaltet sind. Habt ihr Schwierigkeiten, diese Faktoren zu bekämpfen, so erkennt daran den Grad eurer Abhängigkeit, in die ihr durch die bewußte Manipulation von außen bereits geraten seid. Seid nicht verzagt! Eure Situation ist keinesfalls aussichtslos. Nehmt diese Möglichkeit, um daran eure Geisteskraft zu erkennen! Die Situation ist euer Schulungsraum. Eure Situation ist die Lernaufgabe.

Lernt euch also zu befreien und alle Wesenszüge in euch zu verstärken, die euch helfen, die Verdichtung der Materie zu überwinden! Wollt ihr euch mit Hilfe der Gedankenkraft aus dem Feld der Schwerkraft herausbewegen, um in den immateriellen Raum einzutreten, so muß eure Gedankenkraft voll funktionsfähig sein. Beginnt auf der einen Seite, die materiellen Behinderungen aufzulösen, indem ihr die Gifte aus euch entfernt und keine neuen hinzufügt. Beginnt parallel zu diesem Prozeß, euch geistig zu schulen, Gedanken gezielt zu kanalisieren und bewußt auszusenden, ohne abzuschweifen. Das ist die Lernaufgabe.

Ihr habt gelernt, durch die Methode der Meditation gedankenfrei zu sein. Das war ein großer Fortschritt, eine Notwendigkeit. Nun lernt den Gegenpol, das aktive kanalisierte Denken! Es ist ein Vorgang ähnlich eurem Atmen. Das Einatmen könnt ihr mit dem Aktivieren der Gedankenkraft vergleichen; den Impuls, den Gedanken auszusenden, mit dem Ausatmen. Danach geht ihr in die Entspannung, in das Loslassen, in die Ruhephase. Auf diese Weise wurde das ganze Universum erschaffen.

Am Anfang war der Logos, die körperlose Intelligenz ohne Raum: Gott. Der Logos begann, den Raum zu erschaffen. Die erste Schöpfung des Logos war das Licht, Sonnen. Sonnen wurden erschaffen. Logos sandte den Gedanken Licht. Das Licht manifestierte sich zu Sonnen. Der Kern des Universums war geboren. Der Logos selbst ist der Kern des Universums, der sich im Licht ausdrückt. Dieses Licht wird sichtbar durch die Materie der Sonnen. Und Gott, der Logos, atmet ein: Er erschafft einen Gedanken. Der Logos, Gott, atmet aus: Er sendet den Gedanken in den Raum, und es werden um die Sonnen Systeme gebildet, Sonnensysteme. Es folgt die Ruhephase nach der Gedankenaktivität. Das ist die Phase, da sich Energie manifestiert und verdichtet.

Dies alles ist ein bewußter, hochkonzentrierter Prozeß aus dem Impuls Liebe. Dieser Liebesimpuls verleiht allen Energien, die sich verdichtet haben, den Zustand der Vollkommenheit. Mit jedem Einatmen und Ausatmen des Logos beginnt der Raum, sich auf diese Weise auszudehnen. Das geschieht ebenfalls spiralförmig. Innerhalb der Ausdehnung des Raumes werden aus der Gedankenkraft des Logos Galaxien erschaffen, immer aus dem Impuls der Liebe, also vollkommen. Innerhalb dieser Galaxien entstehen neue Sonnensysteme. Innerhalb der Sonnensysteme entstehen neue Planeten. Das ist der Schöpfungsvorgang. Dieser Prozeß ist unendlich. Gott dehnt sich aus durch den Kosmos. Der Kosmos selbst ist die Manifestation des Logos. Dieser Logos ist unablässig schöpferisch, kreativ. Erkennt die Unendlichkeit, erkennt das Prinzip des ewigen Lebens!

Ihr habt verschiedene Planeten in euren Leben durchwandert, um den Kosmos kennenzulernen, um euer Bewußtsein zu erhöhen, um den Vater zu verstehen. Ihr werdet lernen, Transformationsvorgänge an euch selbst zu vollziehen. Wenn ihr gelernt habt, durch das Prinzip der Liebe und mit den Techniken der Weisheit euch die Materie ganz untertan zu machen, werdet ihr fähig sein, dem physischen Tod zu entgehen. Ihr werdet die physische Materie eures Körpers umwandeln. Ihr werdet sie auflösen und an einem anderen Ort zusammenfügen, angepaßt an die dort befindlichen Lebensbedingungen und Prinzipien.

Der Anfang, dies alles zu erreichen, ist immer die Gedankenkraft und eure Liebesqualität. Darum beginnt, mit eurer Gedankenkraft zu üben! Wir bitten euch sehr, daß ihr euch bemüht, euch von allen Abhängigkeiten zu befreien, damit ihr verantwortungsbewußte Schöpfer werdet, die bereitwillig Verantwortung für sich und das Leben um sich herum übernehmen. Reinigt eure Gehirnzellen, eure Nervenbahnen, und übt das bewußte, konzentrierte Denken ohne Ablenkung! Lernt, diesem Gedanken die Kraft eurer Gefühlsenergie hinzuzufügen! Stellt euch die Gedankenkraft bildlich als einen Lichtfaden vor, der euch verläßt! Fügt ihr diesem Gedanken ein Gefühl hinzu, wird aus diesem Faden ein breites Band. Die Kraft wird auf diese Weise vervielfacht. Der Zeitraum, den es zu überbrücken gilt, wird dadurch verkürzt.

Wir haben gestern [1. Teil, Seite 319 ff.] mit dem Unterbewußtsein und mit der Ebene des Verstandesdenkens gearbeitet. Ihr müßt diesen Vorgang kontinuierlich wiederholen. Ich habe euch nur das Prinzip genannt. Wir haben gemeinsam das Prinzip aktiviert. Es ist in Kraft getreten, es hat funktioniert. Aber die in eurem Unterbewußtsein vorhandenen Energien, welche wir Unglauben nennen, sind durch diesen einmaligen Prozeß nicht umgewandelt. Das vorhandene Energiepotential muß gänzlich umgewandelt werden. Aus diesem Grunde muß diese Übung wiederholt werden.

Sie wird nicht mehr nötig sein, wenn ihr die Glaubensqualität bewußt in euch wahrnehmen könnt, wenn ihr in extremen Situationen keine Probleme mehr habt, in eurem Glauben standhaft zu bleiben. Dann hat euer Verstand den Inhalt des Glaubens, den Ablauf des Prinzips verstanden. Dann sind diese Übungen nicht mehr notwendig. Noch aber herrschen die falschen Vorstellungen über die Glaubensenergie in euch vor. Und euer Verstand wird nur auf euch hören und die Tore öffnen, wenn ihr bewußt in der Konzentration arbeitet. Ihr müßt den Zustand erreichen, daß diese Übungen nicht mehr notwendig sind. Der Glaube muß euer Unterbewußtsein ganz ausfüllen, damit eure Gedankenkraft ungehindert den Raum durchwandern kann, an jeden Ort, an den euer Wille, euer Wunsch ihn senden. Das ist ein Grad der Meisterschaft. Sucht ihn zu erreichen!

Wir haben von der Programmierung eurer **DNS-Spiralen** gesprochen. Ich habe euch gesagt, es ist der zweite Schritt, den wir vollziehen müssen, um die Levitierung an uns selbst vollziehen zu können. So werde ich euch jetzt für diesen zweiten Schritt ein Beispiel geben. Zuerst sprecht wieder in Gedanken eure Verstandesebene an! Gebt diesem Kind wieder Anerkennung und Liebe, und bittet es um Neutralität während des nun folgenden Vorgangs!

Nun richtet euer inneres Auge auf alle eure Körperzellen! Sie haben alle ein Bewußtsein. Diese werden von Impulsen gesteuert, die aus den Gehirnzellen erfolgen und über die Nervenbahnen geleitet werden. Das Bewußtsein einer jeden Körperzelle ist in sich neutral. Es hat ein eigenes Programm gemäß seiner Funktion, das automatisch abläuft, wenn der Impuls aus dem Gehirn erfolgt, ein Prozeß, der sich unbewußt in unserem Körper vollzieht. Ihr könnt mit eurem geistigen Urbewußtsein diesen Prozeß beeinflussen, indem ihr die Gehirnzellenfunktion nicht dem Kommando des Verstandesdenkens unterordnet, sondern dem höheren geistigen Urbewußtsein. Aus dieser Ebene sprecht das Bewußtsein eurer Körperzellen an!

Gebt nun den Impuls in die Bewußtseinsebenen eurer Körperzellen, alle Programmierungen zu löschen, die euren Durchlichtungsprozeß behindern! Eure Körper sollen leichter und feinstofflicher werden, lichtaufnahmefähiger. Alle eure Körperzellen sollen leuchten. Stellt das Bewußtsein auf Verfeinerung, auf Licht ein, damit ihr nicht mehr in Resonanz steht mit dem Verdichtungsprozeß! Unterstützt diesen Prozeß mit der Technik der Imagination! Laßt alle Körperzellen im Licht erstrahlen! Laßt sie leuchten!

Das Lichtprinzip wird aus seiner eigenen Gesetzmäßigkeit eure Körperzellen zu mehr Leichtigkeit verhelfen. Und nun spürt, ihr werdet leichter! Seht mit eurem inneren Auge alle Körperzellen im Licht erstrahlen! Dieses Licht dringt in euren Körper, in die äußeren Bereiche, durch alle Organe. Ihr könnt nun ein leichtes Summen vernehmen. Alle Körperzellen schwingen nun in einer höheren Vibration. Das ist die Reaktion auf das vermehrte Licht. Spürt, wie ihr schwingt! Für eure Körperzellen ist dies ein Fest. (Längere Pause)

Und nun überlaßt diese Körperzellen und ihr Bewußtsein wieder der Kontrolle eures Gehirns! Entspannt euren Geist! Ruft euch ab und zu dieses Bild in euer Gedächtnis, indem ihr euch einfach vorstellt, wie alle eure Körperzellen im Licht pulsieren! Übt das bewußte Denken ohne Ablenkung und befreit euch von allen Manipulationen! Das sind die Aufgaben, die es zu lösen gilt. Soviel für heute! Ich danke für die Ernsthaftigkeit, für das Öffnen eures Geistes, für die Konzentration. Wir sind weiterhin bei euch. Ihr werdet liebend überwacht. Wir beobachten die Tätigkeit eurer Gehirnzellen. Wir kennen die Schwingungsfrequenzen eurer Nervenbahnen. Wir haben alles festgehalten. Der Lehrplan ist hierauf ausgerichtet.

Seid gesegnet! Habt niemals Angst! Alles, was hier geschieht, geschieht im Namen Jesu Christi. Wir sind der Arm, der den Plan des Vaters ausführt. Dieser Arm umfängt euch nun mit Liebe. Gott der Vater läßt euch grüßen. Segen über euren Geist! Schutz über euren Körper! Der Friede sei mit euch! Der Friede sei in allen Universen! Es grüßen alle Sternenbrüder. Wir lieben euch. Gott zum Gruße!

Umwandlung von Giften und DNS-Programmierungen

16. Januar 1996

Die bei den Vorübungen zur Levitation gemachten Ausführungen wurden von Xenoc am Tage darauf in drei konkrete Übungsschritte umgesetzt. Eine weitere Übung zur «Entgiftung der Zellen» findet sich in Band 1 («Dein Wille geschehe jetzt!», Seite 272).

Die bewußte Kontaktaufnahme des geistigen Urbewußtseins mit dem Verstandesbewußtsein

Geht bitte in die tiefe Entspannung! Öffnet das dritte Auge und blickt nach innen! Erblickt das Kind, welches das Symbol für die Verstandesebene, das Körperbewußtsein darstellt! Stellt euch auf die Kommunikation mit diesem Kind ein! Eure Gedankenkraft zentriert sich im geistigen Urbewußtsein. Von hier aus sprecht dieses Kind, die Verstandesebene des Körpers, an! Ihr könnt deutlich die Aufmerksamkeit dieses Kindes, die euch zugewendet ist, wahrnehmen. Die Zuwendung und die Aufmerksamkeit aus der Ebene des geistigen Urbewußtseins hin zu der Ebene des körperlichen Verstandesbewußtseins, so sie wiederholt wird, aktiviert die Aufnahmebereitschaft des Verstandes und seine Bereitschaft, sich auszudehnen und sich zu öffnen. Aus diesem Grunde ist es empfehlenswert, diese Übung so oft wie möglich zu wiederholen.

Die Bereitschaft eures Verstandesdenkens, hier zu arbeiten, könnt ihr an dem Bild von dem Kind ablesen. Schaut dieses Kind jetzt an! Es ist empfangsbereit, aufmerksam und erwartungsvoll. Und nun sendet Liebesenergien! Dankt diesem Kind für die Bereitschaft zu wachsen und sich auszudehnen! Dankt für die Neutralität! Und nun sprecht dieses Kind noch einmal an!

> «Ich, das geistige Bewußtsein, der dir die Essenz gegeben hat, dich im Körper auszudrücken und zu formen, lege dir jetzt in dein Bewußtsein die Gewißheit, daß dir aus meiner Ebene alles, was dir zum Guten dient, gesendet wird. Ich gelobe, dir niemals etwas zu senden, das dich bedroht, das dich zerstört. Mein Plan ist, dich

zu veredeln. Du sollst wachsen. Ich segne dich jetzt. Ich danke dir. Ich bitte dich nun, stelle deine Energien auf die Energie Neutralität ein. Öffne deine Grenzen! Höre, verstehe und wachse! Ich danke dir.»

Sprecht auf diese Weise die Ebene eures körperlichen Verstandesbewußtseins an, wenn ihr beginnt, mit Hilfe der Gedankenkraft aus der Ebene eures geistigen Urbewußtseins zu wirken. Nun können wir arbeiten.

Umwandlung von Giften in den Gehirnzellen und Nervenbahnen

Wendet euer geistiges Auge nun von diesem Kind, dem Symbol eures körperlichen Verstandesbewußtseins, ab! Durchwandert das Innere eures Körpers! Richtet eure Aufmerksamkeit auf die Gehirnzellen und Nervenbahnen! Beschaut euch die Ablagerungen der Gifte. Die Aufgabe lautet, diese aktiven Manifestationen in Lichtenergien umzuwandeln, die Feinstofflichkeit in eurem physischen Körper zu erhöhen und die körperlichen Organfunktionen zu verbessern, um euch in die vollkommene Gesundheit und Freiheit zu führen.

Nun geht mit eurem geöffneten geistigen Auge auf die Reise! Laßt euch Zeit und beschaut die Gehirnzellen und Nervenbahnen! Macht eine Bestandsaufnahme!

Geht nun mit eurer Aufmerksamkeit in die Einheit! Öffnet eure Herzen und tretet bittend vor den Vater!

«Vater, wir bitten Dich im Namen Deines geliebten Sohnes Jesus Christus um jene Lichtenergien, die befähigt sind, die toxischen Ablagerungen in unseren Körpern umzuwandeln. Wir bitten Dich um Deinen Segem und die Kraft, den Glauben und die Weisheit, die wir benötigen, damit dieser Energieumwandlungsakt in die Realität eintreten kann. Wir bitten darum in dem Wunsch, Deinem Bild der Vollkommenheit näherzukommen. Es ist unser Wille, in unserem ganzen Sein, auch in dem körperlichen, Dich in Deiner Liebe sichtbar auszudrücken. Aus diesem Grunde, Vater, erhöre uns! Amen.»

Nun öffnet euer Scheitelchakra und ruft die weiße Lichtenergie zu euch! Füllt euren Körper damit auf! Bi!ttet diese Lichtkraft, alle Schatten, alle Gifte umzuwandeln! Bittet um die grundsätzliche, tiefgreifende Reinigung. Nun laßt das Licht wirken und öffnet euch! Beobachtet entspannt und neutral den Vorgang! Laßt geschehen, seid nicht aktiv!

Längere Pause.

Nun schließt euer Scheitelchakra und atmet aus! Verweilt in der Konzentration, bitte!

Neuprogrammierung der DNS-Spiralen

Lenkt euer Bewußtsein in die Körperzellen und sprecht sie an:

> «Ihr seid aufgerufen, euer Bewußtsein allen Giften und schädlichen Substanzen zu verschließen. Werden Gifte in den Körper gelangen, habt ihr den Auftrag, sie in Lichtenergien umzuwandeln. Es ist eure Bestimmung, im Licht zu strahlen. Um eure Arbeit zu unterstützen, wird euch nun von außerhalb Lichtenergie gesendet. Öffnet euch und nehmt diese auf und versucht, sie aus eigener Aktivität zu vermehren. Und nun geht in die Aufnahmebereitschaft!»

Öffnet wieder euer Scheitelchakra und erbittet aus der Einheit die goldene Lichtenergie, welche die Weisheit des Vaters ist. Füllt eure Körperzellen damit auf! Seid neutral und passiv! Laßt geschehen und beobachtet! Die Vibration eurer Zellen erhöht sich jetzt. Erstrahlt im Licht! Seid das lebendige Licht! (Längere Pause)

Nun schließt euer Scheitelchakra und atmet aus!

Die praktischen drei Lernschritte sind vollzogen. Wiederholt diese Übungen, so oft es euch möglich ist! Meine Aufgabe für heute ist erfüllt. So sende ich Grüße von meinen Sternenbrüdern. Ich sende Grüße vom Sohn. Und ich segne euch. Seid eifrig in diesen Übungen! Eure physischen Körper werden sich verändern. Und das Licht wird nach außen treten. Die Menschen, denen ihr begegnet, werden es spüren. Ihr werdet sie anziehen. Sie werden versuchen, das Licht auch für sich selbst zu gewinnen. Arbeitet, seid eifrig, doch nicht ehrgeizig! Bewahrt die Demut! Begegnet euch in der Liebe! Laßt Liebe unter euch walten! Gott der Vater läßt euch grüßen. Es verabschiedet sich in Liebe der zu euch Gesandte mit Namen Xenoc.

Über die Autoren

Susanne Osswald, Jahrgang 1954

Susanne Osswald arbeitet seit 1993 als praktische Psychologin und mediale Lebensberaterin im bayerischen Fünf-Seen-Land.

Studium der Psycho-Biologie; mehrjährige Arbeit in der Traumanalyse; Ausbildung und mehrjährige Praxis in Fußreflexzonenmassage.

Langjährige praktische Studien der Themen Sterben, Tod und Übergang in andere Dimensionen; Trauerarbeit mit Hinterbliebenen in Einzelgesprächen und Seminaren; Entwicklung von Symbolkarten für die Kommunikation mit inneren Ebenen.

1987 bis 1993 selbständige Unternehmerin in der Naturkosmetik; seit 1989 Ausbildung der medialen Fähigkeiten; künstlerische Tätigkeit und Gründung der Galerie «ACA Präsentation Viola».

Seit 1995 Gruppenarbeit mit Ärzten, Therapeuten, Psychologen, Heilpraktikern; Gründung von Arbeitskreisen und Leitung von Seminaren über psychologische und spirituelle Themen; seit Juli 1995 Zusammenarbeit mit Karl Schnelting.

Karl Schnelting, Jahrgang 1930

Studium der Philologie (englische, französische und amerikanische Literatur) in Münster, in den USA 1952/53 (Fulbright-Stipendium) und an der Pariser Sorbonne 1953/54. Studium der Rechte an den Universitäten Paris und Bonn. Abschlüsse als Rechtsreferendar und Assessor jur.

1964 Angestellter des Ministeriums für Wirtschaftliche Zusammenarbeit.

1964 bis 1968 Persönlicher Referent des Chefs des Saarländischen Rundfunks.

Gleichzeitig Geschäftsführer der ARD-Kommission für die deutsch-französische Zusammenarbeit auf dem Gebiet des Hörfunks.
Von 1966 bis 1968 gleichzeitig Geschäftsführer der Werbefunk Saar GmbH.

1968 bis 1976 Fernsehdirektor des Saarländischen Rundfunks.

1971 bis 1976 zusätzlich Fernseh-Koordinator für das Familienprogramm der neun ARD-Landesrundfunkanstalten und Vorsitzender der vom Ersten und den fünf Dritten Fernsehprogrammen der ARD begründeten bundesweiten «Arbeitsgemeinschaft Vorschulprogramme».

1976 Berufung zum Zweiten Deutschen Fernsehen als Leiter der kulturellen und wissenschaftlichen Programmredaktionen des ZDF (Hauptredaktion Kultur).

Von 1976 bis 1995 in Vertretung des ZDF Mitglied des Deutschen Nationalkomitees für Denkmalschutz.

Als Medienvertreter von 1989 bis 1997 Mitglied des vom Auswärtigen Amt in Bonn begründeten Deutschen IDNDR-Komitees für Katastrophenvorbeugung. IDNDR steht für die von der UNO für die Jahre 1990 bis 2000 ausgerufene International Decade for Natural Disaster Reduction.

1995 Ausscheiden aus dem ZDF aus Altersgründen.

1996 (zusammen mit Susanne Osswald) Gründung von TERRAMOR, einem Forschungs- und Lehrinstitut zur Verbesserung der Lebensqualität.

Veröffentlichungen:

Zahlreiche Artikel in Fernsehfachzeitschriften sowie u.a. Herausgabe folgender Bücher:

Fachwörterbücher für Hörfunk und Fernsehen in den Sprachen Deutsch-Französisch/Französisch-Deutsch und Deutsch-Englisch/Englisch-Deutsch.

Buchreihe *«Zeugen des Jahrhunderts»* (Fischer TB Verlag) nach der von ihm 1978 begründeten, inzwischen seit 20 Jahren bestehenden gleichnamigen Sendereihe des ZDF. Im einzelnen: Portraits aus Politik und Politischer Wissenschaft, aus Wirtschaft und Gesellschaft, aus dem Musikleben, Jüdische Lebenswege, Literarische Portraits.

«Hilfe, ich träume! – Botschaften aus dem Reich der Seele» (Goldmann Verlag 1984), Begleitbuch zur gleichnamigen Sendereihe des ZDF.

Geistige Heilung, Dokumentation einer Sendereihe des ZDF (Aurum Verlag 1986).

Der Große GU-Ratgeber *«Unsere Bäume»* (Verlag Gräfe und Unzer 1992), Begleitbuch zur 30teiligen Fernsehreihe *«Von Bäumen und Menschen»*.

«Tiere als Ware – gequält, getötet, vermarktet» (Co-Autor Manfred Karremann; Fischer TB 1993).

MEDIALE DURCHGABEN IM GOVINDA-VERLAG

Prophezeiungen zur Lage des Planeten.

Tom H. Smith / Savitri Braeucker

MUTTER ERDE
WEHRT SICH

ISBN 3-906347-36-2
2. Auflage, 274 Seiten, gebunden
DM / Fr. 36,–

Die Erde ist ein bewußtes, fühlendes Wesen. Sie nimmt alles, was die Menschen dem Planeten antun, mit feiner Empfindlichkeit wahr. Sie fühlt die physische Gewalt gegen die Natur und gegen die Tiere, und sie fühlt das Leid, das sich die Menschen gegenseitig zufügen.

Mit großer Geduld ertrug Mutter Erde diese Schmerzen und hoffte auf die Einsicht der Menschen. Doch nun will und kann sie unserem rücksichtslosen Treiben nicht mehr länger zuschauen. Sie hat sich entschieden, sich gegen den Würgegriff der heutigen Zerstörungsgesellschaft zu wehren…

Dieses Buch enthält aufrüttelnde Informationen über kommende Erdveränderungen, über die Zukunft der Menschheit, über die Gegenwart von positiven und negativen Außerirdischen, über bevorstehende göttliche Interventionen auf der Erde und über die Kraft der Liebe, des freien Willens und des Massenbewußtseins.

Ein Buch, das uns hilft, einer bewegten Zukunft ohne Angst und Ohnmacht entgegenzugehen.

MEDIALE DURCHGABEN IM GOVINDA-VERLAG

Erlebnisse mit Lichtwesen und ihre Botschaft an uns.

Bruno Würtenberger

DIE FREUNDE DES LICHTS

ISBN 3-906347-34-6
2. Auflage, 320 Seiten
DM / Fr. 28,–

Dieses Buch ist für alle Menschen gedacht, die sich nach einem innigen, persönlicheren Kontakt zu Gott und zu den Wesen des Lichts sehnen.

Es erzählt die autobiographische Geschichte eines «normalen Jungen», dessen unstillbare Sehnsucht nach Liebe und Gottverbundenheit durch das Erwachsenwerden nicht verlorenging und der heute als spirituelles Medium den Menschen dient. Erfrischend, sympathisch und offen berichtet der Autor über sein Innerstes und betont stets, daß es auf dem geistigen Weg nicht darum geht, im Hier und Jetzt bereits vollkommen zu sein, sondern darum, immer weiter zu wachsen und sich zu veredeln.

Wahrhaft suchende Menschen, die bestrebt sind, ihre eigene Medialität, Heilfähigkeit und Hellsicht zu entfalten, werden in diesem Buch wertvolle Anregungen und Inspirationen für ihren eigenen inneren Weg finden.

Botschaften aus dem Christusbewußtsein, Band 1:

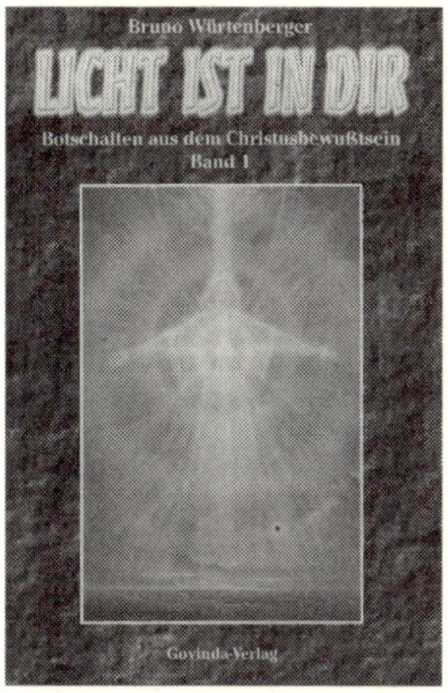

Bruno Würtenberger

LICHT IST IN DIR

ISBN 3-906347-41-9
180 S., Geschenkbändchen im Kleinformat
DM / Fr. 20,–

Die Bücher aus der Reihe «Botschaften aus dem Christusbewußtsein» sind als Wegbegleiter und Lebenshilfe für alle Menschen gedacht, die einen aktiven Austausch mit den Wesen des Lichts suchen.

Dieses Buch wird nicht einfach durchgelesen und weggelegt, sondern dient als täglicher Ratgeber, aus dem man immer wieder Klarheit, Trost und Zuversicht schöpfen kann. Wer zwischen den Zeilen zu lesen vermag, wird in den aus den himmlischen Welten inspirierten Kurztexten nicht nur allerlei wichtige und nützliche Ratschläge finden, sondern auch die wohltuende Kraft der göttlichen Weisheit und Liebe spüren.

Ein ideales Geschenkbändchen, das man immer wieder gerne und dankbar zur Hand nehmen wird.

ARMIN RISI IM GOVINDA-VERLAG

Gedanken, Gedichte und eine Begegnung mit Hölderlin.

Armin Risi

DA ICH EIN DICHTER WAR

ISBN 3-906347-14-1
174 Seiten, broschiert
DM / Fr. 18,–

Epigrammatische und hymnische Dichtungen mit tiefer Psycho-Logik: Inhalt und Sprache lassen ahnen, daß der Autor seine Inspirationen und Eindrücke nicht nur aus dem gegenwärtigen Leben schöpft.

Der zweite Teil des Buches enthält Vorträge und Aufsätze über das Leben und Werk Friedrich Hölderlins (1770 – 1843), der als einer der anspruchsvollsten und rätselhaftesten Dichter der Weltliteratur gilt.

Armin Risi entschlüsselt anhand von bisher kaum beachteten Worten Hölderlins dessen verblüffendste Prophezeiung: Eine neue Epoche beginnt, wenn das «Wort aus Osten» wieder hörbar wird.

Diese Einblicke in die Tiefe der Poesie wecken auch im Leser den Dichter.

Die Notwendigkeit fleischloser Ernährung.

Armin Risi / Ronald Zürrer

VEGETARISCH LEBEN

ISBN 3-906347-43-5
5. Auflage, 48 Seiten, geheftet
DM / Fr. 4,50

Diese beliebte Broschüre (Gesamtauflage über 400 000 Exemplare) informiert in knappster Form über die wichtigsten Argumente für eine lacto-vegetarische Ernährung.

Aus dem Inhalt:

- Die natürliche Ernährungsweise des Menschen
- Die Zusammenhänge zwischen Fleischessen und Krankheiten
- Die Gewalt gegen die Tiere und ihre Folgen
- Die falsche Propaganda der Fleischproduzenten
- Die Zerstörung der Umwelt durch Fleischproduktion
- Die Warnungen der ethischen Vegetarier
- Die Religionen heute: Verrat an den Tieren
- Die höheren Naturgesetze von Aktion und Reaktion (Karma)

RONALD ZÜRRER IM GOVINDA-VERLAG

Die umfassende Wissenschaft der Seelenwanderung.

Ronald Zürrer

REINKARNATION

ISBN 3-906347-13-3
3. Auflage, 512 S., in Leinen gebunden
DM / Fr. 32,–

Dieses Standardwerk vermittelt einen vollständigen Überblick über alles, was man über die Wiedergeburt wissen muß und was darüber bis heute bekannt ist. Zugleich ist es eine Herausforderung sogar für diejenigen, die an Reinkarnation glauben. Über die Grenzen der modernen parapsychologischen und esoterischen Forschung hinaus legt Ronald Zürrer konkrete Schlußfolgerungen vor, die jeden wissenschaftlichen Anspruch erfüllen.

«Es ist das beste Buch, das es auf dem deutschen Markt zum Thema der Reinkarnation gibt. Wer immer mitreden will, ob Reinkarnationstherapeut, New-Age-Teacher oder schlichtweg Reinkarnierter (und das sind wir alle), muß es gelesen haben.» (Magazin 2000)

Ausgewählte esoterische Vorträge und Essays.

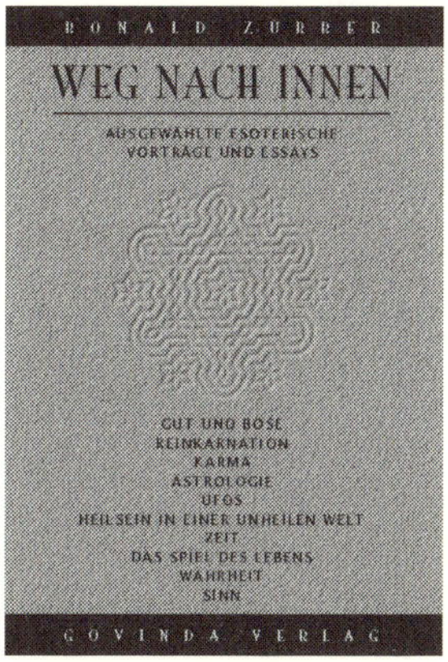

Ronald Zürrer

WEG NACH INNEN

ISBN 3-906347-16-8
440 Seiten, Taschenbuch
DM / Fr. 19,80

Esoterik (wörtlich «Weg nach Innen»): Dieses neuartige Wort ist seit einigen Jahren unüberhörbar in aller Munde. Was aber ist genau damit gemeint, und was nicht? Ist Esoterik nur eine kurzlebige Modeerscheinung unserer oberflächlichen Zeit, oder kann und muß es dabei auch um mehr, um Tieferes gehen?

In seinen Vorträgen gibt Ronald Zürrer Antwort auf diese Fragen und vermittelt dem Zuhörer damit das unbedingt erforderliche Unterscheidungsvermögen, welches vorübergehende Modeerscheinungen und gefährliche Scharlatanerie von echter, gelebter Esoterik zu trennen und abzugrenzen vermag.

Die für dieses Buch ausgewählten Vorträge und Essays behandeln Themen wie: Gut und Böse · Reinkarnation und Karma · Prophetie und Wahrsagerei · Astrologie · Ufos · Heilsein in einer unheilen Welt · Hermann Hesses «Siddhartha» · Das Zeit-Phänomen · Das Spiel des Lebens.